정약용의 경학과 경세학

김문식(金文植)

서울대학교 국사학과를 졸업하고, 동 대학원에서 문학박사 학위를 받았다. 서울대학교 규장각 학예연구사를 거쳐 현재 단국대학교 사학과 교수로 재직하고 있으며, 단국대학교 동양학연구원장, 한국고전번역학회 회장, 성호학회 회장, 문화재청 문화재위원으로 있다. 조선의 경학사상, 조선후기 사상가, 정조 시대, 국왕 교육, 국가 전례, 대외인식에 관한 다수의 논문과 저서를 발표하였으며, 최근에는 조선시대의 국가 전례 및 왕실 문화에 나타나는 예악 국가로서의 특징을 연구하고 있다.
지은 책으로 『조선후기 경학사상 연구』, 『정조의 경학과 주자학』, 『정조의 제왕학』, 『조선후기 지식인의 대외인식』, 『왕세자의 입학식』, 『정조의 생각』, 『조선 왕실의 외교의례』, 『원행을묘정리의궤』 등이 있다. 공저로는 『조선의 왕세자 교육』, 『조선왕실 기록문화의 꽃, 의궤』, 『조선 국왕의 일생』, 『왕실의 천지제사』, 『즉위, 국왕의 탄생』, 『조선시대 국왕 리더십 관(觀)』, 『국왕 리더십의 유형과 실제』 등이 있다.

정약용의 경학과 경세학

2021년 2월 20일 초판 인쇄
2021년 2월 25일 초판 발행

지은이 _ 김문식
엮은곳 _ 단국대학교동양학연구원
펴낸이 _ 김수복
기　획 _ 김남필
제　작 _ 성두현
마케팅 _ 김민배
펴낸곳 _ 단국대학교출판부
등　록 _ 1968.2.27 : No. 제03-00095호
주　소 _ 경기도 용인시 수지구 죽전로 152
전　화 _ 031-8005-2405
팩　스 _ 031-8021-7154

값 30,000원

ISBN 978-89-7092-767-1 03900

동양학 연구총서 (12)

정약용의 경학과 경세학

김 문 식

단국대학교출판부

인사의 말

1822년에 회갑을 맞은 정약용은 자신의 묘지명墓誌銘을 작성하였다. 그는 이 글에서 자신의 평생 행적을 정리하고 저술의 현황과 각 저술별로 새롭게 밝힌 내용을 소개하였다. 이때 정약용의 저술은 경집이 232권이었고 문집은 260권을 넘었다. 실로 방대한 저술이었다. 2021년 새해가 되어 회갑을 맞은 필자는 정약용 관련 논문들을 모아 단행본으로 간행하게 되었다. 정약용의 방대한 저술에는 크게 미치지 못하지만 그동안 진행한 연구들을 하나로 묶는다는 데 의미를 두었다.

본서는 총설과 3부로 구성되어 있다. 총설에서는 정약용의 경학과 경세학에 나타나는 특징을 다섯 가지로 정리하였다. 제1부 '경학 텍스트 연구'에는 『정본 여유당전서』를 편찬하는 사업에 참여하면서 작성한 논문들을 실었다. 필자는 신조선사본 『여유당전서』 경집의 문제점을 지적하고, 현전하는 『상서』 연구서의 필사본 현황과 그 계열을 밝혔다. 제2부 '경학 연구'에서는 십삼경 전체와 『상서』 백편에 대한 이해, 고증학 성과의 수용, 경학 연구 방법, 경학 해석을 둘러싼 논쟁을 다루었다. 정약용이 육경사서六經四書 전체를 연구한 것을 고려하면, 이 분야에는 더 많은 연구가 필요하다. 제3부 '경세학 연구'에서는 경학 연구가 경세학으로 연결되는 양상을 검토하였다. 정약용은 『주례』에 나오는 육향제를 독특하게 해석하고, 태학의 삼례와 향례의 삼례를 동일한 것으로 보며, 『경세유표』에서 지인과 안민을 실천할 방안들을 제시하였다. 필자는 정약용이 일표이서一表二書에서 제시한 경세 방안은 그의 경학 연구와 긴밀히 연결시켜 이해할 때 진가가 드러난다고 생각한다.

필자는 정약용을 연구하는 동안 여러분의 도움을 받았다. 먼저 서울대학교 국사학과 및 규장각과 맺은 인연이다. 필자는 지도교수인 한영우 선생님을 비롯하여 여러 선생님, 선후배들과 학연을 맺으면서 역사학의 기본 지식을 익히고, 원문 사료를 읽고 논문을 작성하는 방법을 배웠다. 특히 규장각에 소장된 고서들은 정약용을 연구할 때 중요한 자산이 되었다. 다음은 실시학사 경학팀과의 인연이다. 벽사 이우성 선생님을 비롯한 선배와 동학들은 모두 경학을 연구하는 전문가들이며, 경학팀은 정약용의 경학 저술을 역주하는 일련의 작업을 진행하였다. 필자는 역주 작업에 참여하면서 정약용의 경학과 경세학에 대한 생각을 정리하게 되었다. 다산학술문화재단과의 인연도 있다. 필자는 학술지 『다산학』이 창간될 때부터 편집위원으로 활동하였고, 재단에서 주관한 『정본 여유당전서』와 『다산학사전』 편찬 사업에 참여하였다. 필자는 이해창 이사장님을 비롯하여 수많은 연구자를 만났고, 다산학 연구가 진행되는 현장에서 활동할 수 있었다. 이 분들의 은혜에 감사한다. 그리고 본서의 원고를 통독하고 훌륭한 비평을 해 준 백민정 교수께 감사드린다.

본서는 '동양학 연구총서' 시리즈로 간행하게 되었다. 단국대학교 동양학연구원에서는 1996년에 본 시리즈를 시작하여 그동안 훌륭한 저자들의 역작을 꾸준히 출판하였다. 필자는 2018년 9월부터 동양학연구원 원장을 맡은 인연으로 본서를 상재上梓하게 되었다. 본서의 편집을 맡아준 김남필 출판부장과 성두현 팀장의 노고에 감사드린다.

신축년 새해

연구원장실에서 필자 씀

목 차

제2부 경학 연구

제3부 경세학 연구

총설

정약용 학문의 특징

정약용丁若鏞 1762~1836은 조선 후기를 대표하는 경학자이자 경세학자였다. 정약용은 조선 학자로는 드물게 유학의 기본 경전인 사서육경四書六經 전체를 연구한 경학자였다. 정약용의 경학 연구는 상대적으로 사서의 연구에 치중했던 주희朱熹와 뚜렷한 차이를 보이며, 사서육경 전체를 대상으로 했던 모기령毛奇齡의 경학 연구에 비길 만하다. 그러나 정약용의 학문적 목표는 경학보다 경세학에 있었다. 그는 경학 연구를 통해 유학 경전에 나타나는 옛 성인의 제도를 이해하고, 이를 당대 현실에 맞게 적용할 방안을 마련하는 데 경세학 연구의 목표를 두었다. 정약용은 경학 연구를 바탕으로 경세학을 이론화하고 구체적인 경세 방안까지 제시하였다는 점에서 탁월한 경세학자라 할 수 있다.

필자가 본서를 집필하면서 확인한 정약용 학문의 특징은 다음의 다섯 가지로 나타난다.

첫째, 정약용은 정조를 스승으로 하는 새로운 학자집단의 일원으로 성장하였다. 정약용의 경학 연구는 성균관 유생으로 있을 때 정조와의 만남으로 시작되었고, 경세학에 대한 관심은 정조가 내린 책문策問에 호응하는 대책對策으로 나타났다.

정약용은 성균관 유생과 규장각 초계문신의 자격으로 정조의 조문條問과 규장각 각신들의 질문에 답변하였다. 이때 정약용이 답변한 내용은 그대로 경학 저술이 되었고, 유배기에 들어가 경학 연구를 심화시키는 토대가 되었다. 1784년정조 8에 정조가 성균관 유생에게 내린 70개의 조문에 정약용이 답변한 것은 『중용강의中庸講義』가 되었고, 1789년에 초계문신으로 정조에게 『대학』을 강의한 것은 『희정당대학강의熙政堂大學講義』가 되었다. 또한 1791년에 정조의 『시경』 조문에 일일이 답변한 것은 『시경강의詩經講義』가 되었다. 이때 정조는 청에서 입수된 모기령의 학설을 많이 인용하면서 질문하였고, 정약용도 모기령의 학설을 인용하면서 답변하여 주희의 『시집전詩集傳』을 비판적으로 검토할 수 있었다. 그리고 1792년에 정약용은 규장각 초계문신으로 정조의 『상서尙書』 강의에 참여하였고, 이를 통해 고문상서古文尙書와 금문상서今文尙書의 차이를 분명하게 인식하였다.

정약용은 성균관 유생과 규장각 초계문신을 대상으로 하는 정조의 책문에 대책을 작성하는 경우가 많았다. 『여유당전서』에 수록된 「맹자책孟子策」, 「지리책地理策」, 「문체책文體策」, 「인재책人才策」, 「십삼경책十三經策」, 「중용책中庸策」, 「농책農策」, 「논어책論語策」은 모두 정조의 책문에 호응하여 작성한 대책이며, 1788년에 작성된 「맹자책」을 제외하면 나머지는 모두 초계문신으로 있을 때 작성하였다. 이 무렵 정약용의 경세학은 정조가 책문에서 제시한 개혁 방향을 따라가면서 자신이 생각하는 방안을 밝히는 방식으로 나타났다.

이런 점을 고려할 때 정약용은 정조가 발탁하여 양성한 남인계 학자로, 그의 경학과 경세학은 정조에 의해 촉발되고 정조의 정책에 호응하면서 제시된 것이라 할 수 있다.

둘째, 정약용은 경학과 경세학을 긴밀하게 연결하여 이해하였으며, 이러한 이해 방식도 정조에 의해 촉발되었다. 정조는 삼대 이전에는 경서經書가 곧 사서史書였으며, 학문과 정치, 경학과 경세학이 분리되지 않았다고 이해하였다. 또한 정조는 유교 경전 가운데 특히 『상서』와 『대학』에 나타나는 경세학에 관심을 두고, 『상서』 「고요모皐陶謨」 편에 나오는 지인知人과 안민安民, 『대학』 전10장에 나오는 용인用人과 이재理財를 중시하고 이를 가지고 경세학을 이론화하려고 하였다. 정조는 국왕이 백성들의 호오好惡를 따라 용인과 이재를 하여 지인과 안민을 실천하면 훌륭한 정치가 이뤄진다고 생각하였다.

정약용은 정조의 생각을 더욱 발전시켜 경세학을 이론화하였다. 정약용은 경세학이란 유교 경전에 나타나는 옛 성인의 제도적 실상을 이해하고 이를 시대적 상황에 맞게 조절하는 것으로 보았다. 정약용의 『상서』 연구서인 『상서지원록尙書知遠錄』에서 '지원知遠'은 바로 '『상서』에 나타나는 옛 성인의 제도를 안다'는 뜻이었다. 정약용은 요·순부터 공자에 이르기까지 천하를 다스리는 경법經法은 같은 것이므로 경학 연구를 통해 이를 밝히고, 군자君子와 소인小人의 욕구를 충족시켜주는 방향으로 정치를 하면 천하를 제대로 다스릴 수 있다고 생각하였다.

정약용은 치인治人의 핵심은 지인과 안민, 즉 관리 선발을 공정하게 하는 공선거公選擧와 세금 부담을 가볍게 하는 박부렴薄賦斂에 있으며, 경세학은 이를 원만하게 수행하는 방안을 마련하는 것이라 하였다. 그는 모든 사람을 군자와 소인으로 구분한 후 군자에게는 귀욕貴欲, 소인에게는 부욕富欲이 있으며, 경세학은 군자에게 관리 선발을 공정하게 하고, 소인에게 세금을 적게 거두는 방향으로 제도를 시행하면 훌륭한 정치가 이뤄진다고 보았다. 따라서 그는 군자의 귀욕을 충족시키기 위해 교육 제도, 과거 제도, 고적 제도의 개혁이 필요하고, 소인의 부욕을 충족시키기 위해 토지 제도, 재정 제도, 군사 제도의 개혁이 필요하다고 보았으며, 자신이 구상하는 개혁안을 『경세유표』, 『목민심서』, 『흠흠신서』에서 제시하였다.

정약용은 학문의 시작과 기초는 경학에 있지만 그 귀결점은 경세학에 있으며, 제대로 된 유학자라면 경세제민經世濟民에 관심을 가지고 학문을 연마하는 경세학자가 되어야 한다고 하였다.

셋째, 정약용은 국토의 중앙에 있는 왕성과 그 주변의 근교 지역을 포괄하는 수도권 중심의 개혁 방안을 제시하였다. 정약용은 왕성의 규모를 사방 10리로 설정하고, 10리 안에 왕궁王宮, 면조面朝, 후시後市, 육향六鄕이 있으며, 왕성에서 30리가 떨어진 근교 지역 안에 육수六遂를 배치하였다. 정약용이 제도 개혁안을 마련할 때 바탕이 된 『주례』에서 근교는 왕성에서 50리까지의 지역이었다. 그러나 정약용은 당시 수도권의 인구가 밀집된 상황을 반영하여 이를 30리로 축소하였다. 정약용이 제시한 수도권은 '육향 육수 120방坊'으로 구성되었고, 이는 모든 개혁안의 중심지가 되었다.

정약용이 수도권을 중시하였음은 교육 제도와 과거 제도의 개혁안에서 분명하게 나타났다. 정약용은 교육 제도에서 중앙수도권과 지방에 현격한 차이를 두었다. 중앙의 120방에는 매 방마다 교장敎長=선사選士 30인을 두었다. 그러나 지방의 1방에는 교장 3인을 두어 중앙의 1/10에 불과하였고, 지방의 교장은 반드시 선사가 되는 것도 아니었다. 또한 중앙에서는 교장 1인에 학도學徒가 2인이지만 지방에서는 4인이어서, 학도에서 선사로 올라갈 때도 두 배나 힘들었다. 중앙 내에서도 부친의 직급에 따른 차이가 있었다. 부친의 직급이 높아 주택의 규모가 커지면 그 자제는 교육을 받을 기회가 많고 과거에 응시하는 거자擧子가 될 확률이 높아졌다.

과거 제도에서도 중앙과 지방의 차이는 유지되었다. 선사와 거자의 선발부터 회시會試를 치를 때까지 지역별 선발 인원의 비중이 유지되었고, 마지막 시험인 도시都試에서만 출신 지역을 따지지 않는 공개 경쟁이었기 때문이다. 이때 중앙의 120방에서 선발되는 인원은 문과, 무과, 남행南行에서 전체의 1/3을 차지하였으므로, 관리를 선발하는 과거에서 수도권 출신은 유리하였다. 지역별 선발 인원은 지방에서도 다르게 나타났다. 문과에서는 중부 → 남부 → 북부의 순으로 인원이 배정되었고, 무과에서는 차이가 크게 해소되어 남부와 북부에 같은 인원이 배정되었다. 정약용은 문풍文風을 따지는 문과에서는 삼남 지역이 서북 지역보다 많지만, 무력武力과 궁마弓馬는 서북이 삼남보다 배나 강하므로 남부와 북부에 같은 인원을 배정하였다.

정약용이 수도권 중심의 개혁 방안을 마련한 것은 수도권에 인구가 집중되고 상공업이 발달하던 상황과 권력의 중심부였음을 고려하였기 때문이다.

넷째, 정약용은 양반 사족을 중시하는 개혁 방안을 마련하였다. 앞서 보았듯이 정약용은 경세학을 이론화하면서 사람을 군자와 소인으로 구분하고, 군자의 귀욕을 충족시키기 위해 관리의 선발을 공정히 해야 한다고 하였다. 그런데 정약용에게 있어 사士는 사仕 즉 관리가 되는 사람이므로, 군자에 해당하는 양반 사족은 관리가 되고, 소인에 해당하는 일반 백성은 관리가 되는 대상이 아니었다.

정약용의 개혁안에서 군자와 소인의 욕망을 구분한 것은 정치 참여층과 생산 참여층의 지위를 분명히 구분하였기 때문이다. 물론 생산 참여층인 백성에게도 관리로 진출할 수 있는 길이 있었다. 백성에게 교육의 기회는 거의 없었지만 효제孝弟를 잘 실천한 사람은 선사로 선발될 수 있었고, 기술이 있는 사람은 공조工曹로, 용기가 있는 사람은 군문軍門의 하급 관리로 진출할 수 있었다. 또한 자신의 재력을 이용하여 정전을 만들고 운영을 잘한 백성은 하급 관리를 거쳐 중사中士까지 승진할 수 있었다. 그러나 백성이 관리로 진출하는 길은 매우 제한되어 있었다.

정약용은 태학의 삼례三禮와 향례鄕禮에 대한 이해에서도 사족과 백성의 지위를 분명히 구분하였다. 그는 원래 태학太學=대학大學의 생도는 주자胄子=국자國子로 제한되어 있었으며, 후대에는 관리의 자제나 백성 가운데 준수한 자가 태학의 생도가 되었지만 그 기회는 제한되어 있다고 보았다. 그는 태학 교육은 명덕인 효孝·제弟·자慈를 실천하는 삼례를 거행하는 데 있고, 태학에서 천자가 백성의 기로耆老를 봉양하고, 세자가 서치序齒를 실천하며, 천자가 고자孤子를 돌보는 삼례를 실천하면 백성들도 이를 본받아 효·제·자를 실천할 것으로 보았다.

정약용은 지방의 향교에서도 태학의 삼례에 해당하는 향례를 거행함으로써 백성들에게 효·제·자를 가르칠 수 있다고 보았다. 원래 태학의 삼례는 주자=국자만을 대상으로 했지만, 현실에서는 사족들이 지방에 흩어져 살았으므로 향교에서 이들이 주도하는 향례를 거행할 수 있다고 보았다. 향례의 삼례 가운데 향음지례鄕飮之禮는 처사處士로 표현되는 사족들만 참여하는 의례였다. 나머지 양로지례養老之禮와 향고지례饗孤之禮는 일반 백성이 참여할 수 있었으나 지방관이 건의 사항을 듣는 걸언乞言에서는 사족만 참여하고 백성은 그 대상에 들어가지 못했다. 정약용의 향례는 사족의 일원인 지방관과 현지에 거주하는 사족士族과 토족土族들이 주도하는 의례로, 이를 통해 사족 중심의 향촌 질서를 확립하려 하였다.

다섯째, 정약용은 민생의 안정을 위한 개혁 방안을 제시하였다. 정약용은 지방 수령의 실적을 살피는 고적을 엄격하게 규정하여 무능한 관리들을 도태시켰다. 지방 수령은 일반 백성들과 직접 접촉하면서 그들의 삶을 결정하는 존재였기 때문이다. 앞서 보았듯이 생산 참여층인 백성들은 교육을 통해 관리가 되는 길이 제한되어 있었고, 개인의 능력이나 재산 기부를 통해 공동체의 발전에 기여한 일부 백성이 하급 관리로 진출할 수 있었다. 정약용은 토지 제도와 조세 제도의 개혁안에서 민생의 안정을 가장 중시하였다. 정약용은 농민들이 부담하는 전세田稅를 1/9세로 통일하고 나머지 잡세를 모두 폐지하였으며, 국가에서 소홀히 다루던 분야나 새롭게 성장하는 산업에 부세賦稅를 부과하도록 하였다. 이는 국가의 재정 부담이 농민에게 집중되는 것을 방지하기 위해서였다.

정약용은 경세학을 이론화하면서 소인에 해당하는 일반 백성에게 세금의 부담을 가볍게 하는 박부렴을 강조하여 안민安民 즉 민생을 안정시키는 방안을 중시하였다. 정약용이 일반 백성의 삶과 직결되는 수령과 아전의 농간을 제거하고, 민생을 안정시키는 데 개혁의 초점을 둔 것은 당시 국가의 주산업이 농업이고, 농민의 생활상이 국가의 안위와 직결되는 상황을 반영하였기 때문이다.

정약용은 경학 연구를 바탕으로 경세학을 이론화하고 구체적인 경세 방안을 제시한 경세학자였다. 그러나 그의 개혁안을 보면 당시의 지배 질서를 전면적으로 전복시킬 수준은 아니었다. 지방보다는 수도권, 백성보다는 사족을 중시하고, 관리 중에서는 고위직으로 올라갈수록 유리한 개혁 방안을 제시하였기 때문이다. 정약용의 개혁안을 보면 양반, 평민, 천인으로 구성된 신분 구조를 유지하면서, 양반 사족에서 무능한 사람을 도태시키고, 평민이나 천인 중에서 유능한 사람에게 신분의 벽을 넘어가는 길을 열어준 것으로 보인다.

정약용은 자신의 집안이 벼슬길이 끊어지는 폐족廢族이 되는 것을 두려워하였고, 서북 지역에서 발생한 민란에 대응하여 사족들의 결속을 중시한 사족 출신의 지식인이었다. 그는 중앙과 지방의 관리를 역임하며 치민治民의 역량을 갖춘 사족들이 주도하는 사회를 구상하고, 관리를 선발하는 과정을 단순화하고 인사 고과에서 실적을 엄격하게 평가하여 실질적 공적이 없는 관리들을 과감하게 도태시키는 개혁안을 제시하였다.

정약용은 자신처럼 치민의 역량을 갖춘 사족이 관리가 되어 백성을 다스리는 사회를 꿈꾸었고, 그런 인재를 알아보고 발탁할 수 있는 유능한 국왕이 나타나기를 기다렸다. 19세기에 들어와 벼슬길에서 밀려난 정약용은 능력을 갖춘 인재들이 관리로 선발되고 민생을 안정시킬 수 있는 경세 방안을 마련하였고, 그런 방안을 제시하여 실천되기를 기대하는 것이 치민을 맡은 사족으로서의 책무를 다하는 길이라 생각하였다. 본서에서 다룬 정약용의 경학과 경세학 연구는 그러한 노력의 산물이었다.

제1부

경학 텍스트 연구

제1장 『여유당전서與猶堂全書』의 경집經集 체제

제1절 문제의 제기

정약용을 연구하는 학자들이 가장 많이 이용하는 저본은 1936년에 신조선사新朝鮮社에서 간행한 활자본 『여유당전서與猶堂全書』 154권 76책, 이하 '신조선사본'이라 약칭함이다. 이 책은 다산 서거 100주년을 기념하기 위해 신조선사에서 다산의 저술을 재편집하여 출판한 것이다. 오늘날 정약용의 저술은 신조선사본을 제외하더라도 여러 형태로 남아 있다. 규장각과 장서각에는 정약용의 저술 중 상당수가 필사본으로 남아 있고, 1960년에 문헌편찬위원회에서 신조선사본을 증보 영인한 『정다산전서丁茶山全書』 4책이 나왔다. 1973년에는 경인문화사가 신조선사본에서 누락된 자료를 편집 영인한 『여유당전서보유與猶堂全書補遺』 5책을 보급한 바 있다.[1] 그렇지만 현재 연구자들이 주로 이용하는 자료는 여전히 신조선사본이며, 민족문화추진회현 한국고전번역원나 개인 연구자들이 정약용의 저술을 번역할 때에도 대부분 신조선사본을 저본으로 하였다.

신조선사본이 이처럼 많이 활용되는 이유는 정약용 저술의 대부분을 망라하였고, 여러 출판사에서 수차례 영인본을 간행하여 가장 널리

---

1 서영호, 「다산 관계 저작 목록」, 『茶山學』 4, 2003, 295~301면.

보급되었기 때문이다. 이에 비하여 규장각과 장서각에 소장된 필사본은 연구자가 쉽게 접근하기 어렵고, 『정다산전서』는 보급률이 매우 낮으며, 『여유당전서보유』는 신조선사본에서 누락된 자료만 편집하였기 때문에 상대적으로 활용 빈도가 낮은 편이다.

신조선사본은 이처럼 활용도가 높지만 그 텍스트를 검토해 보면 많은 문제점이 나타난다.[2] 신조선사본의 제일 큰 문제점은 분류 체계이다. 신조선사본은 제1집에서 제7집까지 7종의 집集으로 구성되며, 제1집은 시문집詩文集·부잡찬집附雜纂集, 제2집은 경집經集, 제3집은 예집禮集, 제4집은 악집樂集, 제5집은 정법집政法集, 제6집은 지리집地理集, 제7집은 의학집醫學集으로 구분되어 있다. 그런데 현재 남아 있는 필사본에는 이러한 분류가 전혀 나타나지 않는 것으로 볼 때, 이는 신조선사본의 간행을 주도하였던 김성진金誠鎭, 정인보鄭寅普, 안재홍安在鴻, 권태휘權泰彙 중 누군가가 간여한 것으로 판단된다.[3]

주지하다시피 정약용의 저술은 분량이 많고 종류도 다양하므로 일

---

2 지금까지 정약용의 저술을 텍스트 비판적 관점에서 검토한 논문은 다음과 같다.
洪以燮, 「『牧民心書』 正文에 就하여」, 『趙明基華甲記念佛教史學論叢』, 1965. 5.
閔泳珪, 「茶山 三則」, 『동방학지』 22, 1979. 5.
鄭奭鍾, 「茶山著作에 대한 2·3의 問題」, 『정신문화』 1983년 봄호.
趙誠乙, 「丁若鏞 著作의 體系와 ≪與猶堂集≫ 雜文의 再構成」, 『奎章閣』 8, 1984.
_____, 「丁若鏞의 尙書研究 文獻의 檢討」, 『東方學志』 54·55·56, 1987.
金泳鎬, 「『與猶堂全書』의 텍스트 검토」, 『丁茶山 研究의 現況』, 민음사, 1985.
安秉直, 「『牧民心書』 考異」, 『丁茶山研究의 現況』, 민음사, 1985. 9.
金相洪, 「茶山의 『與猶堂全書』 오류와 문제점」, 『檀大新聞』 710호, 1985. 7. 30.

3 신조선사본의 각권 첫머리에는 '金誠鎭 編, 鄭寅普·安在鴻 同校'라 표시되어 있다. 權泰彙는 신조선사본에 이름이 보이지 않지만, 신조선사본의 간행을 기획하고 경비를 부담한 인물로 나타난다(鄭寅普, 「與猶堂全書總敍」, 『薝園鄭寅普全集』 5).

정한 기준을 가지고 분류 정리하는 것이 필요하다. 그렇지만 신조선사본의 분류는 조선시대의 일반적인 문집 체제를 고려할 때 매우 파격적이며, 정법집, 지리집, 의학집과 같은 분류에는 근대 학문의 분과 개념이 반영되기도 하였다. 신조선사본의 분류 체계가 이처럼 독특한 것임에도 불구하고, 그러한 분류가 타당한 것인지, 정약용이 원래 기획하였던 의도에 근접하는 것인지에 대한 검토가 이뤄진 적은 없다.

신조선사본의 분류 체계는 경집의 체제에 있어서도 몇 가지 문제점이 있다. 먼저 신조선사본에는 사서오경을 대상으로 한 저술이 경집, 예집, 악집으로 나뉘어져 있으며, 예집에 포함된 『풍수집의風水集議』는 경집에 해당하는 저술이 아니다.[4] 또한 육경사서를 학습하는 데 기초가 되는 『소학小學』과 『심경心經』에 관한 저술을 어떻게 분류할 것인가 하는 문제가 있다. 『소학지언小學枝言』, 『심경밀험心經密驗』, 『소학주관小學珠串』, 『아학편兒學編』 등이 이러한 계열의 저술이다. 그런데 『소학지언』과 『심경밀험』은 권의 구별이 없이 경집에 있는 『대학강의大學講義』에 포함되어 있고, 『소학주관』은 잡찬집에 들어 있으며, 『아학편』은 별도의 필사본으로 전해진다.[5]

이 글은 다산학술문화재단이 2003년부터 추진하는 『정본定本 여유당전서與猶堂全書』에 포함될 경집의 체제를 모색하기 위하여 작성되었다. 필자는 신조선사본의 분류 체계 및 텍스트상의 문제점을 지적하고, 정약용이 남긴 기록과 현재 남아 있는 필사본을 토대로 새로운 대

4 필사본 『與猶堂集』(奎11894)에서 『風水集議』는 제20책으로 雜文에 해당한다.

5 『兒學編』은 규장각 소장본, 장서각 소장본, 지석영 소장본, 강경훈 소장본이 있다(정재영, 「茶山 정약용의 『兒學編』」, 태학사, 2002).

안을 모색하고자 한다.

제2절 경집 저술의 순서

신조선사본에 수록된 경집 저술의 순서는 『대학공의大學公議』, 『대학강의大學講義』, 『중용자잠中庸自箴』, 『중용강의中庸講義』, 『맹자요의孟子要義』, 『논어고금주論語古今注』, 『시경강의詩經講義』, 『상서고훈尙書古訓』, 『매씨서평梅氏書平』, 『춘추고징春秋考徵』, 『주역사전周易四箋』, 『역학서언易學緖言』이상 경집, 『상례사전喪禮四箋』, 『상례외편喪禮外編』, 『상의절요喪儀節要』, 『제례고정祭禮考定』, 『가례작의嘉禮酌儀』, 『예의문답禮疑問答』, 『풍수집의風水集議』이상 예집, 『악서고존樂書孤存』악집의 순이다. 이는 사서에 관한 저술을 앞에 두고, 육경에 관한 것을 뒤에 배치한 것으로, 구체적으로는 대학, 중용, 맹자, 논어, 시경, 상서, 춘추, 주역, 예, 악의 순서이다.

그러나 정약용의 견해는 이와 상당히 달랐다. 미리 결론을 밝히면 정약용이 편집한 경집의 순서는 육경, 사서, 소학, 심경의 순이다. 정약용의 견해가 잘 나타나는 자료는 「자찬묘지명自撰墓誌銘」으로, 1822년 고향 마재에서 회갑을 맞은 정약용이 자신의 삶을 회고하면서 정리한 글이다. 정약용이 작성한 「자찬묘지명」에는 광중본壙中本과 집중본集中本이 있으며, 자신의 저술 현황과 각 저술별로 자신이 밝힌 주요 업적을 요약해 두었다. 물론 정약용은 1822년 이후에도 저술 활동을 계속하였기 때문에 「자찬묘지명」에 나타나지 않는 저술도 있다. 그러나 정약용이 「자찬묘지명」에서 밝힌 내용은 그가 구상한 경집의 편집 체제를 보여준다는 점에서 중요하다.

정약용은 「자찬묘지명」집중본에서 자신의 글을 크게 경집과 문집으로 구분하고, 문집은 다시 시율詩律, 잡문前篇 後篇, 잡찬으로 구분하였다. 그리고 경집 관련 저술로 『모시강의』『詩經講義』를 말함 12권, 『모시강의보』 3권, 『매씨상서평』 9권, 『상서고훈』 6권, 『상서지원록』 7권, 『상례사전』 50권, 『상례외편』 12권, 『사례가식四禮家式』 9권, 『악서고존』 12권, 『주역심전周易心箋』『주역사전』을 말함 24권, 『역학서언』 12권, 『춘추고징』 12권, 『논어고금주』 40권, 『맹자요의』 9권, 『중용자잠』 3권, 『중용강의보』 6권, 『대학공의』 3권, 『희정당대학강의熙政堂大學講錄』『대학강의』를 말함 1권, 『소학보전小學補箋』『소학지언』을 말함 1권, 『심경밀험』 1권을 열거하고 총 232권이라 하였다.

정약용은 「자찬묘지명」집중본에서 자신의 글을 경집과 문집으로 구분하고, 경집의 순서는 모시毛詩, 상서, 예, 악, 역, 춘추, 논어, 맹자, 중용, 대학, 소학, 심경으로 제시하였다. 정약용의 이러한 구상은 「자찬묘지명」광중본에서도 확인된다.

> 유배기 18년 동안 오직 경전에 마음을 쏟아 시詩, 서書, 예禮, 악樂, 역易, 춘추春秋 및 사서四書의 여러 학설에 관해 저술한 것이 모두 230권이다.[6]

이상에서 정약용은 육경과 사서에 관한 저술을 언급하고 육경의 순

6 『與猶堂全書』 詩文集, 권16, 「自撰墓誌銘」(壙中本).
"鏞在謫十有八年, 專心經典, 所著詩書禮樂易春秋及四書諸說, 共二百三十卷."

서는 시, 서, 예, 악, 역, 춘추로 제시하였다. 다만 집중본에서 232권이던 경집이 광중본에서는 230권이라 하여 2권이 줄어들었다. 이는 『소학지언』 1권과 『심경밀험』 1권이 빠졌기 때문이다.

정약용의 편집 구상을 보여주는 또 다른 자료는 현재 남아 있는 필사본의 권별 표시이다. 규장각에 소장된 필사본에는 각 권마다 권별 표시가 되어 있다. 필자가 확인한 것을 정리하면 다음과 같다.

詩經講義	與猶堂集 권1~12	규7093
詩經講義補遺	與猶堂集 권13~15	규7093
梅氏書平	與猶堂集 권16~24[7]	규4920
尙書古訓	與猶堂集 권25~30[8]	규7016
尙書知遠錄	與猶堂集 권31~37	규4912
喪禮四箋	與猶堂集 권38~87[9]	규11894
喪禮外編	與猶堂集 권88~97	규11894
檀弓箴誤	與猶堂集 권88~93	
弔奠考	與猶堂集 권94[10]	
古禮零言	〃	
禮考書頂	〃	
正體傳重辨	與猶堂集 권95~97[11]	

7 규4920본에서 권1~4는 '洌水全書 권16~19'로 표시하였고, 권5~9는 '與猶堂集 권20~24'로 표시하였다.

8 필사본 제2권의 번호가 27, 제3권의 번호가 28로 된 것은 26, 27로 바로잡아야 한다.

9 고1360-13본은 '與猶堂集 권65~114'로 표시하였다.

10 이 경우에는 「弔奠考」가 권94, 「古禮零言」이 권95, 「禮考書頂」이 권96이 되어야 하는데 필사본에서는 3종의 저술을 합쳐 권94로 표시하였다.

11 규11894본의 경우 『與猶堂集』 권98에서 권102권까지 5권이 누락되었다. 『國朝典禮考』 2권과

四禮家式	與猶堂集 권103~105[12]	규11894
祭禮考定	與猶堂集 권103~104	
嘉禮酌儀	與猶堂集 권105	
喪儀節要	與猶堂集 권105	
樂書孤存	與猶堂集 권106~117	규5593
周易四箋	與猶堂集 권118~141	규4918
春秋考徵	與猶堂集 권145~156	규4919

현재 남아 있는 필사본의 권별 표시를 따르면 경집은 모시, 상서, 예, 악, 역, 춘추의 순으로 되어 있음을 확인할 수 있다. 다만 사서 관련 저술의 필사본에서는 대부분 해당 저술 내에서만 권 표시를 하였고,[13] 권별 표시를 한 경우에도 일정한 순서가 나타나지 않는다.[14]

이상에서 보듯 경집을 문집의 앞에 배치하고, 『시경강의』를 경집의 제일 앞에 배치한다면, 『여유당전서』는 결국 『시경강의』로 시작하게 된다. 여기에는 정약용의 특별한 의도가 있었다. 『시경강의』는 바로 정조가 일일이 읽어보고 비평을 한 저술이었고, 정약용은 정조의 평을 『여유당전서』의 서문으로 삼고자 하였다.

『禮疑問答』 3권이 여기에 해당하는 것으로 보인다. 그러나 규11894본에서 『國朝典禮考』(34책)는 2권이 모두 '권200'으로 표시되어 있고, 『禮疑問答』(27책)은 권 표시가 없다.

12 규11894본에서는 『四禮家式』에 속하는 祭禮考定, 嘉禮酌儀, 喪儀節要를 『喪禮外編』에 소속시키고 있다.

13 『論語古今注』 40권, 『孟子要義』 9권, 『中庸自箴』 3권은 해당 저술내의 권수만 표시하고 있다.

14 『大學公議』 3권, 『大學講義』 1권, 『小學枝言』 1권은 모두 '권200'으로 표시하였고, 그 다음에 나오는 『心經密驗』은 '권220'으로 되어 있다. 또한 『小學珠串』은 원래 '與猶堂集卷之'라고만 표시하였는데 후대에 '一' '二' '三'을 加筆하였다.

> 『시경강의』 800조는 내가 건릉健陵 정조께서 가장 칭찬하시는 글을 받은 것이다. 국왕의 평評이 융중隆重하여 조문마다 글을 써 주셨다. (중략) 그렇지만 그 중에서 대답한 말이 평이하고 방만하여 계발啓發한 것이 없는 것은 대략 삭제하였다. 이것을 전집全集의 첫머리에 두어 건릉의 어평御評을 서문처럼 하려는 것이 나의 뜻이다.[15]

> 선대왕께서 비평한 바 있는 『모시강의毛詩講義』 12권을 필두로 하고, 별도로 『모시강의보毛詩講義補』 3권을 지었다.[16]

『여유당전서』를 경집과 문집으로 구분하여 편집하는 것과 관련하여 모기령毛奇齡의 전집인 『서하합집西河合集』의 체제가 주목된다.[17] 정약용은 경학 연구를 진행하는 가운데 모기령의 학설을 많이 인용하였다. 주자의 학설을 비판하고 기견己見을 강하게 내세우는 모기령의 학설을 비판하는 것이 정약용의 기본 입장이었다. 그러나 최근의 연구를 통해 정약용은 모기령의 학설을 비판하면서도 그 영향을 많이 받았던 것으로 밝혀지고 있다.[18] 이 문제는 본서의 제2부 제3장에서 다루었다.

---

15 『與猶堂全書』 詩文集, 권18, 「示二子家誡」.
"『詩經講義』八百條, 是吾最蒙健陵知奬之文. 御評隆重, 條條題字. … 然其中有對語平漫 , 無所啓發者 , 略爲刪芟 , 以之冠冕全集. 俾我健陵御評, 有如序文, 卽余志也."

16 윗책, 권16, 「自撰墓誌銘」(集中本).

17 毛奇齡의 저술 체제에 대한 정보는 2003년 10월의 워크숍에 참석한 김언종 교수로부터 들었다. 이 기회를 빌려 감사를 표한다.

18 김승동, 「毛奇齡과 丁若鏞의 易卦 해석에 관한 비교 연구」, 『인문논총』 36, 부산대학교, 1990.
沈慶昊, 「조선후기의 경학연구법 분화와 毛奇齡 비판」, 『東洋學』 29, 1999.
______, 「丁若鏞의 詩經論과 청조 학술 - 특히 毛奇齡설의 비판 및 극복과 관련하여」, 『다산학』 3, 2002.
신원봉, 「다산의 易學觀 정립에 미친 淸代 사상의 영향 - 毛奇齡을 중심으로」, 『다산학』 3,

현재 규장각에 소장된 『서하합집』규중 4334 116책은 경집 57책과 문집 59책으로 구분되고, 경집은 다시 역, 서, 시, 예, 춘추, 사서, 악, 기타의 순으로 되어 있다.[19] 물론 『서하합집』과 『여유당전서』의 구성이나 편집 순서가 정확히 일치하는 것은 아니다. 그러나 전체 글을 경집과 문집으로 나누고 경집을 문집보다 앞에 배치한 것, 경집을 육경과 사서의 순서로 편집한 것은 일치한다. 이러한 체제는 모기령 이전에는 선례先例를 발견하기 어려운 점을 감안하면, 정약용은 경학 연구와 함께 전집의 편집 체제에서도 모기령의 영향을 받았을 가능성이 있다.

필자는 새로 편찬될 『정본 여유당전서』는 경집을 먼저 배치하고 그 다음에 문집을 배치해야 한다고 판단한다. 또한 1822년 이후에 편찬된 경학 저술은 각 경서별로 해당 항목에 추가하며, 『소학』과 『심경』에 관한 저술도 경집에 포함시켜야 한다고 생각한다.

2002.

19 『西河合集』 經集의 구성은 다음과 같다.

易 : 仲氏易, 推易始末, 太極圖說遺議, 易小帖, 易韻

書 : 古文尙書冤詞, 尙書廣聽錄

詩 : 國風省篇, 毛詩寫官記, 詩札, 詩傳詩說駁義, 白鷺洲主客說詩, 續詩傳鳥名

禮 : 昏禮辨正, 廟制折衷, 大小宗通繹, 配位議, 大禮議, 辨定祭禮通俗譜, 喪禮吾說篇, 曾子問講錄

春秋 : 春秋毛氏傳, 春秋屬辭比事記, 春秋條貫篇

四書 : 四書索解, 論語稽求篇, 大學證文, 大學知本圖說, 中庸說, 四書賸言, 四書賸言補, 聖門釋非錄

樂 : 逸講箋, 聖諭樂本解說, 竟山樂錄, 皇言定聲錄, 李氏學樂錄

기타 : 孝經問, 周禮問, 大學問, 明堂問, 學校問, 郊社禘祫問, 經問, 經問補

제3절 권卷과 책冊의 구분

신조선사본의 체제에서 가장 큰 문제는 권과 책의 구분이 전혀 무시되었다는 점이다. 신조선사본의 권은 제2집 경집이 48권, 제3집 예집이 24권, 제4집 악집이 4권이며, 이를 합하면 76권이 된다. 그런데 정약용이 「자찬묘지명」에서 밝힌 경집은 232권이란 점을 감안하면 신조선사본의 76권은 너무 적은 숫자이다.

경집의 권수가 차이가 나는 이유는 신조선사본이 원본의 권과 책을 구분하지 않고 필사본에 묶여진 책을 그대로 권수로 표시하였기 때문이다. 이런 사실은 신조선사본의 권수를 살펴보면 금방 드러난다. 『논어고금주』의 원본은 40권이지만 신조선사본에서는 10권경집 권7~16이 되었고, 『맹자요의』의 원본은 9권이지만 신조선사본에서는 2권경집 권5~6이 되었다. 또한 『중용자잠』은 3권이 1권경집 권3, 『중용강의보』는 6권이 1권경집 권4, 『대학공의』는 3권이 1권경집 권1, 『대학강의』는 1권이 1권경집 권2이 되었다.

필자가 확인한 필사본 『논어고금주』[20]는 40권 13책인데, 각 책이 3권씩 묶여 있고 마지막 1책만 4권권31~34으로 묶여 있다. 따라서 신조선사본의 저본이 된 필사본은 4권이 1책으로 묶여진 10책이었을 것으로 짐작된다. 또한 필사본 『맹자요의』[21]는 9권 3책이며 각 책이 3권씩 묶여 있다. 신조선사본 『맹자요의』는 총 2권이고 2권의 처음은 필

[20] 규11894, 『與猶堂集』 58~70책.

[21] 규11894, 『與猶堂集』 71~73책.

사본 권4의 중간에서 시작하는데, 그 이유를 파악하기가 어렵다. 필사본 『중용자잠』이나 『대학공의』[22]는 3권 1책인데 신조선사본은 1권이다. 필사본 『대학강의』는 1권이지만 『소학지언』 1권, 『심경밀험』 1권이 함께 묶여 1책이 되었다.[23] 신조선사본은 이 세 가지를 합쳐서 『대학강의』 1권이 되었다.

신조선사본의 원문을 꼼꼼히 살펴보면, 원본의 권별 구분이 흔적으로 남은 경우가 있다. 『대학공의』를 보면, 1엽頁에 '大學公議 一'이 보이고, 13엽에 공백이 있은 다음에 14엽이 '大學公議 二'로 시작되며, 28엽에 상당한 공백을 둔 다음 29엽이 '大學公議 三'으로 시작된다. 신조선사본 『중용자잠』이나 『매씨서평』에서도 그런 흔적이 남아 있어 원본의 구분을 확인할 수 있다. 그렇지만 원본의 권 구분을 전혀 알 수 없는 경우도 있다. 가령 『중용강의보』의 원본은 6권인데, 신조선사본은 '中庸講義補 卷一'로 시작한 이후 나머지 5권의 구분을 찾아내기 어렵다. 다만 신조선사본 『중용강의보』 1권의 분량이 67엽인 것으로 보아, 대략 10엽 전후가 원본 1권이었던 것으로 짐작할 뿐이다.

신조선사본이 '책'을 '권'으로 바꾸면서 발생한 문제는 권수가 달라졌을 뿐만 아니라 원본의 모습을 파괴하였다는 데 있다. 다음은 신조선사본 경집의 각권 첫 부분과 면수를 표시한 것이다. 이를 보면 편집 체제에 문제가 있음이 드러난다.

與猶堂全書第二集第一卷 經集　　大學公議一 45頁

22 규11894, 『與猶堂集』 74, 77책.

23 규11894, 『與猶堂集』 78책.

與猶堂全書第二集第二卷 經集　大學講義41頁
與猶堂全書第二集第三卷 經集其二　中庸自箴一31頁
與猶堂全書第二集第四卷 經集其二　中庸講義補一67頁
與猶堂全書第二集第五卷 經集其三　孟子要義61頁
與猶堂全書第二集第六卷 經集其四　孟子要義54頁
與猶堂全書第二集第七卷 經集其四　論語古今注卷一54頁
與猶堂全書第二集第八卷 經集其四　論語古今注卷二46頁

이상에서 보면, 경집의 其二, 三, 四가 무엇을 의미하는지 알기가 어렵다. 『대학공의』와 『대학강의』가 其一에 해당하고, 제6권에 있는 其四는 其三의 오자誤字라고 한다면, 각 경서별로 숫자를 구분한 것이라 볼 수는 있다. 그렇지만 신조선사본의 경집 순서는 정약용의 편집 의도와 무관한 것이므로 이 숫자는 별 의미가 없다. 또한 신조선사본 『논어고금주』는 권수가 복수이므로 숫자를 구별하는 것이 의미가 있다. 그러나 『대학공의』, 『중용자잠』, 『중용강의보』의 '一'이란 숫자는 원본의 잔영일 뿐 신조선사본에서는 각각 단권이므로 아무 의미가 없다. 그리고 신조선사본의 권별 면수는 전반적으로 분량이 많으며, 1권의 분량이 31엽에서 67엽까지 크게 차이가 난다.

원본의 '책'을 '권'으로 바꾸었기 때문에 나타나는 가장 큰 문제는 원본을 파괴하였다는 것이다. 앞서 보았듯이 『소학지언』과 『심경밀험』은 신조선사본에서 『대학강의』 속에 포함되어 있으나 세 저술은 대상 자료와 의도가 전혀 다른 별개의 저술이다. 원본의 파괴가 가장 심한 것은 『매씨서평』이다. 이해를 돕기 위해 신조선사본 『매씨서평』

을 권별로 표시하면 다음과 같다.

與猶堂全書第二集第二十九卷　經集其七　梅氏書平一 45頁
與猶堂全書第二集第三十卷　　經集其七　梅氏書平四 53頁
與猶堂全書第二集第三十一卷　經集其七　梅氏書平七 52頁
與猶堂全書第二集第三十二卷　經集其七　梅氏書平十 60頁

정약용은 1810년에 매색梅賾의 고문 25편이 위서임을 밝힌 『매씨서평』 9권을 저술하고, 1834년에는 이를 수정하여 『상서고훈』 21권과 함께 2부작 30권으로 만들었다. 따라서 1834년의 시점까지 『매씨서평』은 9권이며, 이는 정약용의 발문으로 확인된다.[24] 신조선사본을 기준으로 하면 『매씨서평』 9권은 권29~31에 해당하며, 원문을 자세히 살펴보면 권을 구분한 흔적이 모두 남아 있다. 따라서 신조선사본의 경집 권32에 나오는 『매씨서평』 권10의 「하내태서河內泰誓」, 「일주서극은편변逸周書克殷篇辨」, 「서대전약론書大傳略論」은 1834년 이후부터 1836년 사망하기까지 사이에 정약용이 추가한 것으로 보인다.

문제는 신조선사본 경집 권32의 분량이 60엽이나 되는 것이다. 여기에는 『매씨서평』 권10과 함께 『염씨고문상서소증초閻氏古文尙書疏證鈔』 4권이하 『염씨고문소증초』로 함이 포함되어 있기 때문이다. 정약용은 1827

---

24 『與猶堂全書』 經集, 권31, 「梅氏書平」 九.

"跋. 右梅氏書平九卷, 昔在庚午春[嘉慶十五年], 余在茶山謫中作, 今年春[道光十四年], 余在洌上, 取尙書古訓·尙書知遠錄, 合之爲一部, 共二十一卷. 旣又取梅氏書平, 刪其蕪雜, 增其闕遺, 修而成之, 仍其舊爲九卷, 二部之合三十卷也. 余今七十三, 眼昏而手顫, 猶能爲此, 賴天之賜也[書平之上四卷, 是數年前所修正]. 八月十四日, 洌上老人書[甲午秋]."

년에 홍석주가 소장하던 염약거閻若璩의 『고문상서소증古文尙書疏證』을 빌려 보고 학문적으로 상당한 자극을 받았으며, 얼마 후 이를 분석하여 비판한 『염씨고문소증초』를 저술하였다. 이 책은 정약용의 저술 가운데 말년에 속하며 1834년에 그가 『상서』 연구를 다시 시작하는 계기가 된 책이라는 데에 중요한 의미가 있다.

신조선사본을 보면 『염씨고문소증초』에서도 권별 구분의 흔적이 나타난다. 가령 14엽의 '閻氏古文疏證百一抄', 26엽의 '閻氏古文疏證鈔二', 38엽의 '閻氏古文疏證鈔三'이 그것이다. 필사본과 대조하면 52엽 "壬一"의 바로 앞에 '閻氏古文疏證鈔四'가 있어야 하는데, 신조선사본에서는 이 부분이 누락되었다. 그런데 신조선사본의 체제를 따르면 권 구분의 흔적이 남아 있기는 하지만 『염씨고문소증초』 4권이 『매씨서평』의 일부로 편입되어 있을 뿐이다. 그러나 『매씨서평』과 『염씨고문소증초』는 저술의 취지가 전혀 다른 책이다.

필자는 『정본 여유당전서』에서는 신조선사본의 권 구분을 버리고 필사본의 권 구분을 따라야 한다고 생각한다. 그래야만 정약용의 의도를 제대로 반영하고, 권별 분량을 적절히 조정할 수 있으며, 무엇보다 원본의 파괴를 막을 수 있기 때문이다. 원본의 권 구분을 복원하려고 할 때에도 문제점은 남아 있다. 가령 『중용강의보』와 같이 필사본이 발견되지 않아 원본의 권 구분을 살 알 수 없는 경우이다. 필자는 정본의 편찬을 담당한 연구자들이 관련 자료와 원문을 꼼꼼하게 대조하여 그 원형을 회복시켜야 한다고 생각한다.

제4절 저술 성격의 구분

신조선사본을 보면 각 권의 권수卷首에 "洌水丁若鏞美庸著"라고 표시하여, 모든 저술의 성격을 '저著' 즉 저술로 보았다. 그러나 필사본에서는 이를 저著, 술述, 집輯, 편차編次로 구분하여 저술의 성격을 다양하게 표시하였다. 필자가 확인한 내용을 정리하면 다음과 같다.

詩經講義	洌水丁鏞著	규7093
詩經講義補遺	洌水丁鏞著 李晴輯	규7093
梅氏書平	洌水丁鏞著	규4920
尙書古訓	洌水丁鏞編 門人李晴輯	규7016
尙書知遠錄	洌水丁鏞述	규4912
喪禮四箋	洌水丁鏞編次	규11894, 고1360-13
喪禮外編	洌水丁鏞述	규11894, 규4904, 고1325-13
四禮家式		
祭禮考定	洌水丁鏞述	규11894, 고1325-13
嘉禮酌儀	洌水丁鏞述	규11894, 고1325-13
喪儀節要	洌水丁鏞著	규4913
國朝典禮考	洌水丁鏞著	규11894
禮疑問答	洌水丁鏞著	규11894
樂書孤存	洌水丁鏞著	규5593
周易四箋	洌水丁鏞述	규4918
易學緖言	洌水丁鏞述	규5592

春秋考徵	洌水丁鏞述	규4919
論語古今注	洌水丁鏞輯 漢山李綱會塞琴尹峒校	규11894
孟子要義	洌水丁鏞輯	규11894
中庸自箴	洌水丁鏞著	규11894
大學公議	洌水丁鏞述	규11894
大學講義	洌水丁鏞著	규11894
小學枝言	洌水丁鏞述	규11894
心經密驗	洌水丁鏞著	규11894
小學珠串	洌水丁鏞輯	규11894

이상에서 보듯 정약용의 저술은 저·술·집·편차로 성격이 구분되어 있다. 정약용의 저술을 이렇게 구분한 것이 정확히 언제부터 시작되었는지는 확인하기 어렵다. 그렇지만 필사본이 복수로 남아 있는 경우에도 사용한 용어가 일치하는 것으로 보아 비교적 일찍부터 이런 구분이 있었던 것으로 추정할 수 있다. 현재로서는 이러한 구분이 정확하게 무엇을 의미하는지는 짐작하기 어렵다. 용어만 볼 때 저著와 술述에는 상대적으로 정약용의 독창적 견해가 많이 반영되고, 집輯과 편차編次는 자료집의 성격이 강한 것으로 추정할 수 있다. 그러나 '집'에 해당하는 『맹자요의』와 '편차'에 해당하는 『상례사전』에도 정약용의 견해를 밝힌 '용안鏞案'이 들어 있어 선뜻 단정하기는 어렵다.

필자는 새로 편찬하는 『정본 여유당전서』에는 이러한 저술의 구분이 반영되어야 한다고 생각한다. 현재로서는 정약용이 직접 자신의 저술을 이렇게 구분하였는지 알 수 없고, 필사본이 발견되지 않는 것도 많아서 『여유당전서』 전체를 일관된 방식으로 정리하기 어렵다. 그렇지만 필자는 교감기의 형태로나마 이러한 기록을 남겨두는 것이 후속 연구에 도움이 될 것이라 판단한다. 저술의 성격을 구분하는 것이 어떤 의미가 있는지에 대해서는 향후 전문가들의 연구를 기다린다.

제5절 원문에 붙은 일련번호

정약용은 일부의 경집 저술에 열람의 편의를 위해 일련번호를 붙여 두었다.[25] 신조선사본 『염씨고문소증초』를 보면 그 모습이 잘 나타나는데 이를 정리하면 다음과 같다.

甲 1, 2, 3, 4, 5, 6, 7, 8, 9, 10

乙 1, 3, 4, 5, 6, 7, 8, 9, 10

丙 1, 2, 3, 4, 5, 7

丁 1, 2

戊 10

己 1, 2, 4, 6, 8, 10

庚 1, 2, 3, 5, 6, 9

辛 1, 2, 3,[26] 4, 5, 6, 8, 10

壬 1, 2, 5, 6, 9

---

[25] 『與猶堂全書』 經集, 권32, 「閻氏古文尙書疏證鈔」 二.
"又其弟次, 標以甲乙, 以便考檢焉."

[26] 필사본에는 '庚三'으로 되어 있다.

癸 2, 7, 9, 10

子 1, 3, 4, 5, 6, 7

丑 2, 3

寅 1, 8

염약거의 『고문상서소증』은 『상서』의 고문 25편이 위서임을 논증하기 위해 본문을 128개의 조문으로 구분하여 서술하였다. 정약용은 『염씨고문소증초』에서 염약거의 설을 조문별로 검토하면서 자신의 견해를 밝혔다. 128개 조문을 10간干과 子·丑에 각 10조, 寅에 8조를 배당하여 일련번호를 붙인 것이다. 정약용은 논의할 내용이 없거나 『고문상서소증』의 원문이 누락된 경우에는 논의에서 제외하였기 때문에 일련번호의 중간에 누락된 번호가 있다.[27]

『염씨고문소증초』에서는 염약거의 조문을 표시하는 일련번호를 붙였으나 『매씨서평』에서는 자신이 논의한 내용을 조목별로 일련번호를 붙였다. 신조선사본 『매씨서평』에는 필사본 권1~2에 해당하는 부분에 다음과 같은 일련번호가 있다. 이는 필사본규4920과 일치한다.

上甲 1, 2, 3, 4, 5, 6, 7, 8, 9, 10

上乙 1, 2, 3, 4, 5, 6, 7, 8, 9, 10

上丙 1, 2, 3, 4,[28] 5, 6, 7, 8, 9, 10

上丁 1, 2, 3, 4, 5, 6, 7, 8, 9, 10

上戊 1, 2, 3, 4, 5, 6, 7, 8, 9, 10

---

27 이지형, 『역주매씨서평』, 문학과지성사, 2002, 629면 주1) 참조.

28 上丙四는 2條가 나온다.

上己 1, 2, 3, 4, 5, 6, 7, 8, 9, 10
上庚 1, 2, 3, 4, 5, 6, 7, 8, 9, 10
上辛 1, 2, 3, 4, 5, 6, 7, 8, 9, 10
上壬 1, 2

정약용은 경학 저술에서 자신이 붙인 일련번호를 오늘날의 논문 각주처럼 활발하게 인용하고 있다. 다음의 문장을 보면 정약용이 이 번호를 어떻게 활용하였는지가 잘 나타난다.[29]

> 孔氏增多之篇, 本止十六藝文志[上甲八]. 荀悅『漢紀』, 劉向『別錄』, 馬融「書序」[上甲九]. 傳至鄭玄, 篇目歷然[上丁七], 猝增多二十五篇, 將誰信之?

신조선사본에 들어있지는 않지만 필사본 『상서지원록』7권에는 이러한 일련번호가 나타난다. 『상서지원록』은 『여유당전서보유』에 수록된 필사본과 규장각 소장된 필사본규4912에 모두 일련번호가 붙어 있다. 22개 간지에 각 10조씩 있으므로 결국 총 220개의 조목이 있는 셈이다. 다만 규장각 필사본에는 권2~5까지 下丙六~下卯七에 해당하는 일련번호가 빠져 있다. 이는 필사하는 사람이 빠트린 것으로 보인다. 『상서지원록』의 일련번호 앞에 있는 '下'는 『매씨서평』의 '上'에 대응하는 표시로 이해된다.

신조선사본 『상례사전』「상의광喪儀匡」에도 일련번호가 나타난다. 「상의광」은 원본이 17권이므로 일련번호도 총 683조에 이르며, 그 순

29 『與猶堂全書』 經集, 권29, 「梅氏書平」 1, 大序 2.

서는 다음과 같다. 신조선사본의 일련번호는 필사본규11984과 일치한다.

권1~권5, 22干支上甲~上亥 각 10조, 합 220조
권6~권9, 20宿角亢氐房心尾箕斗牛女虛危室壁奎婁胃昴畢觜 각 10조 합 200조
권10~권15, 22干支下甲~下亥 각 10조, 합 220조
권16, 水 火 金 木 각 10조, 土 3조, 합43조
권17, 일련번호 없음

「상의광」의 일련번호는 「상의광」의 원문은 물론이고 『상례사전』의 다른 글에서도 자주 인용된다. 따라서 『상례사전』에 그 번호를 분명하게 표시해 주는 것이 중요하다.

이상에서 보듯 정약용의 경학 저술에는 일련번호가 붙은 저술들이 있고, 신조선사본에도 이런 사항이 비교적 잘 반영되어 있다. 그런데 훗날 경인문화사에서 신조선사본을 축소한 영인본 6책을 보급하면서 계선 밖에 붙어 있던 일련번호를 잘라내고 편집하였다. 이에 따라 많은 연구자들은 일련번호가 누락된 영인본을 이용하게 되었고, 결국 정약용이 본문에서 인용한 사항을 이해하기 어렵게 되었다.

필자는 『정본 여유당전서』에서는 정약용이 원본에 붙였던 일련번호를 반드시 복원해야 한다고 생각한다.

제6절 신조선사본에서 제외된 저술

정약용의 경집 저술 중에는 신조선사본에서 제외된 저술이 많다. 다산학술문화재단에서 기획하는 『정본 여유당전서』가 단순히 신조선사본의 표점과 교감에 그치는 것이 아니라 정약용의 저술을 집대성하고 원형을 회복하는 것을 목표로 한다면, 신조선사본의 편집에서 누락된 저술에 대한 관심이 필요하다.

첫째, 「자찬묘지명」에서는 경집으로 분류되었지만 신조선사본에서 제외된 저술이 있다. 『상서고훈』 6권과 『상서지원록』 7권이 이에 해당한다. 정약용은 강진에 유배 중이던 1810년에 위서로 파악한 고문 25편을 제외한 금문 28편의 고훈古訓을 정리한 『상서고훈』『古訓蒐略』 6권을 저술하였고, 1811년에는 금문의 대의大義를 분석한 『상서지원록』 7권을 저술하였다. 따라서 1822년에 작성한 「자찬묘지명」에서는 이 2종의 저술을 거론하였다. 이후 정약용은 홍석주의 『상서보전』과 염약거의 『고문상서소증』을 접하면서 자기 저술의 부족함을 느꼈고, 1834년 『상서고훈』과 『상서지원록』을 합하고 체제 및 내용을 대폭 수정한 『상서고훈』 21권 7책을 저술하였다.[30] 현재 신조선사본에 있는 『상서고훈』이다.

그런데 유배기에 저술한 『상서고훈』과 『상서지원록』은 『상서』 연구

---

30 『與猶堂全書』 經集, 권28, 「尙書古訓」 七.

"右『尙書古訓』二十一卷, 余所輯, 余所編, 又余之手鈔者也. 起工于二月二日, 告竣于六月十日, 其間一百二十八日. 始不自意賴天之佑, 今幸卒業于未死, 幸矣哉. 余齡七十三後七日, 六月旣望, 余孤辰也. 幸而至是, 當以是七冊, 自壽之."

의 초기 모습을 가지고 있으며, 이를 뒤에 나온 『상서고훈』과 비교하여 정약용의 생각이 어떻게 변하였는지를 추적할 수 있다는 점에서 중요한 저술이다. 다행히 『상서고훈』은 현재 필사본 1종규7016, 6권 2책이 전해지고, 『상서지원록』은 필사본 2종규4912, 7권 3책 ; 『여유당전서보유』 제5책 수록이 전하므로, 이를 바탕으로 하여 정본을 만들어야 한다.

둘째, 「자찬묘지명」에서는 문집으로 분류되었지만, 경집에 포함시킬 수 있는 저술이 있다. 『국조전례고國朝典禮考』 2권과 『소학주관小學珠串』 3권이 여기에 해당한다. 1818년 여름에 완성된 『국조전례고』는 왕실 전례에 관한 연구서라는 점에서 『상례외편』에 포함되어 있는 「정체전중변正體傳重辨」과 짝을 이루는 저술이다. 또한 1811년에 완성된 『소학주관』은 유교 경전에 나오는 명물名物 중 학문에 도움이 되는 300 조목을 골라 숫자의 순서대로 정리한 소학류 저술이다. 현재 『국조전례고』는 신조선사본 『상례외편』에 포함되어 있고,[31] 『소학주관』은 제1집 잡찬집에 포함되어 있다. 이들은 필사본도 남아 있으므로,[32] 판본 대조를 통해 정본을 만들어야 한다.

셋째, 「자찬묘지명」에 나타나지 않지만 『여유당전서보유』에 수록되었거나 독립된 필사본이 있다. 이런 경우에는 정약용의 저술이 확실하다고 판단되는 것부터 포함시키는 방안을 택해야 한다.

먼저 『여유당전서보유』 제2책에 포함된 『독상서보전讀尙書補傳』이 있다. 이 책은 1827년에 정약용이 홍석주의 『상서보전尙書補傳』을 읽고 독후감으로 작성한 것이다. 「요전堯典」「순전舜典」「대우모大禹謨」「고

---

31 『與猶堂全書』 禮集, 권20, 『喪禮外編』 권4, 「國朝典禮考」.

32 『國朝典禮考』는 규11894 『與猶堂集』의 제34책, 『小學珠串』은 동일본의 제76책에 해당한다.

요모皐陶謨」「익직益稷」 등 5편에 대한 평을 단 것에 불과하나 『상서』에 대한 정약용의 견해가 분명히 나타난다는 점에서 중요한 자료이다.[33] 『독상서보전』은 정약용의 저술이 분명하므로 정본에 포함시켜야 할 자료이다.

다음으로 『여유당전서보유』 제5책에 포함된 『독례통고전주讀禮通考箋註』가제[34]도 다산의 저술로 확인된다. 정약용은 강진 시절에 서건학徐乾學의 『독례통고讀禮通考』4函를 읽으면서 의문이 생기거나 독자적인 견해가 있으면 이를 책머리에 기록해 두었으며, 그가 고향으로 돌아온 후 이인영李仁榮이 이를 채록하여 책으로 만든 것이 『예고서정禮考書頂』이라고 하였다.[35] 신조선사본에서 『예고서정』은 『상례외편』에 포함되어 있으며, 채록된 기록의 날짜를 보면 1802년 5월 25일부터 1811년 7월 10일까지이다. 『여유당전서보유』에 있는 『독례통고전주』는 영남대학교 중앙도서관의 동빈문고東賓文庫에 있는 낙질본 『독례통고』낙질본 10책의 책머리에 기록된 내용을 편집한 것이다.[36] 이를 보면 1802년 7월 11일~1810년 8월 23일에 기록한 것으로 나타나 『예고서정』이 작성된 시기에 포함된다. 필자는 신조선사본의 『예고서정』이 전체가 아

---

33 『讀尙書補傳』은 實是學舍茶山經學硏究會에서 譯註한 책이 나와 있다(『茶山과 臺山·淵泉의 經學論爭』, 한길사, 2000, 169~212면).

34 '讀禮通考箋註'란 書名은 『與猶堂全書補遺』를 편집한 金泳鎬가 붙인 것이다.

35 『與猶堂全書』 禮集, 권19, 「喪禮外編」 三.
"余在茶山, 治喪紀之學, 案有徐健菴『讀禮通考』四函, 每有疑義, 或有思辨, 輒書之於冊頂, 日月錯互, 可以考驗其先後. 及歸洌上, 遂無閒暇, 不復箚記. 李君仁榮, 錄之成篇, 斯之爲『禮考書頂』也. 道光辛巳孟秋."

36 金泳鎬, 「解題」, 『與猶堂全書補遺』 제5집, 1974.
여기서는 『讀禮通考』 총 30책 중에 10책이 남아 있다고 하였는데, '四函'이라는 기록과 규장각에 소장된 본이 120권 40책인 것으로 보아 전체 분량은 40책인 것으로 보인다.

니라고 판단하며, 동빈문고에 있는 내용까지 합하여 정리해야 한다고 판단한다.

그리고 필사본 『논어수차論語手箚』 3권 1책규5594이 있다. 이 책은 『논어고금주』의 저본이 되는 것으로 『논어』의 일부 원문을 제시하고 그에 대한 주석을 정리하는 방식을 취하였다. 그러나 주석의 체제가 『논어고금주』의 그것에 미치지 못하고, 『논어수차』에 있는 내용은 모두 『논어고금주』에 수록되어 있다는 점에서 『논어고금주』의 저본으로 이해된다. 한 가지 아쉬운 점은 현재 남아 있는 필사본이 『논어』 20편 가운데 5편「學而」~「公冶長」을 다룬 낙질본이라는 것이다. 『논어고금주』를 기준으로 판단할 때 원본의 분량은 대략 15권 5책 정도였을 것으로 추정된다. 별도의 낙질본이 있는지 확인이 필요하다.

이외에 『여유당전서보유』 제5책에는 『광효록廣孝錄』, 『주역잉언周易賸言』, 『시경강의속집詩經講義續集』이 편집되어 있지만 아직까지 정약용의 저술이 확실하다는 근거가 나타나지 않았다. 다만 필사본 『주역잉언』은 정약용의 친필로 보이고, 『시경강의속집』은 정약용의 외손인 윤정기尹廷琦가 정약용의 사후에 정리한 본이라는 점에서 일정한 근거를 가진다.

새로 편찬하는 『정본 여유당전서』에서는 향후 추가로 발굴되는 자료를 망라할 수 있는 방안을 생각해야 할 것이며, 정본이 완성된 이후에는 정약용의 자제와 제자들이 남긴 저술도 수집 정리하는 방안을 고려해야 한다고 본다.[37] 그럴 경우 『여유당전서보유』에 수록된 윤정기

37 이에 대해서는 임형택, 「丁若鏞의 康津 流配時의 교육활동과 그 성과」, 『韓國漢文學硏究』 21, 1998을 참조.

의 『시경강의속집』은 제자의 저술에 포함시킬 수 있을 것이다.

제7절 『여유당전서』 경집의 편집 방안

지금까지 필자는 신조선사본 경집 체제의 문제점을 검토하고 그 대안을 제시해 보았다. 이러한 문제점들은 필자가 지금까지 신조선사본을 이용하면서 느꼈던 것으로, 이번에 새로 편찬되는 『정본 여유당전서』에서는 이를 해결하여야 한다고 생각한다. 필자가 구상하는 『여유당전서』 경집의 편집 방안을 밝히는 것으로 이 글을 마무리한다.

첫째, 정약용이 「자찬묘지명」에서 제시한 방안을 최대한 준수해야 한다. 그러자면 경집의 순서는 육경, 사서, 소학, 심경으로 되며, 구체적으로는 시, 서, 예, 악, 역, 춘추, 논어, 맹자, 중용, 대학이다.

둘째, 1822년 이후에 완성되어 「자찬묘지명」에 포함되지 않은 저술은 각 범주별로 「자찬묘지명」에 제시된 저술의 다음에 배치한다.

셋째, 각 저술의 권 구분은 필사본의 구분을 따르고, 그 자료적 근거를 제시한다.

이상의 편집 방안에 따라 경집의 순서와 권수, 판본을 정리하면 다음과 같다.

1. 六經

『詩經講義』	12권	규7093	신조선사본

『詩經講義補』	3권	규7093	신조선사본
『梅氏尙書平』	9권+1권	규4920	신조선사본
『古訓蒐略』	6권	규7016	
『尙書知遠錄』	7권	규4912	여유당전서보유
『尙書古訓』	21권		신조선사본
『閻氏古文疏證鈔』	4권	규11894	신조선사본
『喪禮四箋』	50권	규11894, 고1360-13	신조선사본
喪儀匡	17권		
喪具訂	6권		
喪服商	6권		
喪期別	21권		
『喪禮外編』	12권	규11894, 규4904	신조선사본
檀弓箴誤	6권		
弔奠考	1권		
古禮零言	1권		
禮考書頂	1권		
正體傳重辨	3권		
『四禮家式』	9권	규11894, 고1325-13,	신조선사본
祭禮考定	2권	규4913	
嘉禮酌儀	1권		
喪儀節要	6권		

『國朝典禮考』	2권	규11894	신조선사본
『禮疑問答』	3권	규11894	신조선사본
『樂書孤存』	12권	규5593	신조선사본
『周易四箋』	24권	규4918	신조선사본
『易學緖言』	12권	규5592	신조선사본
『春秋考徵』	12권	규4919	신조선사본

2. 四書

『論語古今注』	40권	규11894	신조선사본
『孟子要義』	9권	규11894	신조선사본
『中庸自箴』	3권	규11894	신조선사본
『中庸講義補』	6권		신조선사본
『大學公議』	3권	규11894	신조선사본
『大學講義』	1권	규11894	신조선사본

3. 小學과 心經

『小學枝言』	1권	규11894	신조선사본
『心經密驗』	1권	규11894	신조선사본
『小學珠串』	3권	규11894	신조선사본
『兒學編』	2권	古 2410-18	

4. 기타 낙질본

『讀尙書補傳』	1책		여유당전서보유
『論語手箚』	3권 1책	규5594	

제2장 필사본 『상서』 주석서의 계열

다산학술문화재단은 2004년에 『정본 여유당전서』를 편찬하는 사업을 시작하여 2012년 12월에 37책으로 완간하기에 이르렀다. 본 사업의 가장 핵심은 국내외에 흩어져 있는 300여 종의 필사본을 수집하여 대조함으로써, 1934~1938년에 간행된 신조선사본 『여유당전서』의 오자와 탈자를 수정하고 누락되거나 순서가 뒤바뀐 문장을 바로잡는 작업이었다.[1]

정본 사업이 진행되는 동안 국내외에 전해지던 상당수의 필사본이 수집되고, 필사본의 소재지와 현황을 알리거나 필사본의 내용을 검토하여 그 계열을 밝히는 연구 논문들이 다수 발표되었다.[2] 필자도 이 사업에 참여하면서 정약용 저술의 경집 체제가 필사본과 신조선사본에 큰 차이가 있고, 『상서지원록』의 필사본을 비교한 결과 1811년에 처음 편찬된 이후에도 수차례의 수정 작업이 있었음을 밝혔다.[3]

이 글은 『정본 여유당전서』의 간행을 마무리하면서 그동안 수집된 필사본 『상서』 주석서의 계열과 필사 시기를 검토하기 위해 작성되었

---

1 『定本 與猶堂全書』 편찬 사업의 개요에 대해서는 송재소, 「『정본 여유당전서』 해제」, 『定本 與猶堂全書』 1, 다산학술문화재단, 2012, 6~19면 참조.

2 정약용이 작성한 주석서의 필사본에 대한 연구는 金泳鎬(1975, 1985), 趙誠乙(1984), 安秉直(1985)에 의해 시작되었고, 정본 사업이 시작된 이후의 연구는 주로 『茶山學』을 통해 발표되었다.

3 본서 제1부 제1장과 제3장 참조.

다. 정약용의 『상서』 주석서에는 유배지 강진에서 편찬한 『매씨서평』, 『상서고훈』『古訓蒐略』, 『상서지원록』이 있고, 1818년에 고향에 돌아온 이후 작성한 『염씨고문소증초』와 『독상서보전』, 유배지에서의 저술을 전면적으로 수정한 『매씨서평』과 『상서고훈』이 있다. 그런데 정약용은 이들 저술을 일단락 지은 후에도 여러 번 수정하였고, 그가 사망한 이후에도 후학들의 가필이 있어 현전하는 필사본의 내용에는 차이가 있다.

이 글에서는 정약용의 『상서』 주석서를 『매씨서평』과 『상서고훈』으로 구분하고 각 저술별로 현전하는 필사본의 내용을 검토하며, 이를 종합하여 필사본의 계열 및 필사 시기를 추정해 보기로 한다. 정약용의 『상서』 관련 저술에는 『독상서보전』도 있으나 현전하는 필사본이 유일하므로 검토 대상에서는 제외하였다.[4]

제1절 『매씨서평梅氏書平』의 필사본

1. 『매씨서평』

정약용이 『상서』의 원문에 관심을 가진 것은 1789년정조 13에 규장각 초계문신으로 선발된 이후였다. 그는 1792년 봄에 정조가 주도하던 『상서』 강의에 참여하였다. 정약용은 강의의 진도가 「오공禹貢」 편

4 『讀尙書補傳』의 필사본은 『與猶堂全書補遺』 2, 215~238면에 수록되어 있다.

에 이르렀을 때 부친의 죽음을 맞았고,[5] 이후 부친의 삼년상을 치르느라 『상서』 강의에 참석하지 못하였다. 그러나 정약용은 이 때 고문상서와 금문상서의 차이를 분명하게 인식하였다.[6] 정약용은 규장각의 『상서』 강의에 참여하면서 작성한 글을 『매씨서평』 경의講義 1~4에 포함시켰다.

> 가경嘉慶 경오년1810 4월 보름에 나는 다산의 적거謫居에서 매서梅書의 위안僞案을 조목조목 정리하고 있었다. 우연히 책 상자를 뒤지다가 우리 정종대왕正宗大王의 어제御製 상서조문尙書條問 한 통을 얻었다. 대개 매본梅本의 진위眞僞를 반복하여 따져서 주자朱子의 뜻을 천명하려 한 것이다. 나는 다시 세 번 반복하여 외우고 줄줄 눈물을 흘렸으며, 우리 성주聖主께서 이치를 살피심이 밝아 아무리 미미해도 밝히지 않음이 없고, 아무리 간교해도 밝혀내지 않음이 없음을 더욱 알게 되었다. 삼가 원래의 질문을 기록하고 평소에 하던 것처럼 조목별로 대답하여 탄식하며 잊지 못하는 생각을 나타낸다.[7]

정약용은 유배지 강진에서 『상서』를 본격적으로 연구하였으며, 1810년 봄에 『매씨서평』 9권을 처음으로 작성하였다. 정약용은 고문상서 25편의 위서 여부를 의심하다가 이것이 매색梅賾이 작성한 위서임을 확신하고 이를 논증하는 『매씨서평』을 편찬하였다. 『매씨서평』

5 丁若鏞의 부친이자 진주목사였던 丁載遠은 1792년 4월 9일에 진주에서 사망하였다(『俟菴先生年譜』).

6 본서 제1부 제3장 참조.

7 『與猶堂全書』 經集, 권30, 經集 7, 梅氏書平 4, 「講義 1」.
"嘉慶庚午四月之望, 臣在茶山謫居, 疏理梅書之案. 偶檢笥笈, 得我正宗大王御製尙書條問一道. 蓋亦反復究詰於梅本之眞僞, 而思闡朱子之志者. 臣復恭三誦, 潸然以泣, 益知我聖主察理之明, 無微不燭, 無奸不照. 敬錄原問, 遂爲條對如平生, 以寓於戲不忘之思."

에서 정약용은 고문상서를 옹호한 모기령毛奇齡의 『고문상서원사古文尙書冤詞』 8권를 정밀하게 검토하여 비판하였다.

정약용이 유배지에서 작성한 『매씨서평』은 그가 고향으로 돌아온 후 인근 학자들에게 큰 주목을 받았다. 정약용은 1819년에 신작에게 『매씨서평』을 보였고, 1822년에는 김매순과 김기서, 1827년에는 홍석주에게 이 책을 보여주고 경학 논쟁을 벌였다. 김매순과 홍석주는 『매씨서평』에 나오는 격한 표현을 부드럽게 고칠 것과 논거가 잘못된 것을 지적하였고, 홍석주와 신작은 주자학과 고증학을 이해하는 태도에서 정약용과 차이를 보였다.[8]

정약용은 주변 학자들의 지적을 받은 후 『매씨서평』을 수정하였다. 그는 『매씨서평』의 앞부분 4권을 1834년보다 수년 전에 미리 수정하였고, 나머지 5권의 수정은 1834년 8월에 마무리하였다. 정약용이 『매씨서평』을 수정하는 과정은 그 발문에 잘 나타난다.

> 위의 『매씨서평』 9권은 경오년 봄[가경嘉慶 15년1810]에 내가 다산에서 귀양살이할 때 지은 것이다. 금년 봄[도광道光 14년1834]에 나는 열상洌上 한강에서 『상서고훈』과 『상서지원록』을 합하여 한 책으로 만들었는데 모두 21권이다. 얼마 후 다시 『매씨서평』에서 쓸모없는 것을 지우고 빠뜨린 것을 첨가하여 정리하여 완성하였으며 본래의 체제대로 9권이다. 두 책을 합치면 30권이다. 내가 지금 일흔 세 살의 나이로 눈이 어둡고 손이 떨리는데도 이 일을 할 수 있었던 것은 하늘의 도우심 덕분이다[『매씨서평』의 앞 네 권은 수년 전에 수정한 것이다]. 8월 14일에 열상노인洌上老人이 쓰다[갑오년1834 가을].[9]

---

8 본서 제3부 제1장 참조.

9 『與猶堂全書』 經集, 권31, 經集 7, 梅氏書平 9, 「跋」.

이상의 발문에서 우리는 다음의 사실을 파악할 수 있다.

1) 1810년 봄, 강진의 다산에서 『매씨서평』 9권을 지었다.
2) 1834년에서 수년 전에 『매씨서평』의 권1~4 부분을 수정하였다.
3) 1834년 봄, 광주의 마재에서 『상서고훈』과 『상서지원록』을 합하여 21권으로 만들었다.
4) 1834년 여름, 『매씨서평』의 권5~9 부분을 수정하여 완성하였다.

정약용의 발문은 짧은 글이지만 『매씨서평』의 편찬과 수정에 대해 중요한 정보를 제공한다. 『매씨서평』은 1차 편집본과 2차 편집본이 있으며, 2차 편집본은 전반부와 후반부로 나누어 수정 작업이 있었다는 의미이다.

현재까지 『매씨서평』의 필사본은 총 5종이 확인되었고, 그 서지 사항을 정리하면 다음과 같다. 김영호의 기탁본에 있는 2종의 필사본은 '김영호본(1)' '김영호본(2)'로 표시하고, 나머지 3종은 소장처에 따라 '단국대본' '버클리대본' '규장각본'으로 표시하였다.

① 단국대본 : 필사본 3권 1책, 단국대 연민기념관, 연민 고850.819 정516ㅇ

표지 : 菜花亭集, 尙書平 1~3

내지 : 與猶堂集 권16~18, 梅氏尙書平 1~3, 洌水 丁鏞 著

"右『梅氏書平』九卷, 昔在庚午春[嘉慶十五年], 余在茶山謫中作. 今年春[道光十四年], 余在洌上取『尙書古訓』·『尙書知遠錄』, 合以爲一部, 共二十一卷. 旣又取『梅氏書平』, 刪其蕪雜, 增其闕遺, 修而成之, 仍其舊爲九卷. 二部之合, 三十卷也. 余今七十三, 眼昏而手顫, 猶能爲此, 賴天之賜也[『書平』之上四卷, 是數年前所修正.]. 八月十四日, 洌上老人書[甲午秋].

② 김영호본(1) : 필사본 6권 2책

표지 : 菜花亭集, 尙書平 4~9

내지 : 與猶堂集 권19~24, 梅氏尙書平 4~9, 洌水 丁鏞 著

③ 버클리대본 : 필사본 9권 3책, 미국 버클리대 동아시아도서관 아사미淺見문고, 1.4

표지 : 俟菴經集 6~8, 梅氏尙書平 1~9[10]

내지 : 洌水全書 권16~19, 與猶堂集 권20~24, 洌水 丁鏞 著

④ 규장각본 : 필사본 9권 3책, 서울대 규장각한국학연구원, 규4920

표지 : 俟菴經集, 梅氏尙書平 1~9,

내지 : 洌水全書 권16~19, 與猶堂集 권20~24, 洌水 丁鏞 著

⑤ 김영호본(2) : 필사본 3권 1책

표지 : 與猶堂集, 梅氏書平 7~9

내지 : 洌水全書 권22~24, 洌水 丁鏞 著

이상에서 단국대본[11]과 김영호본(1)을 합하면 하나의 완질이 된다. 또한 규장각본은 버클리대본을 저본으로 한 후사본이므로 같은 계열에 속한다. 다음의 〈표 1〉은 5종의 필사본과 신조선사본의 체제를 비교하여 정리한 것이다.

---

10 버클리대본의 경우 표지에서는 3책 전체를 "梅氏尙書平"으로 표시하였다. 그러나 내지에서는 권1~4 부분은 "梅氏書平", 권5~9 부분은 "梅氏尙書平"으로 표시하였다.

11 단국대본 『매씨서평』에 대해서는 김보름, 「단국대 연민문고 소장 『매씨상서평』의 학술적 가치에 대하여」, 『한문학보』 29, 우리한문학회, 2012를 참조. 菜花亭은 1821년에 정약용이 고향에 지은 건물 이름이다.

〈표 1〉『매씨서평』 필사본과 신조선사본의 체제

권	단국대본 김영호본(1)	버클리대본 규장각본	김영호본(2)	신조선사본
1	序 (總敍) 伏生所傳今文尙書第一 孔安國所獻古文尙書第二 張霸所獻僞造尙書第三 杜林所傳古文尙書第四 梅賾所奏孔傳尙書第五 伏生所傳今文尙書篇目 史記所載尙書篇目 鄭玄所傳古文尙書篇目 **建武舜典考** **河內泰誓考**	序 總敍 伏生所傳今文尙書第一 孔安國所獻古文尙書第二 別書杜林所傳古文尙書第三 梅賾所奏孔傳尙書第四 **建武舜典考**第五 **河內泰誓考**第六 張霸僞書考第七 伏生今文尙書篇目 史記所載尙書篇目 鄭玄所註古文尙書篇目		序 總敍 伏生所傳今文尙書第一 孔安國所獻古文尙書第二 別書杜林所傳古文尙書第三 梅賾所奏孔傳尙書第四 建武舜典考第五 河內泰誓考第六 張霸僞書考第七 伏生今文尙書篇目 史記所載尙書篇目 鄭玄所註古文尙書篇目
2	**序** 大序 1~4 正義 1~12 寃詞 1~10	大序 1~4 正義 1~10 集傳 1~10		大序 1~4 正義 1~10 集傳 1~10
3	寃詞 11~40[12]	寃詞 1~24		寃詞 1~24
4	寃詞 41~50 雜訂 1~15 講義 1~3	寃詞 25~40 遺議 1~8 講義 1~4		寃詞 25~40 遺議 1~8 講義 1~4
5	大禹謨, 五子之歌, 胤征	大禹謨, 五子之歌, 胤征		大禹謨, 五子之歌, 胤征
6	仲虺之誥, 湯誥, 伊訓 太甲上, 中, 下	仲虺之誥, 湯誥, 伊訓 太甲上, 中, 下		仲虺之誥, 湯誥, 伊訓 太甲上, 中, 下
7	咸有一德 說命上, 中, 下 **泰誓序** 泰誓上, 中, 下	咸有一德 說命上, 中, 下 **泰誓序** 泰誓上, 中, 下	咸有一德 說命上, 中, 下 泰誓上, 中, 下	咸有一德 說命上, 中, 下 泰誓上, 中, 下
8	**河內泰誓** 武成, 旅獒	**河內泰誓** 武成, 旅獒	武成, 旅獒 微子之命, 蔡仲之命	武成, 旅獒 微子之命, 蔡仲之命
9	微子之命, 蔡仲之命 周官, 君陳, 畢命 君牙, 冏命	微子之命, 蔡仲之命 周官, 君陳, 畢命 君牙, 冏命	周官, 君陳, 畢命 君牙, 冏命 **跋**	周官, 君陳, 畢命 君牙, 冏命 **跋**

12 제1책 뒷표지 안쪽에 "近世又有豐熙古文僞尙書"가 필사되어 있음. 豐熙의 僞古文에 대해서는 『日知錄』 卷2, 「豐熙僞尙書」에서 거론한 바 있다.

먼저 단국대본과 버클리대본을 비교하면 서문부터 큰 차이가 있다. 다음은 두 본의 서문으로 글자의 차이가 있는 부분을 진하게 표시하였다.

① 단국대본 서문

昔余游學京師, 竊聞, 師友往往疑梅氏尙書, 文體卑順. 心服其言. 逮應講內閣, 課至禹貢, 遂遭大故. 尙記乾隆壬子之春, 入侍于熙政堂, 誦禹貢訖, 睿獎隆洽, 玉音諄復. **然其所獎, 在於音節諧暢, 非有敷奏也**. 時聖上, 潛心經籍, 博詢時英, 有尙書條問數百餘條, 縷縷致意於今文古文之辨, 而[賤臣], 寢苫在家, 未有條對. 至今吞恨, 何者? 聖人旣沒, 無**從**質問此謏聞也. 竊以梅氏**尙**書, 薈萃羣言, 裒成一家, 至言格訓, **彪炳煜霅, 有敢訾議, 罪在侮聖**. 然其**搜**輯之時, 如「兌命」·「太**甲**」之本標篇名者, 以之爲「兌命」·「太**甲**」. 誰曰不可, 至於夏書·周書之但標時代者, '書曰''書云'之原無標別者, 分隷各篇, **而雜以新說**, 苟成文理, 以簒聖經之名, 則凡**衛聖尊聖者, 所不得不辨**. 故朱子曰: "某嘗疑孔安國書, 是假書." 又曰: "孔書, 至東晉方出, 前此諸儒, 皆未之見, 可疑之甚." 又曰: "書凡易讀者, 皆古文, 難讀者, 皆今文." 又曰: "伏生口授, 如何偏記其所難, 而其易者, 全不能記也?" 又曰: "豈有數百年壁中之物, 不訛損一字者." 夫自漢唐以來, 篤好古經, **力護聖道**, 未有如朱子者, 豈其起疑於無疑, 欲毁無瑕之至寶哉? 梅氏**尙**書, 誠有可疑. 故朱子不得不疑之耳. **洪惟我朱子, 秉心至公, 察物甚慧, 凡其所言, 皆非後生末學所敢輕議. 特其著述太富, 語錄失眞, 或初年之撰未及追改, 或燕閒之談不皆深考. 遂使儇薄之徒, 摘其瑕纇, 妄意敲撼, 然猶竊訕, 不敢顯斥**. 至蕭山毛氏之書出. **而後其謾罵醜辱**, 無復餘地, **嗟乎! 此何事也. 其人之於朱子, 若有私怨世讎, 刻骨鏤肺, 歕其餘波, 並汚濂洛, 移其毒鋒, 徧觸歐蘇, 凡文字言語之自宋人出者, 無問玉石, 不辨涇渭, 攻之殊死, 罵不絶口, 豈非喪心失性人哉? 宋, 文獻之邦也. 厥享國二三百年, 英賢輩出, 文質兩備, 豈無一言一字之或中理窾, 而必欲掃之以一篲**

哉. 其所著『古文尙書冤詞』八卷, 橫說豎說, 累千萬言. **其**言曰: "我衛聖經**也**." 言旣如是, 亦何必苦口力戰, 以取毁經之罵哉? 但其**立心**, 非衛聖經, 凡**係**朱子所言, 務欲觝排, 以**立赤幟, 搆成罪案, 以行誅伐. 卽其書**, 名雖自鳴, 志**在陷人**. 凡秉心公平者, 在所必辨. 然其考據**贍博**, 辯論豪快, 非**孤陋寡聞者, 所能**折角. 且凡議讞之法, 貴在平允, 漢人所**謂**廷尉平, 是也. 彼有何冤, 讙譟嘖薄? 我本無事, 應之以平, 亦以逸待勞之義也. 於是, 取朱子所以起疑之端, 平心訂議, 名之曰'梅氏**尙**書平', 凡九卷.

② 버클리대본 서문

昔余游學京師, 竊聞, 師友往往疑梅氏尙書二**十五篇**, 文體卑順. 心服其言. 逮應講內閣, 課至禹貢, 遂遭大故. 尙記乾隆壬子之春, 入侍于熙政堂, 誦禹貢訖, 睿獎隆洽, 玉音諄復. 時聖上, 潛心經籍, 博詢時英, 有尙書條問數百餘條, 縷縷致意於今文古文之辨, 而賤臣, 寢苫在家, 未有條對. 至今呑恨, 何者? 聖人旣沒, 無**緣**質問此謏聞也. 竊以梅氏**之**書, 薈萃羣言, 裒成一家, 至言格訓, **誠亦不少**. 然其**蒐**輯之時, 如「兌命」·「太**誓**」之本標篇名者, 以之爲「兌命」·「太**誓**」, 誰曰不可, 至於夏書·周書之但標時代者, '書曰' '書云' 之原無標別者, 分隷各篇, 雜以**僞言**, 苟成文理, 以簒聖經之名, 則凡**愼思明辨者, 在所研覈**. 故朱子曰: "某嘗疑孔安國書, 是假書." 又曰: "孔書, 至東晉方出, 前此諸儒, 皆未之見, 可疑之甚." 又曰: "書凡易讀者, 皆古文, 難讀者, 皆今文." 又曰: "伏生口授, 如何偏記其所難, 而其易者, 全不能記也?" 又曰: "豈有數百年壁中之物, 不訛損一字者." **[語類, 疑古文語, 尙有四十餘條, 今不盡錄.]** 夫自漢唐以來, 篤好古經, 未有如朱子者. 豈其起疑於無疑, 欲毁無瑕之至寶哉? 梅氏**之書**, 誠有可疑. 故朱子不得不疑之耳. **況'德不孤, 必有鄰,' 前乎朱子, 有吳才老[棫], 後乎朱子, 有吳幼淸[澄], 皆另有成書, 痛辨其僞, 攻梅氏, 豈唯朱子已哉**? 至蕭山毛氏**[奇齡]**之書出. **其侮嫚詬詆**, 無復餘地, **乃云: "古文之冤, 始于朱氏." 而**所著『古文尙書冤詞』八卷, 橫說豎說, 累千萬言. **自**言曰: "我衛聖經." 言旣如是, 亦何必苦口力戰, 以取毁經之罵哉? 但其本意, 非衛聖經, 凡朱子所言, 務欲觝排, 以**自立幟**, 名雖自鳴, 志**殊不正**. 凡秉心公平者, 在所必辨. 然其考據**瓌譎**, 辯論豪快, 非**精研密核**, **未易**折角. 且凡議讞之法, 貴在平允, 漢人所**爲**廷尉平, 是也. 彼有何冤, 讙譟噴薄? 我本無事, 應之以平, 亦以逸待勞之義也. 於是, 取朱子所以起疑之端, 平心訂議, 名之曰'梅氏書平', 凡九卷.

이상에서 수정이 이뤄진 핵심 부분을 살펴보면 다음과 같다.

우리 주자朱子께서는 매우 공정한 마음을 가지고 사물을 살핀 것이 매우 지혜로워 말씀하신 것은 모두 후생말학後生末學이 감히 함부로 의논할 바가 아니었다. 그매색의 저술은 대부분 어록語錄에서 진眞을 잃어버려 초년에 찬술하였다가 추가로 고치지 못한 것도 있고, 한가롭게 이야기하여 모두 깊이 고찰한 것은 아니다. 드디어 경박한 사람들이 그 허물을 지적하여 함부로 흔들어댔지만 오히려 비방하면서도 분명히 배척하지 못하였다. 소산 모씨蕭山毛氏 毛奇齡의 책이 나온 이후로 헐뜯고 욕하는 것에 다시 여지가 없었지만 슬프다, 이는 어떤 일인가? 그 사람모기령은 주자에 대해 마치 사사로운 원한을 뼈에 새기고 심장에 새겨 그 여파를 내뿜는 것이 염락濂洛, 周敦頤 程顥 程頤을 모두 오염시키고, 독침을 옮겨 구소歐蘇, 歐陽脩 蘇軾까지 건드렸다. 문자와 언어 중에 송나라 사람에게서 나온 것은 옥석玉石을 묻지 않고 경위涇渭, 경수 위수를 구분하지 않았으며, 죽기를 각오하고 공격하여 입에서 욕이 끊어지지 않으니 어찌 상심喪心하고 실성한 사람이 아니겠는가? 송나라는 문헌의 나라이다. 그 역사가 이삼 백년에 영웅들이 배출되고 문질文質이 갖춰졌으니, 어찌 한 마디 한 글자라도 이치에 맞는 것이 없으랴만 반드시 한 번의 비질로 쓸어버리려 하는가?단국대본

하물며 '덕德은 외롭지 않고 반드시 이웃이 있다'고 하였다. 주자 이전에는

오재로吳才老 吳棫가 있었고, 주자 이후에는 오유청吳幼清 吳澄이 있으며, 모두 별도의 책이 있어 그 위서僞書임을 구분하였다. 매씨梅氏를 공격한 것이 어찌 주자뿐이겠는가? 버클리대본

이를 보면 단국대본에서 정약용은 고문상서를 의심한 주자를 옹호하고 주자를 공격하였던 모기령을 매우 신랄하게 비난하였다. 그러나 버클리대본에서는 이런 구절이 모두 삭제되고, 고문상서를 의심한 학자로 주자 외에 오역吳棫, 오징吳澄 등이 있었음을 추가하였다. 이러한 변화는 『매씨서평』의 초고에 나타나는 과격한 표현을 부드럽게 고치라는 김매순과 홍석주의 충고를 받아들였기 때문으로 보인다.

단국대본과 버클리대본은 총서總敍에서도 큰 차이가 있다. 단국대본에는 '총서'란 제목이 없지만 버클리대본에는 제목이 추가되었다. 또한 처음에 정약용은 『상서』의 저본을 5가지로 보았지만 나중에는 3가지로 보았다. 이에 따라 문구에도 상당한 변화가 나타나는데, 차이가 나는 곳을 진하게 표시하였다.

① 단국대본

古今尙書之學, 總有五本.

其一, 伏生所傳今文尙書二十九篇[**書序一篇, 經二十八篇**.], 出於漢文帝時者也.

其二, 孔安國所獻古文尙書四十六卷[**比伏生今文**增多者, 十六篇], 出於漢武帝時者也.

其三, **張霸所獻僞造尙書一百二篇[所謂百兩篇], 出於漢成帝時者也**.

其四, 杜林所傳孔安國古文尙書一卷[其篇數, 不見正史.], 傳於漢光武時者也.

其五, 梅賾所奏古文尙書五十八篇[**比伏氏本**增多者二十五篇.] 出於東晉時者也.

伏生今文之學, 亡於晉懷帝永嘉之亂.[見『隋書』]

孔氏古文之學, 中墜厥緖, **杜林傳之.[『後漢書』]**

張霸僞書, 當時隨卽見黜.[見『漢書』]

杜林漆書, 賈逵·馬融·鄭玄之等, 作爲訓傳, 爲世所宗, 至唐而亡.[**孔穎達『正義』, 或引其說.**]

今所行孔穎達『正義』, 蔡沈『集傳』, **卽梅賾所謂古文, 而伏生書二十八篇文字, 雖異入於其中**, 此其大略也.

乃孔氏『正義』, 毛氏『寃詞』, 澒洞不分, 錯亂爲說. **或云'張霸足成鄭註.'[孔疏云] 或云'壁本不同梅篇.'[毛詞云] 七藤八葛, 左綰右糾, 唯梅賾之書, 是護是掩**, 觀者惑焉.

玆取**五**本源流, 疏理如左.

② 버클리대본

古今尙書之學, 總有三本.

其一, 伏生所傳今文尙書二十九篇[經**二十八篇, 書序一篇.**], 出於漢文帝時者也.

其二, 孔安國所獻古文尙書四十六卷[**與伏本同者二十九卷**, 增多者十六篇, **僞太誓一篇.**], 出於漢武帝時者也.

其三, 梅賾所奏**稱孔安國**古文尙書五十八篇[**與孔本同者三十三篇**, 增多者二十五篇.], 出於東晉時者也.

伏生今文之學, 亡於晉懷帝永嘉之亂.[見『隋書』]

孔氏古文之學, 中墜厥緖, **官學旋廢. 建武之際**, 杜林傳之, 賈逵·馬融·鄭玄之等, 作爲訓傳, 爲世所宗, 至唐而亡.[『後漢書』·『隋書』·『唐書』.]

梅氏所自言古文之學, 晉元帝時, 首立學官.[『晉書』「荀崧傳」]

唐太宗時, 孔穎達**作**『正義』. 南宋之時, **蔡沈作**『集傳』, 今所行世**者, 是也**.

又漢成帝時, 張霸僞造尙書一百二篇[所謂百兩篇], 獻于朝廷, 當時隨卽見黜[『漢書』「**儒林傳**」], 此其大略也.

乃孔氏『正義』, **蔡氏『集傳』, 調護爲說, 不辨眞僞**. 學者旣無以分別源委, 乃毛氏『寃詞』, 澒洞錯亂, **眩惑多端**, 觀者**迷**焉.

今取三本源流, 疏理如左.

이를 보면 정약용은 원래 『상서』의 저본을 ① 복생이 전한 『금문상서』 29편, ② 공안국이 바친 『고문상서』 26편, ③ 장패張覇가 위조하여 바친 『상서』 102편, ④ 두림이 전한 공안국 『고문상서』 1권, ⑤ 매색이 아뢴 『고문상서』 58편 등 다섯 가지로 파악하였다. 그러나 1830년경에 정약용은 『상서』의 저본에는 복생본, 공안국본, 매색본 등 세 가지가 있고, 장패본과 두림본은 부수적인 것으로 보았다. 『상서』 저본에 대한 생각에 큰 변화가 있었기 때문이다.

다음으로 버클리대본은 규장각본의 저본으로 판단된다. 두 본의 판형이 22자 10행으로 동일하며, 권3의 '寃辭 1'부터 본문 위에 기록한 일련번호가 나타나지 않기 때문이다. 이에 비해 단국대본에서는 일련번호가 끝까지 나타나고, 버클리대본과 규장각본에서 일련번호가 없는 부분은 신조선사본에서도 동일하게 나타난다. 또 버클리대본에서 수정 지시를 한 것이 규장각본에 그대로 반영된 사례가 나타난다.

권1, 孔安國所獻古文尙書第二, 上乙四에서 "○鏞案" 부분을 행을 바꾸라고 표시한 것 → 반영

권4, 寃詞 30, 난외에 기록한 "錄鄭玄之註" → 본문에 기록

권5, 大禹謨, 난외에 기록한 "隋書經籍志及" → 본문에 기록

권8, 武成, 난외에 기록한 "者 釋祭也 三虞者 吉祭也 在禮必用剛日 是內事不必" → 본문에 기록

버클리대본과 규장각본에도 약간의 차이가 있다. 버클리대본에는 구두점이 있지만 규장각본에는 없다. 이는 버클리대본을 저본으로 하여 필사하면서 구두점 찍는 것을 빠뜨렸기 때문으로 보인다. 규장각본은 1책과 2~3책의 서체가 다르고, 오자가 많으면 별지에 써서 짜깁기를 하였다. 따라서 규장각본은 필사에 정성을 기울인 본이다.

버클리대본과 규장각본은 김영호본(2)의 저본으로 판단된다. 김영호본(2)는 권7~9가 수록된 1책만 남아 있는 낙질이므로 전모를 파악하기는 어렵다. 그러나 권7에 있던 태서서泰誓序가 삭제되고, 권8에 있던 하내태서河內泰誓는 『염씨고문소증초』로, 권9에 있던 미자지명微子之命과 채중지명蔡仲之命은 권8로 이동하였다. 그리고 권9의 끝에 발문이 추가되었다. 이는 정약용이 1834년에 『매씨서평』 권7~9를 수정한 상황을 보여준다.

김영호본(2)는 신조선사본의 저본으로 판단된다. 현재까지 남은 권7~9 부분의 체재 및 내용이 신조선사본과 완전히 일치하기 때문이다.

버클리대본과 신조선사본의 본문을 비교하면 권1~4 부분은 완전히 일치한다. 그러나 권5~9에서 고문상서 25편을 분석한 것은 신조선사본의 내용이 늘어나고, 원문을 분석하는 틀도 새롭게 갖춰졌다.[13] 버클리대본에는 고문상서의 원문이 없지만, 신조선사본에는 원문이 모두 제시되었다. 또한 버클리대본에는 원문 출처에 대한 분석틀이 없었으나, 신조선사본에서는 [蒐輯] [蒐衍] [蒐刪] [蒐改] [蒐換] [蒐割] [蒐增] [蒐旁] [旁蒐] [旁剽] [依據] [剽取] [剽襲] [剽竊] [割裂] [變亂] [竄改] [改

---

13 趙誠乙도 이 점을 지적한 바 있다(「丁若鏞의 尙書硏究 文獻의 檢討」, 『東方學志』 54·55·56, 1987, 755면).

煥] [修飾] [蹈襲] [遺漏] [誤漏] [誤用] [證誤] [謬義] [寃案] [考訂] [考覈] 등의 항목으로 구분되었다. 그런데 신조선사본에서의 이러한 변화가 김영호본(2)에는 모두 나타난다. 따라서 버클리대본과 규장각본규4920은 1834년에서 수년 전에 앞의 4권을 수정한 상황을 반영하고,[14] 김영호본(2)와 신조선사본은 1834년 8월까지 수정한 내용을 반영한 것으로 판단된다.

2. 『염씨고문소증초』

1818년 고향으로 돌아온 정약용은 인근에 거주하던 신작, 김매순, 홍현주洪顯周 같은 경기학인들과 교유하였다. 정약용은 특히 홍현주를 통해 그의 형인 홍석주의 『상서보전尙書補傳』과 청대 학자 염약거의 『고문상서소증』을 열람하였고, 자신의 기존 연구에 많은 오류와 미비점이 있음을 알게 되었다. 그보다 앞서 정약용은 청대 학자인 송감宋鑒의 『상서고변尙書考辨』을 통해 염약거의 저술을 알고는 있었다.[15] 그러다가 1827년 겨울에 홍석주가 빌려준 『고문상서소증』을 읽고 큰 충격을 받았다. 홍석주는 정약용의 『매씨서평』을 읽으면서 염약거의 저서를 전혀 참고하지 못하였음을 알고 이 책을 빌려주었다.

정약용과 염약거는 고문상서 25편을 위서로 파악하였다. 그러나 염

14 조성을은 정약용이 1829~1830년에 『매씨서평』을 개정할 준비 작업을 하고, 1831년에 권1~4 부분을 수정하고 권5~9 부분을 수정할 구상을 하였을 것으로 추정하였다(『年譜로 본 茶山 丁若鏞 - 샅샅이 파헤진 그의 삶』, 지식산업사, 2016, 794~812면). 필자도 이 견해에 동의한다.

15 정약용은 신작을 통해 宋鑒의 『尙書考辨』을 빌려본 것으로 보인다(趙誠乙, 「丁若鏞의 尙書今古文 硏究」, 『東方學志』 61, 1989, 90면).

약거가 제시한 논거는 정약용보다 훨씬 방대하고 논리도 정연하였다. 정약용은 『고문상서소증』을 읽다가 진경眞經과 위경僞經을 뒤섞어 놓고, 『상서』와 다른 경의 뜻을 분명하게 구분하는 분석틀을 갖추지 못한 한계를 발견하고, 이를 설파하는 『염씨고문소증초』를 작성하였다. 정약용이 이를 작성한 것은 『매씨서평』을 편찬한 지 20년이 되는 1830년이었다.

> 내가 탐진耽津 강진에서 귀양살이할 때 『상서』를 공부하면서 모기령의 『고문상서원사古文尙書寃辭』가 잘못된 것을 변증하여 『매씨서평』 9권을 저술하고, 매색의 위서를 공박한지 지금 벌써 20년이다. 근래에 청대 학자 송감宋鑒의 『상서고증尙書攷證, 실제는 尙書考辨』을 읽어보니 그의 논거가 나와 일치한다. 다행히 해외 변방에 사는 보잘것없는 나의 견해가 중화中華의 대가와 상의한 적도 없이 일치하는 것을 알았다. 송감의 책에서 염약거의 『상서고문소증』에 나오는 말을 여러 번 인용하였는데 논의가 분명한 것이 많아 기뻤다. 그러나 송감의 책은 염약거의 책보다 나중에 나왔으므로 내용은 더 잘 갖춰졌다고 할 수 있다.
>
> 정해년1827 겨울에 마침 해거도위海居都尉 홍현주洪顯周가 열상洌上, 한강 마재에 있는 나에게 들러 『매씨서평』을 찾았다. 끝내 거절하지 못하고 그가 돌아간 뒤에 부쳐 보냈다. (중략) 그런데 해거도위가 그의 형인 판서공 홍석주洪奭周의 명으로 염약거의 『고문상서소증』 한 질을 보내면서, '이 책에 참고할 만한 것이 많은데 보내온 책 속에는 수록되지 않았으니 미처 열람하지 못한 듯하다. 지금 이것을 보내 취사선택에 도움이 되게 한다.'고 하였다. (중략) 나의 저술은 지금 없애 버리는 것이 좋겠다. 나의 저술에 무엇을 취할 것이 있겠는가? 다만 염약거의 책에 조금 수정하는 의견을 붙여 기억을 새롭게 하는

것이 해거도위 형제의 본뜻에 보답할 수 있을 것이다.[16]

염약거가 고증하는 공부는 실로 넓고 정밀하다. 다만 안경贋經과 진경眞經을 뒤섞어 풀이하고, 『상서』의 뜻과 다른 경의 뜻을 뒤섞어 말하여 그의 책에는 특별히 의례義例가 없다. 책을 편찬함에 의례가 정리되지 않으면 그 의논이 정확해도 모두가 어지럽게 얽혀서 찾기가 어렵고, 파묻히고 가려져서 나타나지 않는다.[17]

이를 보면 정약용은 1827년 겨울에 염약거의 『고문상서소증』을 열람하였고, 1830년에 그 미비점을 지적하는 『염씨고문소증초』를 편찬하였다. 현재 전해지는 『염씨고문소증초』의 필사본은 2종이 있으며, 소장처에 따라 '김영호본(2)' '규장각본'으로 표시한다. 김영호본(2)는 권1만 남아 있고, 규장각본은 권2~4만 남은 낙질본이다. 따라서 2종의 필사본을 합하면 완질이 되며, 신조선사본에는 4권의 전문이 수록되어 있다. 2종의 필사본 내역을 정리하면 다음과 같다.

---

16 『與猶堂全書』 經集, 권32, 經集 7, 梅氏書平 10, 閻氏古文疏證百一抄.
"余在耽津謫中, 治『尙書』, 取毛氏[奇齡]『古文冤詞』, 辨其謬妄, 著『尙書平』九卷. 專攻梅賾之僞, 今已二十年矣. 近見淸儒宋鑑所著『尙書攷證』, 所論若合符契, 竊自幸海外僻陋之見, 得與中華大方之家, 不謀而同. 乃宋氏書中, 屢引閻氏若璩『古文疏證』中言, 議多明, 晅可悅. 然謂宋書後出, 意當益備. 丁亥冬[道光七年], 適海居都尉, 過余于洌上, 索余『尙書平』, 不敢終閟, 旣歸而寄示之. … 都尉以其兄判書公命, 寄示閻氏『疏證』一函云, '此書辭多可採, 而來卷中不被錄入, 似未及游覽. 今玆津納, 以供妙擇.' … 余書, 今廢之可矣. 何又採之? 唯就閻氏書, 略加訂議, 以備掩卷之忘, 亦以答都尉昆弟之原意云."

17 『與猶堂全書』 經集, 권32, 經集 7, 梅氏書平 10, 閻氏古文疏證百一抄, 「南雷黃宗羲序」.
"閻氏考據之工, 誠博且精矣. 但贋經眞經, 錯雜解之, 書義他經之義, 錯雜言之, 其書殊無義例. 凡撰書, 其義例不整, 則雖其所論精確, 皆紛糾而難尋, 湮晦而晦而不章."

① 김영호본(2) : 필사본 1권 1책

표지 : 與猶堂集 6, 續梅氏書平 1~3

내지 : 洌水全書 권25~, 洌水 丁鏞 著

② 규장각본 : 필사본 3권 1책, 서울대 규장각한국학연구원, 규11894

표지 : 與猶堂集 75, 閻氏古文尙書疏證鈔

내지 : 閻氏古文疏證鈔 권2~4, 洌水 丁鏞 著/洌水全書 권25~, 洌水 丁鏞 著

다음의 〈표 2〉는 2종의 필사본과 신조선사본의 체제를 정리한 것이다.

〈표 2〉『염씨고문상서소증초』의 체제

권	김영호본(2)	규장각본(11894)	신조선사본	비고
卷首	梅氏書平 續一 河內泰誓 逸周書克殷篇辨 書大全略論		河內泰誓 逸周書克殷篇辨 書大全略論	
권1	閻氏古文疏證百一鈔 序 南雷黃宗羲序		閻氏古文疏證百一鈔 序 南雷黃宗羲序	
권2		閻氏古文疏證鈔 二 序 甲 1~10 乙 1~6	閻氏古文疏證鈔 二 序 甲 1~10 乙 1~6	
권3		閻氏古文疏證鈔 三 乙 7~10 丙 1~5, 7 丁 1~2 戊 10 己 1~2, 4, 6, 8, 10 庚 1~3, 5~6, 9 辛 1~3, 5~6, 8	閻氏古文疏證鈔 三 乙 7~10 丙 1~5, 7 丁 1~2 戊 10 己 1~2, 4, 6, 8, 10 庚 1~3, 5~6, 9 辛 1~3, 5~6, 8	丙 9~10, 本闕

권	김영호본(2)	규장각본(11894)	신조선사본	비고
권4		閻氏古文疏證鈔 四 壬 1~2, 5~6, 9 癸 2, 7, 9~10 子 1, 3~7 丑 2~3 寅 1, 8	閻氏古文疏證鈔 四 壬 1~2, 5~6, 9 癸 2, 9~10 子 1, 3~7 丑 2~3 寅 1, 8	

이상에서 김영호본(2)와 규장각본은 신조선사본의 저본으로 판단된다. 김영호본(2)에서 '續梅氏書平'이라 표시한 권1 부분과 규장각본 권2~4의 체재와 내용이 신조선사본의 그것과 일치하기 때문이다. 필사 상태를 보면 김영호본(2)는 1834년 여름에 『매씨서평』 권5~9 부분을 수정한 이후 필사한 것이며, 규장각본11894은 김영호본 계열의 후사본이다.

김영호본(2)는 독립 저술인 『염씨고문소증초』 4권을 『매씨서평』 9권에 덧붙인 『속매씨서평』의 상황을 보여준다. 김영호본(2)는 표지에 "一二三"란 기록이 있고, 「하내태서」, 「일주서극은편변」, 「서대전약론」과 『염씨고문소증초』 권1에 해당하는 부분이 있다. 규장각본에는 내지에 권2~4의 표시가 있다. 「열수전서총목록洌水全書總目錄」의 "梅氏書平(續) 2책 5권"이란 기록을 수용한다면 『속매씨서평』의 권수에 「하내태서」, 「일주서극은편변」, 「서대전약론」이 수록되어 있고, 나머지 4권은 모두 『염씨고문소증초』인 것으로 추정된다.

『염씨고문소증초』의 제일 앞에는 서문이 있다. 이를 보면 정약용은 1810년에 『매씨서평』 9권을 저술한 이후 20년이 지난 시점에서 서문을 작성하였고, 정해년1827 겨울에 홍석주로부터 염약거의 『고문상서소증』을 빌려보고 이 책을 지었다고 하였다. 따라서 『염씨고문소증초』는 1830년 무렵에 작성된 4권의 독립 저술로 보인다.

김영호본(2)와 규장각본은 신조선사본의 저본이지만, 규장각본과 신조선사본에는 차이가 있다. 규장각본에 있던 내용이 신조선사본에서 틀리거나 누락된 것이 있고, 규장각본에 없던 내용이 신조선사본에서 추가된 것도 있다. 이를 정리하면 다음과 같다.

① 규장각본의 내용이 신조선사본에서 틀리거나 누락된 경우

권2, 일련번호 乙二 → 신조선사본 누락

권3, 일련번호 庚三 → 신조선사본에서 丑十으로 표시함

권3, 일련번호 辛三 → 규장각본, 신조선사본 모두 庚三으로 표시함

권3, 辛五 "閻云, 『漢書』「趙充國傳」, 孟康曰豪帥長也. 傳中先零豪名, 封煎罕开, 豪名靡當兒. 又有大豪中豪下豪之別, 乃知羌戎稱豪, 訖漢猶然." → 신조선사본 누락

권4, 첫부분에 있는 閻氏古文疏證鈔四 → 신조선사본 누락

권4, 癸七 "閻云, '唐虞曰載, 夏曰歲, 商曰祀, 周曰年. 及質之, 今文書反多未合.' 多方天惟五年, 非對商民言乎? 又『宣和博古圖錄』, '周己酉方彝銘曰, 唯王一祀.' 周亦稱祀. 太甲元祀, 劉歆眞古文, 仍是元年, 商亦稱年. 按. 堯典曰, '歲二月', 曰'定四時成歲'. 洪範曰, '王省唯歲'. 盖年歲載祀四字, 用各不同." → 신조선사본 누락

② 규장각본에 없던 내용이 신조선사본에서 추가된 경우

권4, 卷末 [附見]에 "康誥曰, '要囚, 服念五六日, 至于旬時, 丕蔽要囚.' 梅云, '要囚, 謂察其要辭以斷獄.' 多方曰, '我惟時其敎告之, 我惟時其戰. 要囚之, 至于再至于三.'" 추가

이를 보면 규장각본은 신조선사본의 저본이지만 그 본문에는 출입이 있다.

제2절 『상서고훈尙書古訓』의 필사본

1. 『상서고훈수략尙書古訓蒐略』

정약용은 1810년 봄에 『매씨서평』 9권을 작성한 후 『상서고훈』『고훈수략』을 편찬하는 작업에 들어갔다. 『상서고훈』에서는 금문상서 28편을 위주로 하고, 구양생歐陽生, 대소하후大小夏侯, 마융馬融, 정현鄭玄 같은 한대 학자들의 고훈을 모아 편집하였다. 또한 『상서고훈』의 끝에는 고문상서 25편과 금문상서 28편 외에 서문만 남은 것을 모아서 일편제서逸編諸序로 정리하였다.[18] 정약용은 금문상서의 뜻을 정확히 해석하기 위해 한대의 고훈을 최대한 정리한 『상서고훈』 6권을 편찬하였고, 이를 마무리한 시기는 1810년 가을이었다.

> 내가 생각하기에 글을 읽는 방법은 반드시 먼저 훈고訓詁를 밝혀야 한다. 훈고는 글자의 뜻이다. 글자의 뜻이 통해야 구절句節이 풀리고, 구절의 뜻이 통해야 일장一章의 뜻이 밝혀지며, 일장의 뜻이 통해야 일편一篇의 대의大義가

---

18 츠쿠바대본 『尙書古訓』 권6, 「逸編諸序」.
"鄭所註三十一篇[三十四篇, 去僞太誓三篇], 其古訓之可輯者, 旣輯之矣. 書序之有序無文者, 因亦繼之. 其中二十五篇之序[梅氏增多篇], 前編略已疏理[『梅書平』], 玆不復擧. ○此篇, 並取古訓今訓, 錯雜言之, 覽者詳之."

드러난다. 여러 경서經書가 다 그렇지만 『상서』는 더욱 그러하다. 내가 먼저 고훈詁訓에 힘을 쓰는 것은 이 때문이다[먼저 고훈을 수집하는 것을 말한다.]. 후세에 경서를 말하는 선비들이 글자의 뜻을 알지 못하고 먼저 의론을 일으켰으므로, 심미深微한 뜻을 논하는 말이 길어지면 질수록 성인의 본지는 더욱 어두워졌다. 터럭만큼의 차이가 마침내 연나라와 월나라처럼 멀어지고 마니 이는 경술經術의 큰 장애이다. 구양歐陽씨, 하후歐陽씨, 마馬씨, 정鄭씨의 설이 반드시 경의 본뜻에 깊이 들어맞는 것은 아니다. 그러나 내가 반드시 끝까지 찾고 모아서 밝게 드러내는 것이 어찌 부질없는 일이겠는가?[19]

내 생각에 구양歐陽씨, 하후夏侯씨, 마馬씨, 정鄭씨의 설이 모두 경의 본뜻에 깊이 들어맞는 것이 아니며, 잡박하고 틀린 것도 당연히 적지 않을 것이다. 그러나 '믿어서 옛것을 좋아하는 것'은 성인의 뜻이다. 지금의 것이 비록 정교하더라도 예전의 졸박拙樸한 것만 못할 것이다. 하물며 신기神器를 훔쳐 스스로 왕 노릇을 하고, 부고府庫를 훔쳐 부자 행세를 하는 것은, 모든 사람들이 분개하는 것에 있어서랴? 비록 잃어버렸거나 없어진 것은 어쩔 수 없다 하더라도 하나를 통해 셋을 안다면 희미하게나마 본 모습을 상상해 볼 수는 있을 것이다. 이는 감히 옛것이 옳고 지금의 것이 그르다는 것이 아니요, 다만 잃었던 것을 보존하고 끊어진 것을 이으려는 것이다. 독자의 양해를 바란다.[가경 경오년1810 가을 다산에서][20]

1818년 고향으로 돌아온 정약용은 인근 학자들과 교유하며 유배

19 『與猶堂全書』 經集, 권22, 經集 6, 尙書古訓序例, 「尙書知遠錄序說」.
"余惟讀書之法, 必先明詁訓. 詁訓者字義也. 字義通而后句可解, 句義通而后章可析, 章義通而后, 篇之大義斯見. 諸經盡然, 而『書』爲甚. 余所以先致力於詁訓者此也.[謂先蒐古訓.] 後世談經之士, 字義未了, 議論先起, 微言愈長, 聖旨彌晦. 毫釐旣差, 燕越遂分, 此經術之大蔀也. 歐陽·夏侯·馬·鄭之說, 未必皆深中經旨, 余之必窮搜極覓, 薈萃而章顯之者, 豈徒然哉!"

20 윗책, 尙書古訓序例, 「古訓蒐略序說」.

시절에 작성한 저술을 돌려보았다. 그러나 정약용이 『상서고훈』을 돌려보았다는 기록은 나타나지 않는다. 다만 정약용은 1824년 이후 신작의 서차고書次攷 4부작을 열람할 기회가 있었고,[21] 그중에서 『상서고주尙書古注』는 금문상서 28편에 대한 구양생, 대소하후, 마융, 정현, 왕숙王肅의 고훈을 모은 것으로 『상서고훈』과 유사한 저술이었다. 그러나 정약용이 『상서고훈』의 내용을 수정할 기회는 없었다.

현재 전해지는 『상서고훈』의 필사본은 2종이며, 소장처에 따라 '츠쿠바대본'과 '규장각본'으로 구분한다. 2종의 내역은 다음과 같다.

① 츠쿠바대본 : 필사본 6권 2책, 일본 츠쿠바筑波대학부속도서관, ㅁ815-26.
표지 : 尙書古訓
내지 : 尙書古訓 권25~30, 洌水 丁鏞 編, 門人李晴輯
② 규장각본 : 필사본 6권 2책, 서울대 규장각한국학연구원, 규7016.
표지 : 尙書古訓 1~6, 俟菴經集
내지 : 與猶堂集 권25~30, 洌水 丁鏞 編[22], 門人李晴輯

다음의 〈표 3〉은 필사본 2종의 체제를 정리한 것이다.

〈표 3〉 『상서고훈』 필사본의 체제

권	츠쿠바대본	규장각본
권1	序, 堯典	序, 堯典
권2	堯典下, 皐陶謨, 禹貢	堯典下, 皐陶謨, 禹貢

---

[21] 申綽의 書次攷 4부작은 『二十五篇』·『百篇攷』 1책, 『尙書古注』 8권, 『古尙書』 1책을 말한다. 이 4부작을 편찬하는 작업은 1825년에 마무리되었다.

[22] 규장각본 상서고훈 3에서는 編이 아니라 著로 표시함, 전후 관계로 볼 때 오자로 보임.

권	츠쿠바대본	규장각본
권3	禹貢, 甘誓, 湯誓, 盤庚上, 盤庚中, 盤庚下, 高宗肜日, 西伯戡黎, 微子, 牧誓	禹貢, 甘誓, 湯誓, 盤庚上, 盤庚中, 盤庚下, 高宗肜日, 西伯戡黎, 微子, 牧誓
권4	洪範, 金縢, 大誥, 康誥	洪範, 金縢, 大誥, 康誥
권5	酒誥, 梓材, 召誥, 洛誥, 多士, 無逸, 君奭, 多方, 立政, 顧命, 康王之誥, 費誓	酒誥, 梓材, 召誥, 洛誥, 多士, 無逸, 君奭, 多方, 立政, 顧命, 康王之誥, 費誓
권6	呂刑, 文侯之命, 秦誓 **逸編諸序** (舜典, 汩作, 九共 9, 槀飫, 帝告, 釐沃, 湯征, 汝鳩, 汝方, 夏社, 疑至, 臣扈, 湯誥 咸有一德, 明居, 典寶, 伊訓, 肆命, 徂后, 沃丁, 咸乂 4, 伊陟, 原命, 仲丁, 河亶甲, 祖乙, 高宗肜日, 高宗之訓, 分器, 旅巢命, 歸禾, 嘉禾, 成王政, 將蒲姑, 賄肅愼之命, 亳姑)	呂刑, 文侯之命, 秦誓 **逸編諸序** (舜典, 汩作, 九共 9, 槀飫, 帝告, 釐沃, 湯征, 汝鳩, 汝方, 夏社, 疑至, 臣扈, 湯誥 咸有一德, 明居, 典寶, 伊訓, 肆命, 徂后, 沃丁, 咸乂 4, 伊陟, 原命, 仲丁, 河亶甲, 祖乙, 高宗肜日, 高宗之訓, 分器, 旅巢命, 歸禾, 嘉禾, 成王政, 將蒲姑, 賄肅愼之命, 亳姑)

이를 보면 츠쿠바대본과 규장각본은 체제가 일치하고 권별 내용도 동일하다. 따라서 츠쿠바대본이 규장각본의 저본일 가능성이 높다. 두 본이 22자 10행의 동일한 판형이고, 『여유당집』의 권차를 기록할 때 동일한 오류가 나타나기 때문이다. 두 본에서 권2는 『여유당집』 권27, 권3은 『여유당집』 권28로 기록하였으나 이는 권26과 권27로 바로잡아야 한다. 또한 츠쿠바대본에서 수정 지시를 한 것이 규장각본에 반영한 사례도 나타난다.

권2, 禹貢 '厥貢 南河' 부분에서 난외에 기록한 "太宰注 亦作櫄幹" → 본문에 들어감

권3, 微子 '殷罔不小大 越至于今'에서 난외에 기록한 "越於也 於是至矣 於今到矣 見史注" → 본문에 들어감

그러나 츠쿠바대본을 바로 규장각본의 저본이라 판단하기에는 어려운 점도 있다. 다음은 츠쿠바본에서 삭제 또는 추가하라는 기록이 있지만 규장각본에 반영되지 않은 경우이다.

권1, 堯典 '分命羲仲 孳尾'의 "周禮挈壺氏疏 又見齊風東方未明疏"에서 "周禮挈壺氏疏" 부분에 ×로 삭제표시 → 그대로 둠

권2, 禹貢 '荊及衡陽 賦上下' 부분에 "潛水注"라는 주석이 있음 → 누락

다음으로 츠쿠바대본에는 수정 표시가 없었지만 규장각본에서 오류를 수정한 경우도 있다.

권1, 堯典 '在璿綺 七政'에서 '考證' → '考訂'으로 수정. 이하 동일한 수정이 다수 나타남

권4, 金縢의 '序曰'을 한 칸 내려 씀 → 極行에 기록하여 바로잡음

권5, 多士를 한 칸 내려 씀 → 극행에 기록하여 바로잡음

권5, 顧命 '序曰' 부분의 "務在節毋多欲以篤信信臨之作顧命" → "務在節儉毋多欲 以篤信臨之 作顧命"으로 바로잡음[23]

이를 보면 츠쿠바대본은 규장각본의 저본이라고 단언할 수는 없으나 규장각본의 저본에 해당하는 필사본을 후사한 것으로 추정된다. 츠쿠바대본의 첫째 면을 보면 대정大正 11년1922 12월 23일부터 12월

---

23 『與猶堂全書』에도 수정된 내용이 반영되어 있다(『與猶堂全書』 經集 권21, 經集 6, 尙書古訓序例, 「尙書序」. "成王將崩, 命召公·畢公, 率諸侯相康王, 作顧命. … 務在節儉, 毋多欲, 以篤信臨之, 作顧命.").

26일까지 필사하였다고 기록하였다.

다음으로 츠쿠바대본과 신조선사본의 서문을 비교하면 약간의 차이가 있다. 두 본의 서문에서 차이가 있는 부분을 진하게 표시하면 다음과 같다.

① 츠쿠바대본 서문

五經之中, 『尙書』最受殘缺, 其幸而不亡者, 唯二十八篇, 乃伏壁今文, 有歐陽·夏侯三家之說. 孔壁古文, 有馬融·鄭玄二子之註. 而伏學亡於永嘉, 孔學亡於唐代. 今所行孔安國之傳, 卽梅氏贋書. 雖其詁訓, **亦**有所本, 旣是贋物, **安能**篤信? 每念隋唐之際, 廢鄭立梅之事, 未嘗不歎息痛恨. 顧時移世邈, 百駟難及, 唯孔穎達『正義』及他經注疏, 其或引歐陽·夏侯·馬·鄭之說者, 時見一斑, 則周鼎殷彝, 蕤光粲然. 玆**令李晴**, 採掇惟亟, 又如『史記』·『說文』凡載『尙書』之文**者**, 搜剔附合, 以考同異. 而『左傳』·『國語』·『禮記』·『論』·『孟』之中, 有或引『書』者, 因亦採錄. **安**次編列, 間附己見, 表示取舍之意, 合而名之曰'古訓蒐略', 凡六卷. 余惟歐陽·夏侯·馬·鄭之說, 未必皆深中經旨, 醇駁純繆者, 固亦不少, 然信而好古, 聖人之義也. 今者雖工, 不如古拙, 況竊神器而自王, 盜府庫以爲富者, 夫人之所扼腕者哉? 雖其旣逸旣滅者, 無可奈何, 而擧一反三, 猶可以想見髣髴, 非敢是古而非今, 只欲存亡而繼絶. 覽者恕之.

② 신조선사본 서문

五經之中, 『尙書』最受殘缺, 其幸而不亡者, 唯二十八篇, 乃伏壁今文, 有歐陽·夏侯三家之說. 孔壁古文, 有馬融·鄭玄二子之註. 而伏學亡於永嘉, 孔學亡於唐代. 今所行孔安國之傳, 卽梅氏贋書. 雖其詁訓, **或**有所本, 旣是贋物, **何以**篤信? 每念隋唐之際, 廢鄭立梅之事, 未嘗不歎息痛恨. 顧時移世邈, 百駟難及, 唯孔穎達『正義』及他經注疏, 其或引歐陽·夏侯·馬·鄭之說者, 時見一斑, 則周鼎殷彝,蕤光粲然. 玆與一二文友, 採掇惟亟, 又如『史記』·『說文』凡載『尙書』之文句, 搜剔附合, 以考同異. 而『左傳』·『國語』·『禮記』·『論』·『孟』之中, 有或引『書』者[引二十八篇者], 因亦採錄. 按次編列, 間附己見, 表示取舍之意, 合而名之曰'古訓蒐略', 凡六卷. 余惟歐陽·夏侯·馬·鄭之說, 未必皆深中經旨, 駤駁紕繆者, 固亦不少, 然信而好古, 聖人之義也. 今者雖工, 不如古拙, 況竊神器而自王, 盜府庫以爲富者, 夫人之所扼腕者哉? 雖其旣逸旣滅者, 無可奈何, 而擧一反三, 猶可以想見髣髴, 非敢是古而非今, 只欲存亡而繼絶. 覽者恕之.**[嘉慶庚午秋, 在茶山.]**

이를 보면 필사본에서는 편집자가 이정임을 명시하였다. 그러나 신조선사본에서는 이를 '한 두 문우文友'로 수정하고,[24] 서문 끝에 '가경 경오년1810 가을에 다산에서 편찬하였음'을 명시하였다. 이는 정약용이 1834년에 『상서고훈』과 『상서지원록』을 합하면서 수정한 것으로 추정된다.

2. 『상서지원록尙書知遠錄』

정약용은 1810년 가을에 『상서고훈』의 편찬을 마무리한 후 『상서지원록』의 편찬에 들어갔다.[25] 『상서고훈』에서 금문상서 28편에 대한 한대 주석을 정리하였다면, 『상서지원록』은 『상서고훈』에서 정리한

---

24 정약용은 1811년 겨울 형 정약전에게 보낸 편지에서도 『상서고훈』은 이정이 편집하였다고 명시하였다(『與猶堂全書』 詩文集, 권20, 書, 「上仲氏[辛未冬]」. "『尙書古訓』六卷, 乃伏生以下, 馬·鄭已上, 歐陽·夏侯·王塗·班·劉諸說, 及『左傳』以下, 漢魏以上, 諸子百家之書說也. 此則晴也所輯, 亦無案說.").

25 『尙書古訓』이 편찬된 뒤에 『尙書知遠錄』이 편찬되었음은 『상서지원록』에서 『상서고훈』을 인용하는 것에서도 나타난다(권1, 「堯典」. "○曰若稽古. … 鏞案, 梅氏竊楮說, 以注堯典也. 魏主之說, 出於鄭玄.[見『古訓』]."). 『상서지원록』에서 『상서고훈』을 인용한 것은 60회에 이른다.

주석을 매색 및 채침의 주석과 비교하고, 송대 이후 학자들의 설까지 참고하면서 자신의 견해를 밝힌 것이다. 따라서 『상서지원록』은 『상서고훈』과 짝을 이루며 1811년 봄에 편찬이 마무리되었다. 유배지에서 정약용은 『매씨서평』 『상서고훈』 『상서지원록』을 연속적으로 편찬하여 『상서』 연구를 일단락지었다.

> 내가 매색과 채침 두 사람의 설과 고훈古訓에 남아 있는 것을 가지고 이동異同을 고찰하고 반복하여 상세히 조사하였다. 어떤 것은 옛것을 옳게 보고 지금 것을 틀린 것으로 보며, 어떤 것은 옛 해석을 버리고 새 것을 취하였다. 여러 설이 모두 마음에 들지 않으면 그 때마다 나의 견해를 덧붙였고, 나머지는 의문점을 그대로 남겨 부자夫子 공자의 훈계를 따랐다.[26] 책이 대강 이뤄지자 『상서지원록』이라 이름하였다. (중략) [신미년1811 봄, 다산 적소謫所에 있었다. 이 때 사면령이 있었지만 돌아가지 못하였다.][27]

> 옛날 내가 다산에서 『상서』를 읽다가 매색의 위안僞案에 대해 논저論著한 것이 있으니 『매씨서평』 9권이다. 계속해서 벽중壁中의 진본 28편을 살피고, 구양, 하후, 마융, 정현의 설을 모은 것이 『고훈수략』이다. 계속해서 매색과 채침 두 사람의 설을 모으고 고훈과 비교하여 조사하였으며 때때로 나의 견해[己見]를 덧붙인 것이 『상서지원록』이다.[28]

1818년 고향으로 돌아온 정약용은 인근 학자들과 교유하면서 『상서지원록』을 돌려보았다. 1822년 6월에 신작은 '육향은 왕성 안에 위

26 夫子의 훈계는 『論語』 「爲政」편에 나오는 "多聞闕疑, 愼言其餘, 則寡尤."를 말한다.

27 『與猶堂全書』 經集, 권21, 經集 6, 尙書古訓序例, 「尙書知遠錄序說」.

28 『與猶堂全書』 經集, 권21, 經集 6, 尙書古訓序例, 「尙書古訓知遠錄合編序說」.

치한다.'는 『상서지원록』의 내용을 비판하였고, 정약용은 이에 다시 반박을 하는 등 두 사람은 수차례에 걸쳐 육향의 위치에 대한 논쟁을 벌였다.[29] 논쟁이 진행되던 중에 정약용이 김정희金正喜의 견해를 묻자 김정희는 정현의 학설을 수용하는 신작의 입장을 지지하였다.[30] 신작과 김정희의 반론은 정약용이 『상서지원록』을 수정하는 계기가 되었다.

현재 전해지는 『상서지원록』 필사본은 3종이며, 소장처에 따라 '여유당전서보유본'[31] '버클리대본' '규장각본'으로 구분한다. 필사본의 내역을 정리하면 다음과 같다.

① 여유당전서보유본 : 필사본 7권, 『與猶堂全書補遺』에 수록

표지 : 菜花亭集[32], 尙書知遠錄

내지 : 與猶堂集 권31~37, 洌水 丁鏞 述

② 버클리대본 : 필사본 7권 3책, 미국 버클리대 동아시아도서관 아사미문고

표지 : 俟菴經集, 尙書知遠錄 1~7

내지 : 與猶堂集 권31~37, 洌水 丁鏞 述

---

29 두 사람의 육향제 논쟁에 대해서는 본서 제3부 제1장 참조.

30 『阮堂先生全集』 권4, 「與丁茶山若鏞」.

"大抵六鄕之在郊, 鄭亦破賈·馬之義, 已自鄭時無定論. 又在後人, 何以懸空演測. 若身莅其地, 目睹其事, 鑿鑿言之歟? 設有暗合古人, 自立己見, 自創己說, 說經之所不敢也. 適足以轉添藤葛, 瞀亂後人眼目而已, 於經無補矣. 莞子之時, 六鄕已無周制, 無以爲證. 如諸侯爲三鄕, 宋獨四鄕, 於周制, 有可以參證. 然鄕之所在, 今又無以强言矣."

31 1973년 茶山學會에서 편집하고 景仁文化社에서 발행한 영인본 『與猶堂全書補遺』 제5책에 수록된 『尙書知遠錄』을 말한다. 이를 주도한 茶山學會의 編輯委員은 會長 朴鍾鴻, 委員 洪以燮, 趙璣濬, 千寬宇, 常任 金泳鎬였다.

32 金泳鎬는 『尙書知遠錄』이 '菜花亭集' 시리즈에 속한다고 하였다(『與猶堂全書補遺』 5, 卷首, 「解題」, 1쪽).

③ 규장각본 : 필사본 7권 3책, 서울대 규장각한국학연구원, 규4912

표지 : 尙書知遠錄 1~7, 俟菴經集

내지 : 與猶堂集 권31~37, 洌水 丁鏞 述

다음의 〈표 4〉는 필사본 3종의 체제를 정리한 것이다.

〈표 4〉『상서지원록』 필사본의 체제

권	여유당전서보유본	버클리대본	규장각본
권1	序 堯典	序 堯典	序 堯典
권2	堯典下	堯典下	堯典下
권3	皐陶謨 禹貢	皐陶謨 禹貢	皐陶謨 禹貢
권4	禹貢下 甘誓 湯誓 盤庚 高宗肜日 西伯戡黎 微子 牧誓 洪範	禹貢下 甘誓 湯誓 盤庚 高宗肜日 西伯戡黎 微子 牧誓 洪範	禹貢下 甘誓 湯誓 盤庚 高宗肜日 西伯戡黎 微子 牧誓 洪範
권5	洪範下 金縢 大誥 康誥 酒誥 梓材	洪範下 金縢 大誥 康誥 酒誥 梓材	洪範下 金縢 大誥 康誥 酒誥 梓材
권6	召誥 洛誥	召誥 洛誥	召誥 洛誥

권	여유당전서보유본	버클리대본	규장각본
권7	多士	多士	多士
	無逸	無逸	無逸
	君奭	君奭	君奭
	多方	多方	多方
	立政	立政	立政
	顧命	顧命	顧命
	康王之誥	康王之誥	康王之誥
	費誓	費誓	費誓
	呂刑	呂刑	呂刑
	文侯之命	文侯之命	文侯之命
	秦誓	秦誓	秦誓
	尙書知遠錄目次括義	尙書知遠錄目次括義	尙書知遠錄目次括義

이를 보면 필사본의 체제는 모두 일치한다. 이는 정약용이 『상서지원록』을 편찬한 후 내용을 대폭 수정한 일이 없었음을 의미한다. 필자는 여유당전서보유본이 초고본에 가까운 필사본으로 버클리대본의 저본이 되고, 버클리대본은 규장각본의 저본이 되는 것으로 판단한다.

『상서지원록』의 서문은 3종이 동일하며, 신조선사본의 서문에서만 수정이 가해지고 근거 자료를 주석으로 보완한 부분이 있다.[33] 이는 1834년에 『상서고훈』과 『상서지원록』을 합할 때 나타난 변화로 보인다.

다음으로 본문은 여유당전서보유본에서 총 19개의 난외에 기록한 기록이 있다. 이는 정약용이 『상서지원록』을 편찬한 후 직접 추가하거나 외손자인 윤정기 등이 추가한 것으로, 정약용의 생전과 사후에 수정이 계속되었음을 보여주는 것이다. 여유당전서보유본의 난외 기록

33 『尙書知遠錄』 序文의 차이에 대해서는 본서 제1부 제3장 참조.

은 버클리대본과 규장각본에 반영한 경우와 반영하지 않은 경우가 있다. 이를 정리하면 다음과 같다.

① 난외 기록이 버클리대본과 규장각본에 반영된 경우
下甲一, 下庚三, 下庚八, 下辛一, 下癸二, 下癸六, 下寅四[34]
② 난외 기록이 버클리대본과 규장각본에 반영되지 않은 경우
下乙三, 下丁三, 下丁五, 下丁六, 下戊九, 下己八, 下己十, 下辛一, 下壬六, 下巳五, 下午六, 下午七

이상에서 ①은 버클리대본과 규장각본에 동일하게 반영되고, ②는 동일하게 반영되지 않았으므로 두 필사본의 내용은 일치한다. 다만 필자가 버클리대본을 규장각본의 저본으로 판단한 이유는 다음의 몇 가지 특징이 있기 때문이다.

먼저 일련번호에 나타나는 특징으로, 여유당전서보유본에는 각 조목 상단에 '下甲一'부터 '下亥十'까지 일련번호가 있다.[35] 그런데 버클리대본에는 권1의 '下丙五'부터 권5의 '下卯七'까지의 일련번호가 모두 누락되고, 권6의 '下卯八'부터 일련번호가 다시 나타난다. 이런 현상은 규장각본도 동일하다. 참고로 버클리대본은 제1책 권1부터 제2책 권5까지 한 사람의 필체이고, 제3책 권6~7은 다른 사람의 필체이며, 필사자가 바뀐 3책부터 일련번호가 제대로 기록되어 있다.

다음으로 여유당전서보유본의 난외 기록이 반영될 때 버클리대본

34 下寅四의 경우에는 여유당전서보유본의 난외가 아니라 본문에서 "一條見篇末 當入此"와 "當在「大誥」末"로 追錄한 내용이 반영된 경우이다.

35 『梅氏書平』의 일련번호는 '上'으로 시작하고, 『尙書知遠錄』의 일련번호는 '下'로 시작한다.

에서는 난외에 기록되었다가 규장각본에서 본문에 기록된 경우가 있다. 下庚三汝聽의 난외 기록 전체[36]가 이에 해당하며, 규장각본에서는 "近儒多"의 "多"가 삭제되고 "六詩"가 "六時"로 오기誤記되었다. 이 기록에서 "樂書"는 정약용이 1816년 봄에 완성한 『악서고존』을 말하므로, 이는 1816년 이후에 추가된 것이다. 다음으로 下癸二에는 난외 기록의 일부인 "商紂爲黎之蒐 東夷叛之"가 버클리대본에서 난외에 기록되었다가 규장각본에서는 본문에 기록되었다. 이외에 여유당전서보유본의 난외 기록은 아니지만 버클리대본에서 난외에 기록되었다가 규장각본에서 본문에 기록된 경우도 있다. 下未八無逸 ○其在祖甲의 "致辟管叔 則周公儼有致辟之誤矣"에서 진하게 표시한 부분이 이에 해당한다.

다음으로 여유당전서보유본에서 별다른 표시가 없었지만, 버클리대본과 규장각본에서는 원문이 삭제된 경우가 있다. 下己十[37]과 下癸八[38]이 이에 해당하며 그 내용은 일치한다.

마지막으로 버클리대본에서 본문이 탈락되어 누락된 것이 규장각본에서 나타나는 경우가 있다. 下乙十璇璣玉衡 부분의 1장 2면과 下午四予小子其退卽辟于周命公後부터 下五八乃命寧予까지 4장 8면이 이에 해당한다. 이는 복사본을 입수하는 과정에서 누락되었거나 버클리대본이 전승되는 과정에서 낙장이 있는 것으로 판단된다.

---

36 원문은 "近儒多以鬻子爲說 然五言者 六詩之五也 風賦比興者 諷諫之體 雅者 正言之體 唯頌非諫體 故不在於五言中也 義詳余樂書之末"이다.

37 삭제된 원문은 "或者 上古之人 身具自然之文采 如日月山龍然與"이다.

38 삭제된 원문은 "豈必天地萬物 盡屬五行 日月星辰 明非土石 鳥獸蟲魚 不是金木 五行烏足以徧物 吾兄巽菴先生 微犯五行 終身轗軻 五行誠可畏也 然先聖先王之書 不可厚誣 余又何敢不言"이다.

이상의 특징들을 고려할 때 버클리대본은 규장각본의 저본으로 판단된다.

3. 『상서고훈지원록합편尙書古訓知遠錄合編』

정약용은 고향으로 돌아온 이후 유배지에서 작성한 『상서』 주석서에 많은 문제점이 있음을 발견하고 전면적으로 수정하는 작업에 들어갔다. 인근 학자와의 교유를 통해 새로운 학문 정보를 습득하고 자신의 저술에 대한 비판을 받았기 때문이었다. 정약용은 유배지에서 『상서』를 연구할 때 참고하였던 서적이 매우 적어 사실을 놓치거나 빠트린 것이 많았음을 알았고, 새로운 근거를 찾아 보완하거나 지나친 표현을 삭제 혹은 수정하기에 이르렀다.

정약용은 1834년 2월 2일부터 6월 10일까지 『상서지원록』을 해체하여 『상서고훈』『고훈수략』의 해당 부분에 끼워 넣는 작업을 진행하여 새로운 『상서고훈』 21권을 편찬하였다. 신조선사본에서는 이 책의 이름을 『상서고훈지원록합편』으로 표시하기도 하였다. 정약용이 『매씨서평』을 수정한 것은 새로운 『상서고훈』을 편찬한 이후인 1834년 가을이었다.

> 이 삼부작三部作은 모두 적소謫所에서 편찬한 것으로 참고할 만한 서적이 적어 놓치고 빠트린 것이 매우 많았다. 또 가끔 새로운 것을 발견하면 새로 한 점의 고기 맛을 얻은 것처럼 스스로 잘난 척 기뻐하며 변송辨訟하였기에 어투가 매우 거칠고 공손하지 못하였다. 이미 24년이나 지났지만, 매번 책을 펼쳐 볼 때마다 두려운 듯 속이 쓰리고 슬픈 듯 스스로 아파하여, 언행에 소양

이 없었음을 후회하였다. 내가 지은 육경과 사서에 관한 설들이 그렇지 않은 것이 없지만, 그 중에서 가장 심한 것이 『상서』에 관한 설이다.

이제 『매씨서평』에서 경조부박輕佻浮薄한 말을 잘라 없애고, 『지원록』을 조목조목 나누어 『상서고훈』에 집어넣고 합쳐서 한 부의 책으로 만들었다. 그 가운데 근거 없는 소리와 어그러진 말은 빠짐없이 없앴으나 심하지 않은 것은 그대로 두기도 하였다. 이는 후세 사람에게 내가 이런 사람이었음을 알게 하려는 것이다. 두 책을 합하였지만 제목을 그대로 『상서고훈』이라 한 것은 새로운 설을 덧붙여도 여전히 고훈古訓을 위주로 하였기 때문이다. (중략) [도광 갑오년1834 봄, 열상산방冽上山房에서][39]

위의 『상서고훈』 21권은 내가 편집하고 편찬하였으며 또 내가 수초手鈔한 것이다. 2월 2일에 작업을 시작하여 6월 10일에 마무리하였으니 그 사이가 128일이다. 처음에는 스스로 의도하지 못하였지만 하늘의 도움을 받아 지금 죽기 전에 사업을 마치니 다행이다. 내 나이는 73세요 7일 후인 6월 기망旣望 16일은 나의 생일이다. 다행히 여기에 이르니 이 7책을 가지고 스스로 헌수獻壽를 하여야겠다.[당저當宁 34년 3월 상한上澣 상순][40]

정약용이 1834년에 새로 편찬한 『상서고훈』의 필사본이 발견되지 않았기 때문에, 현재로서는 신조선사본에 수록된 것이 유일하다. 신조선사본 『상서고훈』은 경집 권21부터 권28까지 8권에 해당하지만, 권수 1권과 본문 21권 7책의 내용을 모두 수록하고 있다.

『상서고훈』의 권수에는 상서고훈서례尙書古訓序例, 상서고훈범례尙書古訓凡例, 상서서尙書序가 있다. 그리고 상서고훈서례에는 3편의 서문인 고

---

[39] 『與猶堂全書』 經集, 권21, 經集 6, 尙書古訓序例, 「尙書古訓知遠錄合編序說」.

[40] 『與猶堂全書』 經集, 권28, 經集 6, 尙書古訓 권7, 「跋」.

훈수략서설古訓蒐略序說, 상서지원록서설尙書知遠錄序說, 상서고훈지원록합편서설尙書古訓知遠錄合編序說을 편집하였다. 상서고훈범례는 8조로 구성되고, 상서서에서는 『상서』 100편의 서문을 정리하고 분석하였다. 범례와 상서서는 정약용이 『상서고훈』을 재편찬하면서 새로 집필한 부분이다.

정약용이 유배지에서 작성한 『상서』 3부작에서 100편의 서문은 『매씨서평』과 『상서고훈』의 각 편 첫 부분, 『상서고훈』 권말의 일편제서逸編諸序 등에 흩어져 있었다. 1834년에 정약용은 이를 하나로 모아서 『상서고훈』의 권수에 배치하였다.[41]

> 백편의 서문은 비록 공자가 지은 것이지만 지금은 매색의 변조를 거쳤으므로 모두가 원본은 아니다. 그러나 정현 이후로 이미 각 편의 첫머리에 옮겨 둔 것 같아 권말로 몰아낼 수 없게 되었다. 다만 각 편의 첫머리에 나눠두면 더욱 문제가 많을 것이므로, 이제 한 편으로 만들어 수권首卷으로 한다.[42]

다음의 〈표 5〉는 정약용이 최종적으로 이해한 『상서』 3본의 편목과 유배지에서 작성한 3부작에서 『상서』 서문이 있던 편목을 표시한 것

41 『尙書』 각 편의 머리에 있던 서문을 모아 하나의 편으로 만든 것은 명대 학자인 吳澄의 『書纂言』이나 郝敬의 『尙書辨解』에서 사용한 방식이다(『與猶堂全書』 經集, 권32, 經集 7, 梅氏書平 10, 閻氏古文疏證百一抄, 「南雷黃宗羲序」. “吳草廬, 以古文尙書之僞, 其作『纂言』. 以伏氏二十八篇, 爲之解釋. 以古文二十五篇, 自爲卷袟. 其小序分冠於各篇者, 合爲一篇, 寘於後. 歸震川, 以爲不刊之典. 郝楚望, 著『尙書辨解』, 亦依此例.”).

42 『與猶堂全書』 經集, 권21, 經集 6, 尙書古訓凡例.
“一. 百篇之序, 雖本孔子所作, 今經梅賾變亂, 非皆原本. 然自鄭玄以來, 似已分冠各篇, 不可黜之在下. 但分冠各篇則益多枘鑿, 今還作一篇, 弁之爲首卷.”

이다. 정약용이 새로운 『상서고훈』에서 100편의 서문을 합한 것은 이들을 종합하여 정리하였다는 의미가 있다.

〈표 5〉 『상서』 백편의 편목과 상서서

서	편차	편목	복생본	정현본	매색본	매씨서평	상서고훈	일편제서
虞夏書	1	堯典	1	1	1/2		○	
	2	舜典						○
	3	汩作						○
	4	九共 1						○
	5	九共 2						○
	6	九共 3						○
	7	九共 4						○
	8	九共 5						○
	9	九共 6						○
	10	九共 7						○
	11	九共 8						○
	12	九共 9						○
	13	稾飫						○
	14	大禹謨			3	○		
	15	皐陶謨	2	2	4/5		○	
	16	禹貢	3	3	6		○	
	17	甘誓	4	4	7		○	
	18	棄稷						×[43]
	19	五子之家			8	○		
	20	胤征			9	○		
商書	21	帝告						○
	22	釐沃						○
	23	湯征						○
	24	汝鳩						○

43 정약용은 『尙書古訓』 「尙書序」에서 「棄稷」편은 序가 모두 사라졌다고 하였다(“「棄稷」[鄭第十八, 有文無解.] 竝序皆亡.”).

서	편차	편목	복생본	정현본	매색본	매씨서평	상서고훈	일편제서
商書	25	汝方						○
	26	夏社						○
	27	疑至						○
	28	臣扈						○
	29	湯誓	5	5	10		○	
	30	仲虺之誥			11	○		
	31	湯誥			12	○		○
	32	咸有一德			17	○		○
	33	明居						○
	34	典寶						○
	35	伊訓			13	○		○
	36	肆命						○
	37	徂后						○
	38	太甲 1			14	○		
	39	太甲 2			15	○		
	40	太甲 3			16	○		
	41	沃丁						○
	42	咸乂 1						○
	43	咸乂 2						○
	44	咸乂 3						○
	45	咸乂 4						○
	46	伊陟						○
	47	原命						○
	48	仲丁						○
	49	河亶甲						○
	50	祖乙						○
	51	盤庚 1		6	18		○	
	52	盤庚 2	6	7	19		○	
	53	盤庚 3		8	20		○	
	54	說命 1			21	○		
	55	說命 2			22	○		
	56	說命 3			23	○		

서	편차	편목	복생본	정현본	매색본	매씨서평	상서고훈	일편제서
商書	57	高宗肜日	7	9	24		○	○
	58	高宗之訓						○
	59	西伯戡黎	8	10	25		○	
	60	微子	9	11	26		○	
周書	61	泰誓 1		12	27	○		
	62	泰誓 2		13	28	○		
	63	泰誓 3		14	29	○		
	64	牧誓	10	15	30		○	
	65	武成			31	○		
	66	洪範	11	16	32		○	
	67	分器						○
	68	旅獒			33	○		
	69	旅巢命						○
	70	金縢	12	17	34		○	
	71	大誥	13	18	35		○	
	72	微子之命			36	○		
	73	歸禾						○
	74	嘉禾						○
	75	康誥	14	19	37		○	
	76	酒誥	15	20	38		○	
	77	梓材	16	21	39		○	
	78	召誥	17	22	40		○	
	79	洛誥	18	23	41		○	
	80	多士	19	24	42		○	
	81	無逸	20	25	43		○	
	82	君奭	21	26	44		○	
	83	成王政						○
	84	將蒲姑						○
	85	多方	22	27	46		○	
	86	周官			48	○		
	87	立政	23	28	47		○	
	88	賄肅愼之命						○

서	편차	편목	복생본	정현본	매색본	매씨서평	상서고훈	일편제서
周書	89	亳姑						○
	90	君陳			49	○		
	91	顧命	24	29	50		○	
	92	康王之誥		30	51		○	
	93	畢命			52	○		
	94	君牙			53	○		
	95	冏命			54	○		
	96	蔡仲之命			45	○		
	97	費誓	27	31	57		○	
	98	呂刑	25	32	55		○	
	99	文侯之命	26	33	56		○	
	100	秦誓	28	34	58		○	
		書序	29[44]					
		泰誓序				○		
		河內泰誓				○		

다음으로 『상서고훈』의 본문에서 금문상서 28편의 내용을 분석하는 틀을 마련하였다. 여기에는 [考異] [考誤] [考證] [考訂] [考辨] [論曰] [訂曰] [衍義] 등이 나타나며, 정약용은 범례를 통해 그 의미를 밝혔다.[45] 필사본에서 보이지 않던 『상서』 연구의 분석틀이 신조선사본에서는 나타난다.

---

44 정약용은 『春秋』에서 『尙書』를 102편이라 한 것은 本文 100편과 序文 2편을 합한 것으로 보았다(『梅氏書平』 권1, 張霸僞書考第七. "上丙十. 『春秋』說云, 書凡百二十篇. … 鏞案, 百二篇, 應是自昔流傳之名, 經文百編, 書序二篇也.[周易十翼·上彖·下彖, 分爲二篇, 書序二篇, 亦猶是也.]").

45 『與猶堂全書』 經集, 권21, 經集 6, 『尙書古訓凡例』.
"一. 文字異者, 標曰考異, 義旨誤者, 標曰考誤, 援爲證者曰考證, 平相議者曰考訂, 交相訟者曰考辨(辨 : 신조본에는 '辦'으로 되어 있으나 바로 잡는다). 又所著異於案說者, 或稱論曰, 或稱訂曰, 隨文發例, 無定式也. 又或因文生義, 不關經旨者, 標曰衍義, 書例雜沓可愧也."

제3절 필사본의 계열과 필사 시기

지금까지 살펴본 상황을 종합하여 필사본 『상서』 주석서의 계승과 각 필사본의 필사 시기를 추적해 보자.

필사본 『상서』 주석서는 소장처와 수록된 책을 기준으로 할 때 '단국대본' '김영호본' '여유당전서보유본' '버클리대본' '츠쿠바대본' '규장각본' '신조선사본'으로 구분할 수 있다. 다음의 〈표 6〉은 이들 필사본의 표지와 내지에 기록된 사항을 정리한 것이다.

〈표 6〉 필사본 『상서』 주석서의 표지와 내지 기록

	매씨서평	염씨고문소증초	상서고훈수략	상서지원록	상서고훈
단국대본	**菜花亭集**				
김영호본	與猶堂集 16~24	與猶堂集 6			
보유본				**菜花亭集** 與猶堂集 31~37	
버클리대본	俟菴經集 6~8 洌水全書 16~19 與猶堂集 20~24			俟菴經集 與猶堂集 31~37	
츠쿠바대본			尙書古訓 25~30		
규장각본	俟菴經集 洌水全書 16~19 與猶堂集 20~24	與猶堂集 75[46]	俟菴經集 與猶堂集 25~30	俟菴經集 與猶堂集 31~37	
신조선사본	經集 29~32	經集 32			經集 21~28

46 『염씨고문상서소증초』의 표지에 "與猶堂集 75"이라 기록한 것은 『與猶堂集』 78책(규11894)에서 제75책에 해당한다는 의미이다. 이 『여유당집』은 제1책~제30책은 詩文集이고, 제31책부터 喪禮外編, 四禮家式, 典禮考, 喪禮四箋, 朝鮮水經, 論語古今注, 孟子要義, 中庸自箴, 閻氏古文尙書疏證鈔, 小學珠串, 大學公議, 大學講義, 小學枝言, 心經密驗 같은 저술이 수록되어 있다.

이를 보면 단국대본과 김영호본, 여유당전서보유본에만 "菜花亭集"이란 이름이 나타나고, 다른 필사본의 표지에는 "俟菴經集", 내지에는 "與猶堂集"의 권차가 나타난다. 『매씨서평』의 경우 버클리대본과 규장각본에는 열수전서의 권차도 나타나며, 이는 여유당집의 권차와 일치한다. 필사본 표지의 사암경집과 내지의 여유당집 혹은 열수전서의 권차는 「자찬묘지명」의 체제를 반영한 것이다. 정약용은 1822년에 작성한 「자찬묘지명」에서 자신의 글을 경집과 문집으로 구분하고, 경집에서는 『시경강의』 12권과 『시경강의보』 3권 다음에 『상서』 주석서를 배치하였다. 이를 정리하면 다음과 같다.[47]

『시경강의』	12권	與猶堂集 권1~12
『시경강의보』	3권	與猶堂集 권13~15
『매씨서평』	9권	與猶堂集 권16~24
『상서고훈수략』	6권	與猶堂集 권25~30
『상서지원록』	7권	與猶堂集 권31~37

「자찬묘지명」에 나타나지 않는 『상서』 주석서는 『염씨고문소증초』와 신조선사본에 수록되어 있는 『매씨서평』과 『상서고훈』이다. 이들은 각각 1830년, 1834년 8월, 1834년 6월에 편찬되었으므로, 「자찬묘지명」 이후에 새로 편찬되거나 대폭 수정되었다는 공통점이 있다. 또 신조선사본에서 『염씨고문소증초』는 『매씨서평』의 끝에 합쳐져 있고, 『매씨서평』은 『상서고훈』 다음에 편집된 것을 보면, 이는 「자찬묘

---

47 본서 제1부 제1장을 참조.

지명」 체제가 사라진 단계에 해당한다. 현재 전해지는 필사본 가운데 김영호본(2)와 규장각본11894 『매씨서평』은 신조선사본의 저본이라 할 수 있다.

그러면 필사본의 필사 시기는 언제일까? 앞에서 필사본의 계열을 추정한 것을 정리하면 다음과 같다. 여기에서 화살표를 '⇒' '→' '···▸'로 구분한 것은 계승의 정도를 표시한 것이다.

『매씨서평』	: 단국대본 ···▸ 버클리대본 ⇒ 규장각본 ···▸			김영호본(2) ⇒ 신조선사본
	김영호본(1)			
『염씨고문소증초』 :				김영호본(2) ⇒ 신조선사본
				규장각본
『상서고훈수략』	:		츠쿠바대본 → 규장각본	
『상서지원록』	: 보유본 ⇒	버클리대본 ⇒ 규장각본		

이를 보면 단국대본, 김영호본(1), 여유당전서보유본이 가장 빠른 시기에 작성되었고, 버클리대본과 츠쿠바대본이 그 다음이며, 규장각본과 김영호본(2)가 그 다음, 신조선사본이 가장 나중에 작성된 것으로 이해된다. 그러면 각 필사본이 필사된 시기는 언제일까?

단국대본, 김영호본(1), 여유당전서보유본은 다산 저술의 고본稿本[48] 원본 내지는 원본에 가까운 본으로 이해된다. 이들 필사본의 표지에는 공통적으로 "채화정집菜花亭集"이라 표시되어 있으며, 다산 가장본家藏

---

48 필자는 정약용 당대에 정리된 稿本이 여러 종류가 남아 있는 상황에서 定稿本이란 용어의 사용을 자제하자고 제안한 노경희의 견해에 동의한다(노경희, 「茶山 저술의 전승과 유통에 대한 서지학적 고찰 - 茶山家藏의 稿本에서 『與猶堂全書』에 이르기까지」, 『韓國漢文學研究』 50, 2012, 175면).

本의 특징으로 제시된 사항을 고루 갖추어 고본으로 인정된 바 있다.[49] 이 필사본은 정약용이 1810~1811년에 『매씨서평』과 『상서지원록』을 편찬한 후 1816년 경에 유배지에서 필사한 것으로 보인다.[50]

버클리대본은 단국대본, 김영호본(1), 여유당전서보유본을 계승하였지만 계승 정도에는 차이점이 있다. 『매씨서평』은 단국대본과 버클리대본 사이에 큰 차이가 있다. 정약용은 1819년~1827년에 인근 학자들과 교유하며 지적받은 사항을 수용하여, 서문에서 모기령을 격렬하게 비난한 구절을 수정하였고, 『상서』 저본에 대한 견해에도 큰 변화가 있었다. 버클리대본에는 이런 변화가 반영되어 있다. 『상서지원록』의 경우, 여유당전서보유본이 버클리대본의 저본으로 판단된다. 그러나 보유본의 난외에 추가된 기록은 버클리대본에 반영된 것도 있고 반영되지 않은 것도 있다. 여유당전서보유본에는 정약용이 사망한 이후 추가된 기록도 있으므로, 어느 시점에서 보유본을 저본으로 하여 버클리대본을 필사한 것으로 보면 모순은 없다.

버클리대본 『상서지원록』에는 필사 시기를 추정할 수 있는 또 하나의 단서가 있다. 앞서 보았듯이 버클리대본은 권1~5 부분과 권6~7 부분의 필체가 다르다. 그런데 앞쪽의 필체는 여유당전서보유본의 필체와 동일하고, 필사 양식도 동일하므로, 정약용의 친필일 가능성이

---

49 김영호, 「『여유당전서』의 텍스트 검토」, 『정다산 연구의 현황』, 민음사, 1985, 29면.
노경희, 「미국 소재 정약용 필사본의 소장 현황과 자료적 특징」, 『茶山學』 15, 2009.
노경희, 앞 논문, 2012, 173~177면.
안병직, 「家藏本 『與猶堂集」의 조사와 해설」, 『다산과 가장본 여유당집』, 실학박물관, 2010.

50 정약용은 1816년 6월 17일에 아들에게 보낸 편지에서 經集 240책을 새로 장정하여 책상 위에 올려놓았다고 하였다(『與猶堂全書』 詩文集, 권21, 書, 「寄二兒」[丙子六月十七日]. "六月初六日, 卽我賢仲氏棄世之日也. … 經集二百四十冊, 新裝置案上, 吾將焚之乎?").

크다. 이에 비해 버클리대본 『매씨서평』의 필체는 단국대본과 비슷하나 동일인의 필체로 보기는 어렵다. 만일 버클리대본 필사본이 동일한 시기에 필사된 것이라면 그 시기는 1827년~1830년경으로 추정된다. 이는 정약용의 필체, 정약용과 인근 학자의 교류, 1834년에서 수년 전에 『매씨서평』의 권1~4 부분을 수정하였다는 점 등을 고려한 것이다.

마지막으로 규장각본의 필사 시기를 추정해 보자. 규장각본은 버클리대본을 저본으로 하고,[51] 『상서고훈수략』은 츠쿠바대본을 저본으로 하였다. 다만 츠쿠바대본과 규장각본의 계승 관계는 강하지 않다. 규장각본의 도서인에는 '朝鮮總督府圖書之印' '京城帝國大學圖書章' '서울大學校圖書'가 찍혀 있어 1915년~1921년에 조선총독부 참사관분실에서 '조선총독부도서지인'을 찍기 전에 존재하였다.[52] 또한 츠쿠바대본의 본문 첫째 면에는 "大正十一年十二月卄三日 林直敬 … 大正十一年十二月卄六日 … "이란 기록이 있어 1922년大正 11 12월 23일부터 26일 사이에 필사된 것임을 알 수 있다. 이를 보면 규장각본은 1914년~1915년경에 조선총독부 참사관분실에서 필사하고,[53] 츠쿠

---

51 버클리대본이 규장각본의 저본이라는 사실은 기왕의 연구를 통해 밝혀진 바 있다.
장동우, 「『여유당전서』 經集 필사본에 관한 고찰 : 규장각본과 아사미문고본의 비교를 중심으로」, 『茶山學』 15, 2009.
안병직, 앞 논문, 실학박물관, 2010.
노경희, 「다산 저술 '고본'의 성격과 자료 전승 현황」, 『茶山學』 17, 2010.

52 朝鮮總督府는 1912년 4월에 參事官室을 설치하였고, 參事官分室에서는 1914년 10월에 조선총독부 取調局에서 규장각 도서를 인수하였다. 이후 참사관분실에서는 1915년 12월에 소장본의 총책수를 보고하였고, 1921년에 『朝鮮總督府古圖書目錄』을 간행하였다(愼鏞廈, 「『奎章閣圖書韓國本綜合目錄』 解題」, 『奎章閣圖書韓國本綜合目錄』, 서울大學校 圖書館 奎章閣圖書管理室, 1981, 10~11쪽).

53 조성을과 노경희는 규장각본의 필사 시기를 1917년 이전 朝鮮總督府 參事官分室에서 필사한

바대본은 규장각본의 저본이었던 필사본을 1922년에 재필사한 것으로 추정된다.

지금까지 현전하는 정약용의 필사본 『상서』 주석서를 전반적으로 살펴보았다. 이글에서 검토한 필사본은 『매씨서평』 5종, 『염씨고문소증초』 2종, 『상서고훈수략』 2종, 『상서지원록』 3종이며, 이를 신조선사본과 일일이 비교하였다. 그 내용을 정리하면 다음과 같다.

필사본 『상서』 주석서를 소장처나 수록된 책을 기준으로 구분하면 '단국대본' '김영호본' '여유당전서보유본' '버클리대본' '츠쿠바대본' '규장각본' '신조선사본'이 있다. 필사본의 계열은 단국대본, 김영호본(1), 여유당전서보유본이 가장 빠른 시기에 작성되고, 버클리대본, 츠쿠바대본, 규장각본, 신조선사본의 순서로 작성되었다. 그중 단국대본 및 김영호본(1) 『매씨서평』과 여유당전서보유본 『상서지원록』은 고본의 원본으로 1816년경 유배지에서, 버클리대본은 1827~1830년경, 김영호본(2)는 1834년 8월 이후에 필사한 것으로 추정하였다. 또한 규장각본은 1914년~1915년경에 조선총독부 참사관분실에서, 츠쿠

것으로 추정하였다. 조성을은 『염씨고문상서소증』가 포함된 『여유당집』 78책이 1917년에 작성된 『韓國本原帳』에 수록된 점, 도서인 중 '朝鮮總督府圖書之印'이 가장 앞 시기라는 점, 雜文에서 日本論(1, 2)이 빠지고 大東水經이 朝鮮水經으로 바뀐 것은 필사 주체가 일제 관헌이라는 점 등을 근거로 들었다. 노경희는 규장각본의 필체, 지질, 제책의 모양이 같으므로 같은 시기에 필사된 것으로 추정하였으며, 1915년에 간행된 『朝鮮圖書解題』에 『시경강의』 등 다산 저술의 해제가 실린 점을 지적하였다(趙誠乙, 「丁若鏞 著作의 體系와 ≪與猶堂集≫ 雜文의 再構成」, 『奎章閣』 8, 1984, 35~36쪽 ; 「丁若鏞의 尙書研究 文獻의 檢討」, 『東方學志』 54·55·56, 1987, 740쪽 ; 노경희, 「茶山 저술의 전승과 유통에 대한 서지학적 고찰 - 茶山家藏의 稿本에서 『與猶堂全書』에 이르기까지」, 『韓國漢文學研究』 50, 2012, 193~195쪽).

바대본은 규장각본의 저본이 된 필사본을 1922년에 재필사한 것으로 보인다. 현재 전해지는 필사본 『상서』 주석서를 신조선사본과 비교하면 일정한 계승 관계를 확인할 수 있으며, 『매씨서평』은 신조선사본의 저본에 해당하는 필사본이 발견되었다.[54]

필사본 『상서』 주석서에는 정약용이 「자찬묘지명」에서 정리한 경집 체제의 흔적이 남아 있다. 그러나 『염씨고문소증초』와 신조선사본에 수록된 『매씨서평』과 『상서고훈』에는 그런 흔적이 발견되지 않는다. 이는 「자찬묘지명」이 나온 이후에 새 저술을 편찬하거나 기왕의 저술을 수정하면서 나타난 현상으로, 정약용은 자신의 저술을 종합하여 새로운 권차를 정하지는 못한 것으로 보인다. 따라서 시문집, 경집, 예집, 악집, 정법집, 지리집, 의학집으로 분류된 신조선사본 『여유당전서』의 체제는 후대 학자들에 의해 정리된 것이다.

마지막으로 필자가 필사 시기를 추정할 때에는 각 소장처별 필사본은 동일한 시기에 한꺼번에 필사되었다는 전제를 두었다. 만약 버클리대본이나 규장각본 가운데 필사 시기가 다른 본이 섞여 있다면, 이글에서 필자가 추정한 시기는 수정되어야 한다.

---

54 신조선사본의 저본은 茶山 生家에 소장되었다가 1925년 대홍수에 거의 유실된 후 다시 정리한 필사본이다. 鄭寅普은 1939년 1월 5일에 작성한 「與猶堂全書總敍」에서 "先生卒後, 其家, 世葆其書而未及刊. 頃世乙丑(1925), 漢江潦漲, 漂先生故廬, 書幾沒. **踰世或爲之圖刊, 已逡寫矣**, 役不克擧. 又十年, 而權泰彙, 始經紀之, 寅普與安在鴻, 任校對, 歷四年而工告訖. 凡爲冊者七十六, 總曰'與猶堂全書'."라고 하였다(『薝園文錄』 四).

제3장 『상서지원록尙書知遠錄』의 원문 비교

정약용의 경학을 연구하는 가운데 『상서』를 가장 오랫동안 연구하여 다양한 연구서를 남겼다. 정약용은 유배지인 강진에서 『매씨서평』9권, 『고훈수략』6권, 『상서지원록』7권을 작성하였고, 고향인 마재로 돌아온 이후에는 인근에 거주하던 학자들과 교유하며 『염씨고문상서소증초』4권, 『독상서보전』1권을 작성하였다. 또한 만년에는 유배지에서 작성한 『상서』 주석서를 전면적으로 개정하여 『상서고훈』21권, 이하 '개정본 『상서고훈』'이라 함과 『매씨서평』9권, 이하 '개정본 『매씨서평』'이라 함을 만들었다.[1]

1822년에 회갑을 맞은 정약용은 「자찬묘지명」집중본을 지으면서 유배지에서 작성한 『매씨서평』·『상서고훈』·『상서지원록』을 자신의 경집 저술에 포함시켰다. 그런데 정약용이 사망한 후 그 현손인 정규영이 작성한 「열수전서총목록洌水全書總目錄」에는 『상서고훈』과 『상서지원록』이 누락되었다.[2] 이는 정약용이 만년에 『상서고훈』과 『상서지원록』을 합하여 개정본 『상서고훈』을 만들었기 때문이다. 신조선사본 『여유당전서』는 정규영이 소장한 정약용의 수고手稿 원본을 기초로 편

---

1 정약용의 『상서』 연구서에 대해서는 趙誠乙, 「丁若鏞의 尙書硏究 文獻의 檢討」, 『동방학지』 54·55· 56, 1987을 참조.

2 최익한, 『실학파와 정약용』, 청년사, 1989, 453~455면.
「洌水全書總目錄」에서는 정약용의 저술을 經集, 文集, 雜纂으로 구분하고 있다.

집하였기 때문에[3] 『상서고훈』과 『상서지원록』은 누락되었다.

이 글은 『정본 여유당전서』 간행 사업의 일환으로, 정약용이 유배지에서 작성한 『상서지원록』의 원문을 검토하려 한다. 『상서지원록』은 신조선사본에서 누락되어 그동안 주목을 받지 못하였으나 정약용의 경학사상을 이해하는 데 매우 중요한 자료로 판단된다. 현재 『상서지원록』은 3종의 필사본이 전해지며, 이글에서는 『여유당전서보유』에 수록된 본과 규장각에 소장된 본을 축자 검토하였다. 그 결과 원문에서 상당한 차이가 발견되어, 정약용이 1810년에 『상서지원록』을 작성한 이후에도 여러 차례 수정을 하였음을 확인할 수 있었다.

제1절 『상서지원록』의 편찬

1. 편찬 과정

정약용이 『상서』 연구에 관심을 기울인 것은 규장각에서 실시되었던 정조의 경사강의 때문이었다. 정약용은 1789년정조 13에 규장각 초계문신에 선발되었고, 1792년에 정조가 주도하던 『상서』 강의에 참여하였다. 그런데 정약용은 강의의 진도가 『상서』 「우공」편을 마칠 즈음에 부친의 죽음을 맞았고, 부친의 삼년상을 치르느라 정조의 강의에 참석할 수 없었다. 그러나 정약용은 이 때 고문상서와 금문상서의 차이에 대한 확실하게 인식하였다.

---

3 장동우, 「『여유당전서』 정본사업을 위한 필사본 연구」, 『茶山學』 7, 2005, 253~254면.

전에 내가 서울에서 공부할 때, 스승과 친구들이 가끔 매색梅賾의 고문상서 25편의 문체가 비근하고 순탄한 것을 의심함을 듣고, 마음속으로 그 말이 옳다고 여겼다. 규장각에서 임금의 요청에 응하여 강의할 때, 과목이 「우공」편에 이르렀는데 마침내 부친상을 당하게 되었다. 건륭 임자년1792 봄에 희정당에서 임금을 모시고 「우공」편의 강의를 마치자 임금께서 곡진한 어조로 거듭 높이 칭찬해주셨음을 지금도 기억한다. 이 때 임금께서는 경전 연구에 마음을 쏟아 당대의 영재에게 두루 물으셨다. 『상서』에 대한 조문 수 백여 조를 물으시고, 금문상서와 고문상서를 구분하는 일에 세세하게 뜻을 기울이셨다. 그러나 이 못난 신하는 집에서 상사喪事를 받드느라 조목조목 대답하지 못하였으니, 지금까지도 한恨이 됨은 무엇 때문인가? 임금께서 돌아가신 후이 하잘 것 없는 견문을 물어볼 길이 없기 때문이다.[4]

정약용이 『상서』 연구의 첫 번째 저술인 『매씨서평』을 완성한 것은 1810년 봄이다.[5] 그는 고문상서 25편의 위서 여부를 의심하다가 매색이 작성한 위서임을 확신하고 이를 논증하는 『매씨서평』을 작성한 것이다. 그런데 정약용은 『매씨서평』을 작성하는 과정에서 모기령의 『고문상서원사』8권를 정밀하게 검토하여 논리적으로 비판하였다. 이후 정약용의 『상서』 주석서에는 모기령의 설이 많이 인용되었다.[6]

---

4 『與猶堂全書』 經集, 『梅氏書平』「梅氏書平序」.
"昔余游學京師, 竊聞師友往往疑梅氏尙書二十五篇文體卑順, 心服其言. 逮應講內閣, 課至禹貢, 遂遭大故. 尙記乾隆壬子之春, 入侍于熙政堂, 誦禹貢訖, 睿獎隆洽, 玉音諄復. 時聖上潛心經籍, 博詢時英. 有『尙書』條問數百餘條, 縷縷致意於今文·古文之辨, 而賤臣寢苫在家, 未有條對, 至今呑恨, 何者? 聖人旣沒, 無緣質問此謏聞也."

5 『與猶堂全書』 經集, 『梅氏書平』「梅氏書平跋」.
"右『梅氏書平』九卷, 昔在庚午春[嘉慶十五年], 余在茶山謫中作."

6 정약용이 인용한 毛奇齡의 학설에 대해서는 다음의 논문을 참조.
김승동, 「毛奇齡과 丁若鏞의 易卦 해석에 관한 비교 연구」, 『人文論叢』 36, 1990.

소산 모기령의 책이 나오면서 『고문상서』 위작설을 업신여기고 욕하여 다시 더 할 여지가 없었다. 그러면서 말하기를 "고문상서의 억울함은 주자에게서 비롯됐다"고 하였는데, 그가 지은 『고문상서원사』 8권은 횡설수설하면서 수 천 만 마디를 늘어놓았다. 스스로 말하기를 "나는 성인의 경전을 보위한다."고 하였는데, 이미 그렇게 말해놓고 하필이면 입이 아프도록 힘써 싸워서 경을 훼손하였다는 욕을 먹는가? 그의 속마음은 성인의 경전을 지키려는 것이 아니며, 무릇 주자가 하였던 말이면 그것을 배척하여 스스로를 드러내려고 애썼다. 명분이야 비록 자기의 생각을 드러낸 것이라 하나 뜻이 매우 바르지 못하니 공평한 마음을 가진 사람은 반드시 분별해야 할 것이다.[7]

다음으로 정약용은 『상서고훈』과 『상서지원록』을 작성하였으며, 그 시기는 1810년 가을과 1811년 봄이었다.[8] 그는 『매씨서평』에서 고문상서 25편을 위주로 하였고, 『상서고훈』과 『상서지원록』에서는 금문상서 28편을 중심으로 하였다. 또한 『상서고훈』에서는 주로 한대 학자들의 주석을 정리하였으나, 『상서지원록』은 『상서고훈』에서 정리한 주석을 매색梅賾, 채침蔡沈의 설과 비교하고, 송대 이후의 학설을 참고하면서 정약용 자신의 견해를 정리하였다. 여기서 '지원知遠'이란 책의

沈慶昊, 「丁若鏞의 詩經論과 청조 학술 - 특히 毛奇齡설의 비판 및 극복과 관련하여」, 『茶山學』 3, 2002.

신원봉, 「다산의 易學觀 정립에 미친 淸代 사상의 영향 - 毛奇齡을 중심으로」, 『茶山學』 3, 2002.

7 『與猶堂全書』 經集, 『梅氏書平』 「梅氏書平序」.
"至蕭山毛氏[奇齡]之書出, 其侮嫚詬詆, 無復餘地, 乃云, '古文之寃, 始于朱氏', 而所著『古文尙書寃詞』八卷, 橫說竪說, 累千萬言. 自言曰, '我衛聖經', 亦何必苦口力戰以取毁經之罵哉? 但其本意, 非衛聖經, 凡朱子所言, 務欲觝排以自立幟. 名雖自鳴, 志殊不正, 凡秉心公平者, 在所必辨."

8 『與猶堂全書』 經集, 『尙書古訓序例』 「古訓蒐略序說」; 「尙書知遠錄序說」.

이름은 『예기禮記』 「경해經解」편의 "疏通知遠, 書教也"에서 원용한 것이다.

> 옛날 내가 다산茶山에서 『상서』를 읽다가 매색의 『위고문상서僞古文尙書』에 대해 논저한 것이 있다. 그것이 『매씨서평』이며 모두 9권이다. 이후 다시 복생의 벽중 진본 28편을 살피고 구양생歐陽生·대소하후大小夏候[9]·마융馬融·정현鄭玄의 설을 모은 것이 『고훈수략』이다. 그 다음에 매색·채침의 설을 고훈과 비교하여 조사하고 때로 나의 의견을 붙인 것이 『상서지원록』이다.[10]

> 『상서고훈』은 한대 유학자의 불완전한 글만 모은 것이다. 『상서지원록』은 매색과 채침의 뜻을 아울러 논한 것이다. 지금 이 둘을 합한 후에 다시 근세 유학자의 학설에서 채록할 만한 것을 더하였고, 가끔 별도로 자신의 주장을 세운 것을 덧붙인 것이 많다.[11]

정약용은 『상서고훈』을 작성하면서 한대 학자들의 주석은 주로 공영달孔穎達의 『상서정의尙書正義』와 『십삼경주소十三經注疏』에서 뽑았고, 『사기』·『설문』·『춘추좌씨전』·『국어』·『예기』·『논어』·『맹자』에 인용되어 있는 『상서』 문구를 채록하였다.

---

9 西漢의 今文學者인 夏候勝과 夏候建을 말함.

10 『與猶堂全書』 經集, 『尙書古訓序例』 「尙書古訓知遠錄合編序說」.
"昔在茶山, 余讀『尙書』, 執梅賾僞案, 有所論著, 曰『梅氏書平』, 凡九卷. 繼而反求乎壁中眞本二十八篇, 蒐輯歐陽·夏侯·馬·鄭之說者, 曰『古訓蒐略』. 繼而執梅·蔡二家之說者, 校比乎古訓, 間附以己見者, 曰『知遠錄』."

11 『與猶堂全書』 經集, 『尙書古訓序例』 「尙書古訓凡例」.
"『尙書古訓』, 但輯漢儒之零文, 『知遠錄』, 兼論梅·蔡之義. 今旣合編, 又或近世儒說有可采錄者, 不免濫觴, 或另自立論者, 亦多附見.

다만 공영달의 『상서정의』와 다른 경전의 주소注疏에는 가끔 구양·하후·마융·정현의 학설을 인용한 것이 조금 보이는데, 주나라의 솥과 은나라의 술잔처럼 찬란히 빛났다. 이에 몇몇 문우들과 함께 중요한 것을 부지런히 모았다. 또 『사기』와 『설문』에 실려 있는 『상서』의 문구 중에 부합하는 것을 가려서 동이同異를 살폈고, 『좌전』·『국어』·『예기』·『논어』·『맹자』 중에 간혹 『상서』를 인용한 것을 채록하여 순서대로 배열하였다. 그리고 사이사이에 나의 견해를 덧붙여 취사선택하는 뜻을 표시하였다. 이상을 합하여 『고훈수략』이라 하니 모두 6권이다.[12]

1818년에 고향으로 돌아온 정약용은 인근에 거주하던 신작·김매순·홍현주와 교유하였고, 특히 홍현주를 통해 그의 형인 홍석주의 『상서』 연구서인 『상서보전』과 염약거의 『고문상서소증』을 소개받았다.[13] 1827년에 정약용은 『염씨고문상서소증초』와 『독상서보전』을 작성하였다. 전자는 『고문상서소증』의 논증을 비판적으로 검토한 것이고, 후자는 『상서보전』의 독후감으로 작성한 것이다. 현재 『염씨고문상서소증초』는 신조선사본 『여유당전서』에 수록되어 있고, 『독상서보전』은 『여유당전서보유』에 수록되어 있다.

정약용은 『고문상서소증』과 『상서보전』을 검토하면서 유배지에서 작성한 『상서』 주석서에 많은 문제점이 있음을 발견하였다. 그

---

12 『與猶堂全書』 經集, 『尙書古訓序例』 「古訓蒐略序說」.
"唯孔穎達『正義』及他經注疏, 其或引歐陽·夏侯·馬·鄭之說者, 時見一斑, 則周鼎殷彝, 斐光粲然. 玆與一二文友, 採掇惟亟. 又如『史記』·『說文』, 凡載『尙書』之文句, 搜剔附合以考同異, 而『左傳』·『國語』·『禮記』·『論』·『孟』之中, 有或引『書』者, 因亦採錄, 按次編列. 間附己見, 表示取舍之意. 合而名之曰『古訓蒐略』, 凡六卷."

13 金文植, 『朝鮮後期 經學思想硏究 - 正祖와 京畿學人을 중심으로』 一潮閣, 1996, 12~19면.

는 고문상서가 위서임을 논증하는 『매씨서평』을 작성하였으나, 염약거1636~1704가 자신보다 백 년 전에 이런 작업을 수행하였음을 알게 되었다. 또한 연구서의 사기辭氣가 건방지고 불손하거나 근거가 없는 서술이 있는 것도 문제가 되었다. 결국 정약용은 『상서』 주석서를 전면 수정하는 작업에 들어갔다.

개정본 『상서고훈』은 1834년 6월 10일에 마재에서 완성되었다. 금문상서 28편의 원문에서 표제어를 뽑아 조목별로 해설하였던 『상서지원록』을 해체한 후 금문상서의 원문과 한대의 주석을 정리한 『상서고훈』에 일일이 끼워 넣는 작업이었다. 두 연구서를 합하는 과정에서 정약용은 근거가 없거나 사리에 어긋난 표현을 모두 삭제하였다.

개정본 『매씨서평』은 1834년 8월 14일에 마재에서 완성되었다. 『매씨서평』을 개정하는 작업도 쓸모없는 것을 지우고 빠트린 것을 추가하는 방식이었으며 여러 해 동안 계속 진행되었다. 정약용은 특히 권1~권4의 수정을 이보다 수년 전에 마무리해 놓고 있었다.

> 위 『매씨서평』 9권은 경오년 봄[가경 15년] 내가 다산에서 귀양살이할 때 지은 것이다. 금년 봄[도광 14년]에 나는 열상에서 『상서고훈』과 『상서지원록』을 합하여 한 책으로 만들었는데 모두 21권이다. 그 후 또 『매씨서평』에서 쓸모없는 것은 지우고 빠뜨린 것은 첨가하여 정리 완성하였는데, 본래의 체제대로 9권이다. 두 책을 합치면 30권이다. 내가 지금 일흔 세 살의 나이로 눈이 어둡고 손이 떨리는데도 이 일을 할 수 있었던 것은 하늘의 도우심 덕분이다.[『매씨서평』의 앞 4권은 '수년 전'에 수정한 것이다.] 8월 14일, 열

상노인 씀[갑오년 가을].[14]

이상의 과정을 거쳐 정약용의 『상서』 주석서는 개정본 『상서고훈』 21권과 개정본 『매씨서평』 9권[15]을 합하여 총 30권으로 정리되었다.

2. 필사본

현존하는 『상서지원록』 필사본은 3종이 있다. 첫째는 『여유당전서보유』에 수록된 필사본 7권이다. 표제는 "菜花亭集 尙書知遠錄"이고, 본문은 "與猶堂集卷之三十一 洌水丁鏞述"로 시작한다. 이하에서는 '여유당전서보유본'이라 한다. 둘째는 미국 Berkeley 대학의 아사미淺見 문고에 소장된 필사본 7권 3책이다. 표제는 "俟菴經集 尙書知遠錄"이고, 본문은 "與猶堂集卷之三十一 洌水丁鏞述"로 시작한다. 이하에서는 '버클리대본'이라 한다. 세 번째는 규장각에 소장된 필사본 7권 3책규4912이다. 표제는 "俟菴經集 尙書知遠錄"이고, 본문은 "與猶堂集卷之三十一 洌水丁鏞述"로 시작한다. 이하에서는 이를 '규장각본'이라 한

14 『與猶堂全書』 經集, 『梅氏書平』 「梅氏書平跋」.
"右『梅氏書平』九卷, 昔在庚午春[嘉慶十五年], 余在茶山謫中作. 今年春[道光十四年], 余在洌上取『尙書古訓』·『尙書知遠錄』, 合以爲一部, 共二十一卷. 旣又取『梅氏書平』, 刪其蕪雜, 增其闕遺, 修而成之, 仍其舊爲九卷. 二部之合, 三十卷也. 余今七十三, 眼昏而手顫, 猶能爲此, 賴天之賜也.[『書平』之上四卷是數年前所修正] 八月十四日, 洌上老人 書[甲午, 秋]."

15 개정본 『매씨서평』은 1834년 이후에도 개정 작업이 있었을 가능성이 있다. 丁奎榮의 「洌水全書總目錄」에는 '『梅氏書平』 9권 3책과 『梅氏書平續』 5권 2책이 있으며 그중 제1책 1,2권은 「閻氏古文尙書鈔」'라는 기록이 있다. 여기서 『梅氏書平續』 5권은 『매씨서평』에서 증보된 권10 부분(河內泰誓, 逸周書克殷篇辨, 書大傳略論)과 『閻氏古文尙書鈔』 4권을 말하는 것으로 보인다. 필사본 『매씨서평』의 문제에 대해서는 이지형, 「『매씨서평』에 대하여」, 『역주 매씨서평』, 문학과지성사, 2002, 27~29면에서 언급한 바 있다.

다.

여유당전서보유본은 본문을 깨끗이 필사한 다음 중요한 부분에 ○표 주인朱印이 찍혀 있다. 그리고 본문에 수정하거나 삭제하도록 표시된 기록이 있고, 광곽匡郭의 위에 추가 설명이나 수정할 사항을 기록한 두첨頭籤이 있다. 장동우는 여유당전서보유본이 규장각본보다 먼저 필사된 본임을 논증하면서 정약용이 직접 필사한 초본草本일 가능성이 있다고 하였다.[16] 필자는 이 견해에 동의한다.

버클리대본은 여유당전서보유본을 수정한 본이다. 여유당전서보유본에는 광곽 위에 새로운 기록을 추가한 것이 19개이다. 이는 정약용이 『상서지원록』을 편찬한 후 내용을 추가하거나 정약용의 외손자인 윤정기 등이 나중에 추가한 것이다. 그런데 버클리대본을 보면 19개의 추가 기록 중 본문에 반영한 것도 있고 반영되지 않은 것도 있다. 이를 보면 여유당전서보유본은 본문이 필사된 이후에도 여러 차례 수정되었고, 어느 시점에서 버클리대본의 저본이 되었으며, 그 이후에도 계속 수정이 되었다고 할 수 있다.

규장각본은 버클리대본을 저본으로 한 전사본轉寫本이다. 필자가 이렇게 판단하는 근거가 몇 가지 있다. 첫째 여유당전서보유본에는 각 조목의 상단에 일련번호가 붙어 있다. 그러나 버클리대본에서는 일련번호가 누락된 부분이 있고, 규장각본에서도 동일한 현상이 나타난다.[17] 둘째 여유당전서보유본의 광곽 위 기록을 버클리대본에서는 같

---

16 장동우, 앞논문, 2005, 262~269면. 여기에는 최익한(『실학파와 정약용』, 청년사, 1989, 452면)과 김영호(「『與猶堂全書』의 텍스트 검토」, 『丁茶山硏究의 現況』, 민음사, 1985, 29면)의 발언이 참조되었다.

17 권1의 下丙六에서 권5의 下卯七까지 일련번호가 빠졌다.

은 위치에 기록하였지만, 규장각본에서는 본문에 기록한 경우가 있다. 이는 규장각본이 버클리대본보다 나중에 필사되었음을 의미한다. 셋째 규장각본의 서체와 지질은 19세기 이후에 나온 것이며 서체의 수준도 확연히 떨어진다. 따라서 버클리대본은 규장각본의 저본으로 판단된다.

이상 3종의 필사본은 본문에 출입이 있을 뿐 권별 목차는 동일하다.

3. 체제

『상서지원록』의 체제는 서문序文, 본문本文, 목차괄의目次括義로 구분할 수 있다.

『상서지원록』의 서문은 정약용이 1811년에 작성한 것으로, 개정본 『상서고훈』에는 「상서지원록서설尙書知遠錄序說」이란 제목으로 수록되어 있다. 여유당전서보유본과 규장각본의 서문은 일치하지만,[18] 개정본 『상서고훈』에서는 상당한 수정이 가해졌다.

먼저 여유당전서보유본과 규장각본에 수록된 서문에서 개정본 『상서고훈』과 다른 부분을 진하게 표시하면 다음과 같다.

> 余惟讀書之法, 必先明詁訓. 詁訓者, 字義也. 字義通而后句可解, 句義通而后章可析, 章義通而**後**篇之大義斯見. 諸經盡然, 而『書』爲甚. 余所以先致力於詁訓者, 此也. 後世談經之士, 字義未了, 議論先起, 微言愈長, 聖旨彌晦, 毫釐旣差, 燕越遂分. 此經術之大蔀也. 歐陽·夏侯·馬·鄭之說, 未必皆深中經旨, 余之必窮搜極覓, 薈萃而章顯之者, **爲梅蔡也**. 『書』者, 古籍也, 其奇字險句, 戟口刺喉. 二京名

18 A본의 '道術'이 B본에서는 '經術'로 바뀐 정도이다.

儒, 盡力**疏鑿**, 人殊其釋, 家異其訓, **多聞闕疑, 正在此經. 而梅蔡以來**, 掃蕩前古, **橫據來今**. 其善者, 皆**襲前人而掠其美**, 其未善者, 又滅去, 僉謀孤存己見. 後生末學, 但知**開闢**以來, **有是書, 便有是注**, 而其源流本末, 鮮有知者, 不可歎矣乎? 余執梅·蔡之說, **其**與古訓**同者, 舍之, 其不同者**, 反復詳覈. 或是古而非今, 或捨故而取新. **其或古今皆疎者**, 時附己見, 餘並闕疑, 以遵夫子之戒. 書粗成, 名之曰『尙書知遠錄』. 其謂之知遠者, 何?『書』之爲教, 知遠而已, 詁字訓句, 歸知遠古帝王之事而已. 知之奈何? 將以施諸今也. 其有不合者奈何? 曰不知之故不合, 如其知之, 今猶古也. 如考績之類是也. 凡七卷.

개정본『상서고훈』에 있는 서문에서 여유당전서보유본 및 규장각본과 다른 부분을 진하게 표시하면 다음과 같다.

余惟讀書之法, 必先明詁訓. 詁訓者, 字義也. 字義通而后句可解, 句義通而**后**章可析, 章義通而后篇之大義斯見. 諸經盡然, 而『書』爲甚. 余所以先致力於詁訓者, 此也.**[謂先蒐古訓]** 後世談經之士, 字義未了, 議論先起, 微言愈長, 聖旨彌晦, 毫釐旣差, 燕越遂分. 此經術之大蔀也. 歐陽·夏侯·馬·鄭之說, 未必皆深中經旨, 余之必窮搜極覓, 薈萃而章顯之者, **豈徒然哉**.『書』者, 古籍也, 其奇字險句, 戟口刺喉. 二京名儒, 盡力**咀嚼, 僅別其辛甘之味. 雖**人殊其釋, 家異其訓, **莫適乎所從, 然其功不可泯也. 後世解經, 不得不依據古訓, 而自成一家之後, 必**掃前古. 其善者, 皆**移其美而掩其名**, 其未善者又滅去, 僉謀孤存己見. 後生末學, 但知**天荒**以來, **便有此解**, 而其源流本末, 鮮有知者, 不可歎矣乎? 余執梅·蔡**二家**之說與古訓**所殘, 考其同異**, 反復詳覈. 或是古而非今, 或捨故而取新. **其或諸說皆未當意者**, 時附己見, 餘並闕疑, 以遵夫子之戒. 書粗成, 名之曰『尙書知遠錄』. 其謂之知遠者, 何?『書』之爲教, 知遠而已**[見「經解」]**, 詁字訓句, 歸知遠古帝王之事而已. 知之奈何? 將以施諸今也. 其有不合者奈何? 曰不知之故不合, 如其知之, 今猶古

也. 如考績之類是也. 凡七卷.**[辛未春, 在茶山謫中. 時旣赦而未還.]**

『상서지원록』의 본문은 금문상서에 속하는 28편[19]의 원문에서 단어 및 구절을 임의로 뽑아 해설한 것이다. 각 조목의 상단에는 下甲一에서 下亥十까지 일련번호를 붙여 식별하기 쉽도록 하였다. 『상서지원록』의 일련번호에서 '下'는 『매씨서평』의 '上'에 대응되는 표시로 이해된다.[20] 조목의 숫자는 甲에서 癸, 子에서 亥까지 총 22글자에 각 10조씩 총 220조에 이른다. 그리고 又○○의 형식으로 추가된 조목이 11개가 있어 실제로는 231조에 이른다.[21] 또한 여유당전서보유본에 두첨頭籤으로 추가되었지만 규장각본에 반영되지 않은 조목이 4개 있다.[22] 그리고 『상서지원록』은 『상서고훈』이 작성된 이후에 나왔으므로 『상서고훈』의 내용을 인용하는 경우가 많다.[23]

『상서지원록』의 목차괄의는 원제목이 '상서지원록목차괄의尙書知遠錄目次括義'이다. 이는 본문에서 해설한 내용 중에서 중요한 것을 요약하여 제시한 것이다. 목차괄의에서 제시한 항목은 '변辨'으로 시작하며, 본문에서 밝힌 내용을 간략하게 정리하고 해당되는 일련번호를 기입

---

19 28편은 堯典, 皐陶謨, 禹貢, 甘誓, 湯誓, 盤庚, 高宗肜日, 西伯戡黎, 微子, 牧誓, 洪範, 金縢, 大誥, 康誥, 酒誥, 梓材, 召誥, 洛誥, 多士, 無逸, 君奭, 多方, 立政, 誥命, 康王之誥, 費誓, 呂刑, 文侯之命, 秦誓을 말한다. 이상은 29편이나 정약용은 誥命과 康王之誥를 하나의 편으로 본다.

20 본서 제1부 제1장 참조.

21 下戊十, 下己一, 下庚八, 下癸三, 下丑三, 下寅二, 下寅四, 下辰十, 下申二, 下戌三, 下戌十 등 11개 조목에 又○○의 표현으로 추가되어 있다.

22 公勿替刑(下午六), 弘朕恭(下午七), 作周恭先(下午七), 作周孚先(下午七) 등 4개 조목이다.

23 정약용이 『상서지원록』에서 '見古訓'이란 표현으로 『상서고훈』을 인용한 것이 60회에 이른다.

하였다. 조목의 숫자는 총 130개이며,[24] 그 중 2개의 일련번호를 합하여 하나로 제시한 것이 4개, 하나의 일련번호를 두 개로 나누어 제시한 것이 5개이다.[25]

다음의 〈표 7〉은 『상서지원록』의 체제를 권별로 정리하고 두첨과 목차괄의가 있는 조목을 표시한 것이다.

〈표 7〉 『상서지원록』의 체제[26]

권	편명	번호	상서 원문	頭籤	目次括義	비고
	序					
1	堯典	下甲一	曰若稽古	○	·	頭籤 본문에 반영
		下甲二	格于上下		·	
		下甲三	克明俊德		○	
		下甲四	以親九族		○	
		下甲五	平章百姓		○	
		下甲六	協和萬邦		·	
		下甲七	乃命羲和		○	
		下甲八	宅嵎夷		○	
		下甲九	寅賓出日		○	
		下甲十	宅南交		○	
		下乙一	昧谷		·	
		下乙二	厥民夷	○	·	頭籤 본문에 반영
		下乙三	宅朔方	○	·	二仲二叔節別見卷末
		下乙四	疇咨若時		·	
		下乙五	咨四岳		·	
		下乙六	釐降二女		·	

24 권1에 14조, 권2에 16조, 권3에 13조, 권4에 16조, 권5에 18조, 권6에 24조, 권7에 29조 등을 합하여 총 130조이다.

25 2개를 합하여 하나로 제시한 것은 壬七八, 丑一二, 卯二三, 申五六이며, 하나를 분리하여 2개로 제시한 것은 下己十, 下辛三, 下午九, 下戌七, 下戌十이다.

26 目次括義에서 ○/○은 1개의 조목이 2개로, ◎은 2개의 조목이 1개로 정리된 것이다.

권	편명	번호	상서 원문	頭籤	目次括義	비고
		下乙七	百揆時敍		○	
		下乙八	底可績三載		·	
		下乙九	受終于文祖		○	
		下乙十	璿璣玉衡 以齊七政		○/○	
		下丙一	禋于六宗		○	
		下丙二	輯五瑞		·	
		下丙三	柴		○	
		下丙四	協時月正日		○	
		下丙五	修五禮		·	
2	堯典下	下丙六	五玉		·	
		下丙七	三帛		○	
		下丙八	如五器卒乃復		·	
		下丙九	歸格于藝祖		○	
		下丙十	羣后四朝		○	
		下丁一	敷奏以言明試以功		○	
		下丁二	象以典刑		○	
		下丁三	流宥五刑	○	○	
		下丁四	金作贖刑		○	
		下丁五	殛鯀于羽山	○	·	
		下丁六	百姓如喪考	○	○	
		下丁七	月正元日		○	
		下丁八	格于文祖		○	
		下丁九	咨十有二牧		○	
		下丁十	有能奮庸		○	
		下戊一	五品不遜		○	
		下戊二	寇賊姦宄		·	
		下戊三	五服三就		○	
		下戊四	秩宗		·	
		下戊五	教胄子		·	
		下戊六	出納朕命		·	
		下戊七	二十有二人		·	
		下戊八	三載考績		○	

권	편명	번호	상서 원문	頭籤	目次括義	비고
		下戊九	分北三苗	○	○	
		下戊十	徵庸三十		·	
			陟方乃死		·	
3	皐陶謨	下己一	曰若稽古		·	
			允迪厥德		·	
		下己二	乃言曰載采采		·	
		下己三	寬而栗		·	
		下己四	彰厥有常吉哉		·	
		下己五	日宣三德		○	
		下己六	五典 五禮		·	
		下己七	五服		·	
		下己八	乃言底可績	○	·	
		下己九	帝曰來禹		○	
		下己十	予欲觀古人之象	○	·	外孫男尹廷琦謹識
		下庚一	華蟲 宗彝		·	
		下庚二	汝明		○	
		下庚三	汝聽	○	·	頭籤 본문에 반영
		下庚四	蒼生 黎獻		·	
		下庚五	惟帝時擧		○	
		下庚六	弼成五服		○	
		下庚七	夔曰戛擊鳴球		○	
		下庚八	祖考來格		○	
		又庚八	笙鏞以間	○		頭籤 본문에 반영
	禹貢	下庚九	禹貢		○	
		下庚十	覃懷底績		○	
		下辛一	厥賦惟上上	○○	○	
		下辛二	島夷皮服		○	
		下辛三	夾右碣石入于河		○/○	頭籤 1, 본문에 반영
		下辛四	怪石		·	
		下辛五	卉服 織貝		·	
		下辛六	雲土夢作乂		·	

권	편명	번호	상서 원문	頭籤	目次括義	비고
		下辛七	包匭菁茅		·	
4	禹貢下	下辛八	導岍及岐		○	
		下辛九	庶土交正厎愼財賦…		○	
		下辛十	錫土姓		○	
		下壬一	百里賦納總		○	
		下壬二	百里采		○	
		下壬三	三百里夷 三百里蠻		○	
		下壬四	二百里蔡		·	
	甘誓	下壬五	甘誓		·	
		下壬六	乃召六卿	○	○	仲氏云…
		下壬七	威侮五行		◎	
		下壬八	怠棄三正		◎	
	湯誓	下壬九	王曰		·	
	高宗肜日	下癸一	高宗肜日		·	
	西伯戡黎	下癸二	西伯戡黎	○	○	頭籤 본문에 반영
	微子	下癸三	吾家耄遜于荒 犧牷牲用		·	
	牧誓	下癸四	司徒司馬司空亞旅		○	
	洪範	下癸五	洪範		○	
		下癸六	洪範九疇	○	○	頭籤 본문에 반영
		下癸七	天乃錫禹		·	
		下癸八	初一曰五行		○	
		下癸九	一曰水		·	
		下癸十	水曰潤下		○	
		下子一	一曰貌		○	
		下子二	四曰司空		·	
5	洪範下	下子三	五皇極		·	
		下子四	旣富方穀		·	
		下子五	于帝其訓		·	
		下子六	六三德		·	
		下子七	惟辟玉食		○	
		下子八	曰雨曰霽		○	

권	편명	번호	상서 원문	頭籤	目次括義	비고
		下子九	八庶徵		○	
		下子十	曰豫恒燠若		·	
		下丑一	王省惟歲		◎	
		下丑二	九五福		◎	
	金縢	下丑三	未可以戚我先王		·	
			是有丕子之責于天		·	
		下丑四	乃卜三龜		○	
		下丑五	及其羣弟		○	
		下丑六	我之弗辟		○	
		下丑七	居東二年		○	
		下丑八	罪人斯得		·	
		下丑九	王亦未敢誚公		·	
		下丑十	其新逆		·	
		下寅一	王出郊		○	
	大誥	下寅二	序曰三監/猷大誥		○	
		下寅三	寧王遺我大寶龜		·	
		下寅四	亦惟在王宮		·	
			天惟喪殷若穡夫	○	·	頭籤 본문에 반영
	康誥	下寅五	康誥		○	
		下寅六	惟三月哉生魄周公…		○	
		下寅七	王若曰孟侯朕其弟…		○	
		下寅八	乃寡兄勖		○	
		下寅九	敬明乃罰		○	
		下寅十	民彝大泯亂		·	
		下卯一	乃以殷民世享		·	
	梓材	下卯三	梓材		◎	
		下卯四	肆往姦宄殺人歷人宥		○	
		下卯五	王啓監		○	
		下卯六	今王唯曰先王		·	
		下卯七	萬年惟王		·	
6	召誥	下卯八	召誥		○	
		下卯九	則至于豐		·	

권	편명	번호	상서 원문	頭籤	目次括義	비고
		下卯十	月若來三月		·	
		下辰一	甲寅位成		○	
		下辰二	用牲于郊于二		○	
		下辰三	社于新邑		○	
		下辰四	錫周公曰拜手稽首…		○	
		下辰五	面稽天若		·	
		下辰六	朝曰其作大邑		○	
		下辰七	嗣若功		·	
		下辰八	拜手稽首曰予小臣		○	
		下辰九	王之讐民		·	
		下辰十	惟恭奉幣/用乂民		·	
	洛誥	下巳一	洛誥		○	
		下巳二	復子明辟		○	
		下巳三	予乃胤保		·	
		下巳四	我二人共貞	○	·	
		下巳五	肇稱殷禮		○	
		下巳六	今王卽命曰記功宗		○	
		下巳七	享多儀		○	
		下巳八	頒朕不暇		○	
		下巳九	篤敍乃正父		○	
		下巳十	汝往敬哉		·	
		下午一	玆予其明農哉		○	
		下午二	和恒四方民		·	
		下午三	公功棐迪篤			
		下午四	予小子其退卽辟于…			
		下午五	未定于宗禮亦未克…			
		下午六	亂爲四輔		○	公勿替刑
		下午七	弘朕恭		○	弘朕恭
					○○	作周恭先/作周孚先 外孫男尹廷琦補
		下午八	乃命寧予			
		下午九	曰明禋			

권	편명	번호	상서 원문	頭籤	目次括義	비고
		下午十	予不敢宿			
		下未一	惠篤敍			
		下未二	逸祝冊惟告周公其後			
		下未三	王入太室祼			
		下未四	誕保文武受命惟七年			
7	多士	下未五	多士		○	
		下未六	昔朕來自奄		·	
		下未七	爾乃尙有爾土		○	
	無逸	下未八	其在祖甲		○	
		下未九	卑服卽康功田功		○	
		下未十	以庶邦惟正之供		○	
	君奭	下申一	序曰召公不說		○	
		下申二	罔尤違惟人		·	
			弗克經歷		·	
		下申三	則商實百姓		○	
		下申四	申勸寧王之德		·	
		下申五	予不惠		◎	
		下申六	天越民		◎	
	多方	下申七	多方		·	
		下申八	周公曰王若曰		·	
		下申九	圖天之命		·	
		下申十	惟夏之恭多士		·	
		下酉一	天惟五年須暇之子孫		○	
		下酉二	今爾奔走臣我監五祀		○	
		下酉三	凡民惟曰不享		·	
	立政	下酉四	立政		○	
		下酉五	常伯常任		·	
		下酉六	九德之行		○	
		下酉七	三宅無義民		·	
		下酉八	司徒司馬司空亞旅		·	
		下酉九	其惟克用常人		○	
	誥命	下酉十	誥命		·	

권	편명	번호	상서 원문	頭籤	目次括義	비고
		下戌一	越玉五重陳寶		○	
		下戌二	河圖在東序		○	
	康王之誥	下戌三	康王之誥 /乘黃朱		·	
		下戌四	侯甸男衛		○	
		下戌五	釋冕反喪服		○	
	費誓	下戌六	費誓		○	
		下戌七	公曰差人		○/○	
		下戌八	魯人三郊三遂		○	
		下戌九	甲戌我惟築		·	
	呂刑	下戌十	呂刑/耄荒		○/○	互見丁四
		下亥一	惟作五虐之刑		○	
		下亥二	黃帝哀矜		○	
		下亥三	伯夷降典		○	
		下亥四	其罰百鍰		○	
		下亥五	大辟疑赦		·	
		下亥六	上刑適輕下服		○	
		下亥七	惟齊非齊		·	
	文侯之命	下亥八	文侯之命		·	
	秦誓	下亥九	秦誓		○	
		下亥十	不啻若自其口出		·	

제2절 『상서지원록』의 원문 비교

1. 수정이 반영된 경우

여유당전서보유본의 본문에 수정 표시를 하거나 두첨으로 추가된 내용이 규장각본에 그대로 반영된 경우를 말한다. 이는 여유당전서보유본이 원본 혹은 원본에 가까운 본이고, 규장각본은 수정이 가해진 이후에 작성된 전사본임을 의미한다.

가. 여유당전서보유본의 수정 표시가 반영된 경우

여유당전서보유본의 수정 표시가 반영된 경우는 본문 중간에 글자를 추가한 경우, 삭제 표시를 한 경우, 본문을 필사할 때 해당 조목을 빠트렸다가 권말에 추가한 경우가 있다. 이러한 사례는 모두 17개이며, 대부분은 본문에 한 두 글자를 추가한 것이다. 본문에 삭제 표시를 한 경우는 2개이며下乙二 下癸六, 下乙二는 삭제 표시가 된 원문이 보이지만 下癸六은 원문에 먹칠을 하여 보이지 않는다. 본문을 필사할 때 빠트렸다가 권말에 추가한 경우는 下寅四天惟喪殷若穡夫이다. 이 경우에는 본문의 해당 위치에 권말에 해당 조목이 있음을 표시하고一條見篇末 當入此, 권말에서 이 조목이 들어가야 할 위치를 두첨으로 표시하였다當在大誥末.

규장각본에 반영된 수정 표시의 구체적인 내용은 다음과 같다.

① 下甲五 : 본문 중간에 '有'자 추가

② 下甲九 : 본문 중간에 '而'자 추가

③ 下乙二 : '孟秋其律爲夷 則夷者傷也'에 삭제 표시를 하고 頭籤에 '□字刪' 이라 기록 → 규장각본 본문에서 해당 부분이 삭제됨

④ 下乙十 : 본문 중간에 '又'자 추가

⑤ 下庚五 : 본문 중간에 '者'자 추가

⑥ 下辛七 : 본문 중간에 '於'자 추가

⑦ 下癸四 : 본문 중간에 '也'자 추가

⑧ 下癸六 : 본문에 8자를 삭제함 → 규장각본에서 이 부분을 빼고 다음을 필사함

⑨ 下子六 : 본문 중간에 '下'자 추가하고 '之'자를 지움 → 규장각본 본문에 반영됨

⑩ 下寅四 : 下寅四 본문의 '一條見篇末 當入此'와 又寅四 頭籤의 '當在大誥末' → 규장각본 본문에 반영됨

⑪ 下寅五 : 본문 중간에 '如'자 추가

⑫ 下寅八 : 본문 중간에 '兄'자 추가

⑬ 下未三 : 본문 중간에 '言'자 추가

⑭ 下酉一 : 본문 중간에 '本'자 추가

⑮ 下戌一 : 본문 중간에 '陳'자 추가

⑯ 下戌七 : 본문 중간에 '三'자 추가

⑰ 下戌十 : 본문 중간에 '傳虛'자 추가

나. 여유당전서보유본의 두첨이 반영된 경우

여유당전서보유본의 두첨 내용이 규장각본에 그대로 반영된 경우는 『상서지원록』의 작성을 마무리한 후 이와 관련되는 자료를 추가한 경우, 새로운 조목을 추가로 설정한 경우, 필사 체제의 오류를 시정한 경우가 있다. 이는 정약용이 『상서지원록』을 마무리한 후에도 계속 수정 작업을 하였음을 보여주는 근거가 된다. 총 6개의 사례가 있으며, 새로운 자료를 추가한 경우는 下甲一, 下庚三, 下癸二, 새로운 조목을 설정한 것은 下庚八笙鏞以間, 필사 체제를 시정한 것은 下癸六이다. 특히 下庚三의 "義詳余樂書之末"은 1816년 봄에 완성된 『악서고존樂書孤存』

을 참고하라는 뜻이므로 이 두첨이 작성된 시기는 1816년 이후로 추정된다. 다만 下庚三의 두첨이 규장각본의 본문으로 옮겨지는 과정에 오자詩→時가 있다.

여유당전서보유본의 두첨이 규장각본의 본문에 반영된 내용은 다음과 같다.

① 下甲一 : 『史記』武帝立燕王策曰, '朕承祖考, 維稽古建爾國家, 封于北土.'[27] 楮先生曰, '稽者當也, 當順古之道也.' ○ 魏高貴鄉公曰, '稽同也, 古天也, 謂堯能同天.' ○ 鏞案, 梅氏竊楮說以注堯典也. 魏主之說, 出於鄭玄.[見古訓]

② 下庚三 : 近儒**多**以鬻子爲說 然五言者 六**詩**之五也 風賦比興者 諷諫之體 雅者 正言之體 **唯**頌非諫體 故不在於五言中也 **義詳余樂書之末** → 규장각본 본문에 '近儒以鬻子爲說 然五言者 六**時**之五也 風賦比興者 諷諫之體 雅者 正言之體 **惟**頌非諫體 故不在於五言中也 **義詳余樂書之末**'로 들어감

③ 下庚八 :

笙鏞以間[梅云鏞大鍾]

周禮大司樂六律六同之疏曰 東方之樂 謂之笙 笙生也 東方生長之方 故名樂爲笙也 西方之樂 謂之鏞 庸功也 西方物熟有成功 亦謂之頌 頌亦是頌其成功也 以間者 堂上堂下 間代而作 ○ 余謂 笙者 以笙而吹詩也 頌者 以歌而詠詩也 據燕禮及鄉飮禮 皆先歌鹿鳴之三次 笙南陔之三間 歌魚麗 笙由庚 歌嘉魚 笙崇丘 歌南山 笙由儀 然後合樂周南 卽笙鏞以間之遺法也 笙者在下 歌者在上 賈所謂上下間作 是也 梅以鏞爲大鍾 不亦謬哉 鏞古本多作庸 庸者頌也 頌鍾謂之鏞 故後人誤以爲通字

葉少蘊曰 鍾與笙相應者曰笙 鍾與歌相應者曰頌 鍾頌或謂之鏞詩 賁鼓維鏞是也 大射禮 樂人宿縣于阼階東 笙磬西面 其南笙鍾 西階之西 頌磬東面 其南頌鍾

[27] 北土 : 『史記』 원문에는 '東土'이다.

頌鍾卽鏞鍾也 上言以詠 此言以間相對而言 蓋與詠歌迭奏也 鄕飮酒禮云 歌鹿鳴笙南陔 間歌魚麗 笙由庚 或其遺制也 ○ 余謂 金石在東曰 笙鍾笙磬 在西曰 頌鍾頌磬 鏞者頌鍾也 然此經 明是笙頌以間 不可作頌鍾說也 笙者在東而吹詩 頌者在西而詠詩 此之謂笙頌以間也 葉說亦謬

④ 下辛一 : 不名爲稅 稅猶不可

⑤ 下癸二 : 左傳昭四年 椒擧之言曰 夏桀爲仍之會 有緡叛之 商紂爲黎之蒐 東夷叛之[杜云 黎東夷國名] 黎君盖導紂爲惡 荒于游畋 故西伯戡之也 又昭十一年 叔向之言曰 桀克有緡 以喪其國 紂克東夷 而隕其身[杜云 桀爲仍之會 有緡叛之 紂爲黎之蒐 東夷叛之 故伐而克之] 由是觀之 西伯伐黎 爲東夷報仇也 此是殷周興亡之機 故忠臣憂之

⑥ 下癸六 : 下六行 只降一格 不宜降二格 → 이 내용에 맞게 필사됨

2. 수정이 반영되지 않은 경우

여유당전서보유본의 두첨 내용이 규장각본에 반영되지 않은 경우이다. 이는 규장각본의 저본이 작성된 이후에도 『상서지원록』을 수정하는 작업이 계속되었음을 보여준다. 총 12개가 있으며, 작성자가 분명하게 밝혀진 것은 下己十과 下午七이다. 여기에는 정약용을 “다산공茶山公”이라 부르고 윤정기가 두첨을 작성하였다고 기록하여, 윤정기가 여유당전서보유본을 소장한 상황에서 정약용의 『상서지원록』을 수정하였음을 알 수 있다. 따라서 여유당전서보유본의 수정이 반영된 것은 정약용이 생전에 수정하였고, 여유당전서보유본의 수정이 반영되지 않은 것은 정약용 사후에 윤정기가 수정한 것이라 보면 된다.

그런데 수정이 반영되지 않은 두첨 중에 정약용이 작성한 것으로 보

이는 것이 있다. 下壬六의 "중씨운仲氏云"은 정약용이 중형인 정약전丁若銓의 말을 인용한 것으로, 본문에 주석으로 들어갈 위치까지 표시해 두었지만 규장각본에는 반영되지 않았다. 또한 이것은 글씨체도 다른 두첨과 구별되어, 정약용이 규장각본에 반영된 수정을 한 단계와 구분되는 별도의 수정 단계가 있었음을 보여준다. 下巳五의 "知遠錄所言 未及考白虎通也"는 정약용이 처음 『상서지원록』을 작성할 때 『백호통』을 보지 못하였다는 것으로, 이 두첨도 정약용이 직접 작성한 것으로 보인다.

이렇게 본다면 『상서지원록』은 적어도 1 첫 필사본이 완성된 단계, 2 정약용이 규장각본에 반영된 수정을 한 단계, 3 정약용이 규장각본에 반영되지 않은 수정을 한 단계, 4 외손자 윤정기가 수정을 한 단계가 있었다. 여기에서 下壬六과 下巳五를 별도의 단계로 본다면 '정약용이 규장각본에 반영되지 않은 수정을 한 단계'는 더 세분될 수 있다.

여유당전서보유본의 두첨이 규장각본에 반영되지 않은 내용은 다음과 같다. 여유당전서보유본의 두첨이 반영되지 않은 경우는 버클리대본과 규장각본이 동일하다.

① 下乙三의 頭籤 : 二仲二叔節 別見卷末

② 下丁三流有五刑의 頭籤 : 流有五刑者 孔安國云 以流放之法 寬五刑也 宥者寬也 鄭玄云 三宥一曰弗識 二曰過失 三曰遺忘也

③ 下丁五의 頭籤 : 殛死者 殛而流之 終焉死於其地也 離騷曰終然殀 卽是也

④ 下丁六百姓如喪考妣의 頭籤 : 按孟子, 引百姓如喪考妣三載之文曰 舜帥天下諸侯以爲堯三年喪[萬章上篇] 是以百姓之如喪考妣 謂諸侯之行三年喪也 諸侯非

百官貴族得姓者乎

⑤ 下戊九分北三苗의 頭籤：鄭玄云 所竄三苗爲西裔[裔者邊荒也 謂三危] 諸侯者 猶爲惡 乃復分析流之 此說可據也 爲西裔諸侯者 猶爲惡 禹所云苗頑不卽工也 乃復分析流之 卽分北之謂也 帝所云皐陶方施象刑惟明也 盖其竄三危者 乃三苗之君 而方其竄也 豈獨其君一人哉 必其黨惡之衆而並竄也 禹貢曰 三危旣宅, 三苗丕敍者 三苗之旣竄 而悛惡以試治水之功而丕敍也 其云苗頑不卽工者 其餘黨惡之徒也 皐陶作士於是 而分北之也 分北者 就其丕敍與不卽工之類而分析之 使不得混居也 盖其法義 始以流宥五刑之義 而歸之過失遺忘[三宥之目] 以宥竄之以俟改愆自新 以著功用 而猶頑不卽工 故三考黜陟 而遂分北之也 大抵, 四凶之中 鯀九載績用弗成 則此是經三考而殛之也 三苗亦三考而分北之 然則共工驩兜 亦必經三考而流放也

⑥ 下己八의 頭籤：史記夏本紀曰 帝舜朝 禹伯夷皐陶 相與語帝前 皐陶述其謨曰 信其道德[今尙書作允迪厥德] 謀明輔和[今尙書作謨明弼諧] 自此歷敍 至賡載歌一通 皐陶文也 按此是史臣追敍考績之事 非皐陶之文也

⑦ 下己十의 頭籤：垂衣裳 已自黃帝 則歷堯至舜 已是古人 則古人者 黃帝也 象者 物象也 古人之裳者 黃帝衣裳 已爲物象 故曰古人之象也 考戴大禮 則黃帝衣裳 只爲雲龍黼黻之章 雖云物象 而章度未備 至舜而觀於黃帝衣裳之制 以備物象 加爲十二章 故曰觀古人之象 而日月山龍之等 歷擧如是也 **外孫男尹廷琦謹識**

⑧ 下辛一의 頭籤：陸宣公奏議云 賦役之法有三 曰租庸調 古者 一井之地 九夫共之 公田在中 籍而不稅 事頗纖微 春秋之際 已不能行 國家襲其要而去其煩 丁男一人 授田百畝 但稅納租粟二石而已 言以公田 假人 而收其租入 故謂之租 古者 任土之宜 以奠賦法[卽貢也] 國家就因往制 簡而一之 每丁各隨鄕土所出 歲輸若絹若綾若絁 共二丈綿三□ 其無蠶桑之處 則輸布二丈五尺麻二斤 以其據丁戶 調而取之 故謂之調 古者 用人之力 歲不過三日 後代多事 其增十之 國家斟酌物宜 立爲中制 每丁一歲 定役二旬 若不役則收其庸 日準三尺 以其出絹 而當庸直 故謂之庸 有田則有租 有家則有調 有身則有庸

⑨ 下壬六의 頭籤：**仲氏云** 方九里之內 無以容宮朝市及七萬五千家 則二□不相合 或者 九里所函 大於九井之九里

⑩ 下巳五의 頭籤：班固白虎通曰 '王者始起 且用先王之禮樂 天下太平 乃更制作焉 書曰 肇修稱殷禮[28] 祀于新邑 此言太平去殷禮'[句] 以此觀之 則肇稱殷禮者 稱擧殷禮修之 更制作也 更□修稱去舊 而創□則不以舊典 皆□無文 故曰咸秩無文也 盖武王克商七年而崩 未暇制作禮樂 故且用殷家禮典 至成王之時 周公制作 始致太平 故此日新邑祀典 始乃修稱殷禮 而去舊就新 所以曰肇稱也 新制祀典皆於舊典之所無也 所以曰咸秩無文也 **知遠錄所言 未及考白虎通也** 旣曰殷禮 則豈可曰無文 且周革殷正 豈有純襲殷禮 而不爲更制乎

⑪ 下午六의 頭籤

公勿替刑

人君治民 最重者 刑也 刑得其中 則民賴以康 不得其中 則民不得康 呂刑曰 兆民賴之 其寧惟永 卽是也 康事卽刑也 成王一念兢兢 惟恤刑 故曰無懌康事也 替廢也 勉周公以勿廢刑典 則四方世享 其曰世享 卽呂刑所云 自作元命 配享在下也 刑愼以德 則世享其慶也 所以周公之告王復云 考朕昭子刑也

⑫ 下午七의 頭籤

弘朕恭

恭者篤恭也 治民莫先於篤恭 卽所謂篤恭而天下平也[見下節] 文王武王 盖以篤恭而治民 成王之命周公 以承保文祖武考之業 則此所以廣周公之篤恭 使之治民也 此所謂弘朕恭也[廣我之恪恭 恐失本義] 此成王必欲公之來留洛而治民也 周公尙未許留洛 故遂云 孺子之來相宅 作周恭先 此則以篤恭治民之責 歸之成王也

作周恭先[蔡云 人君恭以接 下以恭而倡後王也]

恭者篤恭也 先者以身先之也 人君 以篤恭而先倡於民 以治周邦 此之謂作周恭先也 篤恭者 篤實其恭默也 治天下之至道也 中庸曰 君子不動而敬 不信而信 不

28 肇修稱殷禮：『白虎通』의 원문은 "肇稱殷禮"이다.

賞而民勸 不怒而民威於鈇鉞 是故 君子篤恭而天下平 聲色之於化民 末也 作其恭默 以先於民 則不動聲色 而萬邦咸休矣

作周孚先[蔡云 人臣信以事 上以信而倡後人也]

此卽大雅所云 儀刑文王 萬邦作孚也 孚者誠信也 聖人之治 天下惟以孚誠 易曰 有孚顒若 下觀而化 是也 文王之德 不大聲色 惟以誠信無僞 故民孚於誠信 不動而敬 不言而信 不賞而民勸 不怒而民威於鈇鉞 合德於上天之無聲無臭 孚信者治天下之至道 而文王之德也 成王之所當務 專在篤前烈 則前烈 卽[29]文祖之德 而文祖之德 卽孚一字也 作周孚先者 倡作周邦之孚信而先之也 倡作而先之者 人君躬行之倡先於民也 此卽萬邦作孚之謂也 以是成就成王儀刑之資 克盡文祖之德也 卽儀刑文王之謂也[成我宿志 明作典刑 恐失本義] 然則作周恭先 作周孚先 盖勉成王以篤恭 而施孚信於民也 **外孫男尹廷琦補**

考朕昭子刑 卽成王初政 而成其刑法也 **茶山公**詩說 以儀刑文王萬邦作孚 爲成王用刑施法之要 盖文王愼刑 惟以孚誠 康誥曰 丕顯考文王 克明德愼罰 其戒康叔之愼刑 亦曰 惟文王之敬忌 敬忌卽孚信也 愼刑莫先於孚信 呂刑曰 獄成而孚 輸而孚 是也 文王愼刑 惟以至誠 而孚信不大聲色 不言而信 不怒而民威於鈇鉞 故詩云 儀刑文王萬邦作孚 儀刑者 儀式其刑典也 然則作孚先而考昭子之刑 卽是以孚信 而成成王之刑典 惟盡文祖之德也 大抵 作周恭先者 治民之道也 作周孚先者 愼刑之道也

鄭人鑄刑書 叔向貽子産書曰 '刑以靖民 不亦難乎' 詩曰 '儀式刑文王之德 日靖四方'[昭六年] 叔向盖以儀式刑 爲儀式其刑於文王之德也 大雅之儀刑文王 卽頌之儀式刑 則以儀刑文王萬邦作孚之句 照看作周孚先 考朕昭子刑 其所云刑 非刑法之謂乎 **又補遺**

篤前人成烈答其師一節 則謂篤武王之烈 以答天下之衆也 前人者 武王也 武王故曰 前人成烈也

---

29 篤前烈則前烈卽 : 여유당전서보유본에 기록한 후 삭제 표시를 함.

3. 교감이 필요한 경우

여유당전서보유본과 규장각본의 원문에 차이가 있어 원문의 교감이 필요한 경우이다.

가. 오자와 탈자

오자誤字와 탈자脫字는 여유당전서보유본을 규장각본으로 전사하는 과정에서 오류가 생겼거나 여유당전서보유본에 오류가 있던 것을 규장각본에서 수정한 경우가 대부분이다. 이런 경우에는 여유당전서보유본과 규장각본을 대조하여 오류를 수정하면 된다.

下癸六은 도설圖說의 위치가 바뀌면서 필사자가 임의로 원문을 바꾼 경우이다. 여유당전서보유본에서는 도설 다음에 원문이 나왔기 때문에 "如上圖"라 하였고, 규장각본에서는 원문 다음에 도설이 나왔으므로 "如下圖"가 되었다. 규장각본의 필사자가 베끼면서 上을 下로 바꾼 것이다.

下癸五는 여유당전서보유본에서 "戴一履九"로 되어 있던 것을 "戴九履一"로 수정 표시를 하였고, 규장각본에서는 "戴一履九"로 필사한 경우이다. 이런 경우는 "戴一履九"인 상태에서 규장각본의 저본이 되고, 이후에 "戴九履一"로 수정된 것으로 보인다. 이는 정약용이나 윤정기가 규장각본에 반영되지 않은 수정을 추가한 것이다.

여유당전서보유본과 규장각본 사이에 나타나는 오자 및 탈자는 다음과 같다.

① 下甲七 : 여유당전서보유본 '少皥**止**用二人' → 규장각본 '少皥**只**用二人'

② 下乙十 : 여유당전서보유본 '以**參**七政' → 규장각본 '以**齊**七政'

③ 下丙五 : 여유당전서보유본의 '**上**丙五'는 '**下**丙五'의 誤字

④ 下丙五 : 여유당전서보유본 '山上修治不**得**' → 규장각본 '山上修治不**傳**'

⑤ 下丁四 : 여유당전서보유본 '**是乃**因五刑之贖' → 규장각본 '**乃是**因五刑之贖'

⑥ 下戊二 : 여유당전서보유본 '惡人必多**倖**免' → 규장각본 '惡人必多**幸**免'

여유당전서보유본 '鞭**扑**' → 규장각본 '鞭**朴**'

⑦ 下戊三 : 여유당전서보유본 '踣諸**尸**' → 규장각본 '踣諸**市**'

⑧ 下己三 : 여유당전서보유본 '非以**彼**滲此之謂也'→ 규장각본 '非以彼濟此之謂也'

⑨ 下庚八 : 여유당전서보유본 '頌者 以歌而詠詩也 → 규장각본 '頌者 以歌而詩也'

⑩ 下壬一 : 여유당전서보유본 '蔡云 禾本全**曰**總銍半稾也' → 규장각본 '蔡云 禾本全**故**總銍半稾也'

⑪ 下壬十 : 여유당전서보유본 '**而禮**' → 규장각본 누락

⑫ 下癸五 : 여유당전서보유본 '戴一屨**九**'를 '戴九屨一'로 수정 → 규장각본 '戴一屨**九**'

⑬ 下癸六 : 여유당전서보유본 '如**上**圖' → 규장각본 '如**下**圖'

⑭ 下寅一 : 여유당전서보유본 '郊不可猝**擧**也' → 규장각본 '郊不可猝**學**也'

⑮ 下卯四 : 여유당전서보유본 '嗚呼 玉音玲琅'→ 규장각본 '嗚呼○玉音玲琅'

⑯ 下未三 : 여유당전서보유본 '嚮明而治 蓋取離也'→ 규장각본 '嚮明而治 蓋取**諸**離也'

여유당전서보유본 '合享之法 亦必合**享**于太祖之廟'→ 규장각본 '合享之法 亦必合于太祖之廟'

⑰ 下未八 : 여유당전서보유본 '**欣**然一舞' → 규장각본 '**所**然一舞'

⑱ 下酉四 : 여유당전서보유본 '**而遠**別於周官之篇' → 규장각본 '**遠而**別於周官之篇'

⑲ 下戌一 : 여유당전서보유본 '晉侯伐**齊 齊**人賂晉侯' → 규장각본 '晉侯伐**齊**人賂晉侯'

⑳ 下戌七 : 여유당전서보유본 '世有具甲冑而負芻茭者乎' → 규장각본 '世**豈**有具甲冑而負芻茭者乎'

나. 수정 표시가 없는 원문의 삭제

여유당전서보유본에 수정 표시가 없는데 규장각본에서 원문이 삭제된 경우이다. 下己十과 下癸八이 이에 해당한다. 下己十은 상고 시대 사람의 몸에는 저절로 일日 월月 산山 용龍의 무늬가 있었다는 혹자의 설을 소개한 것이고, 下癸八은 정약용의 형인 손암巽菴 정약전이 '오행은 천지만물의 근원이라'는 설을 부정하였다가 곤욕을 당한 사실을 기록한 것이다. 이는 수정 과정에서 삭제할만한 내용에 해당하며, 특히 후자는 외부로 공개되었을 때 시휘時諱에 저촉되는 상황을 고려하여 삭제하였을 가능성이 있다.

문제는 여유당전서보유본에 아무 표시가 없는데 규장각본에서 삭제되었다는 점이다. 이는 규장각본의 저본에 해당하는 제3의 본, 즉 여유당전서보유본에 없던 삭제 표시가 있거나 해당 원문이 삭제된 저본이 있었을 가능성을 보여준다. 이를 인정한다면 『상서지원록』에는 또 하나의 수정 단계를 추가해야 한다.

① 下己十 : 여유당전서보유본 본문의 '或者 上古之人 身具自然之文采 如日月山龍然與' → 규장각본에는 삭제되고 '未可知也'로 기록함

② 下癸八 : 여유당전서보유본 본문의 '豈必天地萬物 盡屬五行 日月星辰 明非土石 鳥獸蟲魚 不是金木 五行烏足以徧物 吾兄巽菴先生 微犯五行 終身轗軻 五行誠可畏也 然先聖先王之書 不可厚誣 余又何敢不言' → 규장각본에서 삭제됨

지금까지 현재 전해지는 3종의 필사본 『상서지원록』의 상황을 정리하고, 여유당전서보유본과 규장각본에 나타나는 차이점을 집중적으로 검토하였다. 필자는 이를 여유당전서보유본의 수정 사항이 규장각본에 반영된 경우, 여유당전서보유본의 수정 사항이 규장각본에 반영되지 않은 경우, 여유당전서보유본과 규장각본의 대조를 통해 교감이 필요한 경우로 구분하여 정리하였다. 그리고 『상서지원록』은 1811년 이후에도 수차례 수정 작업이 있었음을 논증하였다.

필자가 파악한 『상서지원록』의 수정 단계는 다음의 같이 정리할 수 있다.

① 정약용이 필사본 『상서지원록』을 처음으로 완성한 단계
② 정약용이 규장각본에 반영된 수정을 한 단계
③ 정약용이 규장각본에 반영되지 않은 수정을 한 단계
④ 정약용 사후에 외손자 윤정기가 필사본을 수정한 단계

이중에서 '③ 정약용이 규장각본에 반영되지 않은 수정을 한 단계'는 다시 여러 개로 구분할 수 있다. 본문에서 추정한 내용을 인정하면 다음의 3단계로 세분할 수 있으며, 그 선후 관계는 확정할 수 없다.

① 下壬六 "仲氏云"이 추가된 단계

② 下巳五 "知遠錄所言 未及考白虎通也"가 추가된 단계

③ 여유당전서보유본에 수정표시가 없는 원문을 규장각본에서 삭제한 단계

이제 남은 과제를 지적하는 것으로 이 글을 마무리한다. 먼저 1810년에 작성된 필사본 『상서고훈』의 확인이 필요하다. 『상서고훈』의 필사본은 현재 규장각에 소장된 본규7016과 일본 쓰쿠바筑波 대학에 소장된 것ㅁ815-26이 알려져 있다.[30] 필자가 확인한 결과 쓰쿠바 대학에 소장된 본은 규장각에 소장된 본의 저본에 해당한다. 『상서지원록』에서는 『상서고훈』을 인용한 경우가 많으므로, 『상서지원록』의 원문을 확인하는 데 참고가 된다.

다음으로 원문 교감을 마친 『상서고훈』과 『상서지원록』, 개정본 『상서고훈』을 정밀하게 대조하는 작업이 필요하다. 개정본 『상서고훈』의 판본은 현재까지 신조선사본에 수록된 것이 유일하며, 이상의 세 주석서를 꼼꼼하게 대조하여 원문의 출입을 밝히면 정약용의 생각에 어떤 변화가 있었는지를 추적할 수 있다. 특히 여유당전서보유본에서는 원문에서 중요한 부분에 ○표의 주인朱印을 찍었는데, 신조선사본에서는 이를 어떻게 반영하였는지 검토하는 것이 필요하다.

이런 연구가 이뤄지면 정약용의 『상서』에 대한 인식이 어떻게 변화해 갔는지를 밝힐 수 있을 것이다.

---

30 노경희, 「일본 소재 丁若鏞 필사본의 소장 현황과 서지적 특징」, 『茶山學』 9, 2006, 192~194면.

제2부

경학 연구

제1장 십삼경十三經의 이해

조선시대 지식인들의 학문적 특징을 검토할 때 연구자들은 먼저 각 인물의 가학이나 사승師承 관계를 검토하게 된다. 사대부가 한 집안의 자제로 태어나 일정한 나이에 이르기까지는 본인의 친가나 외가의 학문적 분위기에 큰 영향을 받고, 특정한 스승을 정하여 교육을 받은 이후에는 스승의 학문적 성향을 따르는 경우가 많기 때문이다. 게다가 조선시대에는 가학이나 사승 관계가 혼인이나 정파로 이어져 일정한 이념을 가진 정치 집단으로 활동하게 되므로 이에 대한 이해는 필수적이다.

그런데 18세기가 되면 국왕들이 삼대三代의 이상적 군주상인 군사君師를 재발견하고 이를 실현하고자 하며, 당대의 정계는 물론이고 학계까지 주도하려고 나서게 된다. 특히 정조는 다양한 방식을 통해 당대의 인재들을 양성하며, 이를 통해 국왕의 학문적 성향에 영향을 받은 지식인이 등장하게 된다. 국왕을 스승으로 하는 새로운 학자 집단이 등장하는 것이다. 정조의 인재양성책은 규장각의 초계문신이나 성균관의 유생, 지방 유생들을 대상으로 하고, 국왕이 문제를 출제하고, 답안지를 읽고 채점하며, 성적 우수자를 관리로 선발하는 일체의 과정을 직접 관리하였다.[1] 정조가 시험한 과목은 문장력을 시험하는 제술製

---

[1] 정조가 인재를 양성한 방식에 대해서는 김문식, 『정조의 제왕학』, 태학사, 2007, 243~278면 참조.

述과 학문적 지식을 시험하는 강경講經으로 구분되며, 그중에는 십삼경을 비롯한 유교 경전을 대상으로 하는 경우가 많았다.

이 글은 정조1752~1800, 정약용1762~1836, 서유구徐有榘, 1764~1845의 십삼경에 대한 이해를 비교하기 위해 작성되었다. 정약용과 서유구는 두 살 터울로, 비슷한 시기에 규장각 초계문신에 선발되어 규장각의 재교육 프로그램을 통해 학문적으로 성장하였고, 이 과정에서 정조의 영향을 많이 받았다.[2] 이하에서는 먼저 1790년정조 14 12월에 정조가 초계문신에 제시한 십삼경 책문의 내용을 검토하고, 다음으로 두 사람이 작성한 대책의 내용을 정리하며, 마지막으로 정조의 질문과 두 사람의 답변에 나타나는 경학 인식을 정리하기로 한다.

제1절 정조의 십삼경十三經 책문策問

정조는 국가에 필요한 인재를 양성할 때 학문적 능력과 실무적 능력을 겸비하는 것을 중요하게 생각하였으며, 그의 책문에는 이러한 특징이 잘 나타난다. 책문이란 국왕이 정치 및 국가의 중대사에 관한 방안을 질문하고, 관리나 유생들은 답변서인 대책對策을 작성하여 제출하

2 정약용과 서유구는 斗陵에서 거처하였다는 공통점도 있다. 서유구는 1840년경에 두릉으로 이사하여 1845년에 이곳에서 생애를 마쳤다. 정약용은 서유구가 이사하기 전인 1836년에 사망하였으므로 두 사람이 두릉에서 만나지는 못하였지만, 洪錫謨는 두릉의 두 사람을 함께 언급하였다.
『陶厓詩集』 권18, 「苕上雜詠」.
"**茶山**事業遺珍笈, **楓石**詞翰老研經. **斗渚**如今江左地, 時人爭道聚文星."

는 것을 말한다. 정조의 책문에는 학문적 능력과 실무적 능력에 관한 질문이 있었다.

정조의 문집인 『홍재전서弘齋全書』에는 총 78종의 책문이 수록되어 있으며,[3] 책문이 내려진 대상은 중앙 관리, 규장각 초계문신, 성균관 유생, 지방 유생으로 구분할 수 있다. 다음의 〈표 8〉은 정조의 책문을 대상자와 연도별로 정리한 것이다.

〈표 8〉 정조 책문의 연도별 추이[4]

대상 / 연도	문신	규장각		유생			계
		각신	초계문신	공통	서울	지방	
1776	2			1	2		5
1777				2			2
1778	2			1	1		4
1779					1		1
1780					2		2
1781		1	1		3		5
1782					3		3
1783	1(1)		5	1	2(1)		8
1784	1(1)		3(2)		2(1)		4
1786					2		2
1787	1(1)		2		2(1)		4
1788			1(1)		3(1)		3
1789		1	2				3
1790			4(3)		3(3)		4
1791	1(1)		4(4)		4(3)		4
1792	2(2)		5(4)		9(4)		11

3 정조의 策問은 『弘齋全書』 권48~52에 수록되어 있다.

4 괄호 안의 숫자는 대상자가 2곳 이상인 책문의 숫자를 표시한 것이다. 김문식, 윗책, 245면에서 재인용.

대상 연도	문신	규장각		유생			계
		각신	초계문신	공통	서울	지방	
1793						2	2
1794	1(1)		1(1)		1	1	3
1795	1(1)		2(1)				2
1796			2				2
1797					1	1	2
1798						1	1
1800			1				1
계	12(8)	2	33(16)	5	41(14)	5	78

〈표 8〉을 보면 정조는 1781년부터 1792년까지는 초계문신에게 책문을 많이 내렸고, 1793년 이후에는 지방 유생들에게 많은 책문을 내렸다. 분기점이 되는 1781년은 정조가 초계문신을 처음으로 선발한 해였다. 정조는 성균관 유생에게 재위 기간 내내 책문을 내렸으며, 초계문신이 선발된 이후로는 초계문신과 성균관 유생에게 동시에 내린 책문이 많았다.

정조의 책문 가운데 학문적 능력을 질문하는 책문에는 경학에 관한 것이 있었다. 총 14종이며, 그 내역은 다음과 같다.

1776년(정조 즉) : 周禮(翰林被圈人更試)
1782년(정조 06) : 明經(三日製)
1787년(정조 11) : 皇極(三日製, 文臣應製)
尙書(抄啓文臣課試比較)
1788년(정조 12) : 孟子(到記儒生秋試, 抄啓文臣親試)
1790년(정조 14) : 十三經(抄啓文臣課試) 12월 3일

中庸(抄啓文臣課試再試, 上齋生應製) 12월 4일

1791년(정조 15) : 大學(到記儒生秋試, 抄啓文臣親試, 文臣製述)

論語(七夕製, 抄啓文臣親試)

1792년(정조 16) : 儀禮(到記儒生更試, 抄啓文臣親試更試)

樂(到記儒生三試)

詩(抄啓文臣親試, 上齋生應製)

春秋(上齋生三試)

1795년(정조 19) : 經術(抄啓文臣親試)

경학 관련 책문에는 『주례』, 『상서』처럼 경서 자체를 대상으로 한 것이 있고, 명경明經, 경술經術과 같이 경서의 학습을 장려한 것도 있다. 또한 책문을 내린 대상은 중앙 관리에게 3종, 규장각 초계문신에게 9종, 성균관 유생에게 10종이 되어, 초계문신과 성균관 유생이 주 대상이었다. 정조는 초계문신과 성균관의 유생을 양성하면서 특히 경서의 학습을 강조하였다.

정조는 경사강의經史講義를 통해서도 경서의 학습을 강조하였다.[5] 경사강의란 정조가 주로 초계문신을 대상으로 하여 작성한 질문지이다. 정조는 하절기나 동절기가 되면 경서와 사서史書에 관한 의문점을 조문條問으로 작성해 내려주었고, 초계문신들은 집에 머물면서 이에 대한 답변을 작성하여 국왕에게 제출하였다. 정조가 조문을 작성할 때에는 경사經史에 관련된 지식을 총동원하여 질문하였기 때문에 여기에

5 정조의 經史講義는 『弘齋全書』 권64~119에 총 55권이 수록되어 있다. 이는 『弘齋全書』 180권의 1/3을 차지할 정도로 비중이 높다.

답변하는 초계문신들도 엄청난 공부를 해야 하였다.[6]

정조의 경사강의는 1781년부터 1798년까지 계속되었고, 대상 과목에는 삼경三經『詩』『書』『易』과 『춘추좌씨전』, 총경總經 十三經이 있었다. 정조가 조문을 작성한 과목과 대상자를 정리하면 다음과 같다.[7] 1793년과 1798년에 지방 유생을 대상으로 한 경우를 제외하면, 나머지는 모두 초계문신이 대상이었다.

1781년(정조 05) : 大學 論語 孟子 中庸 詩 書(抄啓文臣)
1783년(정조 07) : 大學 論語 孟子 中庸 詩 書 周易(抄啓文臣)
1784년(정조 08) : 論語 孟子 中庸 詩 書 周易 春秋左氏傳(抄啓文臣)
1786년(정조 10) : 大學 論語 孟子(抄啓文臣)
1787년(정조 11) : 大學 論語 孟子(抄啓文臣)
1789년(정조 13) : 詩(抄啓文臣)
1790년(정조 14) : 詩(抄啓文臣)
1793년(정조 17) : 總經[8](關東 儒生)
1794년(정조 18) : 中庸(抄啓文臣)
1798년(정조 22) : 總經[9](湖南 關西 關北 儒生)

이글에서 분석하는 정조의 십삼경 책문은 1790년정조 14 12월 3일 초계문신에게 내려진 과시課試이다.[10] 책문은 서론, 본론, 앞으로의 과

6 金文植, 『朝鮮後期 經學思想 硏究 - 正祖와 京畿學人을 중심으로』, 一潮閣, 1996, 28~32면 참조.
7 經史講義의 과목에는 經書 이외에도 『近思錄』『心經』『資治通鑑綱目』이 있었다.
8 總經의 과목은 四書, 三經, 『禮記』, 『春秋』, 『孝經』, 『爾雅』였다.
9 總經의 과목은 四書, 三經, 『周禮』, 『儀禮』, 『禮記』, 『春秋』였다.
10 『內閣日曆』 제130책, 정조 14년(1790) 12월 3일.

제라는 세 부분으로 구분할 수 있고, 십삼경을 본격적으로 다룬 본론은 32개 주제로 세분할 수 있다. 이를 정리하면 다음과 같다.[11]

1. 서론

1-1. 경서 목록에서 첫머리에 있는 십삼경의 전수傳授와 전주箋注의 득실을 말하라.

2. 본론

2-1. 『역』 『서』 『시』 『춘추』를 생민生民 장민長民 성민成民 장민藏民으로 분속分屬시키는 이유는?

2-2. 『의례』 『예기』 『이아』 『논어』를 예禮의 근본, 예의 지엽, 시서詩書의 금대襟帶, 육경六經의 청화菁華로 비유하는 이유는?

2-3. 진秦 분서焚書에서 『주역』은 남았지만 연산역連山易이나 귀장역歸藏易이 사라진 이유는?

2-4. 공벽孔壁에는 『시경』이 없었는데 풍風·아雅·송頌이 남아 있는 이유는?

2-5. 『상서』 「순전」 편은 나중에 대항大航에서 나왔는데 공안국孔安國의 구본舊本이라 하는 이유는?

2-6. 「고공기考工記」는 하간河間에서 구입한 것인데 주관周官의 유제遺制라 할 수 있는가?

2-7. 『노론魯論』 『제론齊論』은 공자 문하에서 전해졌는데, 「문왕文王」편이 『장후론張侯論』에서 삭제된 이유는?

2-8. 『맹자내서孟子內書』 『맹자외서孟子外書』는 맹자에게서 나왔는데, 「성선性善」편이 조기趙岐의 주에서 빠진 이유는?

2-9. 『공양전公羊傳』 『곡량전穀梁傳』은 서경에서 성행하였지만 진晉 위魏에

---

11 『弘齋全書』 권50, 策問3, 「十三經」[抄啓文臣課試].

서 미약해졌고, 『좌씨전』은 장창張蒼에게서 처음 나왔지만 당唐 송宋에서 성행한 이유는?

2-10. 『상서』 금문 고문의 진위

2-11. 『모시毛詩』 대서大序 소서小序의 평가

2-12. 『춘추』 춘왕정월春王正月의 개시개월改時改月 문제

2-13. 『예기』 속임續衽·구변鉤邊의 합봉복봉合縫覆縫 문제

2-14. 『주례』의 제도가 『상서』 「주관周官」과 다른 이유는?

2-15. 맹자의 분전론分田論이 『예기』 「왕제王制」와 다른 이유는?

2-16. 벽옹辟雍이 학교 이름이 아니라고 논증한 양승암楊升菴 楊愼 1488~1559의 견해

2-17. 교제郊祭 체제禘祭가 백금伯禽에서 시작되지 않았다고 논증한 방합산方合山 方中履의 견해

2-18. 왕안석王安石이 『좌씨전』을 변론한 11가지 증거

2-19. 임효존林孝存 林碩이 『주례』를 논박한 십론十論과 칠난七難

2-20. 『주역』에서 「문언文言」 「단彖」 「상象」을 각 괘의 아래에 배치한 사람은?

2-21. 『춘추』의 경經과 전傳을 각 연도 아래에 붙인 사람은?

2-22. 엄중淹中 일서逸禮로 지금까지 전해지는 것은 『대기戴記』는 어느 편인가?

2-23. 공벽 고문 『효경』에서 금문보다 늘어난 편은?

2-24. 구려駒驪의 건국은 한漢 선제宣帝 이후인데, 공안국의 주註에 먼저 나오는 이유는?

2-25. 서장庶長이란 관직은 진秦 효공孝公 이후인데, 좌구명左丘明의 전傳에 먼저 나오는 이유는?

2-26. 『이아』가 주공周公이 지은 것이라면 풍風·우雨의 해석에서 『초사楚辭』를 인용한 이유는?

2-27. 『효경』이 공자가 지은 것이라면 수장首章에서 증자曾子라고 부른 이유는?

2-28. 『춘추공양전』에서 소疏의 찬자撰者를 서언徐彦이라 하는 근거는?

2-29. 유가에 있던 『추전鄒傳』『맹자』을 경류經類에 올린 사람은?

2-30. 『역』『춘추』『예』『시』은 전주傳註가 나온 이후 침체되었으니 전주는 무익한 것인가?

2-31. 육예陸乂 정홍丁鴻 정대춘井大春 井丹 주선광周宣光 周擧의 설이 한때 유행하였다가 후대에 전해지지 않는 이유는?

2-32. 왕필王弼 범녕范甯 정현 공영달의 주석에는 한계가 있는데도 후대에 전해진 이유는?

3. 앞으로의 과제

3-1. 진秦 한漢 진晉 당唐 송宋 명明의 경학사 개관

3-2. 십삼경의 뜻을 분명하게 밝힐 수 있는 방안은?

정조가 작성한 십삼경 책문의 내용을 보면 정조는 십삼경의 형성 과정, 십삼경 주석의 장단점, 십삼경의 뜻을 분명하게 밝히는 방안에 대해 큰 관심을 보였다. 또한 정조는 『사서삼경대전』에 수록된 송·원대의 주석만 참고하는 문제점을 지적하고, 경문經文의 진위 문제를 제기함으로써 새로운 방식의 경학 연구가 필요함을 강조하였다. 이러한 정조의 질문은 초계문신들에게 상당한 수준의 경학 지식을 요구하는 것이었다.

제2절 정약용과 서유구의 십삼경十三經 대책對策

정약용은 1783년정조 7 4월에 성균관 유생이 되었고, 1789년 문과에 급제한 직후에 규장각 초계문신으로 선발되었다. 정약용은 1783년에 성균관에서 정조를 처음으로 만난 이후 성균관 유생과 초계문신을 대상으로 하는 정조의 책문에 대책을 작성하였던 경우가 많았다. 『여유당전서』에 수록된 「맹자책孟子策」1788, 「지리책地理策」1789. 윤5, 「문체책文體策」1789. 11, 「인재책人才策」1790, 「십삼경책十三經策」1790. 겨울, 「중용책中庸策」1790, 「농책農策」1790, 「논어책論語策」1791이 그것이다.[12] 정약용은 「맹자책」을 제외한 나머지는 모두 초계문신의 자격으로 작성하였다.

정약용은 정조의 경사강의에 참여한 경험도 많았다. 1784년에 정약용이 성균관 유생의 자격으로 정조가 내려준 70개의 조문에 답변한 것은 『중용강의中庸講義』의 저본이 되었다.[13] 그가 1789년 봄에 희정당熙政堂에서 초계문신의 자격으로 정조에게 『대학』을 강의한 것이 『희

12 신활자본 『與猶堂全書』 詩文集 권8에는 「孟子策」「文體策」「人才策」이 2종씩 있는데, 규장각에 소장된 필사본 『與猶堂集』에서는 제16책과 제21책에 나온다. 趙誠乙은 이를 『與猶堂集』 雜文前編에 수록된 對策(제16책)과 雜文後編에 수록된 對策(제21책)으로 구분하고, 전자는 정조 대에 작성되었고 후자는 유배 이후에 수정된 것으로 추정하였다(『與猶堂集의 文獻學的 硏究 - 詩律 및 雜文의 年代考證을 中心으로 -』, 혜안, 2004, 332~334면 ; 345~347면).

13 『與猶堂全書』 經集, 권4, 「中庸講義補」.
"乾隆癸卯(1783)春, 余以經義升太學, 厥明年甲辰(1784)夏,[余年二十三] 內降中庸疑問七十條, 令太學生條對. 時亡友曠菴李檗, 在水橋讀書,[時年三十一] 就問其所以對. 曠菴樂之爲談討, 相與草創, 歸而視之, 間有理活而詞蹙者. 以意刪潤, 遂徹睿覽."

정당대학강의』이고,[14] 1791년 겨울에 정조의 시경에 관한 조문에 답변한 것이 『시경강의詩經講義』가 되었다.[15]

서유구는 1790년정조 14에 문과에 급제하면서 규장각 초계문신에 선발되었다. 초계문신에 선발된 시점은 정약용보다 1년 늦었다. 초계문신 서유구는 정조의 책문에 「십삼경대十三經對」1790와 「농대農對」1790라는 답변을 올렸다.[16] 이는 정약용도 대책을 작성한 책문이었다. 서유구는 정조의 경사강의에도 참여하였으니, 1791년 겨울에 초계문신을 대상으로 한 시경강의에 정약용과 함께 참여하였다.[17] 서유구는 1792년에는 규장각 대교가 되었고, 1835년헌종 1에는 규장각 제학까지 역임하였다. 한편 서유구의 조부인 서명응徐命膺 1716~1787과 부친인 서호수徐浩修 1736~1799는 정조 대에 규장각 각신을 역임하였다. 서유구는 이런 가통을 계승한 셈이다.[18]

정약용과 서유구는 1790년에 초계문신으로 십삼경 대책을 작성하

---

14 『與猶堂全書』 經集, 권2, 「大學講義·熙政堂大學講義」.
"乾隆己酉(1789)春, 余忝甲科, 卽被內閣抄啓. 四月上御熙政堂, 召抄啓諸臣, 講『大學』, 歸而錄之如左."

15 『與猶堂全書』 經集 권17, 「詩經講義」.
『詩經講義』가 작성된 시점에 대해서는 『俟菴先生年譜』에 나온다. 이에 따르면 정약용은 1791년 겨울에 『詩經義』 800조를 지어 올려 정조의 칭찬을 받았고, 『弘齋全書』에는 그중 200조가 節取되어 기록되었다고 하였다.

16 『金華知非集』 권9, 策對, 「十三經對」; 「農對」.

17 詩經講義는 1791년 겨울에 실시되었는데, 1789년과 1790년에 선발된 초계문신이 참여하였다. 1789년에 선발된 초계문신에는 丁若鏞, 尹寅基, 沈能迪, 金羲淳, 金履喬, 安廷善이 있었고, 1790년에 선발된 초계문신에는 趙得永, 崔璧, 宋知濂, 李羲甲, 鄭魯榮, 金履載, 金明淵, 徐有榘, 嚴耆, 金達淳, 洪秀晩, 朴宗京이 있었다(『弘齋全書』 권89, 經史講義, 「詩」).

18 徐有榘의 家學에 대해서는 曹蒼錄, 『楓石 徐有榘에 대한 한 硏究 - '林園經濟'와 『樊溪詩稿』와의 관련을 中心으로』, 성균관대학교 박사학위논문, 2003, 22~44면.

였다. 두 사람의 대책에는 공통점과 차이점이 나타나며, 이를 정리하면 다음과 같다.

1-1. 십삼경의 전수와 전주箋注의 득실

정약용 : 경을 해석하는 방법은 전문傳聞·사승師承·의해義解가 있으며, 이중 의해를 제외한 전문·사승은 옛 시대와 가까울수록 종지宗旨로 삼음. 따라서 주소注疏가 중요하며 주자도 자의의 훈고訓詁와 장구의 전석箋釋에서는 반드시 주소를 사용함. 지금의 학자들은 『칠서대전』만 알지 『십삼경주소』는 모르므로 이를 바로잡아야 함

서유구 : 당 석경에는 구경九經詩 書 易 三禮 三傳이며, 송 선화 연간1119~1125 이후 십삼경이 나옴. 『공양전』 『곡량전』 『이아』가 경에 포함된 것은 어색하지만 성현의 서언緒言을 엿보려면 『십삼경주소』를 참고해야 함. 십삼경을 제대로 이해하려면 여러 설의 차이점을 상세히 알아야 하므로 『십삼경전설十三經傳說』의 편찬이 필요함

2-1. 『역』 『서』 『시』 『춘추』를 생민生民 장민長民 성민成民 장민藏民으로 분속시키는 이유는?

정약용 : 이는 소옹邵雍의 『황극경세서皇極經世書』 「관물觀物」편에 나온 것으로, 사시四時의 상징을 취한 것임. 소옹은 상수象數에 치우쳐 견강부회가 많음

서유구 : 소옹의 설로 『황극경세서』 「관물」편에 나온 것임. 이에 대해서는 기왕에 논변論辯이 있음

2-2. 『의례』 『예기』 『이아』 『논어』를 예의 근본, 예의 지엽, 시서詩書의 금대襟帶, 육경의 청화菁華로 비유하는 이유는?

정약용 : 『의례』는 당시에 사용되는 의문儀文이고, 『예기』는 의문의 본뜻을

풀이한 것이기 때문임. 『이아』는 시서를 읽을 때 중요한 참고서라 하고, 『논어』는 육경 가운데 가장 빼어난 책이라는 것은 말은 꾸미고 빛내는 뜻에 불과하므로, 그렇게 말한 이유에 대해 의문을 가질 필요가 없음

서유구 : 『의례』 『예기』에 관한 것은 대소 상략詳略의 체재를 말한 것이고, 『이아』 『논어』에 관한 것은 모르겠음

2-3. 진 분서焚書에서 『주역』은 남았지만 연산역連山易이나 귀장역歸藏易이 사라진 이유는?

정약용 : 연산역은 복희伏羲의 역이고 귀장역은 황제皇帝의 역임. 이들은 춘추 말까지 남아 있다가 초楚 항우項羽가 진나라 수도인 함양咸陽을 불태울 때 타버림. 『한위총서漢魏叢書』에 실린 연산역이나 귀장역은 가짜임

서유구 : 연산역이나 귀장역이 사라진 것은 하夏·상商 때의 일임

2-4. 공벽에는 『시경』이 없었는데 풍風·아雅·송頌이 남아 있는 이유는?

정약용 : 『시』는 제齊 노魯 한漢에 각각 사승이 있었고, 풍송諷誦은 관현악管絃樂으로 전해짐

서유구 : 풍영諷詠 가송歌誦은 구전으로 전해짐

2-5. 『상서』 「순전」 편은 나중에 대항大航에서 나왔는데 공안국의 구본이라 하는 이유는?

정약용 : 「순전」의 28자는 요방흥姚方興의 위작僞作이며, 「순전」의 나머지는 매색이 「요전」의 절반을 절취하여 만든 것임. 매색의 『상서』 58편은 모두 공벽의 진본이 아님

서유구 : 「순전」은 요방흥이 올린 뒤에 나왔으며, 서건학이 고문을 의심한 것은 타당함

2-6. 「고공기」는 하간河間에서 구입한 것인데 주관周官의 유제라 할 수 있는가?

정약용 : 『주례』 5편은 주공周公의 수필手筆이 아니지만 유흠劉歆이 위조한 것도 아님. 선진先秦의 고문이며 송유宋儒들처럼 비판할 대상이 아님

서유구 : 「고공기」는 하간 헌왕이 구입한 것으로 양용신楊用信이 곡필曲筆이라 배척하지만 업신여길 것이 아님. 공인工人에 대해 정밀하게 서술한 것은 한유漢儒가 의논할 바가 아님

2-7. 『노론魯論』 『제론齊論』은 공자의 문하에서 전해졌는데, 「문왕文王」편이 『장후론張侯論』에서 삭제된 이유는?

정약용 : 「문왕」·「지도知道」 편은 『제론』에만 있었는데, 장우張禹가 『노론』과 『제론』을 합칠 때 제거함. 고문 『논어』도 『노론』과 일치하므로 삭제되는 것이 타당함

서유구 : 「문왕」 편은 선진의 책에서는 보이지 않으므로 위서로 보임

2-8. 『맹자내서』 『맹자외서』는 맹자에게서 나왔는데, 「성선性善」편이 조기趙岐의 주에서 빠진 이유는?

정약용 : 『맹자외서』 4편은 「성선변性善辨」·「문설文說」·「효경孝經」·「위정爲政」인데, 조기가 삭제한 것이 타당성이 있음. 다만 『순자荀子』에 인용된 "先攻邪心"이나 양웅楊雄 『법언法言』에 인용된 "有意不至"는 후세 사람들을 경계시킬 만하므로, 『맹자외서』가 없어진 것이 아쉬운 점은 있음

서유규 : 「성선」 편은 선진 시대 책에서는 보이지 않으므로 위서로 보임

2-9. 『공양전』 『곡량전』은 서경에서 성행하였지만 진晉·위魏에서 미약해졌고, 『좌씨전』은 장창에게서 처음 나왔지만 당唐·송宋에서 성행한 이유는?

정약용 : 경전의 성쇠는 군주의 호오好惡와 주석가의 잘잘못에 달려있음.

『공양전』은 한 경제景帝, 『곡량전』은 선제宣帝가 좋아하였지만, 『좌씨전』은 진·위 때 처음 성행하였고 수·당 이래 주도하게 됨. 그러나 경지經旨를 발명한 것은 『공양전』 『곡량전』이 『좌씨전』보다 나음

서유구 : 삼전三傳의 유행은 당대의 유행을 따른 것임. 삼전의 우열은 『공양전』 『곡량전』이 『좌씨전』보다 나음

2-10. 『상서』 금문 고문의 진위

정약용 : 주자가 공안국의 고문을 의심하였는데 이에 동의함

서유구 : 『상서』 고문에 대한 논쟁이 많음. 공씨孔氏의 「탕고湯誥」 주석이 『논어』와 해석이 다른 것에 대해서는 주이준朱彝尊의 분석이 있음

2-11. 『모시』 대서 소서의 평가

정약용 : 주자도 언급하였듯이 『모시』 소서에 문제가 있지만 위굉衛宏의 손에서 나온 것은 아님

서유구 : 『모시』 소서에 대한 견해가 많음. 「녹명鹿鳴」「유경由庚」의 해석이 『의례』와 부합한다는 것에 대해서는 소장형邵長蘅의 상세한 논증이 있음

2-12. 『춘추』 춘왕정월의 개시개월改時改月 문제

정약용 : 결론을 내리기 어려움. 그러나 『모시』 『주례』에서는 하정夏正을 많이 사용하고 『상서』 『춘추』에서는 주정周正을 병용한 것은 증거가 매우 많으므로 왕양명王陽明의 설이지만 소홀히 할 수 없음

서유구 : 춘왕정월은 해결하기 어려우며, 개시개월에 대해서는 『상서대전尙書大全』에서 증명이 됨

2-13. 『예기』 속임·구변의 합봉복봉合縫覆縫 문제

정약용 : 속임은 의신衣身의 옆에 1폭을 연결하는 것이고, 구변은 뒤쪽 양

변의 2폭이 겨드랑이 아래로 들어가는데 여기에만 주름이 있는 것을 말함. 정현鄭玄과 양복楊復의 설은 무슨 말인지 알 수가 없음

서유구 : 연미곡거燕尾曲裾 제도는 안사고顔師古의 『한서』 주석에서 볼 수 있음. 그러나 중국과 거리가 떨어지고 시대가 멀어져 답변하기 어려움

2-14. 『주례』의 제도가 『상서』 「주관」과 다른 이유는?

정약용 : 사공司空은 국가 토지를 관장하는데 백공百工을 다스리고, 삼공三公과 삼고三孤가 직임이 있는데 육관에 들어있지 않으므로 다르다고 함. 그러나 동관冬官은 빠진 것을 보충한 것이므로 반드시 일치하지 않고, 삼공 삼고는 맡은 일이 없으므로 병렬하지 않은 것임

서유구 : 이 때문에 선유들은 『주례』가 나중에 나온 것으로 의심함

2-15. 맹자의 분전론이 『예기』 「왕제」와 다른 이유는?

정약용 : 맹자는 제후들이 전적을 없애버려 대략만 들은 것이므로 미비점이 있는 것임. 또한 「왕제」는 한 문제文帝가 박사들에게 짓게 한 것이라면 오류가 많고 박사들이 전해들은 것이 다를 수 있음

서유구 : 맹자와 「왕제」편이 다를 경우 맹자의 설을 따라야 함

2-16. 벽옹이 학교 이름이 아니라고 논증한 양신楊愼의 견해

정약용 : 벽옹을 영대靈臺라고 한 것은 『춘추좌씨전』에 나오는데, 태묘太廟에서 영소靈沼가 둘러싸고 있기 때문에 벽옹이라 함. 한나라 때 영대와 벽옹을 합하여 하나로 힘. 양신의 견해는 틀림

서유구 : 이 설이 나오는 「왕제」 편은 한 문제 때 만들어졌으므로 오류가 있는 것이 당연함

2-17. 교제郊祭 체제禘祭가 백금伯禽에서 시작되지 않았다고 논증한 방중

리方中履 方以智의 아들의 견해

정약용 : 노의 교제는 상제上帝에게 기곡제를 지낸 것이므로 천자를 참용僭用한 것이 아니며, 노의 체제는 길체吉禘 시체時禘를 말함. 성왕이 주공에게 교제 체제를 지낸 것은 천하에 공이 있기 때문이고, 다른 공公에게 교제 체제를 지내는 것은 예가 아님. 교제 체제는 백금伯禽에서 시작되었고, 공에게 지낸 것은 희공僖公에서 시작되었으므로, 방중리의 설에 오류가 있음

서유구 : 이 설이 나오는 「왕제」 편은 한 문제 때 만들어졌으므로 오류가 있는 것이 당연함

2-18. 왕안석王安石이 『좌씨전』을 변론한 11가지 증거

정약용 : 『좌씨해左氏解』에서는 좌씨를 육국 시대의 사람으로 봄. 『좌씨해』의 작자는 왕안석으로 보기 어렵고, 유향 유흠 두예는 좌구명을 공자와 동시대 사람이라 하였으므로, 『좌씨해』의 설은 따르기 어려움

서유구 : 대답할 말이 없음

2-19. 임석林碩이 『주례』를 논박한 십론十論과 칠난七難

정약용 : 임석은 한말漢末에 『주례』를 공격하는 것으로 이름을 얻은 사람임. 그의 십론 칠난은 가공언賈公彦의 『주례의소周禮義疏』에 몇 대목이 실려 있는데 의논할만한 것이 없음

서유구 : 대답할 말이 없음

2-20. 『주역』에서 「문언」 「단」 「상」을 괘卦 아래에 배치한 사람은?

정약용 : 괘 아래 배치한 사람은 왕필王弼임. 그의 학문은 비직費直에게서 나왔으므로 비학費學에서 유래한 것임

서유구 : 비직의 책에서 시작됨

2-21. 『춘추』의 경經·전傳을 각 연도 아래에 붙인 사람은?

정약용 : 두예杜預에서 시작됨

서유구 : 두예의 주註에서 시작됨

2-22. 엄중淹中 일례逸禮로 지금까지 전해지는 것은 『대기戴記』 어느 편인가?

정약용 : 엄중에서 나온 고경은 56편인데 그중 17편은 한초 고당생高堂生이 전한 것今文과 같음. 한말에 정현이 『소대례小戴禮』의 학통을 계승하면서 고경古經으로 교정하여 주注를 지었는데 이것이 『의례』 17편임. 따라서 지금까지 전하는 일례는 『의례』 17편이며, 이것이 『소대례』임

서유구 : 모르겠음

2-23. 공벽 고문 『효경』에서 금문보다 늘어난 편은?

정약용 : 고문이 금문보다 늘어난 것은 「규문閨門」장의 12글자와 '閑' '坐' '參' '子曰' 밖에 없음. 고문 『효경』을 유현劉炫의 위서로 보기 어려우므로 그대로 두어 참고하는 것이 좋음

서유구 : 모르겠음

2-24. 구려駒驪의 건국은 한 선제 이후인데, 공안국의 주에 먼저 나오는 이유는?

정약용 : 우리나라 국호는 지명으로 인한 것임. 주몽朱蒙이 고구려를 세운 것은 한 원제 때이지만, 구려駒驪란 지명은 공안국 이전부터 있었음. 이 때문에 고문상서가 허위라는 확증으로 삼을 수는 없음[19]

---

[19] 정약용은 漢 武帝 때 설치한 玄菟郡의 屬縣에 句驪가 있으므로 句驪란 명칭은 무제 이전에도 있었으며, 이 때문에 古文尙書가 僞案이 되는 것은 아니라는 입장이었다. 말년에 정약용은 『尙書古訓』을 작성하면서 정조가 이 문제를 거론하였고 자신이 그에 대한 답변을 하였음을 언급

서유구 : 『상서』 고문의 의안疑案임

2-25. 서장庶長이란 관직은 진 효공 이후인데, 좌구명의 전傳에 먼저 나오는 이유는?

정약용 : 진은 주 효왕 때 비자非子가 받은 나라이므로 춘추 이전부터 나라와 관직이 있었음. 서장이란 관직명이 진 효공 때 처음 드러났을 뿐이지 그전에 없었던 것은 아님. 이 때문에 좌씨가 두 사람이라고 할 수는 없음

서유구 : 서장이 진 효공 때 처음 나왔다는 설은 방중리方中履의 견해임. 그러나 『사기연표史記年表』에 의하면 서장은 효공 훨씬 이전에 있었으므로 이 때문에 좌씨를 육국 시대 사람이라고 할 수는 없음

2-26. 『이아』가 주공이 지은 것이라면 풍風·우雨의 해석에서 『초사』를 인용한 이유는?

정약용 : 육덕명陸德明의 『경전석문經典釋文』에서 '『이아』에서 주공이 지은 것은 「석고釋詁」뿐이라'고 함. 『이아』 「석천釋天」은 주공이 지은 것이 아니므로, 이 때문에 『이아』는 주공의 작이 아니라고 할 수는 없음

서유구 : 『이아』가 주공이 지은 것이 아니라는 것에 대해서는 조공무晁公武의 논증『군재독서지郡齋讀書志』이 있으므로 더 이야기할 것이 없음

2-27. 『효경』이 공자가 지은 것이라면 수장首章에서 증자曾子라고 부른 이유는?

정약용 : 『춘추』는 노사魯史의 이름인데 공자가 책 이름으로 사용하였듯이, 『효경』도 옛날부터 전해진 책인데 증자의 문인들이 책 이름으로 사용한 것일 가능성이 있음

하였다(『尙書古訓』「賄肅愼之命」. "昔我先大王策問內閣月課之臣, 其問十三經『尙書』之訟曰, 駒麗立國, 在於漢元帝之後, 而安國之註, 預擧其號何歟, 正是此序之註. 余於對策, 亦以爲僞案.").

서유구 : 『효경』은 공자가 지은 것이 아니라는 것에 대해서는 마단림馬端臨의 논증이 있으므로 더 이야기할 것이 없음

2-28. 『춘추공양전』에서 소疏의 찬자를 서언徐彦이라 하는 근거는?

정약용 : 『광천장서지廣川藏書志』에 나오는 말인데, 억측의 말임

서유구 : 잘 모르겠음

2-29. 유가儒家에 있던 『추전鄒傳』『맹자』을 경류에 올린 사람은?

정약용 : 진과 한 문제 때에는 제자諸子, 전한 후한 「예문지藝文志」에서는 유가儒家, 양梁·수隋에서는 소경小經에 속하였으며, 진진손陳振孫의 『직재서록해제直齋書錄解題』에서 처음으로 경류經類에 들어감. 송에서 태학에 배향됨[20]

서유구 : 잘 모르겠음

2-30. 『역』『춘추』『예』『시』는 전주傳註가 나온 이후 침체되었으니 전주는 무익한 것인가?

정약용 : 진의 분서 이후 제齊·노魯 학자들이 각자가 들은 것을 기록하고 전석箋釋하지 않았다면 천년 뒤에 대체적인 모습도 알 수가 없었을 것임. 선철을 비방하는 말은 옳지 않음

서유구 : 옛 사람이 '진인秦人이 서書를 태웠지만 서가 남았고, 한인漢人이 경을 주석하였지만 경은 없어졌다'는 말이 이를 말하는 것임.

2-31. 육예陸乂 정홍丁鴻 정대춘井大春 井丹 주선광周宣光 周擧의 설이 한때 유행하였다가 후대에 전해지지 않는 이유는?

---

20 『孟子』는 五代 後蜀의 孟昶이 毋昭裔에게 명령하여 11경을 刻石하게 하였을 때 포함되었으며(蜀石經), 宋 太宗이 이를 翻刻하였을 때에도 역시 포함되어 있었다(北宋石經). 이에 대해서는 蔣伯潛, 『十三經概論』, 上海古籍出版社, 1983, 612~613면 참조.

정약용 : 네 학자는 한 때의 재주와 달변을 자랑하였지만 후대에 전할 만한 저술이 없었기 때문에 전해지지 않음

서유구 : 전해지고 사라지는 것에는 의심스러운 점이 있음

2-32. 왕필 범녕 정현 공영달의 주석에는 한계가 있는데도 후대에 전해진 이유는?

정약용 : 이단이라고 꼭 배척할 필요는 없으며, 거칠고 잡스러움이 있는 것은 사세가 그렇게 된 것임. 이런 점 때문에 선유先儒를 함부로 배척할 수는 없음

서유구 : 전해지고 사라지는 것에는 의심스러운 점이 있음

3-1. 진 한 진晉 당 송 명의 경학사 개관

정약용 : 진 한 송 명의 경학사 개관. 명 『칠서대전七書大全』 이후 학계의 분위기를 비판함

서유구 : 진 한 진晉 당 송 명의 경학사 개관. 명 『오경사서대전五經四書大全』 이후 학계의 분위기를 비판함

3-2. 십삼경의 뜻을 분명하게 밝힐 수 있는 방안은?

정약용 : 십삼경의 경문 아래에 진·한부터 명까지 주석 가운데 중요한 것을 간추려 연대순으로 정리한 책을 간행하여 유포시켜야 함

서유구 : 『십삼경주소』를 전편前編, 『십삼경전설十三經傳說』을 후편後編으로 하는 책을 간행하여 유포시켜야 함

이상에서 정리한 정약용과 서유구의 대책을 비교하면 다음의 몇 가지 특징이 나타난다.

첫째, '서론'과 '앞으로의 과제'에 대해 두 사람은 각자의 견해를 분명하게 밝혔다. 이에 관해서는 다음 절에서 분석하기로 한다.

둘째, '본문'에 해당하는 32개 질문에 대해 정약용은 모든 질문에 답변하였다. 다만 정약용은 2-12의 경우에는 결론을 내리기 어렵다고 답변하였다. 서유구가 자신의 견해를 분명하게 밝히지 않은 책문은 15개나 된다. 그중 6개는 '대답할 말이 없다' '잘 모르겠다'라고만 하였고2-18, 2-19, 2-22, 2-23, 2-28, 2-29, 9개는 '논쟁이 많다' '해결하기 어렵다' '의심스러운 점이 있다'고 하거나 다른 학자의 설을 소개하였다2-10, 2-11, 2-12, 2-13, 2-24, 2-26, 2-27, 2-31, 2-32. 서유구의 답변은 정약용의 답변보다 불성실하다고 할 수 있다.

셋째, 두 사람의 견해가 대체로 일치하는 경우는 8개이다2-1, 2-4, 2-5, 2-6, 2-9, 2-20, 2-21, 2-25. 두 사람의 견해가 일치하지 않는 경우는 2개이다. 연산역連山易과 귀장역歸藏易이 사라진 시기를 정약용은 진나라 말기로 보았지만 서유구는 상商나라 때로 보았고2-3, 벽옹이 학교 이름이 아니라는 양신의 주장에 대해 정약용은 반대하고 서유구는 찬성하였다2-16.

넷째, 정약용은 『주례』『효경』『이아』를 경經으로 인정하려는 입장이 강하다. 그러나 서유구는 상대적으로 약하다. 『주례』에 대해, 정약용은 주공의 수필手筆은 아니지만 전진先秦의 고문이 틀림없고2-6, 임석林碩이 『주례』를 공박한 주장은 볼 만한 것이 없다고 하였다2-19. 이에 서유구는 『주례』가 『상서』「주관」보다 나중에 나온 것으로 보았다2-14. 『효경』에 대해, 정약용은 고문 『효경』은 유현劉炫의 위작이 아니므로 참고하는 것이 좋고2-23, 공자가 증자에게 한 말을 그 문인들이 정리한 것으로 보았다2-27. 서유구는 『효경』은 공자가 지은 것이 아니라고 하였다2-27. 『이아』에 대해, 정약용은 『이아』 「석고釋詁」는 주공이 지은 것이라 하였는데, 서유구는 『이아』는 주공이 지은 것이 아니라고 하였다.

다섯째, 정약용은 주희의 설을 가지고 자신의 논거로 삼은 경우가 있다. 주자가 『상서』 고문을 의심한 것과 『모시』의 소서를 의심한 것이 그것이다2-10, 2-12. 이에 비해 서유구의 답변에서는 주희의 설을 논거로 삼은 경우가 보이지 않는다.

제3절 정조·정약용·서유구의 경학 인식

정조의 십삼경 책문과 정약용과 서유구의 대책에는 각자의 경학 인식이 잘 나타난다. 세 사람의 경학 인식을 중국 경학사에 대한 인식과 십삼경의 본지本旨를 밝히는 방안을 중심으로 검토한다.

정조는 책문에서 중국 경학사에 대한 견해를 밝혔다. 그 내용을 정리하면 다음과 같다.

진 : 분서焚書

한 : 추鄒 노魯 양梁 조趙 지역에 『시』 『예』 『춘추』를 전수한 전문가들이 있어 유실되고 남은 단편들을 수집하여 빠진 것을 보충하고 보전함

진晉 당 : 십삼경의 전소傳疏 전해箋解가 비로소 갖추어짐. 말이 모두 순수한

것은 아니지만 공로가 있음

송 : 한 당의 고루함을 씻어냄. 『예기』에서 『중용』 『대학』을 뽑아 사서四書를 만들고, 심성心性 도기道器의 학설이 풍미하였으며, 유림과 도학이 둘로 갈라짐. 양한의 훈고명물지학訓詁名物之學이 거의 사라짐

명 : 호광胡廣과 해진解縉의 『사서오경대전』이 배포된 후 학자들의 평생 학문이 여기에서 벗어나지 않음

이러한 정조의 견해에 대해 정약용과 서유구도 비슷한 견해를 보였다. 먼저 정약용의 견해다.

진 : 분서焚書

한 : 제齊 노魯 지역에 남은 향기가 전해져 대대로 전수한 사람이 있었음. 오류가 있기는 하지만 공이 과보다 큼

송 : 학풍이 일변함. 주자는 학문을 집대성하였지만 미흡한 점이 있음

명 : 문명이 크게 발달함. 주자를 믿어 이설異說을 금지하고 호광과 해진의 『사서대전』과 『삼경대전』을 배포하여 학습하게 하자 양한 이후 학자들의 학설이 사라짐

다음은 중국의 경학사에 대한 서유구의 견해다.

진 : 분서焚書

한 : 추鄒 노魯 지역에 『시』 『예』를 전수한 전문가가 있어 잿더미에서 주워 모으고 빠진 것을 보충하여 전해줌

진晉 당 : 십삼경의 전소傳疏 전해箋解가 비로소 갖추어짐. 말이 모두 순수한 것은 아니지만 공로가 있음

송 : 한 당의 고루함을 씻어냄. 『예기』에서 『중용』 『대학』을 뽑아 사서를 만들고, 심성 도기의 학설이 풍미하였으며, 유림과 도학이 둘로 갈라짐. 한유漢儒의 장구지학章句之學이 거의 사라짐

명 : 호광과 해진의 『사서오경대전』이 배포된 후 학자들의 평생 학문이 여기에서 벗어나지 않음

중국 경학사에 대한 3인의 견해를 보면 대체로 동일하다. 한학漢學은 분서갱유 이후 경經의 단편을 수습하여 후대에 전하였고, 송학宋學은 학풍을 일신하여 도학을 탄생시켰으며, 명학明學은 주자학에 바탕에 둔 『사서오경대전』을 배포하여 학문적 다양성이 없어진 것으로 이해하였다. 다만 정조와 서유구는 경經의 주소注疏가 정비되었던 진晉 당唐의 학문을 언급하고 한학이 사라진 시기를 송대로 보았지만, 정약용은 진 당의 학문을 언급하지 않고 한학이 사라진 시기를 명대로 본다는 점에서 차이가 있었다. 이는 결국 정조의 경학 인식이 두 사람에게 영향을 미치는 가운데 각자의 견해를 밝히는 방향으로 논의가 진행되었기 때문이다.

특히 정조와 서유구는 경학사 인식에서 동일한 견해를 보이는데, 이는 원문을 비교해 보면 분명하게 드러난다. 다음은 정조와 서유구가 중국 경학사를 언급한 부분인데, 진하게 표시한 부분은 일치하는 부분이다. 이를 보면 서유구는 정조의 견해를 거의 그대로 수용하였다.

정조 :

然其**火**于**秦**, **逸**于漢也, 斷**簡**文, **稽之無徵. 而獨賴夫鄒·魯**·梁·**趙之間, 頗有『詩』·『禮』**·『春秋』**之師, 掇遺拾**瀋, **補**漏**苴**缺, 瓚享譜承.

跨晉越唐, 而十三經之傳疏箋解, 始備. 歐陽子所謂‘諸儒章句之學, 轉相講述, 而聖道麤明者’也. 其言雖未必盡醇, 而其功有不可泯者歟.

逮乎有宋, 諸君子出, 而繼洙泗不傳之緖, 掃漢·唐穿鑿之陋. 拔『庸』·『學』於『禮記』之中, 進『孟子』以配『論語』, 而鼓一世以心性道器之說, 則於是乎儒林·道學, 歧焉爲二, 而兩漢以來, 訓詁名物之學, 或幾乎熄矣.

一自皇明永樂中, 頒四書五經于學宮之後, 兔園之儒, 下帷之生, 童而習之, 白首紛如者, 要不離乎胡廣·解縉之『大全』.[21]

서유구 :

雖然, 一自秦火之後, 逸篇爛簡, 稽之無徵, 而獨賴鄒魯之間, 頗有『詩』·『禮』之師, 掇拾乎殘灰之中, 補苴乎斷爛之餘, 歷代相傳.

迄今晉唐, 而十三經之傳疏箋解, 始備. 歐陽脩所謂‘諸儒章句之學, 轉相講述, 而聖道粗明者,’ 正是實際語也. 其言雖未必盡醇無疵, 而其功則又烏可誣哉.

及夫有宋, 眞儒輩出, 遠接洙泗之統, 一洗漢·唐之陋, 拔『庸』·『學』而參爲四書, 進『孟子』以配『論語』, 鼓一世以心性道器之說, 而初學之士, 駸駸然縱談仁義, 則於是乎撰『宋史』者, 分儒林·道學爲兩科, 而漢儒章句之學, 幾乎熄矣.

至皇明永樂年間, 命儒臣纂次『五經四書大全』, 頒之學宮, 而經生學士, 奉之爲律令, 其童習而白紛者, 要不離乎胡廣·解縉之『大全』.[22]

중국의 경학사에 대한 인식에서 또 하나 주목할 것은 명대에 간행된 『사서오경대전』에 대한 비판이 강하다는 점이다. 『사서오경대전』은 1415년永樂 13 9월에 명에서 편찬되었고, 1419년세종 1에 조선으로 들어온 이후 여러 판본으로 간행되어 널리 보급되었다. 조선에서 『사서

21 『弘齋全書』 권50, 策問3, 「十三經」[抄啓文臣課試].

22 『金華知非集』 권9, 策對, 「十三經對」.

오경대전』이 유행한 이유는 문과에 응시하는 유생들의 필독서였기 때문이다.[23]

그런데 정조는 『사서오경대전』이 보급된 이후 유생들이 여기에 있는 송·원의 주석만 보고 공영달, 정현, 마융, 왕필 같은 한·당의 주석을 보지 않기 때문에 경학사의 전통을 제대로 계승하지 못하였다고 지적하였다.

> 황명皇明 영락永樂 연간에 사서오경을 학궁學宮에 반포한 이후 농사짓는 선비나 책 속에 사는 유생들이 어려서부터 흰머리가 날릴 때까지 호광胡廣과 해진解縉의 『사서오경대전四書五經大全』에서 떠나지 않는다. 공영달孔穎達·정현鄭玄 이후로 서로 전해진 계통과 마융馬融·왕필王弼 등의 차이점을 물어보면 눈이 휘둥그레지고 입을 벌린 채 대답을 하지 못한다. 이렇게 하고서 한 시대 교육의 공로를 드러내고 천고 유림儒林의 전통을 계승하려고 한다면 껄끄럽고 어렵지 않겠는가?[24]

정조의 지적에 대해 정약용과 서유구도 동감하였다. 정약용은 『사서대전』과 『삼경대전』이 정통을 바로잡고 잘못을 구제한 공로가 있지만 오류가 없지 않으며, 후대 학자들은 여기에만 얽매여 옛 주석을 참고하거나 경經을 위주로 전傳을 해석하는 학자들을 비난하는 문제점이

---

23 조선시대 『四書五經大全』의 수입과 간행 상황에 대해서는 김문식, 「조선시대 중국 서적의 수입과 간행 - 『四書五經大全』을 中心으로」, 『奎章閣』 29, 2006을 참조.

24 『弘齋全書』 권50, 策問3, 「十三經」[抄啓文臣課試].
"一自皇明永樂中, 頒四書五經于學宮之後, 兔園之儒, 下帷之生, 童而習之, 白首紛如者, 要不離乎胡廣·解縉之『大全』. 而試問以孔·鄭以來相傳之統, 馬·王諸家同異之辨, 則瞪目拄齶, 莫之置對. 夫如是而欲求其章一代教學之功, 繼千古儒林之統, 不亦戛戛乎其難哉?"

있음을 지적하였다.

『사서대전四書大全』과 『삼경대전三經大全』은 온갖 학설 중에서 정통을 바로잡고 세상의 잘못을 구제하는 데 실로 도움이 되었습니다. 그러나 그 폐단으로 잘못을 바로잡는 데 너무 지나쳤던 오류가 없지 않습니다. 후세의 몽매한 선비들은 용렬하고 무지하여 애당초 학설의 차이에 따른 논쟁이 있고, 신설과 구설이 각각 근본이 있음을 모른 채, 기왕의 학설만 준수하고 속된 공부만 숭상하여 하늘이 내린 것으로 여기고 스스로 총명을 막았습니다. 옛것을 소급하여 근본을 탐구하는 사람을 새로운 것을 좋아한다고 손가락질하고, 경經에 근거하여 전傳을 논증하는 사람에게는 기이한 것을 숭상한다고 꾸짖었습니다. (중략) 마융馬融과 정현鄭玄은 이름조차 소원해졌고 공영달孔穎達과 가공언賈公彦의 소疏는 면목조차 보지 못하였습니다. 이렇듯 고루하고 지리멸렬해져 다시 계승하는 사람이 없으니, 유학의 침체가 오늘날보다 심한 때가 없습니다.[25]

서유구의 견해도 정조와 동일하였다. 『오경사서대전』만 보고 다른 주석을 보지 않는 학자들에게 경학의 발전을 기대하는 것은 불가능하다고 답하였기 때문이다.

황명 영락 연간에 이르러 유신儒臣에게 명하여 『오경사서대전五經四書大全』을 편찬하여 학궁에 반포하였습니다. 경학을 하는 생도들이 이를 율령처럼

25 『與猶堂全書』 詩文集, 권8, 「十三經策」.
"其爲正百家之統, 救一世之失, 誠有所補. 然其流弊, 不無矯枉之過. 末流蒙士, 闒茸荒蕪, 初不知異同有訟, 新舊有本, 唯成說是遵, 唯俗學是尙, 認爲天造, 自塞聰明. 溯古以探本者, 指之爲好新, 援經以證傳者, 誚之爲尙奇. … 馬融鄭玄, 名字亦疎, 孔疏賈釋, 面目不見, 鹵莽滅裂, 無復承藉, 斯文之晦塞, 又莫如今日也."

> 받들어, 어릴 때 익혀서 흰머리가 날릴 때까지 호광胡廣과 해진解縉의 『오경사서대전』에서 벗어나지 않으며, 『오경사서대전』 이외에는 다시 무슨 책이 있는지를 몰랐습니다. 공영달孔穎達·정현鄭玄 이후로 전해진 계통과 마융馬融·왕필王弼의 차이점을 물어보면 열 가지 중에 하나를 대답하지 못합니다. 이렇게 하고서 일대의 교학을 드러내는 공을 이루고 천고 유림의 실마리를 계승하려 해도 어려울 것입니다. 이 역시 거울을 뒤집어 놓고 비추는 것을 찾고 남쪽의 월나라로 가면서 북쪽으로 가려는 것과 무엇이 다르겠습니까?[26]

한편, 경학 연구의 최종 목표는 십삼경의 본지本旨를 정확하게 파악하는 것이었다. 정조는 책문의 끝에서 경전經傳의 근원을 소급하여 속학俗學의 오류를 바로잡고 십삼경의 뜻을 분명히 밝힐 방안을 제시할 것을 요구하였다.[27]

이에 대해 정약용은 진·한에서 명대까지의 주석을 모으고 중요한 것을 선별하여 경문經文 아래에 정리한 책을 간행하자고 하였다. 그 내용은 다음과 같다.

> 1. 박학한 선비에게 서적을 수집하게 하고 감식안이 있는 사람에게 선택하는 일을 맡긴다.

---

26 『金華知非集』 권9, 策對, 「十三經對」.
"至皇明永樂年間, 命儒臣纂次『五經四書大全』, 頒之學宮, 而經生學士, 奉之爲律令, 其童習而白紛者. 要不離乎胡廣·解縉之『大全』, 而不知『大全』以外, 更有何書. 試問以孔·鄭以來相傳之統, 馬·王諸家同異之辨, 則十覆而未能一對. 夫如是而欲望其章一代教學之功, 繼千古儒林之緖, 噫, 亦難矣哉. 亦奚異於反鑑而索照, 適越而北轅哉."

27 『弘齋全書』 권50, 策問3, 「十三經」[抄啓文臣課試].
"今欲溯經傳之源, 訂俗學之舛, 毋鶩大而忽小, 毋師今而非古, 孫志博學, 先河後海, 使夫十三經之旨, 支分節解, 昭如日星, 則其道何由, 子大夫窮經學古, 亦嘗有平日之素講者乎. 須各破脫程式, 悉心敷對."

2. 진·한에서 명까지 새로운 견해 가운데 일설一說이 될 만한 것은 요점을 취한다.
3. 경문 아래에 연대를 상고하여 주석을 수록하되 번잡하고 중복되는 것을 뺀다.
4. 독서하는 선비들이 책을 펼치면 어떤 설이 누구에게서 나왔고 어떤 주장이 어느 책에서 나왔는지 알게 한다.
5. 주석을 선택하는 것은 공부하는 사람이 스스로 결정하며, 억지로 따르게 하지 않는다.
6. 이 책을 간행하여 유포한다.

정약용은 조선본 『십삼경주소』가 간행된 적이 없는데, 이는 이웃 나라인 청이나 일본에 부끄러운 일이라고 하였다.[28] 『사서오경대전』의 주석에만 몰두하고 『십삼경주소』를 전혀 보지 않는 조선 학계의 현실을 비판하는 발언이었다. 그런데 만일 그가 제안한 것처럼 진·한대에서 명대까지의 주석이 집성된 책이 간행된다면 이러한 부끄러움도 해결될 수 있었다.

서유구도 새로운 경서를 간행하자고 하였다. 『십삼경주소』를 전편前編으로 하고, 그 이후의 주석을 모은 『십삼경전설十三經傳說』을 후편後編으로 하는 2부작이었다. 서유구의 제안을 정리하면 다음과 같다.

1. 경술經術에 밝은 선비들을 선발하여 국局을 열어 편찬한다.
2. 전제적으로 주자의 전傳을 위주로 하고 고주古注를 참조하는 책을 만든다.

28 『與猶堂全書』 詩文集, 권8, 「十三經策」.
"且在我東, 『十三經』尙未入梓, 此不可使聞於鄰國."

3. 『주역』은 『주역절중周易折中』, 『시』·『서』·『춘추』는 『휘찬彙纂』, 『논어』·『맹자』는 『사서집석四書輯釋』을 수용한다.
4. 『대학』·『중용』은 『예기』로 되돌린다.
5. 『춘추』 삼전三傳은 각각 독립된 책으로 하고, 『효경』·『이아』를 포함시킨다.
6. 서적을 널리 수집하고 여러 학설을 두루 채택하되, 반드시 인용서목을 두어 여러 학설을 집대성한다.
7. 『십삼경주소』를 전편前編, 『십삼경전설十三經傳說』을 후편後編으로 한다.
8. 학교 교재와 과거의 시험 과목은 전편과 후편을 경위經緯로 한다.

서유구는 주자의 주석을 위주로 한다는 원칙을 정한 다음에 한·당대의 주석을 수록한 『십삼경주소』와 송·원 이후의 주석을 집성한 『십삼경전설』을 함께 편찬하자고 제안하였다. 서유구는 특히 새로 편찬된 책을 학교 교재와 과거의 시험 과목으로 사용하자고 하였다. 이는 당대의 학풍을 한꺼번에 바꾸자는 것으로 정약용의 방안보다 더 적극적이었다.

이상에서 보듯 정조, 정약용, 서유구는 한대부터 명대까지의 주석을 집대성하여 참고하는 '한송 절충적 경학관'을 가지고 있었다. 이는 『사서오경대전』에 나타나는 송학 계통의 주석을 절대화하지 않고, 주자의 주석까지 여러 주석 가운데 하나로 본다는 점에서 종래의 '송학 중심적 경학관'을 많이 벗어나고 있었다. 이들은 송학의 단점도 지적하였다. 정조와 서유구는 송학이 나오면서 한학이 사라졌다고 하였고, 정약용은 시대가 오래된 것은 주자도 밝히지 못한 것으로 보았다.[29]

29 『與猶堂全書』 詩文集, 권8, 「十三經策」.

그렇지만 세 사람의 송학에 대한 평가는 한학에 대한 평가보다 우호적이었다. 정조와 서유구는 송학이 한·당의 고루함을 씻어낸 것으로 평가하였고, 서유구는 주자의 주석을 위주로 한다고 하였다. 정약용은 주자가 역대의 학문을 집대성하고 큰 원칙을 통일시킨 것으로 평가하였다. 필자는 이러한 경학 인식을 '송학 중심의 한송절충론'이라 부른다.[30]

지금까지 정조의 십삼경 책문과 정약용과 서유구의 대책을 통해 이들의 경학 인식을 살펴보았다. 정조는 책문을 통해 십삼경의 원문과 주석에 관심을 둘 것을 촉구하였고, 송학에 편중된 당대의 학풍을 혁신할 방안을 요구하였다. 정약용과 서유구은 정조의 질문에 일일이 답변하면서 정조가 가졌던 문제의식을 공유하고, 당대의 학자들을 동원하여 역대 주석을 모으고 이를 집대성한 새로운 텍스트를 간행하여 보급하자고 주장하였다. 필자는 이를 '송학 중심의 한송절충론'이라고 규정하였다.

정약용과 서유구가 제안한 편찬 사업을 담당할 기관은 바로 그들이 소속된 규장각이었다. 정조는 1777년정조 1에 국립 출판소에 해당하는 교서관을 규장각에 통합하면서 출판 사업을 활발하게 전개하였고, 총 3,900여 권에 이르는 방대한 서적을 편찬하였다.[31] 정조가 규장각에

"至朱夫子, 集大成而會通之, 大一統而重創之, 將以駕軼千古, 範圍八紘. 然其年代寢遠, 事實無徵, 雖以朱子之博古, 猶未免存信而闕疑, 始甲而終乙."

30 필자는 正祖의 경학관을 '漢宋 절충적 경학사상'으로, 洪奭周의 경학관을 '宋學 중심적 漢宋折衷論'으로 규정한 바 있다(金文植, 앞책, 1996, 41~58면 ; 138~152면).

31 『群書標記』에 의하면 正祖는 1772년(영조 48)부터 1800년까지 29년 동안 御定書 89종 2,490

서 편찬하려는 책에는 역대의 기록을 종합하여 방대한 전서로 출판하려는 기획이 있었다. 주자의 모든 저술을 모으고 조선 학자들의 주석을 추가한 『주자대전』[32]이나 민간에서 올린 농서들을 집대성한 『농서대전農書大全』[33]을 편찬하려는 구상이 그것이다. 그러나 『주자대전』과 『농서대전』의 편찬은 끝내 실현되지 못하였다.

당시 조선에서는 정약용과 서유구가 제안한 십삼경 주석서는 물론이고 『십삼경주소』조차도 간행되지 못하였다. 1901년고종 38에 봉상사제조奉常司提調 김태제金台濟는 새로운 경서 주석본을 간행하자고 제안하였다. 그런데 김태제가 제안한 책은 정약용과 서유구가 제안한 내용과 매우 비슷하였다.[34] 결국 『십삼경주소』를 비롯한 십삼경 주석서는 20세기 초까지도 간행되지 못한 상황이었다.

그러나 정조가 내린 책문이 무의미하지는 않았다. 19세기에 정약용과 서유구는 각자의 학문 연구에 몰두하였고, 결국 정약용은 경학가로 성장하여 육경사서에 대한 방대한 연구서를 남겼고, 서유구는 농학자로 성장하여 방대한 농서를 편찬하였다. 정조가 규장각 초계문신을 중심으로 추진하였던 인재 양성책은 19세기에 들어와 뛰어난 학자의 탄생으로 귀결되었다.

권, 命撰書 64종 1,501권을 합하여 총 153종 3,991권의 책을 편찬하였다.

32 정조가 편찬하려고 하였던 『朱子大全』에 대해서는 김문식, 앞책, 2007, 222~223면 참조.

33 염정섭, 「18세기 후반 정조 대 농정책의 시행과 의의」, 『농업사연구』 5-1, 2006, 54~57면.

34 『高宗實錄』 권41, 高宗 38년 9월 23일(양력).

"臣竊以爲, 太學之內, 另立校經堂, 而廣選博核之士, 先爲校正程·朱經訓, 以立宗旨, 次取漢儒註疏, 以考古義. 且從『說文解字』, 而傳習六義, 以正發軔. 然後, 程·朱取舍之旨, 可明, 註疏失得之實, 可辨, 國俗固陋之瘼, 可祛."

제2장 『상서』 백편의 이해

정약용은 유교 경전인 육경사서를 모두 연구한 대표적인 경학자이다. 정약용의 경학 연구서에는 특히 『상서』에 대한 연구가 많다. 그의 『상서』 연구는 종류가 많은데다 유배기1801~1818와 해배기1819~1836에 전면적인 연구를 하였다는 점이 특징이다.

정약용은 1789년 규장각 초계문신에 선발된 이후 정조로부터 다양한 학문적 수련을 받았다. 그가 1790년에 작성한 「십삼경책」과 1792년의 『상서』 강의는 그가 『상서』를 본격적으로 연구하는 계기가 되었다. 정약용이 유배기에 들어가 『상서』를 본격적으로 연구하기 시작하였다. 정약용은 1801년 강진에 도착한 이후 육경사서 전체를 대상으로 하는 경학 연구에 들어갔고, 『상서』를 연구한 결과는 『매씨서평』 『고훈수략』『상서고훈』 『상서지원록』으로 나타났다. 정약용의 『상서』 연구는 여기서 끝나지 않고, 1818년에 고향 마재로 돌아온 이후로 이어진다. 정약용은 고향 인근에서 신작과 홍석주의 『상서』 연구와 염약거의 『고문상서소증』을 접하고, 최종적인 연구는 『상서고훈』 21권으로 마무리되었다.

이 글은 정약용의 『상서』 백편에 대한 이해를 살펴보려 한다. 정약용은 공자孔子가 처음 편찬한 『상서』에는 백편의 본문과 함께 「서서書序」 1편이 있었고, 한대 이후 「서서」의 본문을 변개하는 일이 생겼지만 현전하는 『상서정의』에는 그 원형이 남아 있는 것으로 보았다. 정약용의 이러한 생각은 가장 말년의 저술인 『상서고훈』 권수에 있는 「상서서尙書序」에 잘 나타난다. 이하에서는 정약용의 『상서』 백편에 대한 이해 방식을 검토한다.

제1절 『상서고훈尙書古訓』 「상서서尙書序」의 편찬

『상서고훈』 「상서서」는 정약용이 1834년 6월 10일에 완성한 『상서고훈』의 권수에 수록되어 있다. 이하에서는 「상서서」가 편찬되는 과정을 파악하기 위해 정약용의 『상서』 연구 과정을 간략히 소개한다.

정약용의 『상서』 연구는 두 단계로 구분할 수 있다. 첫 번째 단계는 강진에 유배되어 있던 1810~1811년에 이뤄졌다. 정약용은 이 시기에 『상서』 연구의 3부작이라 할 수 있는 『매씨서평』 9권, 『고훈수략』 『상서고훈』 6권, 『상서지원록』 7권을 편찬하였다.[1] 두 번째 단계는 1818년에 유배지에서 풀려나 고향 마재로 돌아온 이후에 시작되었다. 정약용은 1827년에는 『염씨고문상서소증초』 4권와 『독상서보전』 1권을 작성하

1 『尙書古訓序例』 「尙書古訓知遠錄合編序說」.

"昔在茶山, 余讀『尙書』, 執梅賾僞案, 有所論著, 曰『梅氏書平』, 凡九卷. 繼而反求乎壁中眞本二十八篇, 蒐輯歐陽·夏侯·馬·鄭之說者, 曰『古訓蒐略』. 繼而執梅·蔡二家之說者, 校比乎古訓, 間附以己見者, 曰『知遠錄』. 顧此三部, 皆於謫中編纂, 書籍旣少, 遺漏甚多."

丁若鏞이 1834년에 완성한 『尙書古訓』은 新朝鮮社에서 간행한 『與猶堂全書』 第二集(經集)의 제21권부터 제28권까지에 수록되어 있다. 이하에서 『尙書古訓』을 인용할 경우에는 신조선사본에 나타나는 8권 체제를 따르기로 한다.

였다. 이중 『염씨고문상서소증초』는 『고문상서소증』의 논증을 비판적으로 검토한 것이고, 『독상서보전』은 『상서보전』의 독후감으로 작성한 글이다. 정약용은 이들을 작성하는 과정에서 이전 연구에 많은 문제점이 있음을 발견하고 전면적으로 수정하는 작업에 들어갔다. 그 결과 1834년에 『상서고훈』 21권과 『매씨서평』 10권을 편찬하였다. 전자는 『상서지원록』의 내용을 해체한 다음 『고훈수략』 『상서고훈』의 해당 내용에 일일이 끼워 넣는 작업이었고, 후자는 유배기에 이뤄진 『매씨서평』을 새롭게 수정하는 작업이었다. 현재 전해지는 『매씨서평』에는 권9의 「발문」 다음에는 권10이 추가되어 있다.[2]

정약용은 이상의 『상서』 주석서들을 편찬하면서 『상서』 백편의 서문인 「서서」에 대한 연구도 진행하였다. 정약용이 제일 먼저 「서서」를 다룬 것은 1810년 봄에 편찬한 『매씨서평』이었다. 그는 이 책에서 『상서』의 저본으로 복생의 『금문상서』, 공안국의 『고문상서』, 매색의 『위고문상서僞古文尙書』 등 3종을 소개하고,[3] 복생본에 나오는 『고문상서』의 편목, 『사기』에 수록된 『상서』의 편목, 정현이 주석한 『고문상서』의 편목을 소개하였다.[4] 또한 그는 매색본에 나오는 「대서大序」는 위서임을 논증하고,[5] 『고문상서』 25편의 원문을 검토하는 부분에서 각 편의 편수에 서문과 그에 대한 논평을 달았다.

---

2 『梅氏書平』 권10에는 「河內泰誓」 「逸周書克殷篇辨」 「書大傳略論」이 수록되어 있다. 新朝鮮社에서 간행한 『與猶堂全書』에는 이러한 分卷 상황이 나타나지 않고, 『與猶堂全書』 第二集(經集)의 제29권부터 제31권까지에 수록되어 있다. 이하에서 『梅氏書平』을 인용할 경우에는 필사본에 나타나는 10권 체제를 따르기로 한다.

3 『梅氏書平』 권1, 「總敍」.

4 『梅氏書平』 권1, 「伏生古文尙書篇目」; 「史記所載尙書篇目」; 「鄭玄所注古文尙書篇目」.

5 『梅氏書平』 권2, 「大序」 1~4.

다음으로 정약용은 1810년 가을에 편찬한 『고훈수략』에서 『금문상서』 28편의 편수에 각 편의 서문과 논평을 수록하였다. 이를 보면 정약용은 『매씨서평』과 『상서고훈』을 통해 후대에 전해진 『상서』 58편의 서문을 검토하였는데, 각 편의 편수에 관련 고훈을 정리하고 '용안鏞案' 다음에 자신의 견해를 간략히 밝히는 방식이었다.

마지막으로 정약용의 「서서」 연구는 말년에 편찬된 『상서고훈』 「상서서」를 통해 마무리되었다. 「상서서」가 작성된 시기는 1827년부터 1834년 사이로 추정되는데, 그가 홍석주의 아우인 홍현주를 통해 염약거의 『고문상서소증』을 빌려본 것이 1827년의 일이고, 『상서고훈』이 편찬된 것은 1834년이기 때문이다. 이 때 정약용은 각 편의 편수에 있던 서문들을 모아 하나의 편으로 만듦으로써 공자가 편찬하였던 「서서」의 모습을 회복시켰다.[6] 또한 정약용은 「서서」에 대한 후대 학자들의 주석을 정리하고, 논증의 방식을 '고이考異' '고오考誤' '고증考證' '고정考訂' '고변考辨' 등으로 구분함으로써 논의의 수준을 한층 향상시켰다.[7]

이를 보면, 정약용은 『상서』 연구를 시작할 때부터 「서서」에 관한 자료를 수집하여 분석하였고, 연구의 마지막 단계에서 그때까지 수집한 자료를 총동원하여 「서서」의 원형과 의미를 파악하려고 노력하였다.

---

6 『梅氏書平』 권1, 「尙書古訓凡例」.
"百篇之序, 雖本孔子所作, 今經梅賾變亂, 非皆原本. 然自鄭玄以來, 似已分冠各篇, 不可黜之在下. 但分冠各篇, 則益多枘鑿, 今還作一篇, 弁之爲首卷."

7 『梅氏書平』 권1, 「尙書古訓凡例」.
"文字異者, 標曰'考異', 義旨誤者, 標曰'考誤', 援爲證者曰'考證', 平相議者曰'考訂', 交相訟者曰'考辨'. 又所著異於案說者, 或稱'論曰', 或稱'訂曰', 隨文發例, 無定式也. 又或因文生義, 不關經旨者, 標曰'衍義', 書例雜沓, 可愧也."

제2절 「서서書序」의 이해

정약용은 『상서』에 관한 학문에 세 가지 흐름이 있었던 것으로 파악한다. 첫 번째는 복생이 전한 『금문상서』 29편경 28편, 「서서」 1편이다. 이는 한 문제B.C.180~B.C.157 때에 처음으로 나왔다가 진晉 회제懷帝 때 발생한 영가永嘉의 난311으로 인해 사라진 것으로 보았다. 두 번째는 공안국이 헌납한 『고문상서』 46편伏生本과 같은 것 29편, 늘어난 것 16편, 「僞泰誓」 1편이다. 이는 한 무제B.C. 141~B.C. 87 때 처음 나왔다가 당나라 때 없어진 것으로 보았다. 다만 공안국의 학문은 건무 연간25~26에 두림杜林에게 전해졌으며, 가규賈逵 마융 정현 같은 학자들이 훈전訓傳을 만들어 이를 계승하였던 것으로 파악하였다. 세 번째는 매색이 주상奏上한 『위고문상서』 58편공안국본과 같은 것 33편, 늘어난 것 25편이다. 이는 동진東晉 때317~419에 처음 나와서 당 공영달의 『상서정의』와 남송 채침의 『서집전書集傳』 저본이 되었다.[8] 이를 보면 정약용은 복생의 『금문상서』에는 「서서」 1편이 별도로 포함되어 있었던 것으로 보았다.

정약용은 「서서」의 저자를 공자로 보았다. 그는 공자가 『상서』 백편을 편찬할 때 별도로 「서서」를 지어 백편이 지어진 뜻을 설명하였고, 복생도 공자가 작성한 「서서」를 보았던 것으로 파악하였다. 이는 『한

---

8 『尙書古訓』「古訓蒐略序說」.
"五經之中, 『尙書』最受殘缺. 其幸而不亡者, 唯二十八篇, 乃伏壁今文, 有歐陽·夏侯三家之說. 孔壁古文, 有馬融·鄭玄二子之註, 而伏學亡於永嘉, 孔學亡於唐代. 今所行孔安國之傳, 卽梅氏贋書, 雖其詁訓, 或有所本, 旣是贋物, 何以篤信. 每念隋·唐之際, 廢鄭立梅之事, 未嘗不歎息痛恨, 顧時移世邈, 百駟難及."
『梅氏書平』 권1, 「總敍」 上甲一.

서』「예문지」의 기록에 근거한 것이다.[9] 또한 정약용은 공안국을 계승한 정현도 「서서」를 보았으며, 복생본과 공안국본에 수록된 「서서」에는 내용상 차이가 있었고, 매색에 이르러 결정적인 변란이 있었던 것으로 보았다.[10] 정약용은 「서서」는 원래 공자가 지은 것이 분명하지만 복생→공안국→정현→매색의 시대로 내려가면서 계속 변화가 일어났고,[11] 채침 같은 후대의 학자들이 '「서서」는 공자의 작作이 아니라'고 한 것도 매색이 변조한 「서서」의 문제점을 보았기 때문이라고 설명하였다.[12] 정약용은 매색본을 저본으로 하는 공영달의 『상서정의』와 채침의 『서집전』은 『상서』의 진위를 제대로 분별하지 못하였고, 모기령의 『고문상서원사』는 이를 어지럽게 뒤섞어 놓아 문제를 더욱 복잡하

---

9 『梅氏書平』 권1, 「伏生所傳今文尙書」 上甲三.

"『漢書』「藝文志」云, 易曰'河出圖, 雒出書.' 故書之所起, 遠矣. 孔子纂焉, 上斷於堯, 下訖于秦, 凡百篇. 而爲之序, 言其作意. 秦燔書禁學, 濟南伏生, 獨壁藏之. 漢興, 亡失求得二十九篇, 以敎齊·魯之間."

10 『尙書古訓序例』「尙書序」.

"孔穎達『正義』云, '此序, 鄭玄·馬融·王肅竝云孔子所作.' ○ 鏞案, 『漢書』「藝文志」云, '孔子纂『書』凡百篇, 而爲之序, 言其作意. 濟南伏生, 獨壁藏之.'[上甲三] 則伏本·鄭本, 皆有此序. 但伏氏·孔氏, 皆同百篇, 而「盤庚」一篇, 孔本分爲三篇, 「顧命」一篇, 孔本分爲二篇, 則伏本百篇之內, 必有孔本所無之三篇, 乃滿百額. 經旣如是, 則序亦小殊, 不知何本是孔子所撰之眞本. 況今中經梅頤變亂, 破碎移動, 非伏非孔者甚多. 雖孔子所作, 今如古器之破壞者, 爲可恨也. 予有書序之說, 曰是曰非, 竝詳前編[上辛四, 冤詞三十, 三十四·七·八, 遺議二], 今不復架疊也['前編'謂『梅氏書平』.]."

11 『尙書古訓序例』「尙書序」 康王之誥.

"鏞案, 分割之從某至某, 孰是孰非, 姑舍是, 伏本旣止一篇, 則此篇之序, 伏所無也. 伏亦百篇, 則此篇之缺, 定有本額, 亦自有序矣. 彼序旣存, 此序何出? 書序, 雖本孔子所作, 伏變爲孔, 鄭變爲梅, 其沿革破補, 誠有不可問者矣."

12 『尙書古訓序例』「尙書序」 多士.

"「書序」, 其有誤乎? 「書序」非如「詩序」, 旣出於伏壁[上甲三], 又出於孔壁, 兩相比勘, 傳授有統. 『史記』·『漢書』, 竝皆尊信而無異辭, 何得遽謂之僞文? 特梅氏濁亂之後, 破裂移扞, 多失其眞耳."

게 만들었다고 주장하였다.[13]

정약용은 「서서」가 각 편의 편수에 배치된 시기는 정현 이후로 추정하였다. 그는 공자가 만든 「서서」 1편이 복생본과 공안국본에서는 하나의 편으로 전해졌지만,[14] 정현 이후 각 편의 편수로 나눠진 것으로 보았다.[15] 정약용은 원래 하나의 편으로 있다가 흩어진 「서서」를 그대로 두는 것은 문제가 많으므로, 원래의 모습을 보여주기 위해 이를 하나로 합쳤다. 다만 그는 후대에는 매색본의 「서서」만 남아 있으므로 그 원문은 매색본에 있는 것을 사용할 수밖에 없고, 백편의 순서는 공영달의 『상서정의』에 수록된 정현의 견해를 따른다고 하였다. 정약용은 이러한 자신의 작업을 '존고存古' 즉 옛 모습을 보존하기 위해서라고 주장하였다.[16]

정약용은 현존하는 「서서」에 많은 문제점이 있지만, 공자가 만든 「서서」에서 출발한 것이 분명하므로 그 원형을 찾으려는 노력이 필요하다는 입장이었다.

---

13 『梅氏書平』 권1, 「總敍」 上甲一.

"乃孔氏『正義』, 蔡氏『集傳』, 調護爲說, 不辨眞僞. 學者, 旣無以分別源委, 乃毛氏『冤詞』, 澒洞錯亂, 眩惑多端, 觀者迷焉."

14 『梅氏書平』 권1, 「伏生所傳今文尙書」 上甲二.

"鏞案, 二十九篇者, 經二十八篇, 書序一篇[當時書序, 別爲一篇, 未嘗分冠于各篇.]."

15 정약용은 「書序」를 분리시킨 사람을 梅賾으로 보기도 한다(『尙書古訓序例』 「尙書序」 無佚. "梅氏分冠之時, '作無逸'三字, 無以爲序. 故乃加'周公'二字, 「周官」·「立政」亦然. 破碎如此, 疑非孔子所作, 不亦宜乎?").

16 『尙書古訓序例』 「尙書古訓凡例」.

"百篇之序, 雖本孔子所作, 今經梅賾變亂, 非皆原本. 然自鄭玄以來, 似已分冠各篇, 不可黜之在下. 但分冠各篇則益多枘鑿, 今還作一篇, 弁之爲首卷. 其或字句翻弄, 明知爲梅所竄改者, 亦不得不仍用梅本[如「皐陶謨」·「益稷」.]. 唯其序次, 一遵鄭本[依孔穎達『正義』中所列.], 所以存古也."

제3절 『상서』 백편의 이해

정약용은 「서서」의 원문은 매색본에만 전해지므로 이를 따를 수밖에 없지만, 『상서』 백편의 체제와 순서는 정현의 견해를 따랐다. 정현이 언급한 「서서」도 공자가 작성한 원래의 「서서」는 아니지만, 현전하는 자료 중에서는 원형에 가장 가까운 것으로 보았기 때문이다.

정약용은 『상서』 백편의 체제를 우하서虞夏書 20편, 상서商書 40편, 주서周書 40편으로 구분하였다. 이는 매색본을 저본으로 하는 『상서정의』나 『서집전』에서 우서虞書 5편, 하서夏書 4편, 상서商書 17편, 주서周書 32편으로 구분한 것과 분명히 구분된다.[17] 매색본은 「요전」에서 「익직」까지를 우서, 「우공」에서 「윤정」까지를 하서로 구분하였다.

정약용은 원래 우서와 하서는 구분되었다고 보는 입장이었다. 그는 춘추시대에 우서와 하서가 구분되어 있었고, 복생의 『서대전書大傳』에도 「요전」을 당서唐書, 「순전」을 우서, 「대우모」를 하서, 「상서」를 은서殷書로 보아, 우서와 하서를 구분한 것으로 보았다. 그러나 공안국이 우서와 하서를 같은 과로 보았고, 정현을 비롯한 한·진晉의 유학자들은 공안국의 견해를 따랐으므로, 정약용은 우서와 하서를 합하여 우하서로 정리하였다. 정약용은 또한 공자가 산삭한 『시경』은 300편, 『상서』는 100편으로 정리되고, 『상서』는 다시 20편, 40편, 40편이라는 완정完整한 숫자로 정리되어 증감할 수 없는 상태로 보았는데, 이는 정

---

17 『尙書古訓序例』「尙書古訓凡例」.

"序文經文, 雖皆不得不仍用梅本, 若所謂「虞書」·「夏書」, 是梅氏所定, 零畸不整, 今一遵鄭本. 「虞夏書」二十篇, 「商書」四十篇, 「周書」四十篇, 按次編列, 以存舊觀, 不嫌其內相牴牾也."

현의 설을 따른 주장이었다.

> 공자가 『시경』과 『상서』를 산삭刪削할 때, 『시경』은 반드시 300편으로 하고[생시笙詩 6편과 상송商頌 5편을 제외하면 300에 딱 들어맞는다.] 『상서』는 반드시 100편으로 하였다. 다시 『서경』 가운데 「우하서」는 20편이고 「상서」와 「주서」는 각각 40편으로 되어 있으니, 편수가 완정完整하여 증감할 수 없으며 경의經義에도 옳다. 이제 매색의 책은 마음대로 바꾸고 어지럽혀 우虞·하夏·상商·주周 4대에 속한 편수가 들쑥날쑥 가지런하지 않으니 한스러울 뿐이다.[18]

정약용은 백편의 순서에 대해서도 정현의 견해를 따랐는데, 이는 공영달이 작성한 『상서정의』의 주소에 기록되어 있다. 정약용은 정현의 『상서』 주석은 공안국의 『고문상서』를 바탕으로 하면서 복생의 『금문상서』를 참고하여 한대의 학설을 집대성한 것이지만, 지금은 없어져 버린 것으로 파악하였다.[19]

정약용이 제시한 『상서』 백편의 순서는 현재 통행되는 매색본 58편의 순서와 차이가 있다. 「함유일덕」, 「채중지명」, 「비서」가 그러한 사례에 해당한다.

먼저 「함유일덕」편을 보면, 정약용은 매색본에서 「함유일덕」편이

---

18 『尙書古訓序例』「尙書序」.

"蓋孔子刪『詩』·『書』, 『詩』必三百篇[除笙詩六篇, 商頌五篇, 則適滿三百也.], 『書』必百篇, 則又於其中, 「虞夏書」二十篇, 「商」·「周書」各四十篇, 數目完整, 不可增減, 於義爲長. 今梅氏之書, 變亂唯意, 四代書額, 皆零畸不整, 可恨也已."

19 『梅氏書平』 권1, 「鄭玄所註古文尙書篇目」 上丁五.

"鏞案, 鄭註『尙書』, 本之以孔壁古文, 參之以伏生今文. 兩漢兩家之說, 集大成于鄭本, 今已亡矣."

「태갑」편 다음에 있는 것은 매색본이 위찬僞撰임을 보여주는 분명한 증거라고 주장하였다. 정약용은 「탕고」「함유일덕」「명거」의 서문은 원래 하나였던 것으로 보았는데, 해당 부분을 정리하면 다음과 같다.

湯旣黜夏命, 復歸于亳, 作「湯誥」. 伊尹作「咸有一德」, 咎單作「明居」.

정약용은 이윤과 고단咎單이라는 인명 앞에 머리글이 없는 것은 같은 내용이 「탕고」편에서 이어지기 때문이고, 『사기』「은본기殷本紀」에 나오는 「탕고」의 글을 보아도 함유덕咸有德과 거민居民의 뜻이 나오므로,[20] 「탕고」편 다음에는 바로 「함유일덕」과 「명거」편이 나오는 것이 분명하다고 주장하였다.[21] 그런데 매색본에서는 「함유일덕」편이 「태갑」편의 아래에 위치하므로, 이는 매색본이 위서임을 보여주는 분명한 증거가 된다고 생각하였다.

정약용은 「무일」편의 서문도 매색이 기록을 바꾼 것으로 보았다. 「무일」편의 서문인 "周公作「無逸」"에는 기어起語가 없는데, 정약용은 이 역시 앞에 나오는 「다사」편의 서문에서 이어지는 것으로 보았다.

---

20 『史記』 권3, 「殷本紀」.

"湯歸至于泰卷陶, 中壘作誥. 旣絀夏命, 還亳, 作「湯誥」. '維三月, 王自至於東郊. 告諸侯群, 毋不有功於民, 勤力迺事. 予乃大罰殛女, 毋予怨. 曰, 古禹·皐陶久勞于外, 其有功乎民, 民乃有安. 東爲江, 北爲濟, 西爲河, 南爲淮, 四瀆已修, 萬民乃有居. 稷降播, 農殖百. 三公咸有功于民, 故有立. 昔蚩尤與其大夫作亂百姓, 帝乃弗予, 有狀. 先王言不可不勉. 曰, 不道, 毋之在國, 女毋我怨.' 以令諸侯. 伊尹作「咸有一德」, 咎單作「明居」."

21 『尙書古訓序例』「尙書序」 咸有一德 明居.

"鏞案, 此二篇, 本與「湯誥」同序, 故伊尹·咎單之上, 皆無蓋頭之辭. 凡「書序」其無蓋頭之辭者, 皆僞者變亂之跡也. 今按「殷本紀」, 載古「湯誥」之文, 而其文皆咸有德·居民之義, 卽又結之曰, '二臣作二篇', 則此二篇, 其本與「湯誥」同序, 又昭昭然矣. 嗟呼, 此二篇之義, 源遠而流長."

정약용은 『사기』의 「주본기周本紀」와 「노세가魯世家」 기록을 근거로 「다사」편과 「무일」편의 서문은 하나이며,[22] 그 원문은 "成周旣成, 遷殷頑民, 周公以王命誥. 作「多士」, 作「無逸」."이 된다고 하였다. 이렇게 되면 「무일」편 서문에서 "周公" 두 글자가 필요하지 않은데, 정약용은 이를 매색의 위작으로 보았다.[23]

다음으로 「채중지명」편은 정현본으로 보면 제96번째 편이지만, 매색본에서는 13편이나 위로 올라가서 편집되었다. 정약용은 「채중지명」은 주 성왕과 주공의 시대에 나온 기록이므로, 시대 순으로 정리하자면 위쪽으로 올라가는 것이 합당하다고 보았다. 그러나 정약용은 마융이나 정현이 규범을 지켜 경문經文을 함부로 이동시키지 않았으니, 경을 다루는 사람은 의당 이렇게 해야 한다고 주장하였다.[24] 비록 의심은 가지만 경의 원형을 그대로 보존하는 것도 중요하다는 판단이었다.

마지막으로 「비서」편은 정현본으로 보면 제97번째 편이지만, 매색

---

22 『史記』 권4, 「周本紀」.

"曰, '此天下之中, 四方入貢道里均.' 作「召誥」·「洛誥」. 成王旣遷殷遺民, 周公以王命告, 作「多士」·「無佚」."

『史記』 권33, 「魯周公世」.

"周公歸, 恐成王壯, 治有所淫佚, 乃作「多士」, 作「毋逸」."

23 『尙書古訓序例』 「尙書序」 無逸.

"據「周本紀」「魯世家」, 「多士」·「無逸」, 本皆同序. 史遷親見「書序」, 不容有誤. 然則'周公'二字, 明是梅氏所加. 馬·鄭以前, 序不分冠, "作「多士」", "作「無逸」", 唯以一周公蒙之. 梅氏分冠之時, '作無逸'三字, 無以爲序. 故乃加'周公'二字, 「周官」·「立政」亦然. 破碎如此, 疑非孔子所作, 不亦宜乎?"

이를 보면 丁若鏞은 「周官」과 「立政」의 서문에도 매색이 덧붙인 글자가 있는 것으로 보았다.

24 『尙書古訓序例』 「尙書序」 蔡仲之命.

"鏞案, 「蔡仲之命」, 宜係成王·周公之世, 誤編在此. 而馬·鄭諸人, 謹守管鑰, 不敢擅自移動, 典經者, 當如是也."

본에서는 99번째 편으로 내려가 「비서」와 「진서秦誓」가 나란히 배치되었다. 정약용은 매색이 「비서」편은 제왕이 아니라 제후의 일이라고 뒤로 돌린 것으로 보고, 매색이 경적經籍을 변란시켜 위치를 함부로 변경시켰다고 비판하였다. 정약용은 『시경』에서 제후의 「패풍邶風」이나 「용풍鄘風」이 제왕의 「왕풍王風」 위에 있듯이, 제후의 「비서」도 제왕의 「여형」 위에 둘 수 있다고 하였다.[25] 경의 원형을 가능한 그대로 보존하려는 것이 정약용의 의도였다.[26]

정약용은 이외에도 매색본에서 문제가 되는 편을 지적하였다. 정약용은 매색본에서 2편으로 나오지만 실제는 1편인 경우를 지적하였다. 「요전」/「순전」과 「고요모」/「익직」이 이에 해당한다. 정약용은 현전하는 「순전」편은 「요전」편의 후반부에 해당하고, 원래는 별도의 「순전」편이 있었던 것으로 보았다. 그는 매색본 「순전」편에서 편수篇首의 28글자曰若稽古~乃命以位를 제외한 '愼徽五典' 이하는 모두 「요전」편의 본문으로 보았다. 매색본대로 편을 구분하면 「요전」편에는 「서서」에 나오는 '순舜에게 손양遜讓한 일'이 없어지기 때문이었다.[27] 정약용은 원래의 「요전」편에서는 순 임금의 행적을 개략적으로 기록하고, 「순전」편

---

25 『尙書古訓序例』「尙書序」 費誓.

"鏞案, 此其所以降置「秦誓」之上也. 邶·鄘·衛·鄭, 在「王風」之上, 何必「費誓」不能在「呂刑」之上? 變亂經籍, 妄爲排比之論, 罪也."

26 정약용은 梅賾이 위조한 것이 분명한 경우라도 이를 함부로 바꾸면 안 된다고 생각하였다. 그는 '考異'를 통해 是非를 따질 수는 있지만, 古本은 유지해야 한다는 입장이었다(『尙書古訓序例』「尙書古訓凡例」. "經文中, 非伏非孔, 特被梅氏改竄者, 明知伏本鄭本原作某字, 而經文存者, 旣唯梅本而已, 則不得不純用梅本. 唯於考異之下, 論其是非, 不敢擅易一字以從古本.").

27 『尙書古訓序例』「尙書序」 堯典.

"鏞案, '愼徽五典' 以下, 亦本「堯典」, 故序文如此. 若如梅本, 則「堯典」之內, 無遜讓于舜之事."

에서는 이를 더욱 상세하게 기록하였을 것으로 추정하였다.[28]

정약용은 매색본의 「익직」편은 「고요모」편의 후반부에 해당하고, '익직 益稷'이란 편명은 매색의 위작으로 이해하였다. 그는 「서서」에 나오는 "皐陶矢厥謨, 禹成厥功, 帝舜申之, 作「大禹」·「皐陶謨」·「益稷」"에서 '익직 益稷' 두 글자는 매색의 위작으로 보았다. 매색은 「고요모」편의 "帝曰來" 이하를 떼어내어 "帝舜申之"라는 서문에 맞추었는데, 정약용이 보기에는 이 서문까지 위작이었다.[29] 정약용은 매색이 「서서」를 조작하여 「익직」이란 편을 만든 것으로 판단하였다.

정약용은 『상서』 백편에서 서문과 본문이 아예 사라진 경우도 있다고 하였다. 「기직」편이 이에 해당한다. 정약용은 『사기』와 『국어』, 공영달의 「익직」 소疏를 근거로, 원래 「기직」편이 있었고, 「기직」편과 「오자지가」편이 서로 이어지며 태강 太康 때 지어진 것으로 추측하였다. 정약용은 공영달이 「기직」의 서문과 마융과 정현의 서문 주석을 볼 수 있었음에도 불구하고 「기직」의 서문과 주석을 없앤 것은 매색의 위고문을 엄폐하기 위해서라고 비판하였다.[30]

---

28 『尙書古訓序例』「尙書序」 舜典.
"鏞案, 揆以史體, 則「堯典」所載, 當是舜初年之事, 「舜典」所載, 應爲舜晚年之事. 而詳此序意, 則歷試諸難, 必係初年, 遜位讓德, 應在其後. 況舜之陟死, 竝載「堯典」之末, 「舜典」之專紀初年事, 明矣. 卽家難諸事及五典·百揆·四門·大麓諸事, 竝宜詳載[「堯典」先敍其大綱, 「舜典」詳之.]."

29 『尙書古訓序例』「尙書序」 大禹 皐陶謨 益稷.
"鏞案, 「夏本紀」錄「禹貢」'錫玄圭, 告厥成功'之下, 卽接「皐陶謨」曰'帝舜朝, 禹·伯夷·皐陶, 相與語帝前, 皐陶述其謀'而已, 無「益稷」之說. 若如史文, 則'禹成厥功'當爲首句, 何得以'皐陶'爲首句乎? 且'帝舜申之', 於義無當. 唯今之「益稷」, 以'帝曰來', 爲首句[此已上, 無帝舜語.]. 梅氏旣割'帝曰來'以下爲「益稷」, 乃插'帝舜申之'一句, 以爲「益稷」之援引, 昭昭然也. 大抵此序, 全是僞者變亂, 非復壁書之舊也. 僞者變亂, 皆有私計, 至若割此「謨」而滅「棄稷」, 於自己家計, 了無利害, 何苦爲此?"

30 『尙書古訓序例』「尙書序」 棄稷.

이상에서 보듯 정약용은 정현의 견해를 따라 『상서』 백편의 체제와 순서를 정리하고, 매색본 「서서」에서 위작이 이뤄진 부분을 정밀하게 고증하였다. 다음은 〈표 9〉는 정약용이 이해한 『상서』 백편과 복생의 『고문상서』, 정현이 주석한 『고문상서』, 매색의 『위고문상서』에 나타나는 편차와 편목을 정리한 것이다.

〈표 9〉 『상서』 백편의 편차篇次와 편목篇目

편차	서	편목	복본	정현[31]	매본	비 고
1	虞	堯典	1	1	1/2(虞書)	
2	夏	舜典				'愼徽五典' 이하도 堯典
3	書	汨作				
4		九共 1				
5		九共 2				
6		九共 3				
7		九共 4				
8		九共 5				
9		九共 6				
10		九共 7				
11		九共 8				
12		九共 9				
13		槀飫				
14		大禹謨			3	

"鏞案, 「棄稷」本編在「甘誓」之下「五子之歌」上, 此時, 后稷之謨, 何以追述? 名官疊稱, 非所疑也. 「棄稷」之序, 必有'太康不窋'之語, 馬·鄭之註, 必有'廢務失官'之解. 沖遠之時, 此序此註, 未及亡滅, 沖遠必見之矣. 沖遠於他篇之序, 屢引馬·鄭之註, 而獨於此篇之序, 滅其序不言, 滅其註不引, 隻字片言, 不令傳示於後世, 佯爲不知者, 而難之曰'棄名稷官, 不宜連稱', 豈眞不知而難之乎? 此序不滅, 則梅僞莫掩, 故不得不如是, 獨不內愧於心乎? 「周語」·「周本紀」一句, 沖遠其眞不見乎? 嗚呼, 惜哉!"

31 『尙書』 백편에서 鄭玄이 주석한 篇을 표시한 것이다.

편차	서	편목	복본	정현	매본	비 고
15		皐陶謨	2	2	4/5	益稷은 皐陶謨의 후반
16		禹貢	3	3	6(夏書)	
17		甘誓	4	4	7	어그러진 것이 많음
18		棄稷				序와 함께 사라짐
19		五子之家			8	
20		胤征			9	
21	商書	帝告				
22		釐沃				
23		湯征				
24		汝鳩				2편인 것 의심
25		汝方				
26		夏社				
27		疑至				
28		臣扈				
29		湯誓	5	5	10(商書)	
30		仲虺之誥			11	
31		湯誥			12	孔壁 16편
32		咸有一德			17	
33		明居				
34		典寶				
35		伊訓			13	
36		肆命				
37		徂后				
38		太甲 1			14	
39		太甲 2			15	
40		太甲 3			16	
41		沃丁				
42		咸乂 1				
43		咸乂 2				
44		咸乂 3				

편차	서	편목	복본	정현	매본	비고
45		咸乂 4				
46		伊陟				
47		原命				
48		仲丁				
49		河亶甲				
50		祖乙				
51		盤庚 1		6	18	
52		盤庚 2	6	7	19	
53		盤庚 3		8	20	
54		說命 1			21	
55		說命 2			22	
56		說命 3			23	
57		高宗肜日	7	9	24	
58		高宗之訓				
59		西伯戡黎	8	10	25	
60		微子	9	11	26	
61	周書	泰誓 1		12	27(周書)	
62		泰誓 2		13	28	
63		泰誓 3		14	29	
64		牧誓	10	15	30	孔壁 16편
65		武成			31	
66		洪範	11	16	32	
67		分器				
68		旅獒			33	
69		旅巢命				
70		金縢	12	17	34	전반부가 眞本
71		大誥	13	18	35	
72		微子之命			36	
73		歸禾				
74		嘉禾				

편차	서	편목	복본	정현	매본	비고
75		康誥	14	19	37	
76		酒誥	15	20	38	
77		梓材	16	21	39	
78		召誥	17	22	40	
79		洛誥	18	23	41	
80		多士	19	24	42	
81		無逸	20	25	43	
82		君奭	21	26	44	
83		成王政				
84		將蒲姑				
85		多方	22	27	46	
86		周官			48	
87		立政	23	28	47	
88		賄肅愼之命				
89		亳姑				
90		君陳			49	
91		顧命	24	29	50	
92		康王之誥		30	51	伏生本은 顧命과 1편
93		畢命			52	
94		君牙			53	
95		冏命			54	
96		蔡仲之命			45	
97		費誓	27	31	57	
98		呂刑	25	32	55	
99		文侯之命	26	33	56	
100		秦誓	28	34	58	
		書序	29			

제4절 『상서』 백편 이해의 자료

정약용은 1810년에 『고훈수략』 서문을 작성하면서 자신이 정리한 고훈의 출처를 다음과 같이 소개하였다.[32]

1) 공영달의 『상서정의』, 다른 경經의 주소에 보이는 한대 학자歐陽 夏候 馬融 鄭玄의 주석
2) 『사기』 『설문』에 수록된 『상서』 문구
3) 『좌전』 『국어』 『예기』 『논어』 『맹자』에서 『상서』 28편을 인용한 것

여기에 송 채침이 작성한 『서집전』의 주석을 추가하면, 정약용이 『상서고훈』을 편찬하면서 이용한 자료의 대강이 드러난다.

정약용이 『상서고훈』 「상서서」를 작성하면서 가장 많이 이용한 자료는 『상서정의』를 비롯한 『십삼경주소』였다. 정약용은 경으로 경을 증명하는 '이경증경以經證經'의 자세를 견지하였으므로 경의 원문이 가장 중요하였고, 주소에는 한대 학자들의 고훈이 수록되어 있었기 때문이다.

정약용은 『상서』의 고훈으로 『서대전』을 많이 인용하였다. 정약용은 『서대전』이 복생의 저술이라 하지만 실제는 구양생歐陽生의 위작이

---

32 『尙書古訓序例』「古訓蒐略序說」.
"唯孔穎達『正義』及他經注疏, 其或引歐陽·夏侯·馬·鄭之說者, 時見一斑, 則周鼎殷彝, 蕤光粲然. 玆與一二文友, 採掇惟亟. 又如『史記』·『說文』凡載『尙書』之文句, 搜剔附合, 以考同異, 而『左傳』·『國語』·『禮記』·『論』·『孟』之中, 有或引『書』者[引二十八篇者.], 因亦採錄. 按次編列, 間附己見, 表示取舍之意."

고, 『상서위尙書緯』가 만들어진 때와 같은 시기에 작성된 것으로 파악하였다.[33] 따라서 정약용은 『서대전』에 있는 고훈을 활용하면서도 그 내용을 크게 신뢰하지는 않았다.[34]

정약용은 고훈 가운데 정현의 설을 중시하였다. 정현이 공안국의 『고문상서』를 계승하면서 매색본 이전의 『상서』를 보고 주석한 학자이기 때문이다. 정약용은 『상서』 백편의 편차와 편목에서도 정현의 견해를 수용하였다. 그렇지만 정현의 주석이라고 무조건 받아들이지는 않았다. 정약용이 작성한 「상서서」에는 정약용과 정현의 견해가 다른 경우가 나타난다. 「열명」편의 저자를 정현은 부열傅說로 보았지만 정약용은 고종이 신하인 부열에게 명령한 것으로 보았고,[35] 「대고」편의 삼감三監에 대해 정현은 관숙管叔·채숙蔡叔·곽숙霍叔 세 사람으로 보았지만 정약용은 삼감은 하나의 명칭이지 굳이 세 사람일 필요는 없다고 하였다.[36]

정약용이 경經 다음으로 많이 이용한 자료는 사마천의 『사기』였다.

---

33 『梅氏書平』 권10, 「書大傳略論」.

"○ 鏞案, 『書大傳』, 雖憑依於伏生, 其實歐陽生蔽冒之論也. 所言於九經四書, 絶無證援, 蓋與造緯書者, 同時竝興也[文句, 又與『管子』同]."

34 『尙書古訓序例』 「尙書序」 咸乂.

"鏞案, 「漢志」引『書大傳』, 原有二岐, 『書大傳』之荒雜, 本自如此."

35 『尙書古訓序例』 「尙書序」 說命.

"鏞案, 若據「書序」, 高宗命說, 曰「說命」[上命下.], 若據鄭說, 傅說命王, 曰「說命」[「緇衣」注.]. 僞者, 習見鄭註撰書, 爲傅說命王之言. 然命之爲言, 上命下也, 天命·君命, 皆以下施, 臣命其君, 有是禮乎?"

36 『尙書古訓序例』 「尙書序」 大誥.

"此序之解, 鄭玄主「王制」之義, 故三監不數武庚, 爲不可自封而自監也. 其額有缺, 故辛苦取霍叔以塡之也. 梅本主『周禮』之註, 故三監竝數武庚, 似知霍叔之有冤也. 然余以爲三監者, 管·蔡兩人而已, 三監者官名, 建官之初, 本以三人之故, 名曰三監, 旣名三監之後, 不必三人也."

정약용은 사마천이 공안국의 고문학을 계승한 것으로 보고 그 기록을 적극적으로 이용하였다. 그는 『사기』의 본기本紀와 세가世家에는 총 64편의 『상서』 편목이 나타나며, 그중에 서문과 경문이 모두 있는 것 13편, 경문은 있고 서문이 없는 것 8편, 서문은 있고 경문이 없는 것 41편, 사실과 서문은 있고 경문이 없는 것 1편, 사실은 있고 서문과 경문이 없는 것 1편이 있다고 정리하였다.[37] 정약용은 『사기』에 수록된 『상서』 기록을 모두 수집하였다. 그러나 사마천의 견해까지 무조건 수용한 것은 아니었다. 정약용은 사마천이 고적古籍을 많이 수집하였으므로 그의 발언에는 반드시 옛 기록에 근거가 있을 것이라 믿었다.[38] 그러나 사마천이 「노세가魯世家」에서 후대인들이 늘린 「금등金縢」 서문의 후반부를 잘못 인용한 점은 비판하였다.[39] 『사기』의 기록을 중시하지만 모두 수용하지는 않겠다는 태도였다.

정약용은 『춘추좌씨전』과 『국어』도 많이 인용하였다. 이들은 하대와 은대의 역사적 사실을 징험하는 데 있어 유용한 자료였기 때문이다.[40]

---

37 『梅氏書平』 권1, 「史記所載尙書篇目」.
『상서』 기록이 나타나는 『史記』의 本紀와 世家는 「五帝本紀」 「夏本紀」 「殷本紀」 「周本紀」 「秦本紀」 「魯世家」 「衛世家」 「宋世家」 「晉世家」 등이다.

38 『尙書古訓序例』 「尙書序」 盤庚.
"鏞案, 史遷多蒐古籍, 以作「殷紀」, 其'廢適立庶', '諸侯不朝'等語, 必有古據. 且云, 盤庚旣崩之後, 撰此三篇, 亦必有徵."

39 『尙書古訓序例』 「尙書序」 金縢.
"玆是齊東野人說, 伏生偶以載之於「大傳」. 今文家, 遂有增演其經者, 古文家, 恐以此見貶, 又爲之增衍其經, 而稍變其事實, 以相詆斥, 此漢代俗儒之恒習也. 並在司馬遷撰『史』之後, 伏·孔眞本所皆無者也, 豈敢曰然? 姑識所疑."

40 『尙書古訓序例』 「尙書序」 五子之歌.

정약용은 청대의 학자로 모기령과 염약거를 인용하였다. 정약용은 『매씨서평』을 통해 모기령의 『고문상서원사』 내용을 조목조목 비판하였다. 『상서고훈』 「상서서」에서는 모기령의 「순전보망舜典補亡」이 가진 오류를 지적하고,[41] 외국에서는 개를 공물貢物로 바치는 제도가 있다는 것을 인용하는 정도에 그쳤다.[42] 정약용은 정현과 왕숙의 문호가 나눠진 뒤 왕숙의 후예에서 매색이 나온 것처럼, 주자와 육상산의 문호를 나눠지자 육상산의 후예에서 모기령이 나왔다고 하였다.[43] 정약용은 모기령에 대해 비판적인 태도를 유지하였다.[44]

정약용은 염약거에 대해 상대적으로 우호적인 태도를 보였다. 정약용은 매색의 『고문상서』를 비판하였다는 점에서 염약거와 동일한 입장이었으며, 「상서서」를 작성할 때에는 자신의 입장을 강화하기 위해 염약거의 학설을 많이 인용하였다.[45] 정약용은 유배지에서 고향으로 돌아온 이후 처음으로 염약거의 『고문상서소증』을 볼 수 있었으며, 이는 새로운 『상서』 연구를 촉발시키는 매개체가 되었다.

"史策之可徵夏·殷者, 猶莫如『左傳』·『國語』."

41 『尙書古訓序例』「尙書序」舜典.
"鏞案, 近世毛氏作「舜典補亡」一篇, 以'耕稼陶漁, 成聚成都, 及家難孝友諸事'爲首, 繼之以'受終文祖', 謬妄極矣. 已見前編[冤詞三十九.]."

42 『尙書古訓序例』「尙書序」旅獒.
"毛奇齡云, '『汲冢周書』王會解, 渠搜以鼩犬, 匈奴以狡犬,' 則外國原有貢犬之事."

43 『尙書古訓序例』「尙書序」太甲.
"鏞案, 僞者果王學而抑鄭者也, 潛丘(閻若璩: 필자주)慧眼看破也. 鄭·王分門, 其流之害, 竟有梅賾僞書出於王裔. 朱·陸分門, 其流之害, 竟有毛甡『冤詞』出於陸裔.

44 정약용의 毛奇齡 경학에 대한 입장은 본서 제2부 제3장 참조.

45 丁若鏞은 「五子之歌」「胤征」「湯誓」「仲虺之誥」「咸有一德」「太甲」「高宗肜日」「旅獒」「嘉禾」편의 서문을 분석하면서 閻若璩의 설을 인용하였다.

정약용은 자신의 저술인 『매씨서평』과 『상서지원록』도 인용하였다. 그는 「상서서」를 작성하면서 「서서」를 꼼꼼히 분석하고 매색본을 비판하였는데, 이는 『매씨서평』을 작성할 때와 동일한 입장의 작업이었다. 정약용은 『상서고훈』의 논의가 『매씨서평』과 중복될 경우 "寃辭 30" "遺議 2"와 같은 방식으로 『매씨서평』에서 해당 논의가 있는 부분을 표시하였다. 정약용은 『상서지원록』을 인용하기도 하였는데, 「상서서」에서는 이런 경우가 한 번 나타난다.[46]

이를 보면 『상서고훈』 「상서서」는 정약용이 중국의 경서와 역사서, 한학과 청학淸學의 성과를 두루 아우르면서 자신의 최종 견해를 정리한 경학 연구서라 할 수 있다.

이상에서 보듯 정약용이 경서를 연구할 때 가장 먼저 하였던 작업은 해당 경經의 고훈을 모으는 작업이었다. 다음을 보면 그가 『시경』을 연구하기 위해 고훈의 수집에 몰두하는 모습이 잘 나타난다.

> 신해년정조 15 가을에 국왕께서 몸소 『시경』에 대한 질문 800여 조를 마련하여 나에게 조목條目마다 대답하도록 하셨다. 내가 삼가 받아서 읽어보니 거유鉅儒 숙학宿學이라도 대답할 수 없는 것이었다. 그러니 내가 무슨 할 말이 있겠는가? 그래서 구경九經과 사서四書, 고문 제자諸子와 사서史書 가운데 단 한마디 말이라도 『시경』을 인용하거나 논한 곳이 있으면 인용하여 임금의 질문

---

46 『尙書古訓序例』 「尙書序」 召誥.
"周公·召公非不知矣. 其所以不能然者, 殷頑未服, 周澤未深, 遽舍根本之地, 全就旅寓之鄕, 終有所不敢, 亦其勢然也. 康王以降, 王澤旣洽, 人心旣固, 考周公已定之制, 成寧考未卒之業, 此其時也. 不此之爲, 以至幽王, 余謂亡宗周者非幽王也, 康王·昭王之等, 有不能辭其咎者矣[知遠錄]."

에 대답하였다. 대개 훈고訓詁가 분명해지자 의리義理는 별 문제가 되지 않았다.[47]

정약용의 『상서』 연구도 고훈을 모으는 작업에서 시작되었다. 그가 유배기 때 작성한 『매씨서평』과 『고훈수략』은 자신이 쉽게 접근할 수 있었던 서적에서 『상서』의 잔구殘句와 고훈을 수집하는 작업이었고, 이를 바탕으로 매색의 『고문상서』가 위서임과 『금문상서』의 본의本義를 밝힐 수 있었다. 이때 정약용은 『상서』 백편의 서문인 「서서」에 대한 연구도 진행하였는데, 경문이 남아 있는 『상서』 58편의 서문과 고훈을 정리하고 자신의 견해를 간략하게 밝히는 수준이었다.

해배기에 작성된 『상서고훈』 「상서서」는 더 진전된 연구였다. 현전하는 58편만이 아니라 백편 전체의 서문을 대상으로 하였으며, 이에 관한 고훈을 집성하였다. 이 때 정약용이 모은 자료에는 모기령과 염약거의 연구가 포함되었고, 자신이 연구한 『매씨서평』과 『상서지원록』의 성과도 반영되었다. 정약용이 자료를 분석하는 방법도 발달하여 '고이考異' '고오考誤' '고증考證' '고정考訂' '고변考辨' 등으로 그 성격을 구분하였고, 「서서」의 원문을 복원하는 수준도 향상되어 『상서』 백편의 순서를 바로잡고, 원문을 변개한 부분을 찾아서 논증하였다. 정약용은 『상서』 연구를 통해 공자의 저술로 알려진 「서서」의 원형을 복원하고 고훈의 집성을 통해 그 의미를 밝히려 하였다. 그는 특히 '존고存古'라 하여 옛 기록의 원형을 찾아 복원하는 데 노력을 기울였다.

그러면 정약용이 다양한 자료를 이용하여 「서서」를 연구한 최종 목

---

47 『與猶堂全書』 第一集(詩文集), 序, 「詩經講義序」.

적은 무엇일까?

정약용이 작성한 『상서지원록』의 '지원知遠'이란 이름은 『예기』 「경해」의 "疏通知遠, 書教也."에서 나왔다. 이를 보면 그는 옛 것을 제대로 알아서 현실에 적용시키는 데 『상서』 연구의 목적을 두었다. 정약용은 『상서고훈』 「상서서」에서 탕湯이 작성한 「함유일덕」과 「명거」의 서문을 해석하면서, 이를 고요皐陶의 선덕관인選德官人과 우禹·직稷의 권농안민勸農安民, 주공이 작성한 「입정」과 「무일」, 『대학』 「평천하」장의 용현用賢과 이민利民을 연결시켜 설명하였다. 이는 결국 요·순에서 우·직·주공을 거쳐 공자에 이르기까지 천하를 다스리는 경법經法은 동일하며, 군자와 소인의 욕구를 충족시켜 그 마음을 편안히 해주는 방향으로 정치를 하면 천하를 제대로 다스릴 수 있다는 의미였다.[48]

필자는 정약용의 정밀한 경학 연구가 유교 경전에 나타나는 경세학의 이념과 모범적인 해결 방안을 찾는 데 목적이 있었고, 『상서』 백편에 대한 연구도 이와 동일한 목적을 가졌던 것으로 이해한다.

---

48 『尙書古訓序例』 「尙書序」 咸有一德 明居.

"皐陶進九德之謨, 則選德官人之義也, 禹·稷奏畎澮之績, 則勸農安民之義也. 周公作「立政」·「無逸」二篇, 「立政」者, 選德官人之法也, 「無逸」者, 稼穡安民之戒也. 孔門『大學』之書, 先於誠意之訓, 預言平天下之效曰, '君子賢其賢而親其親, 小人樂其樂而利其利, 此以沒世不忘也.' 乃於平天下章, 昭二大義, 一曰用賢, 二曰利民. 三翻四轉, 戒之以天命, 此蓋堯·舜·禹·湯·文·武·周·孔, 相傳相承, 治天下之大經大法, 不可不闡明者也. 用賢, 則朝廷正而君子之心平, 利民, 則野聚安而小人之心平, 此之謂天下平也. 然則伊尹·咎單之二篇, 旣亡其經, 竝其序而撘裂, 使後人無蹊路之可尋, 嗚呼惜哉."

제3장 모기령毛奇齡 경학의 비판과 수용

조선후기 한중교섭의 양상은 시기로 구분하여 볼 수가 있다. 첫 번째 시기는 탐색기1637~1683로, 조선이 청과 조공-책봉 관계를 맺고 정기적으로 사신을 파견하였지만, 청과의 교류는 매우 한정되고 조심스럽게 진행되었다. 조선은 청을 적대세력으로 간주하며 경계와 의구심을 늦추지 않았고, 남명 정부가 세력을 일으켜 중원을 회복하기를 기대하였다. 두 번째 시기는 전성기1684~1791로, 양국의 문물 교류가 가장 활발한 시기였다. 북경을 방문한 조선의 사신단은 자유롭게 이동하며 서적과 물품을 구입하였고, 천주당을 방문하여 한문으로 번역된 기술서, 지리서, 서교 교리서를 구입하기도 하였다. 세 번째 시기는 쇠퇴기1791~1866로, 조선에서 발생한 서교 사건으로 인해 사신단의 천주당 출입이 전면 금지되었다. 쇠퇴의 조짐은 청에서도 나타나 한인漢人 및 소수민족의 봉기가 있고 서구 열강과 충돌하면서 내우외환에 시달렸다.[1]

청대의 고증학考證學이 조선으로 유입된 것은 두 번째 시기에 시작하여 세 번째 시기의 전반부에 이른다. 청에서 고증학이 절정에 이른 것은 세 번째 시기에 해당한다. 그러나 이때에는 양국의 교섭이 쇠퇴하고 서양 국가들의 공세에 따른 우환의식이 비등한 시기이므로 고증학

---

1 김문식, 「조선후기 지식인의 자아인식과 타자인식」, 『大東文化硏究』 39, 2001, 426~439면.

의 도입도 위축되는 양상을 보인다.

이 글은 조선후기에 모기령의 경학이 수용되는 양상을 통해 조선 지식인의 고증학에 대한 반응을 살펴보려 한다. 고증학자 가운데 모기령을 선택한 이유는 18세기 중엽에 그의 저술이 조선에 소개된 이후 많은 지식인들이 그의 책을 읽었고 비평도 많기 때문이다. 주희의 학설을 정면으로 논박하는 모기령의 경학은 주자학을 정학으로 간주하던 조선 지식인에게 큰 충격을 주었고, 그로 인해 신랄한 역공격을 받았다. 그러나 모기령의 경학은 조선 지식인이 주자학을 객관적으로 검토하는 계기를 제공하였다는 점에서 조선학계에 기여하기도 하였다.

제1절 모기령의 생애와 저술

모기령1623~1713은 절강浙江 소산인蕭山人으로 호는 서하西河, 자는 대가大可, 초청初晴, 고릉固陵 등이다. 그는 20세 이전에 향시에 뽑혀 항주부杭州府의 학궁에서 공부하던 중 명나라가 멸망하자 항주 남산에 몸을 숨겼고, 족친인 모유륜毛有倫이 지휘하는 서릉군西陵軍에 들어갔다. 그 후 모기령은 모유륜이 방국안方國安과 마사영馬士英이 이끄는 방마군方馬軍과 제휴하는 것을 반대하였다가 방마군에 쫓기는 몸이 되었고, 삭발하고 사찰의 토굴에 숨어 지내다가 청나라 병사에게 붙잡혔으나 삭발한 덕분에 생명을 구할 수 있었다. 이후 그는 숭산崇山에 가서 도사道士의 토실土室에 숨어 지냈는데, 이 때 그는 '모신毛甡'이란 이름을 사용하였다.

모기령은 청 정부의 사면을 받았고, 1679년강희 18에 늠감생廩監生으로 박학홍사과博學鴻詞科에 천거되어 합격한 다음 한림원翰林院 검토檢討에 임명되어 『명사明史』 편찬에 참여하였다. 그는 「변충신불도사문辨忠臣不徒死文」을 지어 자신의 변절을 간접적으로 변명하였고, 삼번三藩의 난이 진압되자 강희제에게 「평전송平滇頌」을 지어 바쳤다. 1685년에 회시동고관會試同考官에 임명된 후 휴가를 얻어 항주에 갔다가 질병을 얻어 사퇴하였고, 고향에 돌아가 경학 연구에 몰두하였다. 그러나 1699년강희 38 강희제가 남순南巡할 때에 가흥嘉興에서 알현하여 『성유악본해설聖諭樂本解說』을 올렸고, 강희제가 삼순三巡할 때에는 절강에서 알현하였다. 1713년강희 52에 그는 고향에서 91세 나이로 사망하였다.

모기령은 일찍부터 경학의 여러 문제들을 변정辨定하는 것을 자신의 임무로 삼았고, 특히 정주학을 비판하였다. 이는 절동학파浙東學派의 선배이자 명말의 양명학자인 즙산蕺山 유종주劉宗周 1578~1645의 영향을 받았기 때문인데, 유종주는 진확陳確과 황종희黃宗羲의 스승이기도 하다. 모기령은 『명사』를 편찬할 때 황종희와 함께 정주학자를 중심으로 하는 「도학전道學傳」을 두는 것에 반대하였고, 『왕문성집전본王文成集傳本』을 지어 『명사』 「왕수인전王守仁傳」의 초고로 삼는 등 양명학에 동조하는 모습을 보였다.

모기령은 질병으로 벼슬을 그만둔 뒤에 주희의 사서학을 공박攻駁하는 저술을 많이 남겼고, 1708년에는 그 요지를 간추린 『사서개착四書改錯』을 만들었다. 모기령은 고문상서가 위서임을 논증한 염약거의 『고문상서소증』을 반박하기 위해 『고문상서원사古文尙書冤詞』와 이를 요약

한 『상서광청록尙書廣德錄』을 저술하였으나 오류가 많다.[2]

모기령의 문집은 그가 77세이던 1699년康熙 38에 처음 편집된 것으로 보인다. 그의 문인인 이강성李庚星은 스승의 문집이 편찬되던 과정을 소개하였는데, 모기령이 만년에 경학에 전념하면서 문집을 만들지 못하게 하였기 때문에 편찬이 미뤄졌으나, 훗날 진안眞贋을 구별하기 위해 시詩, 부賦, 기記, 서序 등으로 구성된 문집을 편집하였다고 하였다.[3]

모기령의 저술이 다시 정리된 것은 1720년에 육응당장판본陸凝堂藏板本으로 인쇄한 『서하합집西河合集』이다. 이는 그의 문인인 장추蔣樞가 편집한 것으로, 경집 5함 51종 236권, 문집 5함 66종 257권을 합하여 총 117종 493권이다. 이 책은 1699년 문집이 편찬된 이후에 저술된 것을 추가하고 기왕에 단행본으로 간행되었던 경집을 합하였기 때문에 『서하합집』이라 하였다.[4]

모기령이 사망한 후 그 문인과 자질들은 『서하합집』을 편집하였고, 처음에는 경집經集, 사집史集, 문집文集, 잡저雜著 4부로 구분된 400여 권이었다. 그렇지만 「사문史問」은 모기령의 유명遺命으로 간행하지 못

---

2 『淸史稿』 권481, 列傳 권268, 儒林 2, 「毛奇齡」.
沈慶昊, 「朝鮮後期의 經學研究法 分化와 毛奇齡 批判」, 『東洋學』 29, 1999, 41~44면.

3 『西河合集』 卷首, 總目.
"按先生七十歲時, 卽自爲墓誌辭世, 而是集之成, 訖于康熙三十八年, 計之, 實七十有七. 倘是年以後, 更有他刻, 非門下所錄, 總屬贋本, 觀者審之. 仁和門人李庚星附識."

4 『西河合集』 卷首, 總目.
"先生, 自康熙三十八年以後, 越五年而東歸草堂, 又九年而卒. 中間研經講學, 殆無虛日, 所積卷帙甚多. 經集如干卷, 文集如干卷, 旣經鏤刻而原目未載者, 今悉補入, 彙爲成書, 部署一遵舊式. … 康熙庚子臘月中澣, 同里門人蔣樞識."

하였고, 나머지를 경집과 문집으로 구분하였는데 그중에서 경집 50종은 이미 단행본으로 간행되었던 것이다. 문집은 총 234권인데 『책문策問』 1권, 『표表』 1권, 『집과기集課記』 1권, 『속애강남부續哀江南賦』 1권, 『의광박사연주사擬廣博詞連珠詞』 1권은 기록만 남아 있고 책은 전해지지 않는다. 또한 『왕문성전본王文成傳本』 2권, 『제과잡록制科雜錄』 1권, 『후관석록後觀石錄』 1권, 『월어긍계록越語肯綮錄』 1권, 『하어사효자사주복위록何御史孝子祠主復位錄』 1권, 『상호수간지湘湖水刊志』 3권, 『소산현지간오蕭山縣志刊誤』 3권, 『항지삼힐삼오변杭志三詰三誤辨』 1권, 『천문보주天問補註』 1권, 『승조동사습유기勝朝彤史拾遺記』 6권, 『무종외기武宗外紀』 1권, 『후감록後鑒錄』 7권, 『운학요지韻學要指』 11권, 『시화詩話』 8권, 『사화詞話』 2권, 『외부서도강시外附徐都講詩』 1권은 원래 단행본이었다가 새로 포함된 것이다.[5]

다음의 〈표 10〉은 1720년에 간행된 『서하합집西河合集』의 목차이다.

〈표 10〉 1720년 『서하합집西河合集』의 목차

경집	권	문집[6]	권	문집	권
仲氏易	30	誥	1	武宗外紀	1
推易始末	4	頌	1	後鑒錄	7
河圖洛書原舛編	1	策問	1(缺)	蠻史合志	15
太極圖說遺議	1	表	1(缺)	韻學要指	11
易小帖	5	主客詞	2	賦	4

5 『欽定四庫全書』 集部7, 別集類6, 「西河集」; 『四庫全書總目』 卷173, 集部, 別集類, 「西河文集一百七十九卷」.

6 毛奇齡의 舊集에는 이외에도 夏歌集, 瀨中集, 當樓集, 鴻路堂詩鈔, 西河文選, 兼本雜錄, 丹櫳雜編, 還町雜錄, 桂枝集, 越郡詩選, 古今通韻 등이 있었다고 한다(『西河合集』 卷首, 「西河合集總目錄」).

경집	권	문집	권	문집	권
易韻	4	奏疏	1	續哀江南賦	1(缺)
古文尙書寃詞	8	議	4	九懷詞	1
尙書廣聽錄	5	揭子	1	擬廣博詞連珠詞	1(缺)
舜典補亡	1	史館箚子	2	誄文	1
國風省篇	1	史館擬判	1	詩話	8
毛詩寫官記	4	書	8	詞話	2
詩札	2	牘札	1	塡詞	6
詩傳詩說駁義	5	箋	1	連廂詞	1
白露洲主客說詩	1	序	34	二韻詩(五言絶句)	3
續詩傳鳥名	3	引弁首	1	七言絶句	8
昏禮辨正	1	題題詞題端	1	排律	6
廟制折衷	2	跋	1	七言古詩	13
大小宗通繹	1	書後緣起	1	五言律詩	6
北郊配位尊西向議	1	碑記	11	七言律詩	10
辨定嘉靖大禮議	1	傳	11	七言排律	1
辨定祭禮通俗譜	5	王文成傳本	2	五言格詩	5
喪禮吾說篇	10	墓碑銘	2	雜體詩	1
曾子問講錄	4	墓表	5	徐都講詩	1
儀禮疑義	2(缺)	墓誌銘	16		
春秋毛氏傳	36	神道碑銘	2		
春秋屬詞比事記	4	塔誌銘	2		
春秋條貫篇	11	事狀	4		
春秋占筮書	3	年譜	1		
春秋簡書刊誤	2	記事	1		
四書索解	4	集課記	1(缺)		
論語稽求篇	7	說	1		
大學證文	4	錄	1		
大學知本圖說	1	制科雜錄	1		
中庸說	5	後觀石錄	1		
四書賸言	4	越語肯綮錄	1		
四書賸言補	2	何御史孝子祠主復位錄	1		
聖門釋非錄	5	湘湖水刊志	3		

경집	권	문집	권	문집	권
逸講箋	3	蕭山縣志刊誤	3		
聖諭樂本解	2	杭志三詰三誤辨	1		
竟山樂錄	4	天問補註	1		
皇言定聲錄	8	館課擬文	1		
李氏學樂錄	2	折客辨學文	1		
孝經問	1	答三辨文	1		
周禮問	2	釋二辨文	1		
大學問	1	辨聖學非道學文	1		
明堂問	1	辨忠臣不徒死文	1		
學校問	1	古禮今律無繼嗣文	1		
郊社禘祫問	1	古今無慶生日文	1		
經問	18	禁室女守志殉死文	1		
經問補	3	勝朝彤史拾遺記	6		
236권		257권			

1779년乾隆 44에 편찬된 『사고전서』에는 『서하집西河集』이 포함되었으며, 원본 190권 가운데 권137 부분이 결본인 189권 70책이 수록되었다.[7] 이는 『서하합집』에서 집부에 해당하는 것을 선별한 것으로, 문文 130권, 사詞 7권, 시詩 53권을 합한 것이다. 다만 『사고전서총목四庫全書總目』에 소개된 『서하문집』은 문 119권, 시 53권, 사 7권을 합하여 총 179권으로 되어 있어, 『사고전서』와 차이를 보인다.[8] 다음의 〈표 11〉은 『사고전서』에 수록된 『서하집』의 목록이다.

7 『西河集』은 影印本 『文淵閣四庫全書』의 集部 259~260冊에 수록되어 있다.

8 『四庫全書總目』 권173, 集部, 別集類, 「西河文集一百七十九卷」.

〈표 11〉 1779년 『사고전서四庫全書』에 수록된 『서하집西河集』의 목록

권차	분류	권	권차	분류	권
1~2	頌	2	116	記事	1
3~4	主客辭	2	117	說	1
5	奏疏	1	118	錄	1
6~9	議	4	119	館課擬文	1
10	揭子	1	120	折客辨學文	1
11~12	箚子	2	121	答三辨文	1
13	館擬判	1	122	辨聖學非道學文	1
14~21	書	8	123	古禮今律無繼嗣文	1
22	牘	1	124	禁室女守志殉死文	1
23	箋	1	125~128	賦	4
24~57	序	34	129	九懷詞	1
58	引	1	130	誄文	1
59	題	1	131~136	填詞	6
60	跋	1	137	擬連廂詞	1(缺)
61	書後	1	138~145	七言絶句	8
62~72	碑記	11	146~148	二韻(五言絶句)	3
73~83	傳	11	149~154	排律	6
84~85	墓碑銘	2	155~167	七言古詩	13
86~90	墓表	5	168~173	五言律詩	6
91~106	墓誌銘	16	174~183	七言律詩	10
107~108	神道碑銘	2	184	七言排律	1
109~110	塔誌銘	2	185~189	五言格詩	5
111~114	事狀	4	190	五言三韻律	1
115	年譜	1			
190권					

이상에서 소개한 세 가지 본 가운데 조선으로 유입된 것은 1720년에 간행된 『서하합집』으로 판단된다. 현재 규장각에는 2종의 『서하합집』이 소장되어 있으며奎中5147 奎中4334, 모두 육응당장판본陸凝堂藏板

本이다.[9] 이 책에는 '集玉齋' '帝室圖書之章'이라는 도서인이 있어 19세기말에는 규장각에 있었던 것이 확실하며, 판본의 형태나 지질로 볼 때 18세기에 청에서 구입해 온 것으로 보인다.

제2절 조선후기의 주자학 연구

조선후기의 지식인은 『주자대전』나 『주자어류』 같은 주희의 방대한 저술을 요약하고 이를 정밀하게 분석하는 방식으로 주자학을 이해하였다. 『주자대전』을 선집選集으로 편찬하는 방식은 중국에서도 있었다. 왕백王柏의 『자양서시류紫陽書詩類』나 고반룡高攀龍의 『주자절요朱子節要』가 그러한 예에 속한다. 조선에서는 이황李滉의 『주자서절요朱子書節要』에서 시작하여 정경세鄭經世의 『주문작해朱文酌海』, 송시열宋時烈의 『절작통편節酌通編』으로 이어진다. 이황은 또 『주자서절요』의 주석서인 『주자서절요기의朱子書節要記疑』를 편찬하였고, 송시열은 이를 계승하여 『주자대전』 전체의 주석서인 『주자대전차의朱子大全箚疑』를 편찬하였다.

『주자대전차의』는 주희의 주석을 통해 경서를 이해할 뿐만 아니라 주자학 전체를 이해하기 위해 『주자대전』의 주석서를 만든 것이다. 이러한 주석서가 나온 것은 조선 지식인들의 주자학 연구가 더욱 치밀해졌음을 의미한다. 이들은 정주학을 정학으로 규정하고 이를 수호하는 운동을 벌였고, 주자서 연구를 보조하는 자료를 만들거나 논리적으로

9 奎中5147本은 75冊으로 完帙이며, 奎中4334本은 116冊으로 落帙이다.

일치하지 않는 곳을 찾아 일일이 대조하면서 정합적으로 해석하는 작업을 진행하였다. 이러한 방식의 주자서 연구는 19세기까지 계속되었다. 그 목록을 정리하면 다음의 〈표 12〉와 같다.

〈표 12〉 조선시대 주자서朱子書 선본選本 및 연구서 목록

구분 / 연구자	서명	권/책	연대
李 滉	朱子書節要	20/10	1563
〃	朱子書節要記疑	15/2	
〃	朱書百選	6/2	1567
李德弘	朱子書節要講錄	/1	1561(?)
鄭經世	朱文酌海	16/8	1622
趙 翼	朱書要類	12/6	1642
朴世采	朱子大全拾遺	6/2	1672
宋時烈	朱文抄選	4/2	1683
〃	節酌通編	36/20	1686
〃	節酌通編補遺	7/5	
〃	朱子大全箚疑	121/17	1689
金昌協	朱子大全箚疑問目	12/12	1680年代
〃	朱子語類同異考	6/3	
魚有鳳	朱子語類要節略		
李 縡	朱子語類抄節		
李栽·李象靖	朱書講錄刊補	6/3	1713
	朱子大全集覽	/4	1726
韓元震	朱子言論同異考	6/3	1741
姜浩溥	朱書分類	/84	
李宜哲	朱子大全箚疑後語	18/9	1762
	朱子語類考文解義	42/10	1774
金敏材	朱子大全箚疑補	121/6	1771
柳希春·洪啓禧	朱子文集語類校刊凡例		1771
安鼎福	朱子語類節要	8/5	

구분 연구자	서명	권/책	연대
正 祖	朱子會選	48/	1774
〃	紫陽子會英	3/	1775
〃	朱子選統	3/	1781
〃	朱書百選	6/2	1794
〃	朱文手圈	10/	1798
〃	雅頌	8/	1799
	朱書分類	12/6	1802
李震相	朱子言論同異考辨		1852
金邁淳	朱子大全箚疑問目標補	24/12	1854
李恒老	朱子大全箚疑輯補		
	朱子大全集覽	20/	

주자서를 정밀하게 연구하여 정론定論을 확립하려는 연구는 노론계 학자들에게 많이 나타난다. 남인이나 소론계 학자들은 주희의 주석에 의문을 가지고 연구 대상을 사서에서 육경으로 옮겨가는 경향을 보였다. 그러나 이들이 주희의 주석을 비판한다고 해서 주자학을 도외시하는 것은 아니었다.

조선의 지식인들은 명물의 훈고에 있어 주자학에 약점이 있음을 인정하였다. 그렇지만 경학 연구에서 중요한 것은 주희가 마무리하였기 때문에, 후대의 연구는 중요도가 주희의 연구에 미치지 못한다고 생각하였다. 조선의 지식인들은 명물의 훈고에 장점을 가진 고증학이 들어오자 당대의 학문을 의리지학義理之學, 경제지학經濟之學, 문장지학文章之學, 고증지학考證之學으로 구분하여 파악하였다. 이들은 의리지학, 경제지학, 문장지학은 송나라 때 이미 갖춰졌고, 새로 들어온 고증지학은 경학 연구에 장점이 있지만 고증 자체가 경학 연구의 목적은 아니라고 생각하였다. 그들에게 있어 경학 연구의 목적은 의리를 파악하는 것이었고, 의리를 위주로 하는 주자학은 여전히 정학이었다.

조선후기의 경학 연구는 주희의 주석을 정밀하게 이해하고, 이를 통해 경서의 본지를 파악하는 데 중점을 두었다. 조선 지식인들이 『주자대전』의 주석서를 만들거나 주희 주석에 대한 청 학자의 연구서를 긍정적으로 평가한 것은,[10] 주자학을 정확하게 이해하는 데 도움이 된다고 생각하였기 때문이다.[11]

한편, 조선후기의 대표적 학자군주였던 정조는 주자학을 공자 이후 유학의 정통을 계승한 정학으로 파악하고, 주희의 모든 저술을 집성한 주자일통지서朱子一統之書를 편찬할 것을 계획하였다.

> 공부자朱夫子는 주부자孔夫子 이후의 일인자이다. 요·순·우·탕의 도는 공자로 인해 밝혀졌고, 공자·증자·자사·맹자의 학문은 주자로 인해 전해졌으니, 주자가 높아진 다음에야 공자가 높아지게 된다. 천지를 위해 마음을 세우고, 백성을 위해 천명을 세우며, 만세를 위해 태평을 열어놓았고, 떳떳한 가르침을 끝없는 우주에 밝히며, 올바른 법도를 당대에 베풀었다. 그로 인해 이단이 종식되고 백성의 뜻이 안정되었으니, 바로 우리 유학을 지키고 정학을 옹호하였기 때문이다. 그런데 그 근본을 밝혀보면 우리 주부자를 높이는 것 이것이다.

정조가 주자일통지서를 편찬하려는 구상을 시작한 것은 1794년정조 18 전후이며, 1798년에는 구체적인 편찬 작업을 시작하였다. 정조가

10 清 汪份의 『四書大全』, 李沛霖의 『四書朱子同異條辨』을 말한다.

11 金文植, 「朝鮮後期 經學觀의 變化」, 『朝鮮時代史學會』 29, 2004, 195~199면.

구상한 주자일통지서는 다음과 같다.

1. 주희의 모든 저술을 모으되 위작의 혐의가 있는 것은 표시한다.
2. 『주자대전』에서 누락된 글을 추가하고 조선 학자들의 연구를 함께 정리한다. 조선학자의 연구는 송시열의 『주자대전차의』와 그 후속 저술을 포함한다.
3. 『주자어류』의 분류를 해체하고 '요덕명廖德明' '보광輔廣'과 같은 기록자의 이름을 편명으로 하여 재정리한다.
4. 『자치통감강목資治通鑑綱目』, 『이락연원록伊洛淵源錄』, 『소학小學』과 같이 주희의 완전한 저술이 아닌 것은 제외한다.

정조는 주자일통지서를 편찬하기 위해 북경에서 주희 저술의 선본善本을 구입하였으며, 그 실무는 서형수徐瀅修가 담당하였다. 만년의 정조는 주자일통지서의 편찬이 완료되면 창덕궁 후원에 자신의 전용 도서관을 설치하고 때때로 이곳에 들러 주자서를 독서하려 하였다. 그러나 그런 정조의 뜻은 이뤄지지 않았다.[12]

제3절 모기령 경학의 비판

조선의 지식인들은 주자학 연구를 심화해 가는 과정에서 주희의 학설이 시기에 따라 변화가 있으며, 명물 훈고의 파악에 오류가 있음을

12 김문식, 『정조의 제왕학』, 태학사, 2007, 219~231면.

발견하였다. 그들은 주희가 만년에 주장한 학설과 자신의 학설이 동일하다고 주장하였던 왕양명의 「주자만년정론朱子晩年定論」을 수긍하지는 않았지만, 이를 통해 주희의 학설이 시기에 따라 차이가 있음을 깨달았다. 또한 18세기에 청에서 간행한 『고금도서집성』과 『사고전서』는 지적 호기심을 강하게 자극하였다. 주자학의 미비점을 보충하려는 욕구가 충만한 상황에서 조선의 지식인들은 청의 서적을 적극적으로 도입하였다.

조선의 지식인들이 청의 학문을 수용하는 방식은 일정한 비판을 거친 제한적인 것이었다. 먼저 청 학자의 행적을 평가하여, 명 왕조에 대한 의리에 하자가 있는 학자의 학설을 비판하였다. 이덕무李德懋는 강희제까지의 학자들은 명의 유민이므로 의리상 청의 관리가 될 수 없으나, 옹정제 이후의 학자는 명이 멸망한 후에 태어났으므로 청인淸人으로 볼 수 있다고 하였다. 이에 따라 전겸익錢謙益은 명나라 말기에 반청적 성향을 보인 동림당東林黨의 지도자로 활약하였지만 청조에 항복하여 고위직에 올랐기 때문에 비판을 받았다. 그러나 고염무顧炎武는 명을 회복하는 데 진력하고 박학홍사과博學鴻詞科에 나가지 않아 절의를 지킨 인물로 평가되었다.

다른 하나는 주자학을 옹호하는 학자인가 아닌가에 대한 평가가 있었다. 정조를 비롯한 조선의 지식인들은 주자학을 정학으로 파악하였기 때문에 주자학에 비판적인 학설에 대해서는 비판의 강도가 높았다. 이를테면 여유량呂留良이나 이광지李光地는 주자학에 정통하다는 이유로 긍정적인 평가를 받았다.[13]

---

[13] 金文植, 「18世紀 後半 서울 學人의 淸學認識과 淸 文物 導入論」, 『奎章閣』 17, 1994, 14~20면.

모기령은 조선 지식인으로부터 가장 많은 비판을 받았다. 그가 명말에 태어난 명의 유민이면서 청조의 관리가 된 것이나 주자학을 정면으로 공박한 것이 모두 마땅치 않았기 때문이다. 그러나 모기령의 경학에 대한 비판은 주로 반주자학적이라는 데 초점이 맞춰져 있었다.

모기령의 저술이 언제 조선으로 유입되었는지는 분명하지 않다. 1757년 영조 33 9월에 영조가 신료들과 명나라 고사를 토론하는 자리에서 '명말의 인물인 모기령의 문집이 조선에 들어왔는데 여기에 오삼계吳三桂에 관한 일이 수록되어 있다'는 언급이 나타난다.[14] 현재로서는 모기령의 저술을 언급한 최초의 기록이다.

18세기 후반 이후 조선 지식인들은 모기령의 경설을 많이 거론하였다. 이덕무李德懋는 모기령이 명에 대해 충절을 지킨 학자들을 논박하고 정주학을 공격한 것을 비판하였고,[15] 박제가朴齊家는 주희의 학설이 고주古注의 미비점을 비판하였지만 결국 고주와 합치되는 것임을 제대로 이해하지 못한 학자로 모기령을 꼽았다.[16] 이기경李基慶은 모기령의 저술은 기이한 설을 좋아한다고 평가하였고,[17] 최헌중崔獻重은 모기령을 비롯하여 육학陸學, 양명학, 서양학이 모두 정학인 주자학을 헐뜯고

---

14 『英祖實錄』 卷90, 英祖 33年 9月 癸丑(24일).
"語及皇明事, 承旨成天柱曰, 明末有毛奇齡者, 文集東來, 有言吳三桂事."

15 李德懋, 『盎葉記』 卷3, 「毛奇齡駁忠臣」.

16 朴齊家, 『貞蕤文集』 卷4, 「答金大雅正喜」.

17 『正祖實錄』 卷33, 正祖 15年 11月 甲申(13일).
"基慶上疏曰, … 癸卯(1783)冬, 承薰之入燕, 臣亦一者就別, 則承薰曰, '吾欲購來西洋書, 而財力不足, 或有相助之道乎?' 臣曰, '吾何有財力也?' 歸且思之曰, '入燕購書, 則好書尙多, 何必西洋書也?' 臣於是時, 只認爲毛奇齡等尙奇之書, 作詩戒之. … 甲辰(1784)春, 承薰之還也, 臣未及見承薰, 而若鏞與臣, 相逢於泮村, 先說承薰購來西書, 臣請見其書."

신기한 것을 좋아하는 학설이라고 비판하였다.

> 성인聖人의 학문은 곡식과 옷감처럼 날마다 쓰면서도 평상시에는 신기한 점을 보지 못하기 때문에 지리하다고 하거나 진부하다고 합니다. 이 때문에 기이한 것을 좋아하고 새로운 것에 힘쓰는 마음이 커져서 주자 때에 이미 육학陸學이 시작되었고, 그 뒤에 왕수인王守仁이 육학을 조술祖述하여 천하를 혼란에 빠뜨릴 뻔하였습니다. 그 뒤에 다시 청인 모기령毛奇齡이 나와서 못된 입을 놀려 정학을 헐뜯는 바람에 성인의 도는 날로 쇠퇴하고 사설邪說은 점점 신기해집니다. 소위 육학, 양명학이란 것이 지금은 진부한 옛 것이 되어 신기하지 못하게 되었으니, 서양학이 쉽게 들어와 현혹시키면서 멋대로 행해지게 되었습니다.[18]

18세기 후반의 중앙학계를 주도한 정조도 모기령을 육왕학의 여파餘派로 파악하였고,[19] 강남학자와 교류하면서 고증학에 이해가 깊었던 김정희는 모기령이 송유宋儒를 공격하는 것을 능사로 삼고 독단적으로 해석한 것이 많다고 비판하였다.

> 고릉固陵이 나와 염濂·낙洛·관關·민閔의 틀을 크게 배반하여 굽은 것을 바로잡는 것이 중정中正의 도에 지나치고, 강압적으로 독단한 것이 가장 많아 고훈古訓에 모두 부합할 수가 없었다. 그는 송유宋儒들을 비난하고 공격하는 것만을 능사로 삼아 이른바 천하 학술의 다른 것을 보지 못하게 되었으니, 그

18 『正祖實錄』 권43, 正祖 19년 7월 甲戌(25日).

19 『正祖實錄』 권52, 正祖 23년 7월 壬申(16日).
"近來中國學問, 滔滔是王·陸餘泒, 泛濫於白沙, 懷襄於西河而極矣."

폐단은 장차 다 말할 수 없을 정도이다.[20]

모기령의 학설을 가장 강하게 비판한 사람은 정약용이었다. 정약용은 자기 저술에서 모기령의 경설을 두루 비판하였으며, 특히 고문상서를 진고문으로 강변한 『고문상서원사』에 대해 비판의 강도를 높였다.

> 모기령毛奇齡의 경전에 관한 학설 수백 권은 한결같이 송유宋儒의 학설을 반대하는데, 사기辭氣가 사납고 오만하여 놀랍고 싫증이 날만하다. (중략) 소위 『고문상서원사古文尚書冤詞』 8권은 오직 주자를 배척하고 매색梅賾을 억지로 변호하려는 것이다. 아, **그의 박식함과 놀라운 기억력은 복생伏生과 공안국孔安國의 문호를 변별하고 정현鄭玄과 매색의 진위를 밝혀주기에 충분하다**. 그런데도 한쪽으로 치우치고 편협한 마음 때문에 둔사遁辭를 함부로 내었으니, 답답한 마음을 견디지 못하겠다.[21]

이상에서 보듯 모기령의 경학을 비판한 지식인에는 송학 계열의 학자는 물론이고, 청의 학문에 호의적이던 한학 계열의 학자도 포함되어 있다. 조선의 지식인들은 모기령이 호승지심好勝之心, 특히 주자학을 이기기 좋아하는 마음을 가지고 있으며, 경설에 억단이 많다고 비판하였다.

---

[20] 金正喜, 『阮堂全集』 권1, 「學術辨」.

[21] 丁若鏞, 『梅氏書平』 권3, 「冤詞1」.

제4절 모기령 경학의 수용

모기령의 경학에 오류가 많지만 고증학의 발달에 많은 기여를 한 것이 사실이다. 『청유학안清儒學案』에서는 '명나라 이후 한학漢學을 밝혀 사람들이 공언空言으로 경經을 말하지 못하게 한 것은 모기령에서 시작되었다'고 평가하였고,[22] 『사고전서』 편수관들도 그의 경설에 오류가 있지만 명물전고名物典故의 고증에 뛰어나 경의經義를 파악하는 데 도움이 된다고 하였다.

비록 견강부회를 면하지는 못하여 말로써 이기려는 잘못을 저질렀다. 그러나 대체로 고인의 설을 인용하여 끝내 명심억측冥心臆測하는 사람들과는 다르다.[23]

허사虛辭로 이기기를 구하여 편안함을 돌아보지 않는다고 할 수 있다. 그러나 명물전고名物典故에 있어서는 인용한 고증에 채록할만한 것이 있으므로, 그가 억단한 설을 버려두고 그 정핵精核한 논의를 취한다면 경의經義에 도움 되는 것이 있을 것이다.[24]

그의 책이 비록 이설異說을 좋아하지만 인용한 것이 상세하고 해박하여 고증에 도움이 되는 것이 없지 않다.[25]

---

22 『清儒學案』「西河學案」.

23 『四庫全書總目』 卷6, 經部, 易類6, 「仲氏易三十卷」.

24 『四庫全書總目』 卷12, 經部, 書類2, 「尙書廣聽錄五卷」.

25 『四庫全書總目』 卷16, 經部, 詩類2, 「毛詩寫官記四卷」.

조선의 지식인들은 모기령의 학설을 비판하면서 그 영향도 받게 되었다. 이들은 모기령이 주희의 경설을 아무 거리낌 없이 비판하는 것을 보면서 충격을 받았고 이에 강하게 반발하였다. 그러나 모기령이 동원하는 방대한 자료와 논리적 치밀함까지 도외시할 수는 없었다. 이제 조선 지식인들은 모기령의 호승지심을 비판하면서도 한학과 송학을 절충하거나 주자학을 더욱 발전시키려고 할 때 모기령의 경학을 많이 참고하였다.

정조는 규장각의 초계문신을 대상으로 하는 경사강의에서 모기령을 인용하여 새로운 경설을 연구하게 하였다. 정조는 1781년 『모시강의』에서 모기령의 『백로주주객설시白鷺洲主客說詩』를 인용하며 소서小序의 작자에 대해 주희와 다른 견해를 거론하였고, 모기령의 『시전시설박의詩傳詩說駁議』를 참고하여 『자공시전子貢詩傳』과 『신배시설申培詩說』의 기록을 재검토하게 하였다. 또한 1791년에는 『시경』 자구의 분석이나 명물의 고찰, 시 제작의 동기와 본의를 검토할 때에도 모기령의 설을 검토하였다.[26] 정조는 모기령의 경학을 그대로 수용하지는 않았지만, 조선의 학자들에게 모기령의 경학을 바탕으로 주희의 『시집전』을 비판적으로 검토할 기회를 제공하였다. 이외에도 정조는 『주역강의』에서 모기령의 변괘설卦變說을 재비판하면서 『역전易傳』과 『역본의易本義』의 가치를 재확인하였고, 『상서강의』에서는 고문상서의 진위 문제를 거론하면서 모기령의 경설을 참조하였다.[27]

---

26 正祖의 『詩經講義』에 나타난 毛奇齡의 經說에 대해서는 千基哲, 『正祖朝 詩經講義에서의 毛奇齡說의 受容과 批判』, 釜山大學校 博士學位論文, 2004를 참조. 正祖는 毛奇齡의 經說을 引用할 때 '近代儒者', '後儒', '或者' 등의 表現을 썼다.

27 沈慶昊, 「조선후기의 경학연구법 분화와 毛奇齡 비판」, 『東洋學』 29, 1999, 12~15면.

박지원朴趾源은 주자학에 가장 비판적이던 모기령의 경학을 청조에 저항하는 항청 운동의 일환으로 해석하였다. 박지원은 청조가 주자학을 숭상하는 것은 강남 한인의 저항정신을 억누르려는 정치적 목적 때문이므로, 주자학에 반대하는 것은 청조의 정치적 의도에 반대하는 의미가 있다고 보았다. 박지원은 청인들이 모기령을 '주자의 충신'이라고 하는 것도 이 때문이며, 청에서 주자학을 공격하는 사람을 만나면 그를 잘 구슬려 천하의 형세를 파악하는 데 활용하라고 제안하였다.[28]

정약용은 모기령을 가장 강하게 비판하였지만 그의 영향을 가장 많이 받은 경학자였다. 정약용은 유학의 기본 경전인 사서육경 전체를 연구 대상으로 하였으며, 이는 사서의 연구에 치중하였던 주희와 뚜렷한 대조를 보인다. 그런데 정약용은 젊은 시절부터 사서육경을 망라하는 모기령의 경학을 참고하였으므로, 정약용의 경학 연구가 모기령에 의해 촉발된 측면이 있다.

다음의 〈표 13〉은 주희, 모기령, 정약용의 경학 연구서를 비교한 것이다.

〈표 13〉 주희朱熹·모기령毛奇齡·정약용丁若鏞의 경학 연구서 비교[29]

경서＼학자		주 희	모기령	정약용
육경	시	詩集傳(8)	國風省篇(1), 毛詩寫官記(4) 詩札(1), 詩傳詩說駁義(5) 白鷺洲主客說詩(1), 續詩傳鳥名	詩經講義(12), 詩經講義補(3)

28 김문식, 『조선후기 지식인의 대외인식』, 새문사, 2009, 309~313면.

29 괄호 안의 숫자는 卷數를 말한다.

경서	학자	주 희	모기령	정약용
육경	서		古文尙書寃詞(8), 尙書廣聽錄(5)	梅氏尙書平(9), 古訓蒐略(6) 尙書知遠錄(7), 尙書古訓(21) 閻氏尙書疏證鈔(4) 讀尙書補傳(1)
	역	周易本義(12) 易學啓蒙(4)	仲氏易(30), 推易始末(4), 河圖洛書原舛編(1) 太極圖說遺議(1), 易小帖(5)	周易四箋(24), 易學緖言(12)
	예	儀禮經傳通解(37) 家禮(8) 古今家祭禮(20)	昏禮辨正(1), 廟制折衷(2) 大小宗通繹(1), 辨定祭禮通俗譜(5) 喪禮吾說篇(10), 曾子問講錄(4) 周禮問(2), 明堂問(1), 學校問(1) 郊社禘祫問(1)	喪禮四箋(50), 喪禮外編(12) 四禮家式(9), 國朝典禮考(2) 禮疑問答
	춘추		春秋毛氏傳(36) 春秋屬辭比事記(4) 春秋條貫篇(11), 春秋占筮書(3) 春秋簡書刊誤(2)	春秋考徵(12)
	악		聖諭樂本解說(2), 竟山樂錄(4) 皇言定聲錄(8), 李氏學樂錄(2)	樂書孤存(12)
사서	사서	四書或問(39) 論孟精義(34)	四書索解(4), 四書賸言(4) 四書賸言補(2), 四書正事(8) 四書改錯(22)	
	논어	論語集註(10) 論語訓蒙口義(8)	逸講箋(3), 論語稽求篇(7)	論語古今注(40)
	맹자	孟子集註(7)	逸講箋(3)	孟子要義(9)
	중용	中庸章句(1) 中庸集略(2)	中庸說(5)	中庸自箴(3), 中庸講義補(6)
	대학	大學章句(1)	逸講箋(3), 大學證文(4) 大學知本圖說(1), 大學問(1)	大學公義(3), 大學講義(1)

다음으로 1822년에 정약용이 편집한 『여유당전서』는 경집 232권

과 문집 260여 권으로 구성되어 있었다.[30] 개인의 저술을 경집과 문집으로 구분한 것은 조선에서는 처음이며, 모기령의 『서하합집』이 경집과 문집의 체제로 되어있다. 정약용이 『여유당전서』를 편집할 때에는 『서하합집』을 참조한 것으로 보인다.

그리고 정약용은 경학 연구에서 모기령의 경학을 검토하여 부분적으로 수용하였다.

1) 역학 연구에서 역리사법易理四法 가운데 추이推移·물상物象·호체互體에 대한 해석에서 모기령의 설을 수용하였다.[31]

2) 『상서』 연구에서 고문상서를 매색의 위고문으로 판정하고 『매씨서평』을 저술하여 모기령의 『고문상서원사』를 비판하였다. 그러나 정약용은 서서書序의 완결과 진위를 분별하고 원의原義를 추정할 때 체례연구법體例硏究法을 이용하였는데, 이는 모기령의 연구방법과 통한다.

3) 『시경』 연구에서 주희의 음시설淫詩說을 부정하고 미자설美刺說을 주장하면서 모기령의 경설經說을 수용하였다.

4) 악론 저술에서 모기령의 악樂 관련 저술을 유배지에 가져가서 그 내용을 정밀하게 검토하였다.

5) 『대학』 연구에서 고본대학을 신봉하였고, 『중용』 연구에서 모기령의 설을 인용하였다.[32]

---

30 현재 통행되는 新朝鮮社本 『與猶堂全書』는 詩文集, 經集, 禮集, 樂集, 政法集, 地理集, 醫學集으로 되어있다. 그러나 이는 丁若鏞이 편집한 원형이 아니다. 이에 대해서는 본서 제1부 제1장을 참조.

31 김승동, 「毛奇齡과 丁若鏞의 易卦해석에 관한 비교 연구」, 『人文論叢』 36, 釜山大學校, 1990. 申源俸, 「다산의 易學觀 정립에 미친 淸代 사상의 영향 - 毛奇齡을 중심으로」, 『茶山學』 3, 2002.

32 沈慶昊, 「丁若鏞의 詩經論과 청조 학술 - 특히 毛奇齡설의 비판 및 극복과 관련하여」, 『茶山學』

이상에서 보듯 조선의 지식인들은 모기령의 경학을 부분적으로 수용하였다. 모기령의 학설은 불변의 진리이자 정학으로 인식되었던 주자학이 한학에 대비되는 송학으로 상대화되고, 주희의 경학 주석은 한 이후에 성립된 많은 주석들 가운데 하나일 뿐이라는 사실을 깨닫게 하는 데 결정적으로 기여하였다. 이제 조선의 지식인들은 주희의 주석, 모기령의 주석, 여타 학자들의 주석을 비교하면서 새로운 해석을 시도하였다.

이상에서 조선후기의 지식인들이 모기령의 경학을 비판하고 수용하는 양상을 검토해 보았다. 최근 학계에서는 정약용의 경설을 그가 참고한 텍스트와 꼼꼼하게 대조하는 연구를 진행하였으며, 이를 통해 정약용이 모기령의 경학을 비판적으로 수용하였음을 확인하고 있다. 필자는 이런 성과를 수용하면서 논의를 조선후기로 확대해 보았다.

모기령의 주희 비판은 조선 지식인에게 큰 충격을 주었다. 이전에도 주희의 경설을 비판하는 견해가 있었지만 모기령처럼 노골적이고 전면적으로 주희를 비판한 것은 처음이었기 때문이다. 게다가 조선 지식인들은 주자학을 정학으로 규정하였고, 관리를 선발하는 시험에서도 주희의 주석을 정설로 하였다. 따라서 모기령의 경학에 대한 조선인의 첫 반응은 격렬한 비판으로 나타났다. 그러나 모기령의 경학에 대한 검토가 진행되면서 그의 해박한 지식과 치밀한 논증은 점차 지식인의 마음을 움직였고, 마침내 그의 경설을 수용하는 학자까지 나타났다.

3, 2002, 208~229면.

모기령의 경학은 조선 지식인에게 주자학을 객관적으로 검토할 수 있는 계기를 제공하였다는 점에서 큰 의의가 있다.

조선후기 사상계의 변화는 내적 요인과 외적 요인으로 구분하여 볼 수 있다. 내적 요인으로는 정학=주자학을 수호하는 차원에서 주자서 연구를 주도하는 세력과 주자학 일변도의 학풍을 비판하고 경서를 독자적으로 해석하려는 세력이 각축을 벌이는 가운데, 정조가 『사서오경대전』 대신에 『십삼경주소』를 중시하고 경서의 재해석을 요구하는 정책을 폄으로써, 새로운 경학 연구가 가능해졌다는 점이다. 외적 요인으로는 동아시아 삼국 간에 평화가 지속되면서 상호 교섭이 활발하였고, 서적의 구매를 통해 새로운 학문 정보가 대거 유입되었다는 점이다.

이글에서는 고증학, 특히 모기령의 경학이 조선에 유입된 이후에 나타난 변화를 검토하였다. 그러나 그 대상을 확대하면 문학, 과학, 지리, 의학 등 다양한 분야에서 동아시아 삼국의 교섭에 따른 변화 양상을 추적하는 연구가 가능할 것이다.

제4장 경학 저술의 연구 방법

정약용은 유학 경전인 육경사서 전체에 대한 연구 저술을 남긴 경학자였다. 그의 경학 저술은 1784년에 작성한 『중용강의』에서 시작하며, 1789년 문과에 급제한 이후 다수의 경학 관련 대책문과 저술을 남겼다. 정약용이 정조 대에 작성한 저술은 정조의 학문정책과 밀접한 관련이 있었다. 정약용의 경학 저술이 집중된 시기는 1801년에 시작된 유배기였다. 정약용은 유배지인 경상도 장기와 전라도 강진에서 경학 연구에 몰두하였고, 강진에서 작성한 저술에는 현지에서 양성한 제자들도 다수 참여하였다. 1822년 회갑을 맞은 정약용은 「자찬묘지명」을 작성하면서 그때까지 완성한 경집은 『모시』, 『상서』, 상례喪禮와 사례四禮, 『악』 『주역』 『춘추』 『논어』 『맹자』 『중용』 『대학』 『소학』 『심경』을 망라하여 총 232권이라고 밝혔다.[1] 그의 경학 연구는 고향인 마재로 돌아온 이후에도 계속되었다. 그러나 이 시기의 연구는 기존 저술의 미비점을 수정 보완하거나 저술을 합하여 새 저술로 만드는 작업이었다.[2]

지금까지 정약용의 경학 저술에 대해서는 많은 연구가 이뤄졌다. 기

1 『與猶堂全書』 詩文集, 권16, 「自撰墓誌銘 集中本」.

2 정약용이 고향에서 새로운 저술로 만든 것은 『尙書古訓』이 있다. 그는 1810년에 『古訓蒐略』 6권, 1811년에 『尙書知遠錄』 7권을 작성하였다가 1834년에 두 책을 합하여 『尙書古訓』 21권으로 고쳐 썼다.

왕의 연구는 정약용의 특정 저술을 분석하여 그의 경설을 밝히는 연구와 다른 학자의 저술과 비교하면서 정약용의 경설이 가지는 특징을 밝히는 연구가 있었다. 이 연구들은 대부분 연구 대상을 특정한 경학 연구서로 제한하였다는 특징이 있다.[3]

이 글은 정약용의 경학 저술에 나타나는 연구 방법을 검토하기 위해 작성되었다. 최근 필자는 『정본 여유당전서』를 편찬하는 작업에 참여하면서, 정약용의 『상서』 연구서 필사본에 나타나는 문구를 일일이 대조하는 작업을 진행하였다. 이를 통해 정약용은 경학 저술을 편찬한 이후에도 계속 수정하였으며, 여기에는 기존 저술의 내용을 수정하고 보완하는 경우와 연구 방법을 바꾸는 경우가 있음을 확인하였다. 그리고 특히 후자에 대해서는 정밀한 검토가 필요하다고 생각하였다.

이 글은 정약용의 경학 저술에 나타나는 연구 방법을 검토하되 그 대상을 정조 대에 작성된 저술로 한정하였다. 그의 방대한 저술을 한꺼번에 검토하기 어려운 점이 있고, 초기의 연구 방법을 알아야 이후의 변화를 추적할 수 있기 때문이다. 이하에서는 정약용이 정조의 지도를 따라 작성한 경학 저술을 개관하고, 경학 연구의 방법을 '경문經文의 집성' '주석註釋 의 집성' '기견己見의 정리'라는 세 가지 측면으로 나누어 검토한다.

---

3 정약용의 경학 저술에 관한 연구에 대해서는 2012년 다산학술재단에서 간행한 『다산 및 다산학 관련 저술 목록』이 참고 된다. 이 목록에 의하면 연구 논문 및 저술이 『論語』 30편, 『孟子』 14편, 『大學』 12편, 『中庸』 18편, 『心經』 4편, 『小學』 2편, 『周禮』 4편, 『尙書』 12편, 『周易』 28편, 『詩經』 7편, 경학 일반 51편을 합하여 총 131편에 이른다.

제1절 정조 대의 경학 저술

정약용의 경학 저술은 성균관의 유생 시절에 정조와의 만남으로 시작되었다.[4] 이보다 앞선 1782년정조 6 가을에 정약용은 봉은사奉恩寺에 머물며 경의經義 과목을 익혔고, 1783년에는 경의로 진사가 되어 성균관에 입학하였다. 이때까지 정약용이 경서를 읽은 것은 과거 공부를 위해서였다.

1784년 여름에 정조는 성균관 유생에게 『중용』에 관한 70여 조의 조문을 내려 답변하게 하였고, 정약용은 그 대상에 포함되었다. 당시 정약용은 수표교에 살던 이벽李檗曠菴을 찾아가 활발하게 토론한 후 『중용강의』를 작성하여 올렸고, 기발설氣發說을 주장한 이이李珥의 견해를 지지하여 정조의 칭찬을 받았다.[5] 정약용은 성균관의 유생으로 정

---

4 정약용의 생애는 1822년에 그가 작성한 「自撰墓誌銘 集中本」(『與猶堂全書』 詩文集, 권16)과 1921년 12월에 玄孫 丁奎英이 작성한 『俟菴先生年譜』를 참고하였다. 이하 細注는 생략함.

5 『與猶堂全書』 詩文集, 권16, 「自撰墓誌銘 集中本」.
"壬寅(1782)秋, 栖奉恩寺, 習經義之科, 癸卯(1783)春, 爲經義進士, 游太學. 內降中庸講義八十條, 時鏞友李檗以博雅名, 與議條對. 理發·氣發, 檗主退溪之說, 鏞所對, 偶與栗谷李文成[珥]所論合. 上覽訖, 極稱之爲第一."
『與猶堂全書』 經集, 권4, 中庸講義補, 권1, 「序」.
"乾隆癸卯(1783)春, 余以經義升太學. 厥明年甲辰(1784)夏,[余年二十三] 內降中庸疑問七十條, 令太學生條對. 時亡友曠菴李檗, 在水橋讀書,[時年三十一] 就問其所以對, 曠菴樂之爲談討, 相與草創. 歸而視之, 間有理活而詞蹩者, 以意刪潤, 遂徹睿覽."
이상의 기록을 보면 정조가 내려준 條問이 '80여 조'와 '70조'로 차이가 있다. 정약용의 『中庸講義補』에는 御問 68조가 수록되어 있다. 정약용의 『中庸講義』가 『中庸講義補』로 정리되는 과정에 대해서는 백민정, 「茶山의 『中庸講義(補) 條對 내용 분석 : 正祖 『經史講義·中庸』 御製條問 및 기타 條對와의 비교를 중심으로」, 『東方學志』 147, 2009, 402~404면 참조.

조의 책문에도 답변하였다. 1788년 1월에 정약용은 반제泮製에 합격하여 희정당에 들어가 정조를 만났다. 이때 정조는 그동안 지은 책문의 분량을 물었고 정약용은 20수首 정도가 된다고 답변하였다. 『여유당전서』에 수록된 「맹자책」은 이 시기에 작성한 것으로 보인다.[6] 정조의 『맹자』 책문은 1788년 가을에 도기유생到記儒生의 추시秋試와 초계문신의 친시親試를 위해 출제된 문제이기 때문이다.[7]

정약용의 경학 저술은 1789년에 초계문신으로 발탁되면서 본격화되었다. 이 해에 정약용은 문과에 급제하여 관리 생활을 시작하였고, 3월에 규장각 초계문신으로 발탁되어 정조가 주관하는 친림시강親臨試講과 규장각 각신이 주관하는 과강課講에 참여하였다. 1789년 4월에 정조는 초계문신을 희정당으로 불러 『대학』을 강하게 하였다. 이때 정약용의 답변을 정리한 것이 『희정당대학강의』 1권이다.[8] 당시 정조는 주자의 「대학장구서大學章句序」에 대해 질문하였고, 『대학』의 전傳7장부터 전10장까지는 홍문관 제학 서유린徐有隣과 규장각 직제학 김희金憙가 질문하고 정약용이 답변하였다.

1790년 3월에 정약용은 탄핵을 받아 한림 관직을 사임하고 해미현에 유배되었다가 열흘 만에 풀려났다. 이때 정조는 희정당에서 초계문신의 『중용』 과강을 실시하였고, 정약용의 답변 내용을 정리한 것이 『중용강의보』 권말에 있는 「희정당중용강의熙政堂中庸講錄」이다.[9] 이는

---

6 『與猶堂全書』 詩文集, 권8, 對策, 「孟子策」.

7 『弘齋全書』 권50, 策問, 「孟子」.

8 『與猶堂全書』 經集, 권2, 大學講義, 「熙政堂大學講義」.

9 『與猶堂全書』 經集, 권4, 中庸講義補, 「熙政堂中庸講錄附」.

"乾隆庚戌(1790)之春, 余辭翰林, 謫配海美縣. 十日而宥, 取路溫陽, 浴于湯泉. 旣歸, 上御熙政堂,

규장각 제학 오재순吳載純과 이병모李秉模가 질문하고 정약용이 답변한 것이다.

1790년 10월에 정약용은 초계문신의 『맹자』 과강에 참여하였다. 정조가 질문하고 정약용이 답변하는 방식으로, 정약용의 『맹자요의』에 7개 조목이 수록되어 있다.[10] 이 해에 정약용은 정조의 책문에도 답변하였다. 『여유당전서』 시문집의 「십삼경책」[11]과 「중용책」[12]이 이에 해당하는 것으로 모두 초계문신의 과시課試로 부여되었다. 이때 정약용이 작성한 「십삼경책」은 경학 연구의 기본 방향을 제시한 글로 판단된다.

1791년에 정약용은 초계문신의 월과月課로 주어진 『논어』 책문에 답변하였다. 『논어고금주』의 권말에 있는 「논어대책論語對策」은 이 때 작성된 것이며,[13] 『여유당전서』 시문집에 있는 「논어책」은 정조의 어비御批를 받은 구절만 뽑은 것이다.[14]

1791년 9월에 정조는 『시경』을 대상으로 한 경사강의를 실시하였다. 경사강의란 정조가 여름과 겨울 휴가철에 초계문신에게 내린 어제조문과 초계문신이 각자 집에서 작성해 올린 재가조대在家條對를 합한

召閣, 課諸講『中庸』."

10 『孟子要義』에 수록된 7개 조목에 대해서는 鄭一均, 『茶山 四書經學 硏究』, 一志社, 2000, 150~154면 ; 백민정, 「茶山과 老少論系 학자의 人性論 비교 연구 - 茶山 『孟子要義』와 『經史講義·孟子』 세 조목의 條對 내용을 중심으로」, 『東洋哲學硏究』 59, 2009, 239면 참조.

11 『與猶堂全書』 詩文集, 권8, 對策, 「十三經策」[庚戌冬內閣親試].

12 『與猶堂全書』 詩文集, 권8, 對策, 「中庸策」.

13 『與猶堂全書』 經集, 권16, 『論語古今注』 권10, 「附見論語對策」[乾隆辛亥內閣月課].

14 『與猶堂全書』 詩文集, 권8, 對策, 「論語策」[今刪不錄 只錄御批一節].
이 구절의 내용은 『論語古今注』의 「論語對策」에도 포함되어 있다.

것이다. 당시 정약용은 내원內苑에서 실시한 활쏘기 성적이 나빴던 벌로 북영北營에 머물러 있었고, 정조가 내려준 조문은 800여 조나 되었다.[15] 처음 조대를 작성하는 기간은 40일이 주어졌지만, 정약용은 기한을 늘려 총 60일 만에 『시경강의』 12권을 작성하였다.[16] 정약용의 답변을 본 정조는 칭찬하였고 그 소식을 들은 정약용은 크게 고무되었다.[17]

정약용의 답변 중 일부는 정조의 『홍재전서』에도 수록되었다.[18] 훗날 정약용은 『여유당집』을 편집하면서 『시경강의』를 경집의 제일 앞에 배치하여, 정조의 칭찬이 받은 저술임을 부각시켰다. 『시경강의』는 정약용의 경학 연구에 중요한 전기가 된 저술로 보인다.

> 선대왕先大王 정조께서 비평하신 『모시강의毛詩講義』 12권을 수편首篇으로 하고, 따로 『모시강의보毛詩講義補』 3권을 지었다. (중략) 이상 경집經集은 모두

---

15 정조의 條問은 『시경』 國風의 160편 가운데 136편, 雅와 頌 145편 가운데 130편을 합하여 총 305편을 대상으로 하였다(김언종, 「『시경강의』 해제, 『定本 與猶堂全書』 10, 다산학술재단, 2012, 9~10면).

16 『與猶堂全書』 經集, 권11, 詩經講義, 「詩經講義總論」.
"乾隆辛亥(1791)之秋九月, 試射內苑. 臣鏞以不中, 罰直于北營[在耀金門外]. 旣而內降詩經條問八百餘章, 令臣條對, 限四十日. 臣乞展限二十日, 蒙允."
초계문신 서유구도 정조의 조문에 답변한 『毛詩講義』 3책을 작성하였으며, 이는 현재 일본 大阪府立 도서관에 소장되어 있다(沈慶昊, 「정조 연간 규장각의 『시경강의』에 관한 연구」, 『韓國漢詩硏究』 9, 2001, 357~360면).

17 『與猶堂全書』 詩文集, 권13, 書, 「詩經講義序」(1791).

18 『弘齋全書』 권88~92, 經史講義, 詩로 수록되어 있다. 이때의 『시경』 강의에는 1789년 초계문신으로 선발된 丁若鏞, 尹寅基, 沈能迪, 金羲淳, 金履喬, 安廷善과 1790년에 선발된 趙得永, 崔璧, 宋知濂, 李羲甲, 鄭魯榮, 金履載, 李明淵, 徐有榘, 嚴耆, 金達淳, 洪秀晩, 朴宗京이 참여하였다. 필자가 계산한 결과 『홍재전서』에 수록된 정조의 條問은 총 628조이고, 정약용의 條對가 뽑힌 것은 총 118조이다.

232권이다.[19]

여유당경함與猶堂經函은 『시詩』를 수편首篇으로 한다. 공은 일찍이 문인門人들에게 '나의 경학은 모두 국왕의 은총 속에서 도주陶鑄된 것이다.'라고 하였다.[20]

1792년 봄에 정약용은 초계문신의 『상서』 과강에 참여하였다. 그러나 그해 4월에 부친 정재원丁載遠이 사망하면서 정약용의 활동은 중단이 되었다. 정약용은 정조 앞에서 『상서』 「우공」편을 읽을 때까지 참여하다가 부친의 장례 때문에 고향으로 돌아갔고, 삼년상을 마치고 정계로 복귀하였을 때에는 초계문신을 졸업하여 더 이상 과강에 참여하지 못하였다. 훗날 정약용은 부친상으로 정조가 『주역』을 강하고 『상서』의 금문과 고문을 분별하는 자리에 참석할 수 없었음을 애석하게 생각하였다.

석갈釋褐, 처음 벼슬함하고 나서 내각규장각에 소속되어 사서삼경을 과제로 날마다 향안香案 앞에서 가르침을 받게 되자 "이제부터 성인聖人, 정조에게 『주역』을 배울 수 있겠구나."하고 기쁘게 자축하였다. 『대학』에서 시작하여 위로 『상서』에 이르렀는데 불행히도 선친의 상을 당하여 끝내 선대왕께서 가르치시는 깊은 뜻을 들을 수가 없었다. 복服, 삼년상을 마치자 내각 일과日課의 명부에서 이름이 삭제되어 매양 "이 생에서는 끝내 『주역』이란 책을 알아볼 수 없

19 『與猶堂全書』 詩文集, 권16, 「自撰墓誌銘 集中本」.
"以先大王所批『毛詩講義』十二卷爲首, 而別作『講義補』三卷. … 已上經集, 共二百三十二卷."

20 丁奎英, 『俟菴先生年譜』 二, 九年己巳(1809) 公四十八歲.
"秋『詩經講義』刪錄. … 與猶堂經函, 以『詩』爲首, 公嘗語門人曰, '吾之經學, 皆聖恩中陶鑄."

겠구나."라 하였다.[21]

규장각에서 임금에 응하여 강의할 때 과목이 「우공」편에 이르렀을 때 대고大故, 부친상를 당하였다. 건륭 임자년1792 봄에 희정당에 입시하여 「우공」편 강의를 마치자 임금께서 곡진한 어조로 거듭 칭찬해주셨다. 이 때 임금께서는 경전 연구에 마음을 쏟아 당대의 영재들에게 두루 물으셨다. 『상서』에 대한 조문 수 백여 조를 물으시고, 금문상서今文尙書와 고문상서古文尙書의 분별에 세세하게 뜻을 기울이셨다. 그러나 이 못난 신하는 집에서 상사喪事를 받드느라 조대條對하지 못하였으니 지금까지 한恨이 됨은 무엇 때문인가? 성인聖人, 정조께서 이미 돌아가셔서 이 하잘 것 없는 견문을 물어볼 길이 없기 때문이다.[22]

1794년에 정계로 복귀한 정약용은 여러 관직을 역임하였지만 뚜렷한 경학 저술을 남기지 못하였다. 다만 그는 규장각에서 편찬한 『사기영선史記英選』을 교정하고 주석을 산정刪定하거나 『춘추좌씨전』의 교정에 참여한 경력이 있다. 이를 통해 그는 『사기』와 『춘추』를 정밀하게 검토하였으므로 훗날 경학 연구에 도움이 된 것으로 보인다.

이상을 보면 정약용은 1784년에 성균관 유생이 되어 정조를 만나면서 경학 저술을 남기기 시작하였고, 1789년 규장각 초계문신에 발탁되면서 본격적인 저술이 나타났다. 그는 성균관 유생이나 규장각 초계문신의 자격으로 정조의 조문과 규장각 각신의 질문에 답변하였고, 경서를 대상으로 하는 정조의 책문에 대책문을 작성하였다. 이때 정약

---

21 『與猶堂全書』 詩文集, 권19, 書, 「與尹畏心[永僖]」.

22 『與猶堂全書』 經集, 권29, 「梅氏書平序」.

용이 답변한 내용은 그대로 경학 저술이 되었고, 유배기에 들어가 경학 연구를 심화시키는 토대가 되었다.

훗날 정약전은 정약용의 경학 지식은 정조가 훈도한 것이며, 정조의 지도를 따라 『상서』와 『주역』, 예경을 연구하였다고 말하였다.

> 생각건대 우리 정종대왕正宗大王은 학문이 하·은·주 삼대를 꿰뚫고 사도師道는 육경六經을 두루 익히셨다. 내려주신 『상서』 조문條問은 하나의 길을 반복하며 금문상서와 고문상서의 시비를 따지셨고, 매색의 고문상서 진위眞僞에 대해서는 이미 널리 살피고 밝게 분별하셨다. 이에 정약용이 『상서평尙書平』 9권을 지으니, 이는 이른바 맹자와 순경荀卿이 공자의 학문을 더욱 빛나게 한 것과 같다. 그의 조예 깊은 지식은 모두 선왕정조께서 훈도한 것인데, 유배된 이후 흘러간 세월을 아쉬워하고 쇠미해진 학문을 일으킬 것을 임무로 하였다. 경전에 침잠하고 의리를 깊이 음미하여 『주역』과 예경禮經의 전箋을 차례로 완성하였다.[23]

제2절 경문經文의 집성

정약용은 성인聖人이 성인인 이유는 사물을 성실하게 대하고 행동과 말이 분명하기 때문이며, 자신이 아는 것을 다른 사람들에게 이해시키면 되지 존경받기를 원하는 것은 아니라고 하였다. 따라서 후세 사람들은 성인이 남긴 경문經文을 통해 성인의 본뜻을 이해하면 되었다.

---

[23] 丁若銓, 『洌水全書』 續集 2, 「梅氏尙書平序 巽菴」.

성인聖人이 성인이 될 수 있었던 것은 사물을 대할 때 지극히 성실하여, 그의 행동과 말이 마치 해와 달이 하늘에서 빛나는 것처럼 명확하게 되어 멀리서 바라보아도 의심을 일으킬 만큼 감추어진 점이 털끝만치도 없기 때문이다. (중략) 성인을 존숭하는 이유는 그들이 온갖 어려움과 괴로움을 겪으며 알아냈기 때문에 자연스럽게 높여서 존숭하지 않을 수 없는 것이지, 성인이 존숭해 주기를 마음에 두었기 때문은 아니다. 즉 성인은 사람들이 자신을 존숭하기를 바라는 것이 아니라 성인 자신이 알고 있는 것을 이해시키고 나서 그쳤을 뿐이다.[24]

그러나 여기에는 문제가 있었다. 성인이 남긴 경서가 완전하지 않고 조각조각 흩어져 원형을 알기 어렵게 되었기 때문이다. 정약용은 진의 분서갱유가 있은 후 경서의 원형이 깨졌고, 한나라 이후는 남은 경문을 가지고 성인의 본뜻을 이해해야 하는 상황으로 보았다.

진秦나라가 서적을 없애버린 화를 만나 그 책은 마침내 세상에서 자취를 감추고 예禮 또한 폐기되었다. 한漢이 일어난 지 백년이 되었어도 진의 제도를 따라하여 돌이키지 못하다가 하루아침에 비부祕府의 높고 깊은 곳에 간수한 것과 고옥古屋에서 나온 조각나고 문드러진 간책簡策을 취하여 학문이 끊어져 이어받지 못한 사람에게 주면서 '네가 이것을 해석하라'고 하였다. 이것은 그들이 몸소 행하거나 눈으로 보지 못하였던 것이므로, 설명한 바가 어긋나고 맞지 않는 바가 없을 수 없다.[25]

24 『與猶堂全書』 詩文集, 권11, 論, 「易論一」.

25 『與猶堂全書』 詩文集, 권12, 序, 「喪禮四箋序」(1804).
"遭秦滅籍, 其書遂隱而禮亦廢. 漢興百年, 因之不反, 一朝取祕府嚴邃之藏, 古屋斷爛之簡, 擧而畀之于絶學無承之人曰, '女其釋之.' 是其躬弗行目不睹, 所說不能無縒錯."

이런 상황에서 가장 좋은 방법은 '이경증경以經證經' 즉 경을 가지고 경을 증명하는 방법이었다.[26] 정약용은 후대에 남은 경문을 가지고 경의 뜻을 해석하는 것이 가장 좋다고 생각하였다. 후대 학자의 주석은 성인의 뜻을 이해하는 데 도움이 되지만 완전하지는 않기 때문이었다.

> 마음에 마땅하지 못한 점이 있으면 고적古籍을 널리 참고하고 경經으로 경經을 증명하여 성인의 뜻을 얻기를 기약하였다.[27]

> 고밀高密이 경經을 말한 건 참위讖緯를 위주로 하였으니, 아 어느 때나 어두운 장벽을 헤쳐 버릴까. 경經으로 경經을 증명함은 나도 할 수 있거니와 백가百家의 여러 설은 급하게 여길 것이 아니네.[28]

정약용은 1790년에 「십삼경책」을 작성하면서 후대에 전해지는 경서에 위서가 포함되어 있음을 알고 있었다. 그는 연산역이나 귀장역은 춘추 말기까지 보존되었지만 분서갱유 때 타버렸으므로, 『한위총서』에 수록된 연산역과 귀장역은 위서로 보았다. 또 『상서』 「순전」의 28

---

26 '以經證經'은 毛奇齡이 『尙書廣聽錄』에서 주장한 것이기도 하였다(『弘齋全書』 권96, 經史講義 33, 書 4, 「洪範」. "毛奇齡『尙書廣聽錄』則云, '洪範本文, 明言錫禹洪範九疇. 天所錫禹者, 卽洪範九疇, 豈洛書耶.' 此說果何如? 種仁對. … 『廣聽錄』之以經證經, 皆欲捌出新奇之說, 而實則反悖經旨."). 이영호는 星湖 李瀷이 경학 연구에서 '以經證經'의 태도를 유지하였으며, 이는 주자 경학의 정신을 이해하면서 새로운 견해로 경전을 읽어가려는 創新의 자세로 보았다(「茶山과 石泉의 詩經學과 易經學에 관한 일고찰」, 『東洋哲學硏究』 76, 2013, 55~56면).

27 『與猶堂全書』 詩文集, 권12, 序, 「喪禮四箋序」.
"其有不當於心者, 博考古籍, 以經證經, 期得聖人之旨."

28 『與猶堂全書』 詩文集, 권6, 「松坡酬酢」[朝與數子讀禮箋又用前韻].
"高密談經主讖緯, 發蒙去障嗟何時. 以經證經吾猶及, 百家衆喙非所急."

글자는 요방흥의 위작이고, 「순전」의 나머지 부분은 매색이 「요전」의 절반을 절취하여 만들었으며, 매색의 『상서』 58편이 모두 공벽에서 나온 진본은 아니라고 하였다. 이때 『고문상서』는 공안국의 고문이 아니라고 의심한 주자의 견해에 동의하였다.[29]

정약용은 일찍부터 매색의 『고문상서』 25편에 문제가 있다고 생각하였다. 젊은 시절 서울을 출입할 때 만난 스승과 동료가 고문상서를 의심하는 말을 들었고, 매색이 여러 서적에 전해지는 『상서』의 잔편을 모아 새 경문을 위조한 것으로 파악하였다.

> 전에 내가 서울에서 공부할 때 스승과 친구들이 매색의 『고문상서』 25편은 문장의 풍격이 졸렬하고 쉽다고 자주 의심스러워함을 듣고 마음속으로 그 말이 옳다고 여겼다. (중략) 내 생각에 매색의 『상서』는 여러 말을 모아 일가를 이뤘고 좋은 말과 바른 교훈도 적지 않다. 그러나 그것을 모아 묶을 때 「열명說命」이나 「태서太誓」처럼 편명이 본래 표시되어 있는 구절로 「열명」이나 「태서」를 만들었다면 누가 옳지 않다고 하겠는가? 그러나 「하서夏書」·「주서周書」와 같이 시대만 표시한 것과 "『서書』왈" "『서書』운"과 같이 아무 표시가 없는 것을 『상서』 각 편에 나누어 넣고 위조한 말을 섞어 겨우 문맥만 통하게 하여 『상서』라는 신성한 경전의 이름을 훔쳤으니, 신중히 생각하고 밝게 판단하는 사람은 모두 연구하고 조사해야 할 것이다.[30]

정약용은 경서에 진경眞經과 위경僞經이 섞여 있으므로 이를 구분하고, 진경만으로 성인의 뜻을 이해해야 한다고 보았다. 그러나 정조 대

---

29 본서 제2부 제1장 참조.

30 『與猶堂全書』 經集, 권29, 「梅氏書平序」.

에 이뤄진 그의 연구는 정조나 규장각 각신들의 질문에 답변을 하는 방식이라 경서의 원문을 일일이 확인할 겨를은 없었다.

정약용이 1791년에 작성한 『시경강의』는 사정이 달랐다. 정조의 조문이 800조나 되었고, 조대條對를 작성할 시간도 60일이나 있었기 때문이다. 정약용은 경서와 제자서, 사서를 앞에 놓고 『시경』을 인용하거나 논한 구절을 뽑는 작업에 들어갔다. 이는 여러 책에 전해지는 경문을 집성하는 작업이라 할 수 있었다.

> 신해년1791 가을에 상上 정조께서 몸소 『시경』에 관한 조문 800여 조를 지어 나에게 조목마다 대답하라고 하셨다. 내가 읽어보니 거유鉅儒 숙학宿學이라도 대답할 수 없는 것이었다. 그러니 내가 무슨 말을 할 수 있겠는가? 그래서 **구경九經, 사서四書, 고문古文, 제자諸子, 사서史書 가운데 단 한마디 말이라도 『시경』을 인용하거나 논한 것이 있으면 모두 순서대로 초록하였다**. 이렇게 하고 그것을 인용하여 상의 질문에 대답하였다.[31]

『시경강의보유』에 부록된 「일시逸詩」는 정약용이 『시경강의』를 작성할 당시의 작업을 보여주는 것으로 판단된다. 이는 각종 서적에 남아 있는 일시, 즉 현재 전해지는 『시경』에 포함되지 않은 27종의 시에 관한 자료를 모은 것이다. 「일시」의 기록 방식을 보면 ① 일시의 제목 혹은 원문의 잔편, ② 일시에 대한 근거 자료, ③ '보왈補曰' 다음에 보완 자료의 순으로 나타난다. 여기서 ③의 기록은 1810년에 작성한 『시경강의보유』의 기록 방식과 동일하므로, ① ②의 내용이 『시경강의』를

31 『與猶堂全書』 詩文集, 권13, 序, 「詩經講義序」.

편찬할 당시의 것으로 보인다. 「일시」에 있는 27종의 시를 간략하게 정리하면 다음과 같다.

1. 「新宮」 - 『儀禮·燕禮記』
2. 「貍首」 - 『周禮·射人』『儀禮·大射』『禮記·射義·樂記』
3. "貍首之斑然 執女手之卷然" - 『예기·檀弓』
4. "相彼盍旦 尙猶患之" - 『예기·坊記』
5. "昔吾有先正 其言明且清 國家以寧 都邑以成 庶民以生" - 『예기·緇衣』
6 "曾孫侯氏 四正具擧 大夫君子 凡以庶士 小大莫處 御于君所 以燕以射 則燕則譽" - 『예기·射義』
7. "魚在在藻 厥志在餌 鮮民之生矣 不如死之久矣 校德不塞 嗣武孫武子" - 『大戴禮·用兵』
8. "巧笑倩兮 美目盼兮 素以爲絢兮" - 『論語·八佾』
9. "唐棣之華 偏其反而 豈不爾思 室是遠而" - 『논어·子罕』
10. "翹翹車乘 招我以弓 豈不欲往 畏我友朋" - 『春秋左氏傳』 莊公 22년
11. 「河水」 - 『춘추좌씨전』 僖公 23년
12. "我之懷矣 自貽伊慼" - 『춘추좌씨전』 宣公 2년
13. "雖有絲麻 無棄菅蒯 雖有姬姜 無棄蕉萃 凡百君子 莫不代匱" - 『춘추좌씨전』 成公 9년
14. "周道挺挺 我心扃扃 講事不令 集人來定" - 『춘추좌씨전』 襄公 5년
15. "俟河之清 人壽幾何 兆云詢多 職競作羅" - 『춘추좌씨전』 襄公 8년
16. "優哉游哉 聊以卒歲" - 『춘추좌씨전』 襄公 21년
17. "馬之剛矣 轡之柔矣 馬亦不剛 轡亦不柔 志氣麃麃 取與不疑" - 『춘추좌씨전』 襄公 26년, 『佚周書』
18. 「茅鴟」 - 『춘추좌씨전』 襄公 28년

19. “淑愼爾止 無載爾僞” - 『춘추좌씨전』 襄公 30년

20. “禮儀不愆 何恤於人言” - 『춘추좌씨전』 昭公 4년

21. “祈招之愔愔 式昭德音 思我王度 式如玉式如金 形民之力 而無醉飽之心” - 『춘추좌씨전』 昭公 12년

22. “我無所監 夏后及商 用亂之故 民卒流亡” - 『춘추좌씨전』 昭公 26년

23. “天之所支 不可壞也” - 『國語·周語』

24. 「鳩飛」 - 『국어·晉語』

25. “九變復貫 知言之選” - 『漢書·武帝記』

26. “四牡翼翼 以征不服 親省邊垂 用事所極” - 『한서·武帝記』

27. “驪駒在門 僕夫具存 驪駒在路 僕夫整駕” - 『한서·儒林傳』

이상에서 5종의 시1, 2, 11, 18, 24는 제목만 전해지고, 나머지 22종은 시 제목은 없고 경문의 일부가 전해지는 상황이다. 그런데 이들의 근거 자료를 보면, 『의례』 『주례』 『예기』 『대대례』 『논어』 『춘추좌씨전』 『국어』 『한서』의 순으로 나타나고, 같은 책에서는 편의 순서가 차례로 나타난다. 가령 『춘추좌씨전』을 보면 장공莊公, 희공僖公, 선공宣公, 성공成公, 양공襄公, 소공昭公의 순이고, 각 제후는 재위 연도순으로 정리되어 있다. 이는 정약용이 『의례』에서 『한서』에 이르는 서적을 차례로 읽으면서 『시경』을 다룬 구절을 뽑았고, 현전하는 『시경』에 수록된 시는 『시경강의』의 본문에서 활용하고, 『시경』에 수록되지 않은 시는 「일시」에서 정리하였음을 의미한다.

정약용이 경문의 잔편을 모아 집성하는 작업은 19세기에도 계속되었다. 1810년에 작성한 『고훈수략』『상서고훈』은 『금문상서』 28편에 관

한 기록을 모은 것이고,[32] 1813년에 작성한 『논어고금주』의 권말에 있는 「춘추성언수春秋聖言蒐」는 『춘추』 삼전좌씨전, 공양전, 곡량전과 『국어』에 실린 공자의 발언을 정리한 것이다. 정약용은 경문의 잔편을 모아두면 성인의 본뜻을 이해하는 자료로 활용할 수 있다고 판단하였다.[33] 또한 그는 사라진 『악경』의 잔편을 모아 『악서고존樂書孤存』을 편찬하기도 하였다.

제3절 주석註釋의 집성

정약용은 경문의 뜻을 이해하려면 제일 먼저 고훈 즉 글자의 뜻을 알아야 한다고 하였다. 글자의 뜻을 알아야 구절의 뜻을 알 수 있고 장章과 편篇의 대의大義도 알 수 있기 때문이다. 정약용은 글자의 뜻을 제대로 모르는 상황에서 경전을 말하면 성인의 뜻은 점점 멀어질 뿐이라 하였다.

> 독서는 오직 의리義理만 강구하는 것이다. 만약 의리에 얻은 바가 없다면 날마다 천 권의 서적을 독파해도 담장을 마주보고 있는 것과 같다. 비록 그렇다 해도 자의字義의 고훈詁訓이 명확하지 않으면 의리는 그로 인해 애매해지

32 『與猶堂全書』 經集, 권21, 尙書古訓序例, 「古訓蒐略序說」.

33 『與猶堂全書』 經集, 권16, 論語古今註, 권10, 「春秋聖言蒐」.
"孔子之言, 散見他書者亦多. 然其在『禮記』『孟子』者, 學者旣皆習見而尊信之. 其在諸子家語者, 眞僞參錯, 或不可盡信. 唯『春秋』三傳及『國語』所載, 旣隱晦而不彰, 亦記述有徵. 今玆蒐採, 附之篇末, 庶考檢省勞也."

니, 동東을 풀이하기를 서西라 하면 의리는 어긋나는 법이다. 이 때문에 옛 학자는 경서를 해석할 때 대부분 고훈을 급선무로 여겼다.[34]

나는 독서할 때 반드시 먼저 고훈詁訓에 밝아야 한다고 생각한다. 고훈이란 글자의 뜻이다. 글자의 뜻이 통해야 구句를 이해할 수 있고, 구의 뜻이 통해야 장章을 분석할 수 있으며, 장의 뜻이 통해야 편篇의 대의가 파악된다. 모든 경전이 다 그렇지만 『상서』는 특히 심하다. 내가 먼저 고훈에 힘을 기울인 이유가 이것이다.[35]

그런데 조선의 학자들은 명나라 영락 연간에 나온 『칠서대전』『사서삼경대전』만 보는 것이 문제였다. 이들은 평생 『칠서대전』에 나오는 송·원의 주석만 보느라 공안국과 정현의 주석이나 마융과 왕숙의 견해 차이에 대해서는 전혀 모르는 상황이었다.

명나라 영락 연간에 『사서대전四書大全』과 『오경대전五經大全』을 학궁學宮에서 간행하여 반포한 후 현달을 꿈꾸는 선비나 글을 가르치는 서생들은 어려서부터 그것을 익히고, 백발이 무성할 때까지 호광胡廣과 해진解縉 등이 편찬한 『대전』에서 전혀 벗어나지 않으려 합니다. 그래서 공안국과 정현 이래로 전해오는 학설과 마융과 왕숙 등 학자들의 견해 차이에 대한 변론을 물어보면 눈이 휘둥그레지고 입을 딱 벌린 채 대답을 못합니다. 이 지경이면서 한 시대 교학敎學의 공적功積을 빛내고 장구한 유림儒林의 전통을 계승하려 한다면 서로 모순되어 어렵지 않겠습니까?[36]

34 『與猶堂全書』 詩文集, 권13, 書, 「詩經講義序」(1791).

35 『與猶堂全書』 經集, 권21, 尙書古訓序例, 「尙書知遠錄序說」.

36 『與猶堂全書』 詩文集, 권8, 對策, 「十三經策」.

『칠서대전七書大全』만 유일하게 세상에 유행된 뒤로 지금 세상에 태어난 사람들은 어려서부터 머리가 쉴 때까지 익혀도 50책의 테두리를 벗어나지 못합니다. 책 속의 일점일획이라도 하늘이 만든 것으로 여기고, 한 글자 반 구절도 불변의 진리로 간주하여, 스스로 총명한 지혜를 막아버리고 감히 생각하고 논의하려 하지 않습니다. 선대 학자들의 주소注疏는 이미 기벽奇僻한 것이 되어버렸고, 후대 학자들의 논쟁도 모두 사문난적으로 취급되었습니다.[37]

정약용은 경문의 본래 뜻을 이해하려면 『십삼경주소』를 읽어야 하며, 주자도 글자의 뜻과 장구를 풀이할 때는 『십삼경주소』를 이용하였다고 보았다.[38] 정약용은 「십삼경책」의 결론에서 경문을 제시하고 그 아래에 진·한부터 명대까지 하나의 설說이 될 만한 주석들을 망라하여 정리한 경서를 간행하여 보급해야 한다고 주장하였다. 주석의 집성을 통해 글자의 뜻이 분명해져야 경문에 나타나는 성인의 뜻을 알 수 있기 때문이었다.

박학한 선비들을 시켜 널리 서적을 수집하고 감식의 안목이 있는 사람에게 선택하는 일을 맡깁니다. 경문經文 아래에 연대를 상고하고 주석들을 수록하되 번잡하고 중복된 것은 빼버립니다. 위로 진한秦漢 시대부터 아래로 명明대에 이르기까지 일체의 새로 나온 견해들 가운데 일설이 될 만한 것은

---

37 『與猶堂全書』 詩文集, 권8, 對策, 「孟子策」.

38 『與猶堂全書』 詩文集, 권8, 對策, 「十三經策」.
"然則究十三經之原義者, 舍註疏, 何以哉? 故朱子之爲『詩』·『書』集傳及『論』·『孟』集注, 其於義理之條路, 道學之脈絡, 固不無以意超攄, 與註疏出入者, 而其字義詁訓章句箋釋, 未嘗不純用注疏. 朱子之意非欲以一人一家之言武勝而易天下, 可知也. 嗟乎! 今之學者徒知有七書大全, 不知有『十三經注疏』."

모두 그 요점을 취하고, 그밖에 의견이 같으면 끌어들이고 다르면 배척하는 따위의 과장되고 불필요한 말은 모두 삭제합니다. 그리하여 독서하는 선비들이 책을 펼치기만 하면 어떤 설은 누구에게서 나왔고, 어떤 주장은 어느 책에서 처음 나왔는지 또렷이 알게 합니다. 버리고 취하는 기준은 배우는 사람들이 알아서 스스로 택하도록 하고, 강요하여 억지로 따르게 하지 않습니다. 그러면 학식이 해박하고 교양이 높은 학자들이 그 사이에 점차로 나와 성스런 우리 왕조의 밝은 교화를 빛나게 하고 공·맹孔孟 성문聖門의 심오하고 은미한 뜻을 발양할 수 있을 것입니다.[39]

그러면 정약용은 경학을 연구할 때 주석을 어떻게 집성하였을까? 1784년에 작성한 『중용강의』는 정조의 어문御問에 정약용이 신대臣對하는 방식이었다. 다음의 〈표 14〉는 정조와 정약용이 『중용』 문답을 진행하면서 인용한 서적의 목록을 정리한 것이다.

〈표 14〉『중용강의中庸講義』의 인용 서적(1784)

구분	정조(御問)	정약용(臣對)
경서	『書大傳』『尙書』 『中庸或問』『中庸章句』『心經』	『詩』『書』『易』『周禮』『禮記』『左傳』 『中庸或問』『中庸章句』『論語』『孟子』
사서	『漢書·藝文志』	『晉書·貨殖志』『國語』
문자서	『爾雅』	『三倉』『爾雅』
유학서	『朱子大全』『朱子語類』 『龜山語錄』(楊時)「太極圖說」(周敦頤)	『孔子家語』「太極圖說」, 『朱子語類』
기타		『楚辭』『淮南子』『本草綱目』(李時珍) 『周髀經』『素問』

〈표 14〉를 보면 정조와 정약용은 주로 『중용혹문』과 『중용장구』의

39 『與猶堂全書』 詩文集, 권8, 對策, 「十三經策」.

주석을 활용하며 논의하였고, 제도를 말할 때에는 『주례』와 『의례』, 글자의 뜻은 『이아』와 『삼창三倉』을 이용하였다. 여기에 주자의 저술인 『주자대전』과 『주자어류』를 거론하였으므로, 논의의 범위는 주자학에서 크게 벗어나지 않았다. 다만 『중용』을 논의하며 『주비경周髀經』과 『소문素問』을 인용한 것은 특이한데, 이는 지원설地圓說을 논증하기 위해서였다. 정약용은 지원설을 설명하면서 『주비경』 『이아』 『소문』을 비롯하여 증자의 발언까지 거론하였다. 그러나 이는 자신의 견해라기보다 동료인 이벽李蘗의 견해를 정리한 것이었다.[40]

1791년에 작성한 「논어대책論語對策」은 국왕의 질문에 정약용이 서면으로 대답하는 방식이었다. 다음의 〈표 15〉는 정조와 정약용이 「논어대책」에서 인용한 서적의 목록을 정리한 것이다.

〈표 15〉 「논어대책論語對策」의 인용 서적(1791)

구분	정조(王若曰)	정약용(臣對)
경서	『論語集註』	『禮記』 『論語集註』 『春秋左氏傳』 『公羊傳』 『穀梁傳』
사서	『漢書』 『史記』	『史記』 『漢書·食貨志』 『隋書·經籍志』 『國語』 『戰國策』
유학서	『法語』(揚雄)』 『中說』(王通)	『孔子家語』 『公叢』

40 『與猶堂全書』 經集, 권4, 中庸講義補, 권1, 「天地之道可一言而盡節」.
"臣謂先明'地圓'之說, 然後振海不洩之理, 可以言之. 臣按『周髀經』曰, '北極之下, 有朝生夕死之草, 赤道之下, 有一年再收之穀.' 朝生夕死, 則一年爲一晝夜矣. 一年再收, 則日在赤道之南北爲兩冬矣. 『爾雅』曰, '南戴日爲丹穴, 北戴斗極爲崆峒.' 日與斗極, 皆以天弧之圜, 圜曲下臨, 則兩處所戴之地, 亦豈不圜曲乎? 『素問』曰, '北居天中', 是與『爾雅』之說合矣. 單居離問於曾子曰, '敢問天圜而地方, 有諸?' 曾子曰, '若天圜而地方, 是四角之不掩也.' 是與周髀之說合矣. 然則地圓之理甚確, 與此章'載華嶽振河海'之說, 相爲券契, 地何嘗浮于水哉? … [今按, 此段純用德操原文.]"

〈표 15〉를 보면 두 사람은 주로 『논어집주』의 주석을 활용하고, 정약용은 『춘추』 삼전과 『사기』 『한서』 『수서』 같은 역사서를 활용한 것이 눈에 뜨인다. 그렇지만 이때까지 진·한부터 명에 이르는 주석을 집성한다는 의도는 뚜렷하게 나타나지 않는다.

정약용이 경문의 주석을 집성하는 방식은 1791년 작성된 『시경강의』에서 한층 진전된 모습을 보였다. 『시경강의』도 『중용강의』처럼 정조의 어문御問에 정약용이 신대臣對하는 방식이었다. 다음의 〈표 16〉은 정조와 정약용이 『시경』 문답에서 인용한 서적의 목록을 정리한 것이다.

〈표 16〉 『시경강의詩經講義』의 인용 서적(1791)

구분	정조(御問)	정약용(臣對)
경서	『韓詩外傳』(韓嬰) 『毛詩鄭箋』(鄭玄) 『詩本義』(歐陽脩) 『詩集傳』 『春秋左氏傳』 『公羊傳』 『穀梁傳』 『尙書』 『周易』 『禮記正義』 『儀禮』 『周禮』 『易林』(焦延壽) 『六經奧論』(鄭樵) 『經典釋文』(陸德明) 『大學章句』 『論語集註』 『論語或問』	『毛詩故訓傳』(毛亨) 『韓詩外傳』(韓嬰) 『毛詩鄭箋』(鄭玄) 『毛詩注疏』(孔穎達) 『詩本義』(歐陽脩) 『詩緝』(嚴粲) 『詩集傳』 『詩經大全』 『周禮』 『禮記』 『儀禮』 『大戴禮』 『春秋左氏傳』 『公羊傳』 『穀梁傳』 『春秋演義』 『春秋繁露』(董仲舒) 『周易』 『尙書』 『孟子』 『中庸』 『孝經』 『易林』(焦延壽) 『逸周書』 『五經異義』(許愼) 『白虎通』(班固) 『經典釋文』(陸德明)
사서	『史記』 『漢書』 『後漢書』	『史記』 『漢書』 『後漢書』 『隋書』 『唐書』 『魏志』 『晋書』 『三國志』 『北史』 『北齊史』 『通鑑綱目』(朱熹) 『呂氏春秋』(『呂覽』) 『國語』 『戰國策』
문자서	『爾雅』 『國語』(『春秋外傳』) 『說文解字』 『玉篇』(顧野王)	『爾雅』 『小爾雅』 『說文解字』 『玉篇』(顧野王) 『博雅』(『廣雅』) 『廣志』(郭義恭)

구분	정조(御問)	정약용(臣對)
유학서	『孔叢子』 『朱子大全』『朱子語類』 『呂氏家塾讀詩記』(呂祖謙) 『子貢詩傳』『申培詩說』	『孔子家語』『荀子』『墨子』『列子』『莊子』 『管子』『孔叢子』『抱朴子』 『忠經』『新書』(賈誼)『樂書』(陳暘) 『朱子大全』『朱子語類』 『子貢詩傳』『申培詩說』
기타	『楚辭』『劉氏外記』 **『白鷺洲主客說詩』『國風省篇』『毛詩寫官記』『續詩傳鳥名』『詩傳詩說駁義』(毛奇齡)**	『說苑』(劉向)『風俗通』(應劭) 『玄中記』(郭璞)『方言』(揚雄)『淮南子』 『獨斷』(蔡邕)『通典』『文獻通考』(馬端臨) 『楚辭』『中論』(徐幹) 『本草』(李勣)『本草拾遺』(陳藏器) 『本草綱目』(李時珍)『禽經』『水經』 『世本』『山海經』『天文志』『蘭亭帖』 『柴氏家訓』(清 柴紹炳) **『詩札』『國風省篇』『毛詩寫官記』『續詩傳鳥名』** **『詩傳詩說駁義』『白鷺洲主客說詩』(毛奇齡)**

〈표 16〉을 보면 두 사람이 활용한 서적의 종류가 확연히 늘어났다. 정약용은 『시경강의』 서문에서 '경서와 제자서, 사서에서 『시경』을 인용하거나 논한 것은 모두 뽑았다'고 하였는데, 〈표 16〉에서 경서와 사서, 유학서 부분을 보면 이러한 발언이 실제로 확인된다. 그런데 인용 서적이 다양해진 것은 정약용만이 아니었다. 정조가 다양한 서적을 활용하여 조문을 내리자, 여기에 일일이 답변을 해야 하였던 정약용도 참고 서적을 대폭 늘렸던 것이다.

『시경강의』의 인용 서적에서 가장 눈에 뜨이는 것은 『시경』의 주석을 널리 활용하였다는 점이다. 두 사람이 거론한 서적을 보면 모형毛亨의 『모시고훈전毛詩故訓傳』, 한영韓嬰의 『한시외전韓詩外傳』, 정현의 『모시정전毛詩鄭箋』, 공영달의 『모시주소毛詩注疏』, 구양수歐陽脩의 『시본의詩

本義』, 엄찬嚴粲의 『시집詩緝』, 주희의 『시집전詩集傳』, 호광胡廣 등의 『시경대전詩經大全』이 나타나며, 명나라 풍방豊坊의 위서로 알려진 『자공시전子貢詩傳』과 『신배시설申培詩說』까지 거론하였다. 이는 당시 조선 학자가 접근할 수 있는 『시경』 주석을 망라한 것이었다. 이 단계에서 정약용의 작업은 『시경』에 대한 주석을 일일이 모으지는 않지만, 역대의 주석을 포괄적으로 검토하였다는 점에서 매우 진전된 방식이었다.

인용 서적에서 또 하나 주목할 것은 정조와 정약용이 모기령의 견해를 적극 활용하였다는 점이다. 두 사람이 거론한 모기령의 서적은 『국풍성편國風省篇』, 『모시사관시毛詩寫官記』, 『시찰詩札』, 『시전시설박의詩傳詩說駁義』, 『백로주주객설시白鷺洲主客說詩』, 『속시전조명續詩傳鳥名』으로, 이는 모기령의 『서하합집』에 수록된 『시경』 관련 저서의 전체에 해당한다.[41] 그런데 두 사람은 모기령의 견해를 인용하면서도 그 실명은 거론하지 않았다. 정조와 정약용이 모기령의 성과를 언급한 구절의 표현을 정리하면 다음과 같다.[42]

4-1. 정조의 표현

近見一文字自燕中出來者(總論)

後之論者(野有死麕; 鶉之奔奔)

或云(汝墳; 江有汜; 燕燕; 宛丘; 大東; 小毖)

---

41 1720년에 陸凝堂藏板本으로 간행한 『西河合集』을 보면 『國風省篇』 1권, 『毛詩寫官記』 4권, 『詩札』 2권, 『詩傳詩說駁義』 5권, 『白鷺洲主客說詩』 1권, 『續詩傳鳥名』 3권이 포함되어 있다.

42 毛奇齡을 언급한 표현을 표시하고 괄호 안에 그 표현이 나오는 시의 제목을 정리하였다. 이는 실시학사 경학연구회에서 譯註한 『역주 시경강의』 5권(사암, 2008)에 근거한 것으로, 필자도 그 역주 작업에 참여하였다.

或曰(東門之墠; 鷄鳴; 載驅; 七月; 常棣, 都人士; 皇矣; 靈臺; 常武; 殷武)

或謂(鵲巢)

或言(綠衣)

或說(谷風; 甫田)

或(旄丘; 淇奧; 大叔于田; 鷄鳴; 蓼蕭; 鼓鐘; 時邁)

一說(匏有苦葉; 良耜)

4-2. 정약용의 표현

近儒(總論)

後儒(芣苢; 鵲巢; 野有死麕; 邶; 柏舟; 擊鼓; 谷風; 式微; 君子偕老; 淇奧; 載驅; 猗嗟; 黃鳥; 宛丘; 候人; 七月; 常棣; 白華之什; 蓼蕭; 大東; 都人士; 采綠; 綿蠻; 靈臺; 公劉; 殷武)

或說(江有汜: 綠衣; 凱風; 大叔于田; 鷄鳴; 七月; 鼓鐘; 甫田)

或曰(四牡)

其說(河廣)

이를 보면 정조는 모기령을 "근래 북경에서 나온 문자[近見一文字自燕中出來者]" "후대의 논자[後之論者]" "일설一說" "어떤 사람[或]"이라 하였고, 정약용은 "근세의 학자[近儒]" "후대의 학자[後儒]"라고 하면서 끝내 그 이름을 밝히지 않았다. 그러나 두 사람이 30편 이상의 시에서 모기령의 견해를 거론한 것을 보면, 모기령의 학설에 큰 영향을 받았음을 알 수 있다.[43]

---

43 천기철은 정조가 초계문신에게 『시경』 조문을 내린 것은 총 816문항이며, 毛奇齡의 설을 검토한 것은 55문항이라고 하였다. 그는 초계문신 중 정약용은 毛奇齡의 설 가운데 타당성이 있는 것은 받아들인 학자에 속한다고 하였다(「正祖와 抄啓文臣들이 본 毛奇齡의 朱熹 淫詩說 비판」,

정조는 『시경』 논의를 진행하면서 김창흡金昌翕의 견해를 언급하였고, 정약용도 그 영향을 받아 김창흡의 견해를 거론하였다. 정조가 거론한 김창흡의 시경설은 「일록日錄」에 나오는 것으로, 이는 『삼연집三淵集』에 수록되어 있는 일기이다.[44] 정조는 김창흡을 거론할 때 "동유東儒"나 "아동선유我東先儒"라 표현하였고, 정약용도 김창흡을 "동유東儒"라 표현하며 실명을 거론하지는 않았다.[45]

정약용은 『시경』을 논의할 때 다른 서적에서 『시경』을 거론한 구절을 뽑아서 활용하였다. 이는 주석의 집성을 통해 글자의 뜻을 이해하듯이 『시경』의 시를 사용한 용례를 수집하여 시의 구절이나 시 전체의 뜻을 이해하는 방식이었다. 다음은 『시경』 대아 「가락假樂」 시의 "솔유구장率由舊章"에서 솔유率由의 뜻을 확인하기 위해 다양한 자료를 동원한 경우이다.

> 臣對曰. '率由舊章'之句, 雜出諸書. 『孟子』, 論先王之法, 引此句.[離婁篇] 『韓詩外傳』, 記哀公子夏之言, 引此句. 又『漢書·郊祀志』, 論郊祀交神之義, 引此句. 又『後漢·章帝紀』, 論師傅建官之制, 引此句. 又「張綱傳」, 上書陳文明二帝之德, 引此句. 又陳蕃讓太尉於胡廣, 引此句. 皆以率由爲循用之意, '率由'之義, 本來如

『韓國實學硏究』 9, 2005). 沈慶昊는 정조가 『시경』 조문에서 毛奇齡의 설을 인용한 것을 徐有榘와 丁若鏞은 알았지만 金熙淳과 崔璧은 알지 못하였다고 보았다(「정조 연간 규장각의 『시경강의』에 관한 연구」, 『韓國漢詩硏究』 9, 2001, 363~369면).

44 『三淵集』 권33~35에 수록되어 있다. 「日錄」은 金昌翕이 1719년 3월과 1720년 2월과 3월에 谷雲, 檗溪 등에서 거처하며 독서하고 생활한 내용을 기록한 일기이다(金炅希, 「『三淵集』 해제」, http://db.itkc.or.kr/itkcdb/text/seojiViewPopup.jsp?bizName=MM&seojiType=heje&seojiId=kc_mm_a439).

45 정조는 「漢廣」 「柏舟東儒」 시에서 "東儒", 「凱風」 「淇奧」 「葛藟」 「權輿」 시에서 "我東先儒"라 하였고, 정약용은 「柏舟」 「權輿」 시에서 "東儒"라 하였다.

此. 豈獨於'率由群匹', 有異解乎?[46]

이를 보면 정약용은 『맹자』, 『한시외전』, 『한서』, 『후한서』 등에서 "솔유구장" 구절이 사용된 용례를 거론하고, "솔유"는 모두 "순용循用" 이란 뜻으로 사용되었음을 확인하였다.

정약용은 『시경』에 수록된 시의 의미를 파악할 때에도 그 시가 사용된 용례를 확인하였다. 다음은 그러한 사례이다.

然「坊記」, 孔子引「楚茨」之詩, 以明先王之教民敬睦.
『左傳』, 齊媚人引「信南山」之詩, 以證先王彊理物土之宜.
『漢書·郊祀志』, 引「甫田」之詩, 以明王者尊重親祭之義.
又『韓詩外傳』, 引「大田」之詩, 以明先王重譯執贄之應.
又「坊記」, 引「大田」之詩, 以明先王以利遺民之德.
又「食貨志」, 引「大田」之詩, 以證先王節用愛人之化.
又蕭望之, 引「大田」之詩, 以明先王藏民取予之術.
又『左傳』,子反引「思文」之詩, 以明先王立民中正之道.
又『漢書』, 劉向引「思文」之詩, 以爲武王周公繼政和之驗.
又『新序』, 引「豐年」之詩, 以明聖王惠民享神之德.
又『左傳』, 論季文子之事, 引「載芟」之詩, 以明先王敬祖降福之義.[47]

이를 보면 정약용은 『예기』, 『춘추좌씨전』, 『한서』, 『한시외전』, 『신서新序』 등의 서적에서 『시경』의 「초자楚茨」, 「신남산信南山」, 「보전甫田」,

46 『與猶堂全書』 經集, 권19, 詩經講義, 권3, 大雅, 生民之什, 「假樂」.
47 『與猶堂全書』 經集, 권19, 詩經講義, 권3, 小雅, 北山之什, 「大田」.

「대전大田」, 「사문思文」, 「풍년豐年」, 「재삼載芟」 시를 인용하면서 선왕의 특정한 행적을 부각시켰음을 거론하였다. 이는 『시경』의 시가 사용된 용례를 통해 그 시의 의미를 파악할 수 있다는 입장이었다.

이상의 논의를 보면 정약용은 경문의 주석과 용례를 모음으로써 경문의 정확한 뜻을 파악할 수 있다고 보았다.

제4절 기견己見의 정리

경문과 주석의 집성을 통해 글자의 뜻을 알았다면 마지막에는 경문에 대한 자신의 견해인 기견己見을 밝혀야 하였다. 19세기에 정약용은 『상서』 연구를 진행하면서 역대의 주석을 모아 꼼꼼하게 비교한 후 마지막에 기견을 밝혔다.

> 공자의 집 벽에서 나온 진본眞本 28편을 살피고 구양생歐陽生, 대하후大夏侯, 소하후小夏侯, 마융馬融, 정현鄭玄의 설을 모은 것이 『고훈수략古訓蒐略』이다. 그 다음에 매색梅賾과 채침蔡沈의 설을 고훈과 비교하여 조사하고, 나의 견해[己見]를 붙인 것이 『지원록』이다.[48]

> 나는 매색과 채침의 학설과 남아 있는 고훈古訓을 가지고 그 동이同異를 반복하여 자세히 고찰하였다. 어떤 것은 옛것이 옳고 지금 것이 그르다고 하였고, 어떤 것은 옛것을 버리고 지금 것을 취하기도 하였다. 또 여러 학설이 모

48 『與猶堂全書』 經集, 권21, 尙書古訓序例, 「尙書古訓知遠錄合編序說」.

두 내 뜻에 합당하지 않은 것은 그때그때 나의 견해[己見]를 덧붙였고, 나머지는 의문점을 그대로 남겨 공자孔子의 경계를 따랐다.[49]

그러나 정조 대에 이뤄진 연구는 사전 작업이 충분하지 않은 상황에서 정조의 질문에 따라 답변하는 방식이었다. 따라서 정약용은 자기 견해를 그때그때 표현하는 수밖에 없었다.

1784년에 작성된 『중용강의』를 보면 정조가 질문하고 정약용이 답변한 것이 총 68조이다.[50] 정조의 질문이 '어문御問'으로 나타나고 다음에 정약용의 '신대臣對'를 정리하는 방식이었다.[51] 그런데 『중용강의』의 신대에는 정약용의 견해만 있는 것이 아니었다. 앞서 보았듯이 정약용은 이벽과 활발하게 토론한 후 『중용강의』를 작성하였고, 정약용의 답변에는 가깝게 지냈던 이벽의 견해가 많이 반영되었다. 다음은 그런 사례에 해당한다.[52]

5-1. '觀乎中庸'以下 多李曠菴之文(鬼神之爲德節)

5-2. 今按 此段純用德操原文(天地之道可一言而盡節; 朱子序)

5-3. 此本德操之義(故君子尊德性而道問學節)

5-4. 此以下曠菴之文(詩云德輶如毛節)

5-5. 李德操以德性爲天德 其說有病 今改之(故君子尊德性而道問學節)

---

49 『與猶堂全書』 經集, 권21, 尙書古訓序例, 「尙書知遠錄序說」(1811).

50 황병기, 「『中庸自箴』·『中庸講義補』 해제」, 『定本 與猶堂全書』 6, 2012, 49면.

51 정약용의 『中庸講義補』를 보면 '臣對' 다음에 '今按'이라 하여 1814년의 시점에서 자신의 견해가 추가되어 있다.

52 괄호 안의 내용은 『中庸講義』의 해당 節을 표시한 것이다.

이상의 사례는 모두 정약용이 이벽의 견해를 수용하여 답변한 것이다. 앞의 네 가지는 이벽의 견해를 그대로 수용하였고, 나머지5-5는 1784년에 이벽의 견해를 수용하였지만 『중용강의보』를 작성할 때 문제점이 발견되어 이전 견해를 수정한 경우이다.

정약용은 자신의 '신대'에서 이벽의 견해를 수용하였지만, 신대 다음에 이벽의 견해를 따로 정리하기도 하였다. 이는 "이덕조운李德操云" "이덕조왈李德操曰"로 시작한다.

5-6. 李德操云, "人君不必自謂到聖域而後乃制作. 唯制作, 自不得不出於到聖域者矣. 何以知之? 聖人明知生民身心之利病, 而自己愛人之心本切, 故不得不制作焉. 不然, 聖人者何也? 以其德盛也. 德盛則謙, 謙者何能自居聖域而有舜禹文武之制作耶."(子曰愚而好自用節)

5-7. 李德操云, "聖人貴徵者, 以其信於民也. 苟信於民, 無徵何傷乎? 故本諸身, 徵諸民, 爲天命之道, 則考三王, 建天地而順矣. 然則無徵而揆自一矣, 何必切切於徵哉! 不然, 彼三王者, 從何出道耶? 亦不過本諸身, 徵諸民而已. 故此道爲天命之道, 而質鬼神, 俟聖人而如一已矣."(子曰吾說夏禮節)

5-8. 李德操曰, "若就理字氣字之原義而公論之, 則此說固近之. 若就性理家所言之例而剖論之, 則理只是道心, 氣只是人心. 心之自性靈而發者爲理發, 心之自形軀而發者爲氣發. 由是言之, 退溪之說甚精微, 栗谷之說不可從." 謂余錯主此論, 此乾隆甲辰(1784)事也. 嘉慶辛酉(1801)夏, 余在長鬐謫中, 作「理發氣發辯」, 以辨斯義.(朱子序)

이를 보면 앞의 두 경우5-6, 5-7는 이벽의 견해에 동의하였다. 그러나 나머지5-8는 이벽의 견해를 밝히고 자신은 이에 동의하지 않았다고 기록하였다.

이벽은 정약용의 형인 정약현丁若鉉의 처남이자 정약용에게 서학의 세계를 알려준 인물이다. 이벽은 정약용이 『중용강의』를 제출한 이듬해인 1785년에 사망하였으므로, 두 사람이 더 이상 경학 토론을 벌일 기회는 없었다. 그러나 정약용은 항상 이벽을 그리워하였고 『중용강의』에 그의 흔적을 남겨 두었다.

1789년에 작성한 『대학강의』에는 여러 사람의 질문이 나타난다. 「주자서朱子序」 부분은 정조가 질문하고, 전7장~10장은 서유린과 김희가 질문하였으며, 정약용은 여기에 답변하였다. 그런데 이날 모임은 여기에서 끝나지 않았다. 정조의 명령으로 참석자들이 난상토론을 벌였기 때문이다. 토론에는 각신인 서유린, 김희와 함께 초계문신인 김이교金履喬, 안정선安廷善, 심능적沈能迪도 참여하였다.[53] 다음은 이들의 대화로 누가 토론을 주도한다고 보기 어려울 정도의 난상토론이었다.

> 김희金熹 : "'명명덕어천하明明德於天下'에는 두 가지 설이 있다. 이는 천하 사람들의 명덕明德을 밝히는 것인가? 아니면 나의 명덕을 밝히는 것인가?"
> 김이교金履喬 : "천하 사람들의 명덕을 밝혀야 공용功用이 더욱 커진다."
> 안정선安廷善 : "이렇게 본 다음에야 신민新民이라 할 수 있다."
> 정약용 : "두 가지 설은 어느 한 쪽을 버릴 수 없다. 나의 명덕을 밝혀 천하 사람의 명덕을 밝히는 것이다."
> 김희순金羲淳 : "『대학장구』에서 이미 말하였다."

---

53 정약용과 논란을 벌인 金履喬, 安廷善, 沈能迪은 1789년 정약용과 함께 초계문신에 선발된 사람이었다(『抄啓文臣題名錄』).

정약용 : “공부는 나로부터 해야 하는 것인데 격물格物은 어째서 성의誠意 앞에 있는가?”

김희 : “지知가 앞에 있고 행行이 뒤에 있는 것이다. 격물하지 않으면 어떻게 치지致知하겠는가?”

정약용 : “정자程子는 먼저 성의誠意를 세워 격물한다고 하였으니 이것은 무슨 말인가?”

김희 : “격물과 치지도 나에게 있는 것이 아니겠는가?”

정약용 : “사물을 보는 것에 비유하면 나의 눈이 먼저 밝아야 사물을 분별할 수 있다. 격물과 치지도 성의보다 앞에 있지 않은 것 같다.”

김희 : “먼저 나의 눈을 밝히려면 눈을 부릅뜨고 보는가? 나에게 눈이 있으면 사물을 볼 수 있는 것이다.”

김이교 : “격물格物과 물격物格은 어떻게 보아야 하는가?”

김희 : “어둠 속에 사물이 있는데 벼루는 동쪽에 있고 상床은 서쪽에 있다. 촛불을 잡고 가까이 가서 분명하게 보면 사물은 과연 각자의 자리에 있다. 이것은 율곡栗谷의 말이다.”

정약용 : “어둠 속에 있는 사물은 촛불이 아니면 보지 못한다. 이 촛불이라는 것이 과연 성의誠意가 아닌가? 성의가 뒤에 있다는 것은 끝내 알 수가 없다.”

김이교 : “촛불에 관한 것은 과연 그렇다. 만일 거울이 맑아야 사물이 저절로 비친다는 것에는 어찌 의심이 있겠는가?”

정약용 : “거울도 맑은 다음에야 사물이 비취는 것이다. 이 거울을 맑게 할 때 어찌 공부가 없겠는가?”

정약용 : “치지致知는 어째서 성의와 잇달아 있는가?”

김희 : “이것이 지知와 행行의 분기점이다.”

심증적沈能迪 : "치지와 격물은 두 가지 일인가?"

김희 : "나누어 말할 수 없다."

정약용 : "그렇다면 어째서 물격物格 이후에 지지知至라 하는가?"[54]

이상에서 정약용이 '격물과 치지가 성의보다 앞에 있는 것이 아니라'고 한 것은 그의 기견과 관계가 있다. 정약용은 『대학』의 8조목이 순차적으로 이뤄지는 것이 아니라 성의에서 평천하까지가 격물과 치지의 대상이라 보았다. 따라서 그는 성의에서 평천하까지 6가지를 '격치육조格致六條'라 불렀다.[55] 그렇지만 이런 자리에서 기견을 밝히는 방식은 방대한 자료를 제시하며 정리된 입장을 밝히는 것이 아니라 현장 상황에 따라 말할 수밖에 없었다.

정조 대에 정약용이 밝힌 기견은 훗날 많은 오류가 발견되었다. 이때 정약용은 자신의 견해가 미흡하거나 오류가 있었음을 밝히고 수정하는 방식을 사용하였다. 다음은 몇 가지 사례를 제시한 것으로, 정약용은 과거의 견해가 지금 시점에서 보면 미흡하거나 오류가 있다고 하였다. 여기서 '지금[今]'이란 『중용강의보』와 『대학강의』가 정리된 1814년을 말한다.

時未辨梅書之僞(『中庸講義補』 天命之謂性節)

前對有誤 今改之(『中庸講義補』 喜怒哀樂未發節; 素隱行怪節; 哀公問政節; 惟

---

54 『與猶堂全書』 經集, 권2, 大學講義, 「熙政堂大學講義」.

55 정약용의 格物致知에 대한 해석은 백민정, 「正祖와 茶山의 『大學』에 관한 철학적 입장 비교 - 『經史講義·大學』『曾傳秋錄』 및 『熙政堂大學講義』『大學公議』를 중심으로」, 『退溪學報』 126, 2009, 275~277면.

天下至誠節)

義有未善 今因之(『中庸講義補』 君子之道費而隱節)

今案 末端誤(『熙政堂大學講義』 傳七章)

今案 此對有誤[義見余公議](『熙政堂大學講義』 傳七章)

以今本觀之 文例誠可疑(『熙政堂大學講義』 傳七章)

정약용은 기왕에 밝힌 기견에서 진전된 내용이 있으면 '금안今案'이라 표시하고 새 견해를 추가하였다. 다음은 『중용강의보』에서 『대학』 전10장의 끝부분을 문답한 부분이다.

김희 : "예악형정禮樂刑政은 천하를 다스리는 대경대법大經大法인데 이는 조금도 보이지 않고, 이재理財 용인用人만을 말한 것은 어째서인가?"

정약용 : "천하를 다스리는 것은 용인 이재에서 벗어나지 않는다. 현자賢者를 천거하면 백관이 직분을 다하여 천하가 평안해지고, 생산이 풍성해지면 만백성이 즐겁게 살고 야인野人들이 편안해진다. 조야朝野가 다스려지면 예악이 저절로 일어나고 형정이 저절로 공평해지니 장차 누가 다스려지지 않겠는가? 또한 임금이 혈구絜矩하지 못하는 것은 모두 이심利心에서 나온 것이므로 자기 욕심을 따라 다른 사람이 있는 줄을 모른다. 이 때문에 재용財用만을 말한 것이다. 인재를 쓰고 버리는 것은 민심의 동향에 가장 관계가 된다. 만약 공公으로 사私를 없애고 좋아하고 싫어하는 것을 백성들이 원하는 대로 한다면 인심人心에 맞을 것이다. 이 때문에 연이어 용인用人을 말한 것이다.

금안今案 : 생민生民의 대욕大欲은 부富와 귀貴 두 가지에서 벗어나지 않는다. 군자君子의 대욕은 귀에 있고, 소인小人의 대욕은 부에 있다. 용인과 이재 두 가지 일은 이러한 두 가지 정情을 다스리는 것이다.[56]

---

56 『與猶堂全書』 經集, 권2, 大學講義, 「熙政堂大學講義」.

1789년이란 시점에서 정약용이 『대학』의 결론부가 이재理財와 용인用人으로 끝난 이유를 설명한 것은 미흡한 점이 있었다. '금안'에 보이듯이 정약용은 유배기 이후 귀욕貴欲과 부욕富欲을 군자와 소인의 욕구에 연결시키고, 경세학에서 이 욕구를 실현하기 위해 용인과 이재를 실천하는 방안을 마련하였다. 이를 보면 정약용의 기견은 연구가 진행될수록 더욱 정밀해지고 논리화되었음을 알 수 있다.

이상에서 정조 대에 정약용이 작성한 경학 저술에 나타나는 연구 방법을 살펴보았다.

정조 대에 정약용은 성균관 유생과 규장각 초계문신의 자격으로 국왕이 주도하는 강의에 참석하였다. 정조는 국가에서 필요로 하는 인재를 직접 양성하였고, 정약용의 경학 저술은 그 결과물에 해당한다. 이때 정약용이 작성한 경학 저술에는 『중용강의』 『희정당대학강의』 『중용강의』 『시경강의』가 있고, 대책문으로 「맹자책」 「십삼경책」 「중용책」 「논어대책」 등이 있다. 이들은 모두 정조와 규장각 각신이 질문하고 정약용이 답변한 내용을 정리한 것이다.

정약용은 분서갱유 이후의 경문은 어느 것도 완전하지 않으며, 여러 책에 산견되는 경문의 잔편을 수집하여 경으로 경을 해석하는 것이 가장 좋은 연구 방법이라고 판단하였다. 정약용은 『시경강의』를 통해 경문을 집성하는 작업을 수행하였다. 그는 제일 먼저 『의례』 『주례』 『예기』 『논어』 『춘추』 『국어』 『한서』를 차례로 읽으며 『시경』을 다룬 구절을 일일이 뽑았다. 뽑혀진 자료 가운데 『시경』에 수록된 시에 대한 자료는 본문에서 활용하고, 『시경』에 수록되지 않은 시에 대한 자료는 별도로 「일시逸詩」를 작성하였다. 이들은 잔편에 불과한 경문이지만 잘 보존하여 경학 연구에 활용하기 위해서였다.

정약용은 「십삼경책」에서 역대 주석을 한 군데에 모아 연구에 활용해야 한다고 역설하였다. 정약용의 저술을 보면 『중용강의』와 「논어대책」에서는 주자 주석을 중심으로 논의를 진행하고, 약간의 주변 자료를 검토하는 수준에 머물렀다. 그러나 『시경강의』에서는 「십삼경책」에서 제시한 방법을 이용하였다. 정약용은 한대부터 명대까지 수집할 수 있는 주석을 망라하였고, 특히 모기령의 저술을 집중적으로 인용하였다. 정약용이 『시경강의』에서 역대 주석을 확인하고 다양한 참고 서적을 활용한 것은 정조의 질문에서 워낙 방대한 자료를 동원하였기 때문이다. 정조와 정약용은 모기령의 시경설을 꼼꼼히 검토하면서도 그 실명을 거론하지 않았고, 조선의 학자로는 김창흡의 견해를 거론하였다.

정약용은 경문과 주석의 집성을 통해 글자의 뜻을 파악하고 나면 경문에 대한 기견을 밝힌다고 하였다. 그러나 정조 대의 저술은 국왕의 질문을 따라가며 답변하는 방식이라 경문과 주석을 모으는 사전 작업이 충분히 이뤄지지 못하였다. 정약용은 『중용강의』에서 자기 견해를 밝힐 때 이벽의 견해를 그대로 수용하거나 자기 견해를 밝힌 후 이벽의 경설을 따로 기록하기도 하였다. 유배기에 들어와 정약용은 기왕의 기견에 문제가 있으면 수정하거나 새로운 견해를 추가하였다.

정약용의 연구 방법처럼 경문의 잔편과 역대의 주석을 집성하면서 경문의 뜻을 파악하면 주자의 경설은 연구자가 검토하는 주석 가운데 하나에 불과하였다. 정약용이 경학 연구에서 주자의 견해를 대폭 수용하면서도 그의 견해에 매몰되지 않은 것은 이러한 연구 방법 때문이었다. 정조 대에 정약용은 「십삼경책」에서 경학의 연구 방법을 제시하였지만, 실제 저술에서 이를 제대로 활용하지 못하였다. 그러나 정약용의 연구 방법은 점차 정밀하게 조직화되었고, 정조 대의 경학 연구는 이후 연구의 토대가 되었다.

제5장 경기학인京畿學人의 경학 논쟁

경학사에 있어 19세기 전반은 정조 대에 규장각을 중심으로 활발하게 전개된 경학 연구가 개인의 전문 연구로 전환된 시기로 파악된다. 특히 한강을 중심으로 서울과 근교 지역에 흩어져 살면서 학문 연구에 종사하였던 경기학인들은 학문 정보나 연구 수준에 있어 당대의 학계를 주도한 인물이었고, 정약용도 그 중에 한 사람이었다.

18년간의 유배생활을 마치고 고향으로 돌아온 정약용은 잠시 심신의 휴식을 취한 후 주변에 살던 경기학인들과 교유를 시작하였고, 이를 통해 자신의 저술을 재정리할 기회를 가졌다.[1] 경기학인의 교유는 각자의 저술과 소장한 서적을 돌려보는 식으로 전개되었고, 정약용이 유배지에서 정리하였던 경학 연구서를 대상으로 한 논쟁이 자주 발생하였다. 정약용과 논쟁을 벌인 경기학인으로는 신작1760~1828, 김매순1776~1840, 홍석주1774~1842가 있었고, 그 주변 인물로 김매순의 동료인 김기서가 있었다. 이들은 정약용과 2년 연상에서 14년 연하에 해당하는 동년배로, 정조 대에 학문 연구를 시작하여 다수의 경학 관련 저술을 남긴 대표적 지식인이었다. 따라서 이들의 경학 논쟁을 검토하는 것은 당시 조선학계의 경학 수준을 가늠하는 하나의 기준을 마련한다는 의미가 있다.

---

1 19세기 전반 京畿學人의 교유일지는 본서 제3부 제1장을 참조.

이 글은 정약용의 연구를 중심으로 전개된 19세기 전반 경기학인의 경학 논쟁을 살펴보기 위해 작성되었다. 이하에서는 정약용과 경학 논쟁을 벌인 3인을 인물별로 장을 나누고, 그들의 논쟁점에 따라 주제를 구분하여 정리하였다.

제1절 정약용과 신작의 논쟁

1819년 8월 21일에 정약용이 『상례사전』과 『매씨서평』을 가지고 신작의 집을 방문하면서 두 사람의 만남은 시작되었다.[2] 당시 신작은 광주 사마루의 향저鄕邸에 머물면서 『시차고詩次故』 3부작 26권을 완성하고 경학 연구에 몰두하던 중이었다. 두 사람의 논쟁은 정약용의 저술을 주 대상으로 하였으며, 논쟁이 진행되면서 논점이 상례, 벽괘설, 육향제 등으로 옮겨졌다.

정약용과 신작의 교유에는 신작의 삼형제가 함께 참여하였고,[3]

---

2 『石泉遺集後集』 권8, 「日乘」 純祖 19년(1819).

"九月, 籤送丁令『喪禮四箋』·『尙書平』.[丁令名若鏞, 博書籍, 善談論. 謫居數十年, 有著書百卷. 來在苕川二十里地, 是時來訪. 繼送所撰『喪禮四箋』·『尙書平』, 請公斤正. 公籤付以送. 于後往來源源, 赫蹄聯翩, 多所問難焉.]"

3 윗책, 권6, 「答丁承旨」.

"受之, 久闊餘來會, 老兄弟復合堂對坐, 餘生厚幸. 何由致令公於此中, 數日劇談, 從傍黙坐, 參聽其緖論也."

여기서 受之는 신작의 동생인 申絢을 말한다. 또한 『與猶堂全書』 시문편에는 정약용이 신작 형제에게 보낸 「江村賞雪 懷申學士兄弟 走筆寄呈」 「歸數日追述鄙懷奉呈申學士兄弟」 「對雪重寄申學士兄弟」 등의 시가 있다.

1823년 신작의 생질인 박종휴朴鍾休·박종유朴鍾儒 형제가 정약용의 이웃으로 이사한 후로는 이들을 통한 간접 교유도 활발하였다.[4] 신작은 정약용을 통해 염약거의 『고문상서소증』을 보았다.[5] 이 책은 정약용이 홍석주에게서 빌려온 것이었다.

1. 상례설喪禮說

신작은 정약용의 상례 연구에 대한 공적을 인정하는 입장이었다. 신작은 부친이 생존해 있을 때 모친을 위해 자최齊衰 삼년복을 입는 것은 부父와 모母에 대한 상복이 다르기 때문이고, 쫓겨난 모친과 개가한 모친에 대한 상복은 동일하다는 정약용의 해석에 동조하였다.[6] 그리고 정약용의 『상례사전』「상기별喪期別」 입후立後의 4조와 13조에 대해서도 전적으로 찬성하였다.[7] 그러나 신작은 정약용이 '종법宗法에 밝지 못하다' '복제服制의 원리에 밝지 못하다' '큰 꿈에서 깨어나지 않았

---

4 윗책, 권8, 「日乘」 純祖 23년(1823).
"六月, 同兄弟, 乘小艇下苕川, 翌日還.[時朴甥自木洞移苕川, 丁令又在鄰比, 故往尋焉.]"

5 윗책, 권6, 「答丁承旨」(1821. 9).
"閻氏書, 旣已瞥看, 不敢久留, 玆還納文府耳. 賴此好破數日愁寂, 知荷知荷. 因宋鑑書, 已揣其全鼎之味, 竟秩繙閱, 益知其博且明, 但未若宋書之約而盡也."

6 윗책, 「答丁承旨」.
"『開元禮』, '父在爲母齊衰三年', 『箋』云, '父母不可同服.' ○ 義旣明熟, 文亦從心, 讀之爽然, 非素講精熟, 無以到此地位.
'出妻之子, 爲母疏縗', 『箋』云, '出母嫁母不可分爲二.' ○ 籤曰, 此二條婉而成章, 如公羊義."

7 윗글.
"『禮考』, "非同宗, 不得立後." 『箋』, 立後第四條. ○ 籤曰, 從此竟卷, 論出後事, 節節皆是.
「喪期別·出後」第十三條. ○ 籤云, 此卷別無可籤. 大抵高明禮學, 旣從源頭刷櫛, 如行籌明數, 引燭散暗, 終不依違於擧一世之惑. 如出後諸議, 多絶評. '本生父母稱謂'甚□人心."

다' '검은 듯 흰 듯 모호하여 명백하지 못하다'는 표현을 써서 선학들의 연구 성과를 지나치게 비난하는 것이 거슬렸고, 대덕戴德, 마융馬融, 정현鄭玄처럼 경전을 수호한 공로가 있는 한유를 공격하는 데에 불만이 컸다.[8]

신작은 특히 정현의 예설을 중시하고 따랐다. 신작이 정현을 어느 정도 신뢰했는지는 다음의 글에 잘 나타난다.[9]

> 정강성鄭康成 鄭玄은 예가禮家의 학설에 있어 전문적인 큰 학자이다. 그는 고대의 전적을 꿰뚫어 종합하고, 축적하고 발표할 때에는 참작 검토하여 한마디 발언을 하면 반드시 이리저리 관련된 것을 연결시킨다. 후대 학자로 정현과 논란을 벌일 자로는 왕숙王肅만한 이가 없는데, 조용히 경의經義를 연구해 보면 끝내 정현이 옳았음을 알게 된다. 왕숙이 먼저 나고 정현이 뒤에 났더라면 어찌 정현이 답을 못하였겠는가? 불행히도 정현은 죽고 왕숙의 주장만 홀로 떠들게 되니, 이른바 '뒤에 나와서 공교로운 것'이 아니겠는가?

신작은 한나라가 시기적으로 고대와 가까워 전해진 것이 많고, 고례古禮와 일례佚禮에 관한 서적도 지금보다 많은 시대였으며, 정현의 예설은 모두 경전을 근거로 한 것이라고 파악하였다. 따라서 후대 학자가 이견이 있으면 자기 생각을 논리적으로 말하면 되지, 굳이 한유를

---

8 윗글.
"'宗法不明', '服術不明', '大夢未覺', '似黑似白, 模糊不明'等語, 遣辭之際, 辭鋒太過, 稍委曲其說似好, 未知如何? 戴與馬, 則固有失德, 而其傳經衛聖之功, 不可少也. 鄭則只信讖一事可疑, 而名德俱尊, 雖或意見參差, 但直敍己意, 而是非自見矣."

9 윗글.

비난할 필요는 없다고 생각하였다.[10] 또한 신작은 정현의 예설에 근거를 한 당의 공영달孔穎達·가공언賈公彦의 사종설四種說이나 원의 학자 진호陳澔의 별자別子에 대한 해석은 옳은 것으로 판단하였다.

그러나 정약용의 생각은 달랐다. 정약용은 삼례三禮『주례』『의례』『예기』가 등장한 것은 한대 이후지만 그 내용적 정합성으로 볼 때 한유의 능력으로는 결코 위조할 수 없는 경전이라고 단언하였다.[11] 정약용의 이러한 발언은 예경禮經의 원문을 절대적으로 신뢰하지만 한대의 주소를 불신하고 한유들의 자의적인 경전 해석을 부정하는 것이었다.[12] 정약용은 별자의 사용 범위에 대한 해석에서도 한대의 주석을 수용하지 않았다. 그는 '별자'는 공자公子에게만 사용하는 호칭이며, 정현이 이를 공족公族과 서성庶姓에 통용되는 호칭으로 파악한 것은 잘못이라고 보았다. 그런데 정약용은 주장의 근거를 경문에 두었지만, 정현의 『예기』 주석이나 이를 수용한 진호의 『예기집설禮記集說』은 경문에 근거가 없다고 하여 경經과 주소注疏를 분명히 구분하였다.[13]

---

10 윗글.

"漢時禮說, 近古多聞, 如古禮·逸禮等書, 卷裏夥然, 三倍於今. 鄭皆聰明淹貫, 說有援證. 今以殘散餘經, 追理其說, 則縱合今見, 古人復生, 豈無其說? 後儒之言多以義起. 義起者我亦可以義起. 獨不可以輕抵漢儒者, 此也."

11 『與猶堂全書』 1集 권14, 「題毛寄齡喪禮吾說篇」.

12 張東宇, 『茶山 禮學의 研究 - 『儀禮』「喪服」과 『喪禮四箋』「喪期別」의 비교를 중심으로』, 연세대 박사학위논문, 1997, 133~135면.

13 『與猶堂全書』 詩文集, 권20, 「答申在中」.

"唯大宗別子之辨, 公士衆臣之節, 愚暗成痼, 不能破其宿昔之疑. 來諭謂'鄭注未嘗以大宗專指公子', 而「大傳」之注分明云'小宗四, 大宗一.' 後儒皆宗此義, 其與經不合, 不可掩也. 別子之稱, 考之經文, 分明是公子之專稱. 注疏'別子有三', 未有經據, 其與經不合, 不可掩也."

윗 글에서 '別子有三'이 나오는 注疏는 『禮記集說』「喪服小記」이다("別子有三, 一是, 諸侯適者之弟, 別於正適. 二是, 異姓公子來自他國, 別於本國不來者. 三是, 庶姓之起於是邦, 爲卿大夫, 而別於

이상에서 보듯 정약용과 신작은 한유, 특히 정현의 학설에 대한 평가에서 견해차가 있었고, 끝까지 공통된 결론을 내리지 못하였다.

2. 벽괘설辟卦說

정약용은 역학의 핵심 이론인 역리사법易理四法 物象 推移 爻變 互體 가운데 하나인 추이론에서 64괘 상호간의 관계를 벽괘辟卦와 연괘衍卦로 설명하였다. 그의 해석을 따르면 벽괘는 1년 12월을 상징하는 12괘와 윤달을 상징하는 중부中孚와 소과小過괘를 합하여 14괘이며, 연괘는 벽괘에서 변화해 온 나머지 50개의 괘를 말한다.[14]

정약용과 신작의 논쟁은 벽괘에 관한 한유들의 해석에 대한 평가 문제였다. 신작이 정약용의 12벽괘설을 알고 있었는지는 분명하지 않지만, 신작은 당의 일행一行이 쓴 『대연력大衍曆』에 벽괘의 용례가 있다고 말하였던 것 같다. 이에 대해 정약용은 『대연력』에 나오는 분괘직일법分卦直日法과 64괘를 72후候에 배정하는 설은 역易과 역법曆法을 억지로 결부시켜 만든 불합리한 이론이라고 비판하였다.

분괘직일법이란 한의 맹희孟喜와 경방京房이 주장한 것으로, 『주역』의 괘를 나누어 1년의 일수에 대응시키는 방법을 말한다. 다만 맹희역孟喜易은 4정괘正卦(坎·離·震·兌)를 제외한 60괘 360효爻를 가지고 1년

不仕者, 皆稱別子也.").

14 『周易四箋』 권1, 「推移表直說」.
"總之, 四時之卦十二也, 再閏之卦二也.. 於此十四, 而衍之爲卦者五十也. 故曰大衍之數五十."
여기서 四時에 해당하는 12辟卦는 復, 姤, 臨, 遯, 泰, 否, 大壯, 觀, 夬, 剝, 乾, 坤 등이다.
정약용의 易理四法 해석에 대해서는 金永友, 「茶山 丁若鏞의 易學思想과 易理四法」, 『東亞文化』 36, 1998, 118~126면.

365와 1/4일에 대응시키지만, 경방역京房易은 4정괘를 포함한 64괘 384효를 가지고 1년의 일수에 대응시키는 차이가 있었다.[15] 또한 『대연력』에서는 4정괘를 제외한 60괘를 12괘씩 5등분하여 각각 벽辟·공公·후侯·경卿·대부大夫에 대응시키고, 60괘를 세분하여 72후24절기를 각각 3후로 나눈 것에 대응시켰다.

정약용은 이러한 한 대의 해석을 비판하는 입장이었다. 그는 먼저 『주역』의 384효를 1년의 일수에 배정하면 둘의 숫자가 맞지 않으며, 효란 원래 변괘變卦를 지칭하는 것이지 1획, 2획이라고 하는 것을 가리키는 것이 아니라고 비판하였다.[16] 또한 괘를 벽괘, 공괘, 후괘, 경괘, 대부괘로 나누어 보는 것도 12벽괘는 서로 대응하는 괘가 벽괘이므로 의미가 잘 통하지만, 나머지는 대응되는 괘가 공괘와 후괘, 대부괘와 후괘가 되는 등 맞지 않는다고 지적하였다.[17] 그리고 64괘를 72절기에 맞추기 위해 4정괘의 24효를 24절기에 배당하고, 둔괘屯卦 등 12괘를 둘로 나누어 2후에 분배하는 등 억지로 72란 숫자를 만들었다고 비난하였다.[18]

---

[15] 廖名春 외, 『周易研究史』, 湖南出版社, 1991(심경호 역, 1994, 『주역철학사』, 예문서원, 1994, 176~184면).

[16] 『與猶堂全書』 詩文集, 권20, 「答申在中」.

"況爻之爲字, 本是變卦之名, 非一畫二畫之謂也. 以畫爲爻, 原是失實, 餘不必言. 『經』曰, "爻者, 言乎變者也", 爻豈是畫也?"

『周易四箋』 권1, 「爻變表直說」.

"卦畫之一二三四, 爲之畫, 其一二三四之變者, 爲之爻. 爻者交也, 謂陰陽交易也. 今人認畫爲爻, 頭腦已誤也."

[17] 윗글.

[18] 『與猶堂全書』 詩文集, 권20, 「答申在中」.

"六十四卦, 七十二候, 厥數不同, 本非搭配之物. 必去四卦, 加增十二, 迺可相配. 於是, 坎·離·震·

결론적으로 정약용은 역易의 원리는 상징[象]에 있다고 보았다. 그는 12벽괘는 12월을, 중부·소과괘는 2개의 윤달을 상징하며, 건·곤괘는 천지天地, 나머지 62괘는 5년의 62개월을 상징하는 것으로 이해하였다. 그런데 분괘직일법이나 64괘를 72후에 배정하는 것 같은 한대 이후의 역론은 역易이 역曆을 상징하는 것이 아니라 오히려 역曆이 역易을 상징하는 것으로 보았고, 이를 비판하였다.[19]

이에 대해 신작은 조심스런 입장이었다. 신작은 일행의 『대연력』은 한역의 대가인 경방역과 맹희역에 연원을 둔 것으로 보았다.[20] 또한 역의 은미한 뜻은 여러 재사才士들이 오랫동안 연구하여 터득한 것인데, 후세에 남겨진 단편 기록으로 그 의미를 확정지으려는 것은 경계해야 할 일이라고 하였다.[21] 신작은 정약용의 단정적인 결론에 비판적인 태도를 보였다.

兌, 黜之爲四正, 以其六爻, 配之於二十四氣.[四六二十四] 乃執屯·小過·需·豫·旅·大有·鼎·恒·巽·歸妹·艮·未濟等, 十二卦, 剖之爲兩段, 分配於二候, 以成七十二數. 破碎牽挐, 一至是哉?”

19 윗글.

“大抵, 易之爲道, 象而已. 故十二辟卦, 以象四時, 中孚·小過, 以象兩閏. 於是, 乾·坤二卦, 以象天地, 餘六十二卦, 以象五歲再閏六十二月之數. 聖人於此, 亦取其髣髴之似而已, 分卦直日, 豈有經證耶? 以易象曆, 可也, 漢·晉以降, 以曆象易, 皆似渺芒, 不可究詰.”

20 『石泉遺集後集』 권6, 「答丁承旨」(1821. 除日).

“辟卦說, 見『開元大衍曆』. 其法以辟·公·侯·卿·大夫五卦分排於每月, 辟卦是五卦之一, 辟者君也, 諸卦之所出故爾. 此盖京房分卦直日之法, 而十二卦之分屬於每月, 則本於孟氏易也.”

21 윗글.

“而『易』之妙處, 每出於夷思之表. 且此數子皆以特達之才, 屢歲乃通, 當世稱奇, 後人傳法. 今其完書不在, 斷爛餘言無以究其義. 而盡其辭, 則豈可立談之間, 片言以折耶?”

3. 『상서』 고문

정약용과 신작은 『상서』 고문이 위서라는 사실에 동의하였다. 이는 정약용이 고문 25편이 위서라는 사실을 논증한 『매씨서평』을 편찬하고, 신작이 『상서』 고문만을 대상으로 한 『이십오편』을 지은 것에서 잘 나타난다. 그러나 정약용은 고문을 위서로 만든 책임을 전적으로 매색에게 있다고 한 반면에, 신작은 고문은 위서이나 경학 연구에 도움이 되며 위서의 책임도 매색 혼자 감당할 것이 아니라는 입장이었다.

신작은 고문 25편이 공벽孔壁에서 나온 진고문은 아니지만 그 뜻이 매우 전아典雅하므로 경전 연구에 도움이 된다고 보았고, 25편의 본문에 다른 경전에 인용된 고문의 구절을 주로 달고, 뜻이 같은 문장을 덧붙인 『이십오편』을 편찬하였다.[22] 또한 그는 위魏·진晉 연간에 『상서』 25편에서 없어진 부분을 보망補亡한 사람이 있었는데, 후세 사람이 이를 진경으로 판단하여 마융, 정현, 왕숙의 주석과 자신의 뜻을 보태어 「위공안국전僞孔安國傳」을 지었고, 매색은 이것을 채택한 것으로 보았다. 이렇게 되면 매색은 위서를 분별하지 못한 잘못은 있지만 위서를 만든 책임이 있는 것은 아니게 되었다.[23]

신작은 또 주자는 만년에 『상서』 고문이 위서임을 알았다고 주장하였다. 신작은 주자가 처음에는 『상서』 「대우모」편에 나오는 인심人心·

---

22 『二十五篇』 卷首, 「二十五篇序」.

23 『石泉遺集後集』 권6, 「答丁承旨」.
"意者, 魏晉間人, 有偶作補亡書二十五篇, 如東晳補亡詩者, 而失其名氏, 後之覽者, 以補爲眞, 遂採馬鄭王注, 兼下己意, 作孔傳以行于世, 而其後遂爲梅生所得也, 梅生擇不精之過則有之, 而作贗則未也."

도심道心에 관한 설 등 위고문의 내용을 무척 신뢰하였다. 그러나 죽기 2년 전에 『상서』를 주석하다가 「오자지가」편에 이르러 고문이 위서임을 깨닫고, 주석의 임무를 제자인 채침에게 넘긴 것으로 판단하였다. 따라서 그는 후대의 주자학자가 주자가 고문을 신뢰하던 시절에 한 말을 가지고, 말년에 고문을 의심한 말을 부정한다면 이는 잘못이라고 판단하였다.[24] 이러한 신작의 발언은 『상서』 고문이 위서임을 확신하며, 주자가 고문을 신뢰하였던 초기의 학설을 가지고 고문을 옹호하려는 송학 계열 학자의 주장을 반박하는 의미가 있었다.

4. 『주례』 육향제

육향제란 주나라의 왕기王畿에 있었던 것으로 믿어지는 향수제鄕遂制의 향鄕을 말한다. 향수제에 관한 기록은 주로 『주례』에 있으며, 정현이 『주례』 주석에서 육향을 왕성에서 100리 거리에 있는 사교四郊의 안에, 육수六遂는 100리~200리甸地에 있는 것으로 위치를 비정한 후 거의 정설이 되었다. 그러나 정약용은 『상서』 연구를 통해 정현의 견해를 반대하고 육향은 왕성 9리의 안, 육수는 왕성에서 50리 안인 근교近郊 지역에 있는 것으로 논증하였고, 이를 본 신작이 정현의 해석을

---

24 윗글.

"朱子於古文人心道心之說, 伊傅告君之辭, 始頗考信, 逮易簀前二歲, 方始注書, 纔解「典」「謨」, 繼詳「五子」, 則的然是掇拾左氏[朱子於『孝經』, 其文出左氏者弁句之, 亦此例也]. 以下諸古文箇箇文從字順, 決非孔壁舊本. 遂不得注, 以付於蔡, 其疑古文諸說, 盖此時定論. 若朱子先已知古文之非, 則雖「典」「謨」數篇, 必不煩注, 故知注書前未嘗疑古文也. 纔解「典」·「謨」,下便撤注, 故知古文之疑, 起於「五子」. 後人若只據向前信古文之語, 以破末年疑古文之說, 則其可曰通論耶."

옹호하면서 일대 논쟁이 벌어졌다.[25]

신작의 반박은 크게 두 가지로 요약된다. 첫째, 주대周代는 병농일치제 국가이며 천자의 육군六軍은 육향에서 나오므로, 육향이 왕성 안에 있을 수 없다.[26] 둘째, 좁게는 사방 9리, 정약용의 견해를 수용해도 사방 12리에 불과한 좁은 땅에서 육군을 만들어 낼 수 없다.[27] 따라서 신작은 왕성 9리가 국國이고, 100리의 안이 향鄕이며, 육향과 관련이 있는 사도司徒, 향노鄕老, 향대부鄕大夫, 향사鄕師는 조선 후기의 구관당상句管堂上처럼 왕성 안에 거주하면서 육향의 일을 겸직 또는 전담하는 관리이고, 주장州長 이하의 관리는 현지에서 직접 육향의 업무를 담당하는 관리로 보았다.

정약용은 신작의 주장에서 전제가 되는 부분, 즉 '육향에서 육군이 나온다'는 정현의 주장이 경전에 근거가 없다고 반박하였다.[28] 정약용은 육향은 한성漢城의 5부部와 같은 것으로 왕성 안에 있고, 육수는 왕성 밖에 있으며, '육향의 관리가 민民을 교육시켜 유능한 자를 발탁하고, 육수의 관리가 맹인甿人을 다스려 농사를 권장한다'는 『주례』의 원

---

25 본서 제3부 제1장 참조.

26 『石泉遺集後集』 권6, 「答丁承旨」.
"至於六鄕, 則六軍所出. 兵農相須, 則其不得在國中, 又明矣."

27 윗글.
"且如高明之義, 王城之內延至十二里, 其中除公宮·宗廟·社稷·朝市·倉廩, 又除王子弟公卿大夫以至府史·胥吏之家, 又除賢能·服事·老病·弛舍·工商·市廛外, 此荷役而出者, 終無以辦出六軍. 故知六鄕之地盡於四郊, 而六軍之卒乘兵甲無不於此取辨也."

28 『與猶堂全書』 詩文集, 권20, 「答申在中」(1822. 6. 23).
"唯鄭於『周禮』之註, 乃以六軍, 配於六鄕, 其說原自可疑. 若如鄙說, 六鄕在國中, 則公卿·大夫·適士·官師, 以至府吏·胥徒之屬, 皆無身隸軍籍之理. 設如舊說, 六鄕在郊外, 其義亦不可通, 何也?"

문은 바꿀 수 없다고 하였다.[29] 육향제 문제를 놓고 논쟁을 벌이던 정약용은 한사코 정현의 설을 고집하는 신작에게 다음과 같이 말하였다.

> 노형께서 정현의 설을 돈독히 믿어, 다른 사람의 글을 보거나 다른 사람의 말을 들을 때면 먼저 하나의 방패를 마련하여 마음속에 세워두고 있다가 정현의 설에 위배되는 것이 있으면 바로 굳게 거부하고 고집스럽게 지킵니다. 이것은 내가 일찍이 흠모하고 기꺼워한 바입니다. 그러나 지나치게 굳고 고집스러워 사람들로 하여금 막히고 답답함을 감당할 수 없게 하니, 이는 허명虛明하고 공평한 태도로 마음을 활짝 열어 기쁘게 하는 것만 못합니다.[30]

육향제 논쟁에 있어서도 두 사람은 공통의 결론을 내리지 못하였다. 정약용에게 있어 육향제는 『주례』 해석의 문제를 넘어 『경세유표』의 개혁 방안과 직결되었고, 신작은 자신의 학문적 기반과 관련되는 문제였기 때문에 두 사람의 논쟁은 치열하게 전개되었다.

제2절 정약용과 김매순의 논쟁

정약용과 김매순의 만남은 1821년 11월 27일에 시작되었다. 정조 치하에서 성균관의 관리로 함께 근무한 적이 있던 두 사람은 30여 년

---

29 윗책, 「答申在中」.
"鄕官教民, 以興賢能, 遂官利甿, 以勸稼穡, 八字打開, 其文歷然. 六鄕之在國中, 而六遂之在其外, 審矣."

30 윗글(1822. 6. 10).

의 세월이 흐른 뒤에 있었던 재회에서 감회가 컸다.[31] 김매순은 정약용의 『매씨서평』과 『상례사전』을 검토하며 논쟁을 벌였고, 중간에 김매순의 친우인 김기서가 이 논쟁에 가세하였다. 또한 두 사람은 청 학자 방포方苞의 『망계집望溪集』을 서로 돌려보며 비평하였고, 정약용은 송감宋鑒의 『상서고변尙書考辨』이 자신과 같은 입장이라고 소개하기도 하였다.[32]

1. 『상서』 고문

김매순은 경기학인 가운데 정약용의 학문적 성취를 가장 높게 평가해 준 인물이었다. 김매순은 『매씨서평』을 읽고 나서 다음과 같은 소감을 보냈다.

> 은미한 것을 밝히고 숨겨진 것을 통찰함은 비위飛衛[33]가 이[虱]를 보듯 하고, 얽힌 대목을 정리하고 견고한 아성을 깨뜨리는 것은 포정庖丁[34]이 소를 잡는 듯하다. 비정한 수단으로 간흉奸凶을 제거하는 것은 상앙商鞅이 위수渭水에서 죄수를 처치하는 것 같고, 신념을 다해 정학을 지키는 기세는 변화卞和가 형산荊山의 벽옥璧玉을 안고 울부짖는 것 같다. 한편으로 공벽孔壁을 칭탁한 위고문僞古文을 물리친 일등 공신이요, 또 한편으로는 주자학에 대한 모멸을 막아낸 용맹스런 신하이다. 유림의 큰 업적 가운데 이것과 견줄 수 있는

31 『與猶堂全書』 詩文集, 권20, 「與金德叟」(1821. 11. 27).
"第思正錄廳, 藍袍併坐時事, 歷歷如眼前光景, 而石火風燈, 倏現忽滅. 今於三十年後, 再見凝範, 已鬚髮老蒼, 復多田野間氣色, 人生良足感慨, 又不可料度也."

32 윗책, 「與金德叟·別紙」(1822. 2. 4).

33 飛衛 : 고대에 활을 잘 쏘았던 사람 이름. 『列子·湯問』에 나옴.

34 庖丁 : 고대의 유명한 요리인 이름. 『莊子』 「養生主」편에 나옴.

것은 없을 것이다. 적막한 천년 뒤 황무지인 이 땅에서 이렇게 탁월하고 기이한 일이 일어날 줄을 어찌 생각이나 하였을까.[35]

18년간의 적막하고 힘든 유배 생활을 학문 연구로 버텨왔던 정약용은 김매순의 말에 크게 고무되었고, 감격스러운 이 글을 집중본 「자찬묘지명」의 '보유補遺'에서 재인용하였다.

김매순은 『매씨서평』에 담긴 과격한 표현을 완화시킬 것을 요구하였고, 정약용은 이를 전폭적으로 수용하였다. 정약용은 자신의 『매씨서평』이 유배지로 간 첫 해에 지은 것으로 아직 젊은 습기習氣가 제거되지 못하고 평소에 쌓인 울분도 가라앉히지 못해 조그만 일에도 한바탕 욕을 퍼부어야 조금이나마 후련해졌다고 고백하였다.[36] 그리고 김매순의 견해를 수용하여 '虹橋旣斷'을 '津梁旣斷'으로, '其骨已霜'은 '墓木已拱'으로 수정하였다.

『상서』 고문에 대해, 김매순은 고문이 위작인 것은 확실하지만 「대우모」 16자人心惟危 道心惟微 惟精惟一 允執厥中는 성리학의 취지와 일치하므로 수용해야 한다는 입장이었다. 김매순은 16자가 선민先民의 격언인 것이 분명하며, 다만 '유정유일惟精惟一' 다음에 '윤집궐중允執厥中'을 붙여놓은 것은 타당하지 않다고 생각하였다.[37] 또한 16자는 도가道家에서

---

35 윗책, 「又書」(1822. 1. 29).

36 『與猶堂全書』 詩文集, 권20, 「答金德叟」(1822. 2. 4).

"況『書平』, 乃流落竄初年所作. 彼時習氣未除, 幽憤未平, 遇有觸激, 須卽一場痛罵, 方纔小快, 此豈學道人事耶?"

37 윗책, 「又書·別紙 2」.

"梅書之贗雖以愚之蒙陋, 亦嘗七八分猜到. 而終不敢大開口說出者, 直以舜禹十六言, 分明是先民格言, 斷不可割捨也. 然'精一'之下, 承以'執中', 微覺齟齬不安, 則試以問人, 例皆汎聽汎應, 一似初未

나왔지만 도가는 유가의 대도大道가 제대로 전해지지 않게 되면서 따로 일가를 형성한 것이므로, 도가에 있는 성인의 말씀도 따라야 한다고 주장하였다.[38] 중간에 논쟁에 가세한 김기서는 김매순과 같은 입장이면서 주자의 학설에 더욱 얽매이는 경향을 보였다. 김기서는 주자가 고문을 의심하였지만 16자를 「중용장구서」에 인용한 것은 그 말이 이치에 합당하기 때문이며, 주자의 감정을 거친 16자를 부인하는 것은 '주자학을 어지럽힌다.'는 공격을 받을 우려가 있다고 하였다.[39]

정약용은 김매순과 김기서의 견해를 대체로 수용하였다. 정약용은 도경道經의 도道는 복희伏羲·헌원軒轅에 기원을 둔 유학의 도이며, '人心危·道心微' 6글자는 극기복례克己復禮의 근본으로 삼아야 한다고 하였다.[40] 또한 그는 16자 중 위의 8자人心惟危 道心惟微와 아래의 4자允執厥中는 순수한 성인의 말씀이며, 오직 세 번째 구절惟精惟一이 『순자荀子』에 나오는 말로 본의가 조금 다른 것으로 파악하였다. 따라서 그는 16자를 세 구절人心惟危 道心惟微 / 惟精惟一 / 允執厥中로 구분하여 인용하는 것은 문제가 없지만, 이를 하나의 연결된 문장으로 사용하는 것은 옳지 않

嘗會疑者. 於是無可奈何, 只以朱子注解, 奉爲時王象魏之制, 拜稽莊誦, 以俟意味之融浹而已."

38 윗글.
"所謂道家者類, 大道之失其傳, 而偏爲一家者也. 病在於家, 而不在於道, 此一字不必苦苦力爭耶? 大抵人道危微, 分明是古聖至言. 移插禹謨則可怪, 永屬老氏則可惜."

39 윗책, 「又書」(1822. 2. 1).
"然朱夫子未嘗不致疑於二十五篇, 而獨此十六字, 則尊信而表章之, 載之於「中庸序」, 筆之於感興詩, 爲聖學之大本, 作萬世之人紀, 是豈無所見而然哉? 蓋言苟合理, 不辨眞僞, 自孟子已然, 朱子釋經, 亦用是道. … 今此十六字已經朱子勘定, 不宜容易打破. 若有右梅之徒, 起而攻之曰, '外託吹毛, 內實亂朱', 將以何辭答之?"

40 윗책, 「答鼎山」(1822. 2. 4).

다는 입장이었다.[41]

2. 상례喪禮

정약용은 신작의 첨이 붙어있는 『상례사전』 「상기별」을 김매순에게 그대로 보냈다. 김매순은 정약용의 해박한 예설에 감탄하고, 계조繼祖·계예繼禰에 대한 문장과 부후父後·조후祖後에 대한 해석은 이치가 정밀하고 잘못된 것을 바로잡은 공적이 있다고 평가하였다. 다만 김매순은 대종大宗·소종小宗의 명칭과 낳아주신 부모의 호칭에 대해서는 정약용의 견해에 동의하지 않았다.[42]

김매순은 다시 『상례사전』 「상복상喪服商」을 읽고 논증이 명확하여 더 논평할 것이 없다고 평가하였다. 그는 정약용의 저술을 통해 비로소 옷섶이 치마 가장자리에 있을 수 없고, 오복五服에는 최衰·적適·부負 등의 제도가 있음을 알았다고 하였으며, 옷깃의 법식과 적適의 제도를 더욱 분명하게 알기 위해 종이로 재단한 견본과 자[尺]의 견본을 보내줄 것을 요청하였다.[43]

정약용의 예설을 검토하는 과정에서 두 사람은 한학과 송학에 대한 견해를 피력하였다. 정약용은 한유의 학문이 훈고를 계승하여 취할 것이 있지만 오류가 적지 않으며, 주자가 이를 바로잡은 것이 많다고 평

---

41 윗글.

"十六字, 其上八字, 下四字, 醇乎醇之, 聖門語也. 唯第三句, 出於『筍子』, 而本意微倒而已. 其可服膺者, 服膺焉. 其可銘佩者, 銘佩焉, 豈必以不出『書經』, 而少衰其尊信之心哉. 『梅書』僞案, 旣已彰明, 則此十六字, 自不能相連爲文. 雖覺悚仄, 別無道理."

42 윗책, 「又書」(1822. 2. 18).

43 윗글(1822. 2. 그믐).

가하였다. 그는 한학이라고 무조건 옳은 것도 아니고 송학이라고 무조건 그른 것도 아닌데, 연대만 따져 오래된 한학은 옳고 후대의 송학은 그르다고 하는 당시의 풍조를 비판하였다.[44] 또한 주자가 『주자가례』에서 주소의 오류를 고쳤는데, 그 제자인 양복楊復이나 황간黃幹이 주자의 본의를 모르고 다시 한유의 주소를 따랐기 때문에 주소의 오류를 바로잡을 기회를 놓쳤다고 하였다.[45] 정약용의 발언은 자신이 한학을 비판하는 입장임을 밝히고, 정현의 설을 그대로 따르려고 하는 신작을 비판한 것이었다.

김매순은 한학과 송학의 성과를 동시에 인정하고, 특히 주자학은 한대 학자의 토대가 있었기에 성립한 것으로 보았다. 따라서 그는 오직 진리를 밝히는 데 뜻을 두고, 고주古注든 신설이든 공정하게 판단하여 옳은 것만 따르면 된다는 입장이었다.[46] 다만 김매순은 명·청 이후의 학자들이 모형毛亨·모장毛萇·정현鄭玄을 떠받들어 고아古雅하다고 여기면서, 주자의 장구나 집주는 은연중에 속학으로 돌려버리는 폐단이

---

44 윗책, 「答金德叟」(1822. 2. 4).
"竊嘗以爲漢儒高古, 其訓詁相承, 固多可取, 而其紕繆錯誤, 誠亦不少. 故朱子多所更改, 非求瑕於白璧也. 近世一種習尙, 乃欲專心古注, 凡古注所言, 有議其不允者, 指之爲妄人. 然窮居數十年, 沈漸章句, 積久稽驗, 知古注未必盡是, 後儒新論, 未必盡非. 唯當虛心公觀, 以察是非之眞, 不宜按世次·考年紀, 以斷其從違也."

45 윗책, 「答鼎山」(1822. 2. 11).
"嘗觀『朱子家禮』, 其不遵注疏處, 皆注疏未甚當理, 可見朱子於此積久硏慮而改之. 特緣被竊於童行, 不能勘定, 而其書始出於易簀之後. 乃楊·黃諸公, 不知朱子本意, 還從注疏, 遂使正誤刋謬之機, 復泯於斯世."

46 윗책, 「又書」.
"誠使後之君子, 體當日之心, 用當日之工, 志在講明, 不雜它念, 則尊尙古注, 本非惡事, 唯諾新說, 亦是死法, 公聽並觀, 惟善是師, 夫誰曰不可?"

있음을 지적하고, 이런 병통을 극복할 방안을 생각해야 한다고 하였다.[47] 김매순은 한학 위주의 학풍에 대해서는 분명하게 반대하였다.

3. 명철보신明哲保身의 의미

'명철보신明哲保身'은 『시경』「증민烝民」시에 나오는 구절로 『중용』에 재인용되면서 널리 알려졌다.[48]

정약용은 『상서』의 '臣下不匡, 其墨' 구절을 해석하면서, '묵용默容'을 인용하여 군주를 바로잡지 못한 신하에게 묵형墨刑을 가하는 것은 너무 가혹하다고 평하였다.[49] 김매순이 이에 반론을 제기하였다. 즉 '묵용'이란 그 직위에 있지 않은 자를 가리킨 것일 뿐, 높은 관직에 있으면서 많은 봉급을 받는 자가 군주의 잘못된 행동을 보면서 아무 말을 하지 않고, '나는 명철明哲하다' '나는 묵용한다'고 변명한다면 이런 자의 죄를 처벌해야 하지 않느냐고 되물었다.[50]

---

47 윗글.

"而竊觀明淸以來, 號爲儒學, 而不肯專心事朱者, 類皆擡毛夯鄭, 自命古雅, 而以章句集注, 隱然歸之於功令之俗學. 是其心地眼界, 蚤已偏蔽不公, 又安能保有虛明, 瞭然不差於金鐵珉玉之辨耶? 宗儒不作, 道術分裂, 金谿餘姚, 已置度外, 唯此一病最切, 當今有志之士, 所宜長慮而深思也."

48 『詩經·大雅』「烝民」.

"肅肅王命, 仲山甫將之, 邦國若否, 仲山甫明之. 旣明且哲, 以保其身. 夙夜匪解."

『中庸』"是故, 居上不驕, 爲下不倍. 國有道, 其言足以興, 國無道, 其默足以容. 『詩』曰, '旣明且哲, 以保其身.' 其此之謂與."

49 『梅氏書平』 권2, 「伊訓」.

"暴君拒諫, 君子知幾邦無道, 其默足以容, 若是者, 輒加以黥淫之刑, 不亦難乎?"

50 『與猶堂全書』 詩文集, 권20, 「又書·別紙 2」(1822. 2. 1).

"但明哲二字, 揚雄誤解, 失其本義. 『中庸』'默容', 指不在其位者而言耳. 若高官厚祿, 享其寵利, 而熟視君違, 緘默不言, 從而爲之辭曰, '我明哲也', '我默容也', 其人忠耶? 賢不肖何如也? 古今此等人物, 挨肩疊踵, 箇箇可痛. 刑固難施, 罪則當刑, 又安可一切歸之於商鞅之酷耶?"

정약용은 김매순의 견해에 전적으로 동의하였다. 정약용은 『시경』에 나오는 '명철보신'이 세상을 부패시키는 부적이 되었다고 전제하고, 대신의 도리는 올바르고 유능한 인재를 천거하여 임금을 섬기게 함으로써, 자신도 보전[保身]하고 임금도 보전하는 것[保王]으로 해석하였다. 그런데 당시 풍조는 이익과 손해를 구별하고[明], 말할 곳과 침묵할 곳을 구분하여[哲], 몸을 온전히 보존하는 것[保身]이라 해석하니, 이렇게 하면 일신一身이나 일가一家는 보존해도 국가를 보존할 수는 없다고 개탄하였다.[51] 김매순은 '지금 세상에서 들을 수 없었던 훌륭한 말씀이라'고 화답하였다.[52]

제3절 정약용과 홍석주의 논쟁

정약용과 홍석주의 만남은 1827년 11월에 홍석주의 동생인 홍현주

정약용의 스승이라 할 수 있는 李瀷도 김매순과 같은 입장을 보였다. 그는 임금이 임금답지 않고 사치와 탐욕을 일삼는다면, 천하가 그 해를 입고 나라도 위태로워질 것인데, 이런 임금의 허물을 바로잡지 않으면 그 죄는 당연히 도둑을 다스리는 墨刑으로 다스려야 한다고 주장하였다(『星湖僿說』 권24, 經史門, 「臣下不匡」).

51 윗책, 「答金德叟」(1822. 2).
"明哲保身四字, 於今爲敗世之元符. … 大臣之義, 以人事君, 故明辨善惡, 以進賢士, 明別是非, 以拔俊乂. 於是以此賢俊, 扶持我身[以保身], 扶持我身, 以事一人[以保王], 此大臣之職也. 今俗解此詩, 別於利害曰明, 知所語默曰哲, 全軀免禍曰保. 『鄭箋』·『朱傳』, 無此影響, 而萬口和附, 牢不可破, 以之全一軀, 保一門, 誠爲至訣, 而此義旣立, 人主將誰與爲國也?"

52 윗책, 「又書·別紙」.
"所喩'明哲'二字之義, 字訓經旨, 分明如此. 而胸襟所出, 議論沛然, 可以修身, 可以事君, 可以明天理於旣晦, 可以壽國命於將萎. 善哉, 言乎! 今世之所未聞也."

를 통해 시작되었다. 당시 홍현주는 집안에 소장된 염약거의 『고문상서소증』과 홍석주의 『상서보전』을 보여주었고, 이를 본 정약용은 구차한 목숨을 지루하게 이어온 이유가 이런 행운을 보기 위해서였다고 감격하였다.[53] 정약용은 홍석주에게 『매씨서평』, 『상서지원록』의 서문과 목차, 『고문상서소증』에 대한 평『염씨고문소증초』를 말함을 보여주었고, 『상서보전』에 대한 질문서인 「독상서보전」을 지어 보냈다. 정약용은 「독상서보전」을 통해 자신이 경학 연구에서 터득한 핵심 사항을 요약하여 소개하기도 하였다.

1. 『상서』 고문

정약용의 『상서』 연구는 홍석주와의 만남을 통해 새로운 전기를 맞았다. 신작과 교유하면서 『서차고』를 접하고, 자신의 연구를 폐기해야 할 것 같은 고민에 빠졌던 정약용은 『상서보전』과 『고문상서소증』을 보고 새로운 『상서』 연구의 필요성을 절감하였다.[54] 결국 정약용은 새로운 연구에 들어갔으며, 이후에 나온 첫 결과물이 『염씨고문소증초』였다. 정약용은 『고문상서소증』이 방대한 자료를 섭렵하고 논지가 정통精通한 저술이지만, 터득한 것을 그때그때 기록하여 체제를 갖추지

53 『與猶堂全書補遺』 2책, 「與海居」.
"閻氏『疏證』之書, 豁此蒙蔀, 台丈『補傳』之編, 許令津涉, 靜思寵注, 不勝感悅. 支離不死, 受此吉祥善事, 五福一曰壽, 不亦宜乎! 比來冬煖, 度迷無氷. 不審棣樓起居何如. 教官老兄, 獨無一言之賜, 極爲之悒悵也."

54 윗글.
"鄙作有『古訓』六卷·『知遠錄』七卷. 而『古訓』則石泉申承旨綽所輯『書次故』爲益該備, 故欲毁之. 『知遠錄』亂雜, 不能奉獻, 先之以目錄, 要備領略也."

못하였고 자료를 복잡하게 인용하여 초학자가 이해하기 어려운 책이라 판단하였다.[55] 따라서 그는 『고문상서소증』을 분석 비판한 논문을 작성하고, 『상서고훈』과 『상서지원록』으로 분리되어 있던 저술을 합하여 『상서고훈』으로 재정리하였다.

홍석주는 『상서』 고문이 위서이지만 그 가치를 인정해야 한다는 입장이었다. 그는 주자가 위고문을 의심하면서도 함부로 단정하지 않은 것은 성왕聖王들의 법언法言과 대훈大訓이 담겨있기 때문이며, 고문을 그냥 두면 세교世教에 도움이 되지만 없애버리면 학자에게 유익할 것이 없다고 보았다. 따라서 그는 의심스러운 내용을 후세에 전하면 되지, 고문이 거짓이라고 미리 의심하여 한 군데도 온전한 곳이 없게 분석하는 것은 후학을 위한 가르침이 못된다고 보았다.[56] 정약용의 『매씨서평』을 비판한 것이다. 또한 홍석주는 위고문 25편까지 함께 주석한 채침의 『서집전』이 가장 순정醇正한 저술이며, 자신은 그 미비점을 보완하는 차원에서 책의 이름을 '상서보전尙書補傳'이라 하였다고 밝혔다.[57]

정약용은 이를 반대하였다. 그는 사람이 경전을 연구하고 도道를 구하는 것은 성의와 정심을 위한 것이며, 분명히 위서인 줄 알면서 이를

---

55 윗글.

"閻氏該洽精通, 信非遐外之人所能跂及, 望洋駭羨, 不能置喙. 但其隨得隨錄, 全無義例, 眞贗相雜, 上下相錯, 禮樂·刑政·地理·曆法又與之澒洞相汨, 初學不知源委者, 恐難摞理."

56 윗책, 「洪判書奭周書籤梅氏書平」.

"朱夫子之旣疑其假, 而猶不敢質, 豈或其失之太寬哉. 以千餘年來, 大儒先生尊閣之書, 而先聖王法言大訓, 往往有出乎其中者, 存之可補於世教, 廢之無益於學者. 疑其所可疑, 使後世知所擇亦足無. 句句而索其瘢, 言之而逆其詐, 必欲使體膚無完而後已, 竊恐其非所以爲訓於後學也."

57 윗책, 「又答我書」.

"而蔡氏傳旣行世, 諸家之中, 其說寂醇. 故書以補傳爲名. 凡蔡氏之辭已得者, 皆不復論, 而特補其所不及而已."

미워하는 마음이 없다면 문제가 있다고 하였다.[58] 정약용은 위고문 중 고적古籍에서 나온 구절은 그대로 두더라도 위조된 사실과 억지로 만들어진 훈계는 반드시 지적해야 한다고 주장하였다.[59]

고문을 옹호하는 홍석주의 입장은 「대우모」 16자에 대해서도 마찬가지였다. 그는 16자는 성인의 대훈大訓이 담겨있으므로 하나로 묶어 사용해도 문제가 없고, 인심人心·도심道心의 설이 도경道經에서 나왔더라도 '도道'란 천하 만인의 것이므로 수용해야 한다고 보았다.[60] 또한 16자 중에서 '유정유일惟精惟一'은 『순자』에서 인용한 구절이라는 정약용의 주장에 대해, 『순자』에는 '양이능정兩而能精'이 있지만 '정일精一'에 관한 구절은 없다고 반박하였다.[61] 이에 대해 정약용은 「대우모」 16자를 세 구절로 나누어 보아야 한다고 주장하였다. 다만 정약용은 『순자』에 '정일'에 대한 언급이 있고 '윤집궐중允執厥中'은 인용된 곳이 없

---

58 윗책, 「答洪聲伯籤示」(1827. 12. 8).

"人之所以研經而求道者, 爲將誠意而正心也. 明知其僞, 而無眞切嫉惡之心, 不可曰厚德. 其或有虞於菑及, 寧含默不言, 豈可飾詐文奸, 如毛西河之爲耶."

59 윗책, 「讀尙書補傳」.

"愚意二十五篇之內, 其蒐輯古籍者, 敷衍讚美, 存之勿去, 其僞造事實, 强作訓戒者, 或指其瑕, 或默不言, 使具眼者觀之, 可覘其微意, 使蒙昧者觀之, 不見其痕跡, 如是則外不觸忤於俗論, 內不欲沮於本心, 渾然無瑕之鴻寶也. 不知如何."

60 윗책, 「洪判書奭周書籤梅氏書平」.

"禹謨雖多可疑, 此十六言者, 則千聖不易之至訣, 未可以容議也. 且以人心道心爲道家之妙言, 亦合更商, 道家之別於儒家, 非古也. 堯舜三王孔孟之相傳, 無非此道. 豈老莊所得而私耶. 荀子所引, 決非後世神仙黃白修養之書, 安知非先聖人大訓之所載也. 今作一語, 又何難通之有."

61 윗글.

"『荀子』, 本未嘗有精一之說. 其所謂, '未有兩而能精'者, 與禹謨說初不相近. 舜之治天下條, 尤無交涉於古文. 此等處, 俱似不免深文. 且以'精一執中'屬諸'危微兩言'之下, 意脈元自相貫, 亦不必巧破."

다고 반박하다가, 결국 '정일'에 대한 구절이 없다는 홍석주의 견해를 수용하였다.[62]

홍석주는 주자나 채침과 마찬가지로 「서서書序」를 믿지 않았다. 그는 「서서」의 내용이 『맹자』나 『사기』의 내용과 저촉되는 것이 많고, 특히 「대우모」편의 서에는 억지로 끌어들인 내용이 많으므로, 「서서」는 공자가 만든 것이 아니라고 단언하였다.[63] 이에 대해 정약용은 복생본과 공안국본의 「서서」가 없어진 후 매색본의 「서서」만 남았고, 그 내용에 오류가 많으므로 현재에 남은 「서서」가 바로 공자가 지은 것이라고 보지는 않았다. 그러나 정약용은 『상서』에서 없어진 원문이 여기에 남아 있을 수 있다고 보았다.[64] 이후 정약용은 「서서」는 원래 공자가 지었지만 매색이 변조하였고, 그 속에 남은 원문을 보존하기 위해 보존해야 한다고 결론지었다.[65]

두 사람의 논쟁은 주자의 『상서』 연구로 옮겨졌다. 홍석주는 주자가 『상서』에서 완전하게 주석한 부분은 「요전」과 「순전」 정도인데, 『상서대전尙書大全』에는 58편 전체에 대한 주석이 있고, 그 중 상당수는 『주

---

62 윗책, 「答洪聲伯籤示」.

"籤云, 荀子所引只八字. 精一之義, 亦見荀子, 唯允執厥中, 無所引. … 籤云, '荀子本未有精一之說,' 且當刪潤."

63 윗책, 「洪判書奭周書籤梅氏書平」.

"「書序」之文, 明與『孟子』·『史記』牴牾. 雖强爲解說, 終不可通. 卽此知書序之未可盡信. 且以大禹謨序一段觀之, 其爲傅會的然. 恐不容尊爲聖人手筆."

64 윗책, 「答洪聲伯籤示」.

"伏本·孔本之「書序」, 今皆亡滅, 梅本「書序」, 其濁亂變置, 不可取信, 可勝言哉. 蔡九峰, 旣信梅經, 不信梅序爲疎處. 若不信梅經者, 並其「書序」, 亦宜明目. 唯其亡逸諸篇之無當於自家造僞之機者, 或是純淨之本文, 餘未可曰'孔子之手筆'也."

65 『尙書古訓』 卷首, 「尙書古訓凡例」.

자대전』·『주자어류』에 나오지 않는 것임을 궁금하게 생각하였다.[66] 이에 대해 정약용은 두 가지 가능성을 제시하였다. 하나는 『상서대전』을 편찬한 시기가 주자 만년과 200년 정도 떨어진 시기이므로, 그 때에는 이에 관한 자료가 남아 있었을 가능성이 있다는 것이고, 다른 하나는 『상서대전』을 편찬한 호광胡廣과 양영楊榮 등이 주자의 편지와 『주자어류』에서 글을 뽑아 주자의 본지에 맞게 재구성하였을 가능성이 있다는 것이었다. 정약용은 또한 정현의 역주易註가 없어지자 왕응린王應麟이 『십삼경주소』와 이정조李鼎祚의 『주역집해周易集解』에 있는 정현의 주를 모았듯이, 『주자대전』에 있는 주자의 글을 모아서 『주자어류』를 재편집할 것을 제안하였다.[67] 정약용의 이러한 제안은 완벽한 주자일통지서朱子一統之書를 만들기 위해 다양한 주자서 선본選本을 편찬하고, 중국에 있는 주자서 선본善本을 구입하려고 북경에 사신을 파견하는 등의 노력을 하였던 정조의 유업을 계승하는 의미가 있었다.[68]

정약용은 여기서 더 나아가 송학을 옹호하고 한학을 비판하는 발언을 하였다.[69]

---

66 『與猶堂全書補遺』 2책, 「洪判書奭周書籤梅氏書平」.

"草藁之所全注者, 唯二典而已. 「召誥」·「洛誥」, 但採諸儒之說, 以備裁擇而已, 未及有定論成說也. … 今案『尙書大全』「禹貢」·「洪範」諸章下, 皆有朱子說之載錄於小注者, 逐段解釋, 似是注文之體. 而攷諸『大全』·『語類』, 其不載者, 十之四五. 未知永樂諸公, 何從而得之耶."

67 윗책, 「答洪聲伯籤示」.

"朱子遺文在人間, 而吾東所無者, 曾在先朝購求於北京. 及其使回之時, 出在西邑, 未知所得者何書. 而永樂之時, 上距朱子晩年不過二百餘年, 遺芬剩馥之在人間者, 必多於今日. 抑其中或有胡·楊諸公取朱子書牘『語類』中語, 檃括爲文, 不失本旨, 而文字小異者耶. 鄭玄易註都亡, 王應麟輯注疏及李鼎祚集解中所存, 裒成一編. 今依此法, 取永樂大全, 搜剔遺文, 附刊於語類之末, 亦一佳事."

68 김문식, 『정조의 제왕학』, 2007, 225~231면.

69 『與猶堂全書補遺』 2책, 「讀尙書補傳」.

> 고주古注를 존중하고 송유宋儒를 깎아 내리는 것이 지금의 큰 병폐이다. 송유의 학설이 모두 경전과 일치하는 것은 아니지만, 그 본뜻은 몸을 닦고 백성을 다스리는 데 있고, 한유漢儒의 학설이 스스로 훈고에 익숙하지만, 그 본뜻은 세상에 이름을 떨치고 벼슬을 얻는 데에 있다. 본령이 완전히 다른데 어떻게 서로 비교할 수 있겠는가? 한유의 훈고도 다 믿을 수 없으니 가려지고 덮여져서 고루해진 식견은 마치 어리고 어리석은 아이와 같다. 따라서 통투通透한 견해로 어느 한 쪽에 막히지 않고 '경전에 근거하여 경전을 증명'[以經證經]해야만 잘못이 없을 것이다.

이상에서 정약용은 송학의 목적이 수신修身 치민治民에 있지만 한학의 목적은 명리名利와 관직에 있으며, 한학의 훈고도 믿을 수 없다고 하여 한학에 대한 비판 강도를 높였다. 이는 송학계 학자인 홍석주를 다분히 의식한 발언이나, 경학 연구에서 주소보다 경전의 원문을 중시하고 경학 연구의 목적을 경세학에 두었던 그의 학문관이 잘 나타나는 발언이기도 하였다.

2. 『주례』에 대한 인식

정약용과 홍석주는 『주례』 자체를 경전으로 볼 것인가 아닌가 하는 문제를 놓고 논쟁을 벌였다. 홍석주는 '『주례』는 유흠劉歆의 위작僞作이라'는 호굉胡宏의 주장을 바탕으로, 유흠이 『주례』 전체를 만든 것은 아니지만 그가 견강부회하여 덧붙인 흔적은 감출 수 없다는 입장이었다. 따라서 그는 『주례』를 주공이 만든 것으로 간주하고 그 내용을 믿

는 것을 반대하였다.[70]

정약용은 여기에 강하게 반발하였다. 그는 요·순 삼대의 글로 후세에 남은 것은 『상서』 4편순전을 합한 「요전」, 익직을 합한 「고요모」, 「우공」, 「홍범」과 『주례』뿐이라 전제하고, 『주례』에 유흠이 찬입한 부분이 있지만 그 대체는 성인이 지은 것으로 보았다. 또한 『주례』와 『의례』는 원래 서로 겹치지 않는 책이나, 두 책을 대조하면서 계발하면 많은 사실을 파악할 수 있다고 주장하였다.[71] 그리고 정약용은 위서임이 분명한 매색의 위고문은 진고문이 섞여 있다고 옹호하면서, 순진純眞한 『주례』에는 후대의 위서가 섞여 있다고 전체를 의심하는 홍석주의 태도를 이해할 수 없다고 반박하였다.[72]

『주례』의 신뢰 여부를 놓고 벌어진 두 사람의 논쟁은 견해차를 좁히지 못하고 팽팽하게 대립하였다.

70 윗책, 「洪判書奭周書籤梅氏書平」.

"詩禮發塚之禍, 至于劉歆而極. … 凡新莽所以假六籍而文奸言者, 罔非歆所□惡也. 彼以中壘(劉向을 말함)之子, 而其操術之背馳如此, 其心尙可問哉. 且其言有曰, 與其過而廢之, 毋寧過而存之, 其於裁擇, 必不暇精矣. 佚文六典之出自其手者, 又安可一一篤信, 而奉之若拱璧乎. 胡五峰(胡宏을 말함)以周官六典爲歆所僞, 其言雖或太過, 要之, 其傅會附益之迹, 亦往往有不可掩者. 歸之於周公之手筆, 而必欲字字尊信, 愚□不敢也."

71 윗책, 「答洪聲伯籤示」.

"胡五峯以周官六典爲歆所僞. 近見方苞『望溪集』, 其論『周禮』謂多王莽時攙入者. 其論頗精. 然胡五峯直謂「六典」都僞, 斯則於『周禮』一部, 未嘗鑽硏故也. 鄙人嘗以爲堯舜三王之遺文, 其可以遵繩絜矩立經陳紀者, 唯有「堯典」[合今之「舜典」]·「皐陶謨」[合今之「益稷」]·「禹貢」·「洪範」·『周禮』「六典」而已. 歆所攙入, 容亦有之, 而大體, 則非聖人, 不能作. … 『周禮』·『儀禮』, 本不相涉, 而有時乎交相映發, 使人蹈舞者. 僞爲而能然乎."

72 윗글.

"梅書純僞也, 而間雜古眞, 每爲庇覆之論, 周禮純眞也, 而間雜後僞, 輒有猜疑之意, 以若醇和之氣, 不無偏處. 況如我麤者哉."

이상에서 19세기 전반에 정약용과 경학 논쟁을 벌인 경기학인들의 논쟁점을 정리하였다. 이들 논쟁의 대상은 주로 정약용의 경학 연구물이었지만, 논쟁이 진행되면서 각자의 저술과 소장 서적이 등장하고, 논쟁의 범위와 수준도 점차 높아졌다. 특히 정약용은 유배기에 편찬한 저술들의 표현이 지나치게 각박하고 공격적이란 지적을 받았고, 이들의 지적을 받아들여 표현을 크게 완화시켰다. 또한 정약용은 신작의 『서차고』, 홍석주의 『상서보전』, 염약거의 『고문상서소증』, 송감의 『상서고변』 등을 열람하면서 『상서』를 다시 연구해야 하는 필요성을 느꼈고, 결국 말년에 『매씨서평』을 재정리하고 『상서고훈』과 『상서지원록』을 합쳐서 『상서고훈』을 만들었다.

19세기 전반에 경기학인들이 벌인 경학 논쟁의 의의를 정리하면 다음과 같다.

첫째, 학문 정보의 중요성이다. 정약용은 논쟁을 진행하면서 자신이 유배지에서 연구할 때 참고할 수 있었던 서적이 제한되어 있었음을 수차 토로하였다. 이는 바로 경학 연구에 있어서 학문 정보의 중요성을 잘 보여주는 대목이다. 당시 경기학인들은 서울 주변에 세거世居하면서 청에서 유입되는 새로운 학문 정보에 가장 쉽게 접근하였고, 실제로 정약용과 논쟁을 벌인 경기학인들은 자기 집안에 수천 책의 소장본을 가진 장서가이기도 하였다. 정약용은 이들과의 접촉을 통해 새로운 학문 정보에 접하고 자신의 연구 수준을 더욱 높일 수 있었다.

둘째, 고증학을 중심으로 하는 한학이 유행하는 가운데 한송절충론의 경향이 등장하였다. 종래 조선학계를 주도해왔던 주자성리학은 이제 한학에 대비되는 '송학'으로 상대화되고, 정약용이 여러 번 우려할 정도로 당시 학계에는 한학이 유행하고 있었다. 정약용과 논쟁을 벌인 경기학인 가운데 신작만 한학 계열의 학자이고 김매순, 홍석주, 김기서는 송학 계열의 학자였다. 그러나 송학 계열의 학자라도 주자학에 대한 신뢰는 차이가 있었고, 그들 모두 한학의 존재를 잘 알고 있었다. 정약용은 끝까지 정현의 견해를 고집하는 신작이나 주자와 채침의 견해를 따라 위고문을 옹호하는 홍석주를 비판하였다. 그러나 정약용도 구체적인 논증에서 많은 오류가 발견되었고, 이는 한학의 성과에 의해 수정되는 것도 사실이었다. 19세기 전반 경기학인의 경학관은 한학과 송학의 장점을 구분하여 수용하는 한송절충론의 경향을 보였고, 그 중에서 정약용은 유난히 경전의 원문을 강조하였다.

셋째, 송학의 효용성에 대한 강조이다. 19세기 전반의 중앙학계에는 한학이 유행하였지만 경기학인들은 송학이 가진 의리론과 경세학적 특징을 크게 중시하였다. 한학 계열의 학자인 신작은 『상서』의 위고문 문제를 거론하면서 주자가 만년에 이를 밝혀냈다고 강조할 만큼 조선 지식인에게 주자학의 영향은 절대적이었고, 경기학인들은 송학의 장점을 명확하게 인식하고 있었다. 정약용은 송유宋儒의 학설이 경전 내용과 반드시 일치하지는 않으므로 묵수하지는 않지만, 송학의 목적이 수기와 치인을 실천하는 데 있음을 강조하였다. 경기학인들이 송학의 효용성을 강조한 것은 주자학을 정학으로 규정하고 이를 정비하는 데 심혈을 기울인 정조의 학문 경향을 계승하고, 조선 문화의 학문적 특징인 성리학에 자신감을 보인 것이다.

제3부

경세학 연구

제1장 육향제六鄕制의 이해

19세기 전반은 경학 연구서가 가장 집중적으로 나타나는 한국 경학사의 결실기라 할 수 있다. 17세기에 허목과 윤휴를 비롯한 남인계 학자들이 사서四書 위주의 주자학적 학문 경향에서 벗어나 육경六經 고학古學에 관심을 가졌으나 학계의 주도적인 분위기는 아니었다. 18세기에 영조와 정조가 왕권 강화책을 강력히 추진하면서 『상서』를 이념적 기반으로 하였고, 특히 정조는 규장각의 초계문신에게 십삼경 전반에 관한 학문적 연구를 촉구하여 경학에 관한 관심을 제고시켰다.[1] 이러한 흐름을 이어 19세기 전반에 초계문신 출신의 학자들을 중심으로 개별적인 경학 연구서가 집중적으로 나타났으니, 경학에 대한 17세기의 개인적 관심과 18세기의 국가적 관심이 구체적인 경학 연구서로 결실을 맺은 것이다.

이글에서는 정약용과 신작石泉 在中 1760~1828의 경학 연구를 살펴보려 한다. 이들은 남인계 학자와 소론계 학자라는 당색의 차이가 있었지만,[2] 비슷한 연배에 정조 대의 학풍과 밀접한 관계를 가지고 성장하였

---

1 조선후기의 새로운 학문경향에 대해서는 다음의 저술들이 참고된다.
鄭玉子, 『朝鮮後期 文化運動史』, 一潮閣, 1988; 『朝鮮後期 文學思想史』, 서울大學校 출판부, 1990.
韓永愚, 『朝鮮後期 史學史研究』, 一志社, 1989.

2 정약용은 남인 가운데 '星湖左派' 학자들과 관계가 깊으며, 신작은 소론 가운데 강화학파 학자들과의 관계가 주목된다. 아래 가계도에서 申大羽(宛丘, 1735~1809)·申綽 부자는 鄭齊斗(霞

고, 전문적인 경학 연구서를 작성하였으며, 거처가 가까워 자주 왕래하면서 학문 교유를 하였다.[3] 이들은 1822년에 『상서』와 『주례』에 등장하는 육향제의 제도적 실상에 대해 논쟁을 벌이는데, 이것은 두 사람의 학문적 경향의 차이에 의해 발생한 논쟁이라는 점을 주목할 필요가 있다. 육향제는 정약용에게 있어 주제周制의 실상을 밝혀주는 것으로 그가 추진하던 개혁안의 모델이 되었고, 신작에게는 정약용의 견해가 자신의 학문적 기반이던 한학, 특히 정현鄭玄의 학문에 위배되므로, 두 사람이 쉽게 양보할 수 없는 문제였다.

이 글은 정약용과 신작의 육향제 이해에 나타나는 차이와 그 의미

谷, 1649~1736)·鄭厚一 부자와 李匡師(圓嶠, 1705~1777), 李肯翊(燃藜室, 1736~1806)·李令翊(信齋, 1700-1782) 부자, 李忠翊(椒園, 1744~1816) 등과 혈통이나 학통으로 연결되어 江華學의 맥을 잇고 있다. 이는 신대우가 정제두의 「墓表」를, 신작이 정제두의 「年譜」를, 이충익이 신대우의 「墓誌銘」과 신작의 『시차고』 서문를 짓는 것으로 나타난다. 江華學派의 학통에 관해서는 劉準基, 「江華學派의 學脈과 思想史的 展開」, 『國史館論叢』 10, 1989를 참조.

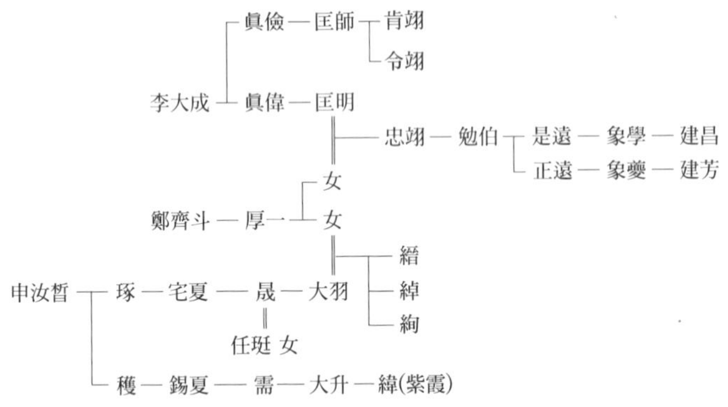

3 신작은 『詩次故』 31권 12책, 『書次故』 8권 4책(2책은 未分卷), 『易次故』 8권 3책을 남겼고, 『春秋左傳傳例』도 저술한 것으로 전해진다. 세도정치기에 들어오면 이미 정치권력은 노론 중에서도 몇몇 세도 가문으로 국한되고, 여기에 대항할 정치 집단은 중앙 정치권에서 존재하지 않았던 것으로 보인다. 따라서 정치 투쟁과 관계가 없는 학문 교유에서는 당색에 관계없이 비교적 자유로운 분위기가 느껴진다. 이글에서 다루는 경학가들의 교유는 이러한 시대 분위기와 관련이 있다.

를 살펴보기 위해 작성되었다. 먼저 정조 대에 규장각을 거치고 19세기에 수도권에 거주하면서 정약용과 학문 교유를 하였던 경기학인들의 교유 일지와 그들의 학문관을 정리하고, 다음으로 정약용과 신작의 『상서』 연구서를 비교하며 학문관의 차이를 비교해 보았다. 또한 두 사람의 육향제 논쟁에 나타나는 논점을 정리하고, 신작은 육향제의 제도를 고증하는 것에 그치지만 정약용은 이를 경세학과 연결시켜 『경세유표』의 개혁안에 반영시키는 양상을 정리하였다.

제1절 경기학인京畿學人과의 교유

1. 교유 일지

18세기에 새로운 시대이념이 요구되고 이는 경학에 대한 관심의 고조로 나타났다.[4] 특히 정조는 경사經史에 박학한 군주로서 경사강의라는 형식을 통해 신진 학자들에게 학문상의 의문점을 질문하고 그에 대한 연구 결과를 발표하게 하였다. 정조의 경학에 대한 관심은 십삼경 전반에 걸치는 광범위한 것이었고,[5] 성균관의 유생들에게도 수시로 경학에 관한 책문을 내었다.

---

4 영조가 '破朋黨'을 주장하면서 내세운 탕평정치는 『상서』 「洪範」편에서 따온 것으로, 영조 초기에는 『상서』에 대한 집중적인 관심을 불러 일으켰다. 영조대의 탕평 정치와 尙書學의 관계에 대해서는 따로 정리를 요하는 문제이다.

5 金興圭, 「正祖시대의 詩經講義」 『조선후기의 詩經論과 詩意識』, 1982, 108~121면.

19세기에 들어와 경학에 관한 국가적 관심은 점차 약화되었지만, 정조대에 경학을 중시하던 분위기에서 성장한 학자들이 각자의 경학 연구서를 저술하게 되었고, 그중 일부 학자들 사이에서는 학문적 교유도 이뤄지게 되었다. 이 글에서는 경기학인[6]에 해당하는 신작, 정약용, 김매순, 홍석주의 경학 연구와 학문적 교유를 살펴보되, 1818년 정약용이 고향으로 돌아온 이후 주변 학자들과 교유하는 순서대로 서술한다.[7]

정약용은 유배기를 통해 육경사서에 대한 연구를 일단 마무리하였고, 고향으로 돌아온 이듬해부터 인근에 살던 신작과의 교유를 시작했다. 신작은 1809년에 50세의 나이로 증광시에 합격하였지만 부친의 임종을 지키지 못하였다는 이유로 환로宦路를 포기하였고, 광주廣州의 사촌社村 사마루에 살면서 독서와 저술에 몰두하고 있었다.[8] 신작은 1789년에 완성하였다가 소실된 『시차고詩次故』 31권 12책를 다시 집필하여 1814년에 3부작 26권 7책으로 완성하였고, 한비漢碑와 석경石經에도

6 경기학인의 개념에 대해서는 金文植, 『朝鮮後期經學思想硏究』, 一潮閣, 1996, 7~8면.

7 정약용은 1789년, 홍석주는 1795년, 김매순은 1800년에 抄啓文臣에 선발되었다. 신작은 규장각을 거치지 못하였지만 범위를 형제로 넓히면, 丁若銓(巽庵, 1758~1816)은 1790년, 申絢(受之, 1764~1827)은 1794년에 초계문신에 선발되었다. 따라서 丁若銓·丁若鏞 형제, 申縉(雲紀, 1756~?)·申綽·申絢 형제, 洪奭周·洪吉周(沆瀣, 1786~1841)·洪顯周(海居, 永明尉) 형제, 金邁淳은 모두 정조 대의 학풍과 일정한 관계를 맺고 성장한 학자로 볼 수 있다. 실제로 신작은 『상서』 연구에서 정조의 『상서』에 대한 4조의 조문을 인용하고 있다(『尙書古注』, 「尙書古注序」).

8 신작의 생애는 성장기(1760~1783), 仕宦 준비기(1784~1809), 은거기(1810~1828)로 구분된다. 宦路에 대한 그의 아쉬움은 1813년 문과 전시에 합격하는 것으로 달래지만, 동생 신현의 현달이 그와 형 신진에게는 큰 위안이었던 것으로 보인다. 신작의 생애에 관해서는 「自敍傳」, 「石泉申君墓銘」, 『詩次故』 ; 鄭寅普의 「石泉遺稿記」, 『石泉遺稿』 ; 「日乘」, 『石泉遺集後集』 권8 등을 참고하였다.

상당한 경지에 들어가 있었다. 정약용과 신작은 거처가 가까운 인연으로 교유를 시작하였고, 각자의 경학 저술을 교환하여 보게 되었다. 이때 정약용의 『상례사전』50권 7책, 『매씨서평』9권 3책과 신작의 『시차고』가 토론 대상이 되었다.[9]

1821년에 정약용은 김매순과 30여 년 만에 해후하고 경학 토론을 하였다.[10] 이무렵 김매순은 주자학 연구에 몰두하여 학문적 입장에서는 차이가 있었다. 그러나 그는 정약용의 『매씨서평』과 『상례사전』을 상세하게 비평하면서 그 업적을 높이 평가했다.[11] 유배기에 유일하게 자신을 알아주던 형 정약전을 잃은 이후 외롭게 지냈던 정약용은 김매순의 칭찬에 크게 고무되었다.[12] 이후 김매순은 자신과 비슷한 견해를

---

9 신작의 집 앞에서 배를 띄우면 남한강 줄기를 따라 정약용이 살던 苕川을 거쳐 서울에 도착할 수 있었다. 또한 1823년에는 신작의 조카인 朴鍾林(文謙)·朴鍾儒(文慶) 형제가 정약용의 이웃에 살게 되어 두 사람의 안부 교환은 더욱 빈번해졌다.

『石泉遺集後集』 권8, 「日乘」, 純祖 19년 6월 계묘.

"與季氏及兩兒, 乘小艇于前川, 順流至苕川, 別季氏上京, 仍與兩兒挐舟, 逆流而還."

『石泉遺集後集』 권8, 「日乘」, 純祖 23년 6월 신축.

"同兄弟, 乘小艇, 下苕川, 翌日還. 時朴甥, 自木洞, 新移苕, 丁令(정약용)又在隣比, 故往尋焉."

『石泉遺集後集』 권6, 「答丁承旨」(을묘 7월).

"每對兩甥, 輒問令公比日所樂何事, 以慰離索之懷. 聞近入谷雲水石, 已覺神馳, 歸來又點檢紀行詩文, 尤是閑中趣事, 恨不致身其間."

10 『與猶堂全書』, 詩文集, 권20, 「答金德叟」.

"第思正錄廳藍袍併坐時事, 歷歷如眼前光景, 而石火風燈, 倏現忽滅. 今於三十年後, 再見凝範, 已鬚髮老蒼, 復多田野間氣色, 人生良足感慨, 又不可料度也."

11 윗글.

12 정약용이 『매씨서평』을 저술하여 공자와 주자의 학문을 보호하였다는 김매순의 칭찬은 같은 해(1822)에 만들어진 墓誌銘에 그대로 실려 있어 은근히 자부심을 느꼈음을 보여준다(『與猶堂全書』, 詩文集, 권16, 「自撰墓誌銘」(集中本)).

가진 김기서鼎山의 비평을 정약용에게 보내주었고,[13] 정약용은 『상례사전』에 대한 신작의 평을 그대로 둔 채 김매순의 의견을 구하였다.[14]

1822년 6월에 신작과 정약용은 『상서지원록』의 육향제 문제를 놓고 논쟁을 벌였다. 당시 신작은 『상서』를 연구하여 1821년에 『상서이문尙書異文』 1권을 저술하고, 1825년에는 『서차고書次故』 3부작 4책을 완성하였다. 신작과 정약용이 벌인 육향제 논쟁은 각자의 경학 연구에서 중요한 의미를 가졌으며, 그 내용과 의의에 대해서는 다음 절에서 서술한다.

1827년에 정약용은 중앙 정계에서 활동하던 홍석주와 교유하였다. 홍석주는 1824년에 『상서보전』 12권을 저술한 상황에서, 동생 홍현주를 통해 자신의 『상서보전』과 정약용의 『매씨서평』, 『아언각비雅言覺非』를 돌려보았고, 청나라 염약거의 『고문상서소증』을 빌려주어 참고하게 하였다. 정약용은 신작이나 김매순과의 토론을 통해 『상서』 주석서를 수정할 필요성을 느꼈고, 홍석주의 비평과 염약거의 저술을 보면서 『상서』를 다시 연구하게 되었다.[15]

이상에서 보듯 19세기 초 경기학인의 학문적 교유는 정약용의 경학 연구서를 중심으로 이뤄졌다. 그러나 이들은 각자의 저술을 교환하며 활발하게 토론하였고, 각자가 소장한 청의 고증학 성과를 교환함으로

---

13 『與猶堂全書』, 詩文集, 권20, 「金德叟書」.

14 윗글.
"其宗法諸論, 有一友(신작)付籤於書頂, 共數十處. 鄙心有覺非處, 有悍然固守處, 特緣病懶, 未及删正. 滋幷奉示, 此春秋大夫相訟之法也. 仁兄秉公, 必能剖決, 使無後言, 更須勵精猛省焉."

15 정약용의 해배 이후 상서연구서에 대해서는 趙誠乙. 「丁若鏞의 尙書硏究文獻의 검토」, 『東方學志』 54·55·56 합집, 1987, 48~59면을 참조.

써 학문적 수준을 높일 수 있었다.[16]

다음의 〈표 17〉은 지금까지 언급한 경학가들의 교유를 일지로 정리한 것이다.

〈표 17〉 경기학인의 학문적 교유(1807~1827)

교유일자	경기학인	교 유 내 용
1807. 9. 26	정약전	亡子 후 立後 문제 대두, 정약용에게 해결책을 구함
1811. 9. 6	정약전	정약용의 경학 연구서(易·樂·大學·孟子·周易·尙書) 비평
겨울	정약용	『상례사전』「상기별」에 의거, 庶子를 立後할 것을 정약전에게 주장
1814. 3. 4	이재의	유배지의 정약용을 방문. 『맹자』의 四端說 토론 시작
10.	정약용	이재의에게 자신의 『맹자』 연구에 대한 확신을 피력
1816. 9.	이재의	정약용의 性嗜好說 비판, 정약용 이에 대한 반박
	정약용	이재의와 立後者의 상복에 대한 토론
11.	정약용	이재의와 제례에 대한 토론
1817. 2.	정약용	이재의와 상복에 대한 토론, 자신의 『상례사전』「상기별」 소개
1819. 8. 21	정약용	정약용의 『상례사전』『매씨서평』과 신작의 『시차고』를 교환하여 봄

---

16 경기학인이 교환한 고증학 성과는 閻若璩의 『古文尙書疏證』, 方苞의 『望溪集』, 宋鑒의 『尙書考辨』 등이 있었다. 네 사람 중 고증학의 성과에 가장 예민한 사람은 신작이었다. 신작은 直日閣이라는 서고에 4천여 권의 장서를 소장하고, 동생 申絢과 친척 鄭文瞻을 통해 북경에서 碑拓 등을 구매하였으며, 沈象奎, 金魯敬, 鄭文謙의 집안에 소장한 서적을 빌려보았다. 신작이 金正喜(秋史, 1786~1856)의 부친인 金魯敬과 교유한 것은 그의 학문적 경향과 관련하여 주목된다.

『石泉遺集後集』 권8, 「日乘」, 純祖 12년 9월 갑신.

"是行也, 借沈台象奎, 『經解考』·『詩解』 不六種. 借金台魯敬家, 『論語義疏』, 授泮吏謄出. 借鄭友文謙家, 百三名家, 以來."

윗글, 純祖 23년 8월 신유.

"書『尙書大傳』. 『大傳』之散出於注疏者, 輯次成書, 金台魯敬家有此本, 故借來手謄焉."

교유일자	경기학인	교 유 내 용
8.	정약용	신작에게 『상례사전』을 돌려 달라 하였으나 申絢과 보는 중이라는 편지를 받음
9.	신 작	정약용의 『상례사전』에 대한 籤을 보냄(37條)
	정약용	신작의 『상례사전』 첨에 대한 답장에서 자신의 견해를 다시 주장
	신 작	정약용과 『상례사전』에 대한 토론 계속
10.	신 작	정약용의 『상례사전』에 대한 첨을 만듦
11.	정약용	신작과 易說에 대한 토론, 『상례사전』을 돌려받음
1821.11. 27	정약용	30년만에 김매순과 재회
	정약용	김기서와 혼례에 대한 토론
12.	신 작	정약용과 易說(辟卦)에 대한 토론
1822. 1. 29	김매순	정약용의 『매씨서평』에 대한 첨을 보냄(16조)
2.	김매순	정약용에게 김기서의 『매씨서평』에 대한 비평을 추가로 보냄
		정약용에게 송감의 『상서고변』을 보여줌
2. 4	정약용	김매순에게 『매씨서평』 첨에 대한 답장과 함께
		신작의 첨이 붙은 『상례사전』 「상기별」을 소개 [春秋大夫相訟之法]
2. 4	정약용	김기서에게 『상서』 「대우모」 16자에 대한 답장
2. 18	김매순	정약용과 『상례사전』에 대한 토론
6. 10	정약용	『상서지원록』(「六鄕在國中」)에 대한 신작의 비판에 반박(20조)
	신 작	정약용의 반박 논거에 대한 답(14조)
6. 23	정약용	신작의 답에 대한 재반박 논거 제시(9조)
	신 작	정약용의 재반박 논거에 대한 답(8조)
1823. 6.	신 작	조카인 박종휴·박종유 형제가 정약용의 이웃에 이사
8.	신 작	김노경(김정희의 부친)의 집에서 『상서대전』을 빌려다가 베낌
9~11	신 작	『상서고주소』 완성
1824. 4.	신 작	자신의 『서차고』(4부작)와 정약용의 『상서고문원사변』의 비교 요청
1825. 7.	신 작	정약용과 甲子紀年, 甲子紀月, 甲子紀日에 대한 토론

교유일자	경기학인	교 유 내 용
1826. 4.	신 작	정약용의 상서 연구의 문제점 지적(고문 25편)
1827. 1. 12	정약용	김매순에게 방포의 『망계집』을 빌려보고 이를 비판함
11.	홍현주	정약용에게 홍석주의 『상서보전』과 염약거의 『고문상서소증』을 소개
11. 29	정약용	홍현주에게 자신의 『상서고훈』과 『상서지원록』을 소개
	정약용	신작에게 염약거의 『고문상서소증』 보여주고 송감의 『상서고변』 빌려봄
12.	홍석주	정약용의 『매씨서평』에 대한 첨을 보냄(19조)
12. 8	정약용	홍석주의 『매씨서평』첨에 대한 답(25조)과 『상서보전』을 돌려보냄 따로 『독상서보전』을 만듦

2. 학문관

경기학인들의 교유는 각자의 경학 저술에 대한 비평을 중심으로 이뤄졌다. 그중에서 중심이 되는 대상은 정약용의 저술이었다. 여기서는 그들의 비평에 나타나는 학문관의 차이를 간단히 살펴보자.

먼저 경기학인들은 정약용 저술의 표현 방식과 논거 제시에 문제가 있다고 지적하였다. 정약용 자신이 고백하였듯이, 그의 저술은 순식간에 몰락해 버린 자신에 대한 울분에 쌓여있고 접근할 수 있는 자료가 극히 한정된 유배 상황에서 이뤄졌기 때문에 표현 방법이 지나치게 격렬하거나 부적절한 논거를 제시한 것이 많이 나타났다.[17] 김매순과 홍

---

[17] 『與猶堂全書』, 詩文集, 권20, 「金德叟書」.
"況『書平』, 乃流落最初年所作. 彼時習氣未除, 幽憤未平, 遇有觸激, 須卽一場痛罵, 方才小快, 此豈學道人事耶? 仁兄亦當看之如稗官小說, 不必備數於斯文也."
『與猶堂全書補遺』 제2책, 「答洪成伯籤示」.
"在南時, 絶無書籍, 閻氏宋氏之書, 亦未有聞. 只取所携經史數函, 辛苦採綴, 故得彷彿者, 苟錄之.

석주의 「매씨서평첨梅氏書平籤」과 이에 대한 정약용의 답변을 보면 그러한 점이 잘 나타난다. 정약용이 격한 표현을 부드럽게 고치거나 아예 삭제해 버린 경우가 57%, 잘못된 논거를 고친 경우가 32%나 되기 때문이다. 이처럼 표현 방식과 논거의 수정을 요구하는 경기학인들의 지적은 정약용이 『상서』를 다시 연구하는 계기가 되었다.[18]

다음의 〈표 18〉은 김매순과 홍석주의 지적에 대한 정약용의 답변을 분석한 것이다.

〈표 18〉 정약용 답변의 분석

<table>
<tr><th>구분</th><th>답 변 내 용</th><th colspan="2">答金邁淳</th><th colspan="2">答洪奭周</th><th>계</th></tr>
<tr><td rowspan="3">찬 성</td><td>① 격한 표현을 수정 또는 삭제한 것</td><td>5</td><td rowspan="3">9</td><td>6</td><td rowspan="3">14</td><td rowspan="3">23</td></tr>
<tr><td>② 잘못된 논거를 수정 또는 삭제한 것</td><td>3</td><td>2</td></tr>
<tr><td>③ 상대 의견에 동감을 표시한 것</td><td>1</td><td>6</td></tr>
<tr><td rowspan="2">반 대</td><td>④ 자신의 견해를 계속 주장한 것</td><td>1</td><td rowspan="2">2</td><td>10</td><td rowspan="2">10</td><td rowspan="2">12</td></tr>
<tr><td>⑤ 다음 논의로 남겨둔 것</td><td>1</td><td>·</td></tr>
<tr><td rowspan="2">기 타</td><td>⑥ 상대의 질문에 답하는 것</td><td>1</td><td rowspan="2">2</td><td>1</td><td rowspan="2">1</td><td rowspan="2">3</td></tr>
<tr><td>⑦ 자기 칭찬에 무응답</td><td>1</td><td>·</td></tr>
<tr><td>계</td><td></td><td colspan="2">13</td><td colspan="2">25</td><td>38</td></tr>
</table>

다음으로 송학주자학과 한학고증학에 대한 태도는 경학자마다 조금씩 차이를 보였다.

有眞確者, 遺失之. 北歸後, 書籍稍廣, 有朱平漫之技, 絶無所用. 遂投之篋中, 不得索理, 致荒頓如此."

김매순의 정약용에 대한 지적은 정약용이 毛奇齡의 학문하는 태도를 비판한 것과 일치하고 있어 흥미롭다(『與猶堂全書』, 詩文集, 권22, 「陶山私叔錄」. "何必纔見一斑, 如得奇貨, 竊竊然跳躍, 紬古肆己, 無所忌憚, 如毛奇齡之爲哉?").

18 정약용의 저술에서 辭氣를 낮추고 군더더기 말을 없애라는 지적은 1807년에 그의 형인 정약전에 의해서도 제기된 바 있다(『與猶堂集』(奎11894) 권24, 「巽菴書牘」).

첫 번째로 송학에 가장 긍정적인 사람은 홍석주였다. 그는 『상서』 저술의 이름을 주자의 제자인 채침의 『서집전』을 보충한다는 의미에서 『상서보전』이라 한 데서 보듯이, 주자의 본지를 충실히 계승하려는 입장이었다.[19] 홍석주는 경학 연구에서 문구의 진위를 판별하는 데 치중하는 고증보다 현재의 실용을 강조하였고, 고증 중에서도 중요한 것은 송학에서 시작되었다고 하였다.[20] 따라서 그는 명물도수의 고증에 치중하는 한학의 비실용성을 매우 비판하였다.[21] 다만 그가 말하는 '실용實用'이나 '실공實功'은 치인을 위한 실용 학문이라기보다는 의리지학을 기본으로 하는 주자학의 실천적 의미를 재발견하려는 의도를

---

19 『與猶堂全書補遺』 제2책, 「洪判書奭周書籤梅氏書平」.

"『補傳』五冊 … 此書, 不過是隨手箚錄. 初非有著述立言之意, 而蔡氏傳旣行世, 諸家之中, 其說最醇, 故書以補傳爲名. 凡蔡氏之已得者, 皆不復論, 而特補其所不及而已."

20 윗글.

"況其大旨, 詳於文句, 略於考證, 務目下之實用, 不專往跡之辨核, 正所謂雁經眞經錯雜解之者, 恐未免見笑於大方之家也."

『淵泉全書』 제7책, 『鶴岡散筆』 권1.

"爲考證之學者, 必攻宋儒, 殊不知考證之大者, 實自宋儒始也. 九江彭蠡之辨, 昉於胡祕監, 尙書古文之疑, 始於吳才老. 西京律尺之以九爲度, 浙於蔡季通, 至於朱夫子之所考證者, 又不可以一二計. 如文王之不稱王, 周公之不踐阼, 微子之不抱器而適周, 玆皆聖賢行事大義之所繫也. 近日之爲考證者, 果有能尙于是者乎?"

21 윗책.

"近世中國之儒, 率多斥宋儒爲空言, 而以考證爲徵實之學, 吾未知主敬求放之工. 與偏傍音詁之辨, 果孰爲實用也. 又未知君臣父子之倫, 與草木蟲鳥之名, 果孰爲輕重也. 宋儒之學, 非一槪也, 而其醇者, 必宗『論語』. 近世之學, 非一率也, 而其精者, 乃以『爾雅』『說文』爲宗. 吾又未知『爾雅』『說文』之與『論語』, 孰切於實功也."

홍석주는 成海應(研經齋, 1760~1839)과 논쟁을 벌이면서 고증학을 비판하였는데, 사상사에서 주목해야 할 문제이다(徐坰遙, 「成海應의 경학사상에 관한 고찰」, 『대동문화연구』 15, 1982).

가진 것으로 보인다.[22]

두 번째로 김매순은 홍석주와 같은 주자학 계열의 학자였다. 그는 주자가 송학의 성과를 집대성하여 유학의 단서를 이었으므로 그 공적은 우禹 임금과 같다고 보았다.[23] 김매순은 『주자전서』의 연구에 주력하여, 『주자대전차의표보朱子大全箚疑標補』 24권 12책이라는 방대한 저술을 남겼다.[24] 그러나 그는 주자학이 유학의 본원에 도달할 수 있었던 것은 한학을 매개로 했기 때문이라고 하여, 주자학을 중심으로 하면서 한학의 성과까지 수용하려는 모습을 보였다.[25] 김매순이 한학에 개방적인 태도를 보인 것은 경학의 고증을 중시하였던 정약용에게 큰 위안이 되었다.

세 번째로 신작은 한학에 관심이 집중되어 있었다. 신작은 일찍부터 예서隸書에 뛰어났고, 한비漢碑에 관한 자료 수집에 정성을 들여 한학에 대한 관심을 가졌다. 그는 경학 연구에서도 전대의 훈고를 정리하면서 당대唐代를 하한선으로 하였고, 송학에 대해서는 일체 언급하지 않았

---

22 홍석주의 이러한 實學론은 박지원와 서유구 등의 經濟之學 추구와 비교 검토해 보아야 할 문제이다(유봉학, 「徐有榘의 學問과 農業政策論」, 『奎章閣』 9, 1985, 34~35면).

23 『與猶堂全書』, 詩文集, 권20, 「金德叟書」.

"至濂洛諸賢, 先後繼作, 而朱夫子, 集己大成, 始得千載不傳之書 … 指示眞切, 考質無疑, 破反經合道之謬義, 而王伯之術明, 辨皇極大中之錯解, 而好惡之情正, 其摧陷廓淸, 疏瀹闡發之功, 雖謂之不在禹下可也."

24 김매순의 『朱子全書』 연구는 宋時烈, 金昌協, 李宜哲, 金敏材 등 주로 노론계 학자들에 의해 이루어졌던 『朱子大全箚疑』의 맥을 잇는 것이다.

25 『與猶堂全書』, 詩文集, 권20, 「金德叟書」.

"然向非兩漢諸儒, 爲之梯級, 則雖以朱子之明睿, 亦安能徑超斷港直造眞源也. 是以朱子於漢儒, 未嘗不拳拳尊護. 所注諸經, 凡係禮樂名物文字聲形, 輒皆恪遵其訓, 至其不得然後, 始乃易以己說. … 誠使後之君子, 體當日之心, 用當日之工, 志在講明, 不雜他念, 則尊尙古注, 本非惡事, 唯諸新說, 亦是死法. 公聽幷觀, 惟善是師, 夫雖曰不可."

다. 또한 경전의 뜻을 캐는 이치는 옛 훈고에 있으며, 연구자의 판단을 배제하고 자료의 고증적 집성을 통해 그 뜻이 저절로 밝혀진다고 하여, 전형적인 한학계 학자의 입장을 보였다.[26] 따라서 신작은 옛 전적에 단편적으로 나타나는 원전의 문구를 수집하는 일에 전력을 기울였고, 한유들의 훈고를 절대시하였다.[27]

네 번째로 정약용은 독자적인 학문체계를 구축하려 하였다. 그는 경학 연구에서 한학이나 송학에 경도되지 않고 한대부터 청대까지 경전의 파악에 도움이 되는 성과를 모두 흡수하여 새로운 학문 체계를 구축하려 하였다. 따라서 그는 한학이 훈고에 뛰어난 점은 인정하지만 그 오류마저 무조건 수용하려는 신작의 태도에 반대하였고, 의리에 치중하면서 명백한 위경僞經을 그대로 수용하는 홍석주의 태도에도 반대하였다.[28] 정약용은 김매순의 비교적 개방적인 학문관에 가장 공감하

---

26 申絢,『詩次故』,「詩次故後敍」.

"仲氏曰, 吾之書, 主於詁而略於義. 通其訓者, 義可知, 次止於唐, 爲其近古也. 古曰在昔, 昔曰先民, 一寸之句, 吾必擧三重跟據, 珍重其言也. 以古訂古, 寄理在古, 古之有也, 非吾有也. 美者自美, 吾不與其美, 惡者自惡, 吾不與其惡. 唯知其愈古者, 爲愈貴愈徵而已."

27『尙書古注』권1,「尙書古注序」.

"兩漢諸儒, 創義啓發之功, 無跡可尋. 玆並掇拾於群籍, 其殘句隻字, 罔不銓次, 文豹一班, 虬龍片甲, 尙足以槪全體之義. 斯乃釋前之遺緖, 級古之寶綆, 後之覽者, 尙或有徵於斯編."

신작은 주자학에도 상당한 경지에 있었던 것으로 보인다. 그는 1198년 주자가『상서』를 주석해 나가다가「五子之歌」편에서 작업을 중단하고 蔡沈에게 그 임무를 넘긴 사실을 주목하면서, 이때를 기준으로 주자의 학문을 信古文 단계와 疑古文 단계로 구별하자고 주장하였다(『石泉遺集後集』권6,「答丁承旨」).

28『與猶堂全書』, 詩文集, 권20,「答申在中」.

"老兄, 懲於時俗, 不欲輕僞古訓, 自是儒者氣象, 心所歎服. 而此等處, 亦欲塞聰明絶知慧, 唯鄭註是護, 則經旨不通, 人心不服, 不謂兄致中和而持公平也."

『與猶堂全書補遺』제2책,「讀尙書補傳」.

"第惟需世之學, 雖略於辨訟, 尊經之誠, 萬嚴於眞僞. 僞書諸篇之內, 其本出於論孟禮記左傳之所引,

였다.[29]

이상에서 보듯이 19세기 경기학인들은 학문적 경향이 한학고증학, 송학주자학, 한송절충론 등으로 다양하게 나타났고,[30] 이러한 경향의 차이는 경학 연구에도 그대로 반영되었다.

제2절 정약용과 신작의 『상서』 연구서

정약용의 『상서』 연구서는 1차 연구와 2차 연구로 구분된다. 1차 연구는 1810~1811년에 작성된 『매씨서평』 『고훈수략』 『상서지원록』이고, 2차 연구는 1834년에 완성된 개정 『매씨서평』과 『상서고훈』이다. 신작의 『상서』 연구서는 1825년에 『이십오편』 『상서고주』 『고상서』 『백편고』 등 4부작으로 완성되었다. 두 사람의 연구서를 고문 25편, 금문 28편, 서서書序로 구분하여 정리하면 다음의 〈표 19〉와 같다.

及下逮荀墨之所說者, 皆可以敷衍義理, 讚美淵奧, 而其或事實之明屬僞撰, 及訓戒之絶無古據者, 有時乎 佯若不知. 一辭讚美, 斯則科場應酬之體, 雖講筵討論, 宜不至是."

29 정약용의 반응은 자신의 연구에 대한 상대의 평가에 따라 영향을 받았다. 이를 보면 김매순에게 가장 우호적이고 신작에게 가장 비우호적이었다. 그러나 한학과 송학 가운데 어느 한쪽을 고집하지 않고 양쪽을 수용하려는 김매순의 태도가 가장 중요하였다. 정약용의 다음 이야기는 김매순의 논리와 거의 일치한다.
『與猶堂全書』, 詩文集, 권20, 「答申在中」.
"然窮居數十年, 沈漸章句, 積久稽驗, 知古注未必盡是, 後儒新論未必盡非, 唯當虛心公觀, 以察是非之眞."

30 漢宋折衷論은 成海應과 같은 경우를 말한다(徐坰遙, 앞 논문, 1982 참조).

〈표 19〉 정약용과 신작의 『상서』 연구서 비교

구분	정약용	신작
고문 25편	『매씨서평』(9권, 1810) 1. 매색의 고문 25편이 위서임을 논증한 글 2. 서술 내용 ① 『사기』 『전후한서』 『晉書』 『隋書』의 「儒林傳」과 「經籍志」를 인용하여 논증 ② 『주자어류』에서 고문을 의심한 것 40여 조(오역·오징도 의심) ③ 모기령의 『고문상서원사』를 조목별로 비판 ④ 古文 25편의 본문과 古訓을 정리	『이십오편』(1책, 1825) 1. 逸書 25편은 魏晉년간에 補亡書로 만들어진 것, 현재 남아 있는 逸書는 『春秋內外傳』(68조), 『예기』(18조), 『논어』 『맹자』 『묵자』 『순자』에 약간 2. 25편이 原古文은 아니지만 경학 연구에 도움이 됨 3. 서술 내용 ① 25편 본문 ② 경전 중에 인용된 것 注로 달고 주석 ③ 뜻이 같은 문장을 附
금문 28편	『고훈수략』(6권, 1810) 1. 매색의 고문상서는 위서, 현존하는 금문 28편의 고훈을 모은 것 2. 서술 내용 ① 공영달의 『상서정의』와 다른 주소에 나오는 구양·하후·마융·정현의 설을 채록 ② 『사기』 『설문』에 나오는 『상서』 문구 附 ③ 『좌전』 『국어』 『예기』 『논어』 『맹자』 중에 『상서』 인용 부분 채록 3. 편차 사이에 '己見'을 붙임	『상서고주』(8권, 1825) 1. 今文 28편에 대한 漢魏 이상 경학가(구양·하후·마융·정현·왕숙) 2. 서술 내용 ① 『상서정의』 『사기』 『전후한서』 『삼국지』 『상서대전』 『수경』의 注 ② 異議, 鄭志, 釋文에서 보이는 것 3. 『상서』 전수의 역사를 밝힘

구분	정약용	신작
금문 28편	『상서지원록』(7권, 1811) 1. 『고훈수략』에 이은 連作, 고훈을 기초로 大義를 파악 2. 『고훈수략』과 매색·채침의 설 비교 ① 양자의 시비를 가림 ② 양자 모두 틀릴 때는 '己見' 피력 ③ 모르는 것은 그대로 둠 3. 知遠의 의미는 古帝王의 치적을 알고 이를 지금에 시행하는 것	『고상서』(1책, 1825) 1. 孔壁古文尙書를 隸書로 복원하려는 것 2. 서술 내용 ① 『설문』의 글자 ② 篆家에 실려 있는 古尙書字 ③ 古孝經字와 漢魏石經字 ④ 나머지는 그대로 둠 ⑤ 금문과 마융·정현·왕숙의 설을 附注
100편 서(書序)	『상서서』(未分卷, 1834) 1. 『고훈수략』과 『상서지원록』 합편에서 추가된 것 2. 신작의 『백편고』와 유사하나 '鏞案'이라 하여 자신의 견해를 덧붙임	『백편고』(『이십오편』과 합책, 1825) 1. 『상서』 100편의 서서에 관한 고증 2. 서술 내용 ① 疏本(공영달)에 나오는 書序 ② 『사기』 『한서』 등에 나오는 書序를 附 ③ 逸篇, 逸句를 편목에 따라 덧붙임
수정본	『매씨서평』(10권, 1834) 1. 1810년 本의 경박한 말을 제거 2. 염약거의 『고문상서소증』을 발췌, 비평	
	『상서고훈』(21권, 1834) 1. 『상서지원록』을 조별로 나눠 『고훈수략』에 합함 2. 문장을 다듬고 新說을 붙이되 고훈을 위주로 함	

정약용과 신작은 이들 연구서에서 『상서』의 금문과 고문을 어떻게 파악하였을까?

먼저 『상서』의 전수에 대해, 신작은 복생의 금문 28편이 나온 이래 구양·하후에게 이어지고, 공안국의 고문 46편이 나온 후 유향劉向·유흠劉歆 부자, 가휘賈徽·가규賈逵 부자를 거쳐 마융·정현에 이른 것으로 보았다. 이는 정약용의 시각과 대체로 동일하다. 또한 구양·하후 3가의 금문상서가 진晉대 영가의 난 때 없어졌다고 보는 점에서도 일치한다.[31]

그러나 고문 46편 중 금문 28편과 다른 16편이 사라진 시기에 대해서는 견해가 달랐다. 신작은 한대의 적미지란赤眉之亂 때로 보고, 마융·정현에 이르러 금문과 고문이 모두 서서書序까지 포함하여 29편만 남았던 것으로 보았다.[32] 정약용은 고문이 없어진 시기는 진대의 영가의 난 때이지만 고문상서학은 당唐대까지 계속된 것으로 보았다.[33]

현존하는 매색상서 58편에 대해서도 견해가 달랐다. 신작은 고문 25편이 위魏·진晉 연간에 보망서로 만들어진 것을 후대인이 원전으로 여긴 것이고, 그 문장은 전아典雅하다고 하여, 매색의 입장을 다소 변호하였다.[34] 정약용은 이를 매색의 위작이라 규정하고, 이를 밝히기

---

31 『尙書古注』「尙書古注序」.

32 윗글.

"盖祕府十六篇, 平帝時, 雖暫爲劉歆所表章, 而旋失於赤眉之亂. 故鄭玄云, 「逸武成」, 建武之際亡, 盖此時俱亡. 故東京學者, 以古文傳授者, 幷「僞泰誓」, 只得二十九篇. 而十六篇, 則絶無師說. … 然則, 當時今古文之辨, 只是字句之同異, 意義之殊別而已, 非謂古文篇數之增多於今文也."

33 『與猶堂全書』, 經集, 권29, 「梅氏書平總敍」.

『與猶堂全書』, 經集, 「閻氏古文疏證鈔」 甲二.

"隋志又云, 梁陳所講, 有孔鄭二家. 齊代唯傳鄭義, 至隋孔鄭幷行, 而鄭氏甚微, 何云都亡於永嘉乎? 亡於永嘉者, 伏氏今文之學, 孔氏十六篇, 或亡於此時, 亦無明文, 不可質言. 鄭註尙書, 至唐猶存."

34 『二十五篇』「二十五篇序」.

"魏晉間人, 其偶作補亡書二十五篇, 如東晳補六詩, 而失其名氏. 後之覽者, 以補爲眞, 乃就馬鄭王

위해 『매씨서평』을 지었다. 정약용이 고문 16편이 없어진 시기를 신작보다 늦게 잡은 것은 매색 때에도 고문이 남아 있다고 하여, 매색의 위작을 비판할 수 있는 근거로 삼았기 때문이다.

다음으로 『상서』 연구서의 편찬 목적을 살펴보자. 신작은 한학의 단편들을 수집하여 그 원형을 복구하는 데 관심이 있었으므로, 자료의 수집도 당대까지로 제한되었다.[35] 그의 『상서』 연구도 이에 충실하여 당 정관627~649 이후 한유들의 주석이 모두 사라졌으며, 한유들의 학문적 성과를 복구하는 것을 자신의 과업으로 삼았다.[36] 따라서 『상서고주』에서는 금문 28편에 대한 한유들의 주석을 편집하였고, 『이십오편』에서는 고문 25편이 원래 고문은 아니지만 경학 연구에 도움이 된다고 보고 경전에 산견되는 자료들을 모았다. 또한 『백편고』에서는 『상서정의』에 나오는 서서書序가 원래의 서서와 대의는 같지만 내용은 차이가 있다고 보고 이에 관한 자료를 모았고, 『고상서』에서는 자신의 한학 지식을 총동원하여 고문상서를 원래의 예서체로 복원하려 하였다. 신작의 한학에 관한 관심은 경학 고증에 있어 정약용의 수준을 능가하게 되었다.[37] 신작의 『시차고』에서는 경학 서적만 129종을 인용

注, 隨意删潤, 兼付己意, 成一家言, 爲孔傳以行于世, 斯亦好事者之過也. 顧其書, 雖非孔壁之舊本, 頗典雅 不下於六詩之補."

『石泉遺集後集』 권6, 「答丁承旨」(丙戌 4월).

35 『石泉遺集後集』 권3, 「上伯氏」(丙午 10월 16일).

"(詩說)考據中所引, 如止於漢魏前後, 而不及於唐, 當如注疏而不取也. 而毛傳之未達者, 不得不求之於鄭箋, 鄭箋之未達者, 亦不得不求之於疏者, 似未必一以唐以前爲限也. 但詳於古而略於後而已."

36 『尙書古注』 「尙書古注序」.

37 정약용은 고훈의 정리에서는 신작의 『書次故』가 자신보다 뛰어나다고 홍현주에게 고백하였다(『與猶堂全書補遺』 제2책, 「與海居」. "鄙作有『古訓』六卷, 『知遠錄』七卷. 而『古訓』, 則石泉申承旨

하여 방대한 자료를 섭렵하였음을 보여준다. 다음의 〈표 20〉은 『시차고』에 인용한 경부 서적을 분류한 것이다.

〈표 20〉 『시차고』의 인용서목 분류 經部

구분(종)	細目(종)
詩(28)	魯詩(3), 齊詩(1), 韓詩(6), 毛詩(18)
書(7)	
易(8)	
禮(23)	周禮(7), 儀禮(4), 禮記(8), 기타(4)
春秋(18)	左氏傳(6), 公羊傳(3), 穀梁傳(3), 기타(6)
國語(5)	
孝經(4)	
緯書(6)	
爾雅(10)	
四書(10)	
기타(10)	論語(7), 기타(3)
계(129)	

정약용은 경학 연구의 최종 목적을 경세학의 이론적 기반을 마련하는 데 두었다. 따라서 경학을 연구할 때 경전의 정확한 뜻을 파악하기 위해 한학의 성과를 중시하였고, 『매씨서평』 『고훈수략』 『상서서』에서 한유들의 고훈을 수집하여 정리하였다. 그러나 〈표 19〉에서 보듯이, 정약용은 단순히 고훈을 정리하는 것에 그치지 않았고, 한유의 고훈이나 매색과 채침의 주에 의심이 나면 '기견己見' 또는 '용안鏞案'이라 하여 자신의 견해를 기록했다. 또한 『상서지원록』에서는 고훈을 바탕으로

綽所輯『書次故』, 爲益該備, 故欲毁之. 『知遠錄』亂雜, 不能奉獻, 先之以目錄, 要備要領也.").

『상서』의 대의를 파악하며, 이는 경세학의 이념적 모형이 되었다.

다음으로 경학 연구 방식의 차이를 보자. 신작은 정약용의 경학 연구에 나타나는 문제점을 두 가지로 지적하였다. 하나는 서술방식에 관한 것이고, 다른 하나는 한학에 대한 평가였다. 서술방식에 대해, 신작은 정약용의 논거에 적절하지 않은 것이 있고, 자신의 견해를 너무 뚜렷이 한다고 비판하였다. 신작은 저술에서 자신의 의견만 밝히면 시비가 저절로 가려질 것인데, 선학의 잘못을 매몰차게 비판하며 자기 견해를 내세우는 정약용의 태도가 불만이었다.[38]

한학에 대한 평가는 주로 정현의 연구에 대한 것이었다. 신작은 한학 계열의 학자로 한유들의 모든 성과를 평가하였지만 특히 정현의 성과를 중시하였다. 신작은 한대에는 경설經說이 지금보다 많이 남아 있었고, 정현의 연구는 이를 기초로 했기 때문에 정확하다고 보았다.[39] 신작은 왕숙과 정현을 비교해도 정현이 나은 것으로 보았다.[40] 신작

---

38 『石泉遺集後集』 권6, 「答丁承旨」.

"戴與馬, 則固有失德, 而其傳經衛聖之功, 不可少也. 鄭則, 只信籤一事可疑, 而名德俱尊, 雖或意見參差, 但直敍己意, 而是非自現矣."

『石泉遺集後集』 권3, 「上伯氏」.

"丁令禮說, 覽過一通, 而根據的確, 分數綜明. 而文亦出於魏晉間禮說及注疏, 多可觀. 近來言禮者, 當無此比, 但有輕非先達, 自立己見之棟."

39 『石泉遺集後集』 권6, 「答丁承旨」.

"漢時禮說, 近古多聞, 如古禮逸書等書, 劵帙果然三倍於今. 鄭皆聰明淹貫, 說有援證, 今以散餘經, 追理其說, 則縱合今見, 古人復生, 豈無其說. 後儒之言, 多以義起, 義起者, 我亦可以義起, 獨不可以輕抵漢儒者, 此也."

40 윗글.

"後儒之與鄭相難者, 無與王而靜研其義, 終當右鄭, 使王在先而鄭在後, 豈不其答不幸. 鄭亡而使王義孤昌, 不是後出而巧. 昔有人爭年, 一人曰, 我與黃帝之兄同年, 囂然不息, 畢竟以後己者爲勝, 王肅是後己者也. 吾不知高明之獨不爲後己者耶, 還可呵也."

은 『시차고』를 저술하면서 정현이 『주례』 연구에서 자신의 견해를 '현위玄謂'라고 하였듯이 '작위綽謂'라는 항을 설정하였다.[41] 따라서 신작은 정현을 비판하는 정약용의 발언이 불만스러웠고, 정약용에게 정현의 연구보다 나을 것이 없는 부분을 빼버리거나 그를 비방하는 문구라도 삭제하라고 요청하였다.[42] 그러나 정약용에게 있어 한학은 경전 해석에 장점이 있지만 신작처럼 절대적인 것은 아니었고, 자신의 견해와 다른 한학의 성과에 대해서는 비판적이었다.[43]

제3절 정약용과 신작의 육향제 논쟁

1. 정현과 정약용의 육향제

육향제는 주나라 왕기王畿에 있었던 것으로 믿어지는 향수제의 '향鄕'을 말하는 것으로 『주례』에 그 제도적인 내용이 나타난다.[44] 정

---

41 『石泉遺集後集』 권3, 「上伯氏」.
"嘗見鄭注『周禮』, 其引杜子春鄭大夫說, 則必以'玄謂'二字, 以別己意. 名之者, 所以敬前輩, 而重經訓也. 今於此書, 亦云'綽謂'云云, 以符鄭注所謂'玄謂'云云."

42 『石泉遺集後集』 권6, 「答丁承旨」.
"宗子服條 … 此案爲筆鋒所驅, 抵毁鄭氏過實, 少忠厚謹愼之意. 且其所改, 終未見其勝, 彼更合商量. 如欲仍用此案, 則略加刪改, 如何? 如於此低羊觸藩, 進退維谷, 熟玩小記大傳之文, 其良貝窘遁之跡, 昭然可見等語, 刪法爲法."

43 김문식, 「尙書 연구서를 중심으로 본 丁若鏞과 洪奭周의 政治思想 비교」, 『韓國史論』 20, 1988, 362~364면.

44 鄕遂制에 대해서는 『주례』 「司徒敎官之職」의 大司徒, 小司徒, 鄕師, 鄕大夫, 遂人, 遂師, 遂大夫,

현은『주례』를 주석하면서 육향은 왕성에서 100리 거리에 있는 4교의 안에 있고, 육수는 왕성에서 100리 밖에서부터 200리 안에 있는 전지甸地에 있는 것으로 보았다.[45] 정현의 이러한 해석은 후대 학자들 사이에 정설로 전해졌다.

정약용은『상서』연구에서 정현의 견해를 반대하고, 육향은 왕성에서 9리의 안에, 육수는 왕성에서 50리 안인 근교에 있다고 논증하고, 이를 제도개혁안의 모델로 삼았다.[46] 신작은 정약용의 경학 연구서를 보면서 이러한 사실을 발견하였고, 정현의 견해를 옹호하면서 일대 논쟁이 벌어졌다.

정약용과 신작이 한학에 대한 입장에서 차이가 났으므로, 육향의 위치에 대한 견해 차이는 예정된 것이었다. 그러나 두 사람이 상당한 수준의 경학자이면서 논쟁을 벌였고, 정약용은 육향제에 대한 이해를『경세유표』의 모델로 삼았기 때문에 이는 중요한 문제였다.

신작의 입장은 정현의 주석에 근거하였기 때문에, 정현과 정약용의 견해를 먼저 비교해 보자. 다음의 〈그림 1〉은 정현의『주례』주석에

「司馬政官之職」의 大司馬, 司勳, 「司寇刑官之職」의 鄕士, 遂士, 「考工記」의 匠人 등에 제도적 실상이 잘 나타난다.

45『周禮』권2, 「冢宰治官之職」大宰; 권13, 「司徒教官之職」載師.
『주례』의 제도적 실상에 대해서는 候家駒,『周禮研究』, 臺灣; 聯經出版事業公司, 1986을 참조.

46 정약용은『주례』에 대한 한학적 성과에 대해 비판적인 태도를 보인다. 그는『주례』의 완전한 모습이 전국시대 말부터 어그러지기 시작하여 진시황과 項羽를 거치면서 거의 파괴되었고, 한대에 들어와 鄭衆과 鄭玄이 많은 노력을 기울여 주석하였지만 겨우 훈고에 통하였을 뿐 제도적 실상에는 매우 소략하였던 것으로 보았다. 그런데 후대 학자들은 이러한 한학의 성과를 무비판적으로 받아들여 경전을 해석하였으니 끝내 그 제도적 실상에 접근하지 못하였던 것으로 보았다(『經世遺表』권7, 「田制 9」).

나타난 향수의 위치를 표시한 것이다.[47]

〈그림 1〉 정현의 향수도

다음의 〈그림 2〉는 정약용은 견해를 표시한 것이다.[48]

〈그림 2〉 정약용의 향수도

이상에서 보듯 두 사람의 견해는 육향과 육수의 위치, 원지園地의 위치를 표시하는 정도만 달랐다. 그러나 이것은 사소한 차이가 아니라 주나라 제도의 실상을 이해하는 문제와 연결되어 큰 차이를 가져왔다.

---

47 현존 『주례』는 고문계로 鄭衆(鄭司農, 先鄭)과 鄭玄(鄭康成, 後鄭)의 注와 賈公彦(唐初人)의 疏가 원문과 함께 있다. 육향의 위치를 파악할 수 있는 國中-郊-野-都의 위치에 대해 鄭衆과 鄭玄의 견해가 다르고(『周禮』권35, 司寇刑官之職, 「鄕士」·「遂士」·「縣士」·「放士」), 정현의 견해도 주석에 따라 조금씩 차이를 보인다(『經世遺表』 권5, 地官修制, 「田制 3」). 이글에서는 정약용이나 신작이 정현의 견해 중 가장 정리된 형태의 것으로 받아들이는 것을 정리하였다.

48 정약용의 육향제 위치에 대한 견해는 『상서』 연구에서 처음 논증된 이래 일관된 견해이다. 정약용이 육향제를 가장 자세히 논증한 곳은 『經世遺表』의 田制이다.

다음의 〈표 21〉은 정현과 정약용이 이해한 주제周制를 비교한 것이다.

〈표 21〉 정현과 정약용의 주제周制 이해[49]

구분 \ 왕성과의 거리		4.5리 (王城)	50리 (近郊)	100리 (遠郊)	200리 (邦甸)	300리 (家稍)	400리 (邦縣)	500리 (邦都)
향·수 위치	정 현	육향			육수			
	정약용	육향	육수					
채 지 구 분	정현	천자 직할지				대부 채지	경 채지	왕자제 채지
	정약용		3등 적사(適士) 녹전(祿田)	부사(府史) 서도(胥徒) 녹전	천자 녹전	공경대부녹전	훈신동성 봉지(封地)	왕자제 봉지
토 지 구 획	정현	구 혁 법				정 전 법		
	정약용		구혁법	정 전 제				
토 지 관리자	정현	수인(遂人)						
	정약용		수인(遂人)	소사도(小司徒)				
전 세	정현		1/10	3/20	2/10 초과하지 않음			
	정약용		1/10	1/9				
宅稅	정약용		1/20, 1/10	3/20	2/10 초과하지 않음			
家의 수	정현	12만 가(家)			288만 가			
	정약용	75,000 가	75,000 가					
군 사 조 직	정현	육군			십이군			
	정약용	육군						

이상의 〈표 21〉을 볼 때 향수의 위치를 다르게 보는 것은 주대의 전제와 병제를 중심으로 하는 제도를 이해하는 방식에서 차이를 보여준다. 특히 채지의 구분에서 보듯이 정현은 왕성 100리 이내인 전지甸

49 정현의 『周禮』 注와 정약용의 『經世遺表』 田制 부분을 정리하였다.

地까지 천자의 직할지이고, 그 바깥은 각 지역의 봉군封君들이 다스리는 봉건제로 파악하였다.[50] 그런데 정약용은 왕기王畿 邦甸의 안은 천자의 통치권이 직접 미치는 영역이고, 채읍도 공경들에게 기내畿內의 전지를 나눠주어 녹만 받아먹게 하는 녹전으로 천자의 영향력이 미치는 것은 동일하다고 보았다.[51] '천하가 모두 왕토王土'라는 정약용의 생각은 『경세유표』에서 전면적 개혁안인 정전제를 구상하는 기반이 되었다.[52]

2. 정약용과 신작의 육향제

신작은 정약용의 『상서』 저술을 검토해 가던 중에 육향제를 언급한 부분이 정현과 크게 다른 것을 보고 이를 조문별로 반박하였다. 이에 정약용은 자신의 논거를 제시하며 답변하였고, 3~4회에 걸쳐 이에 대한 서간을 교환하였다.[53] 두 사람은 서간을 통해 육향의 위치에 대해 논쟁을 벌였고, 신작은 정현의 견해를, 정약용은 자신의 견해를 피력하였다. 두 사람의 논쟁을 몇 가지 주제로 나누어 정리하면 다음과 같다.[54]

---

50 候家駒, 윗책, 1988, 133~135면.

51 『經世遺表』 권5, 地官修制, 「田制 3」.

52 윗책, 권5, 地官修制, 「田制 6」.
"域中之田, 皆王田也. 其有私主者, 不可以書'主', 宜改錫其名曰'時占', 其佃夫曰'時作'而已."
윗책, 권5, 地官修制, 「田制 9」.
"凡田皆王田也. 私主不可謂之'田主', 故名之曰'時占'."

53 육향제를 둘러싼 두 사람의 서간이 몇 차례 왕복하였는지는 알 수 없다. 두 사람의 문집에 수록된 서간으로 판단할 때, 1822년 6월 10일 이전에 한 번, 동년 6월 10일에서 6월 23일 이전에 한 번, 6월 23일 이후로 한 번이 있어 최소한 세 번 왕래가 있었다(『與猶堂全書』, 詩文集, 권20, 「答申在中」; 『石泉遺集後集』 권6, 「答丁承旨」).

54 여기서 정리한 것은 1822년 6월 10일의 질문서와 이에 대한 답서, 6월 23일의 질문서와 답서

1. 국성國城 안의 구조에 대하여

1-1

정약용 : '野九一 國中什一'에서 野=鄕 國中=城內라면, 성내에 什一할 수 있는 토지가 있는가?

신작 : '天子六鄕'이므로 六軍인데 이것이 國城의 9리 안에서 나올 수 있는가? 그리고 軍은 토지에서 나오고 車馬와 甲兵은 田賦에서 나오는데, 이 토지가 전부 국성 안에 있는가?

1-2

정약용 : 六軍을 六鄕에 연결하는 것은 정현뿐이다. 내 말대로 육향이 國中에 있다면 身隸 군적이 있을 리가 없다. 舊說대로 육향이 郊外에 있다고 해도 향사와 향대부가 征役의 弛舍를 맡고 있으니 1가에서 1인씩 낼 수가 없다.

신작 : 司徒와 司馬에 1鄕 12,500家, 1軍 12,500人이고, '家一人'이 나오니 육향이 육군에서 나오는 것은 자명하다. '가일인'은 7~8口의 집에서 2~3인의 해당자 중 1인을 택하는 것이다.

1-3

정약용 : 삼대 시대의 兵은 田에서 나오는데 육향민만으로 육군을 만든다는 것은 부당하다. 육군은 遂·甸을 통틀어 나오는 것이고, 육향에서는 射·御가 뛰어난 자를 뽑되 '가일인'을 넘지 않는다.

신작 : 비상시에 우선 육군의 元數를 육향에 배당하고 점차 그 범위를 넓혀간다는 것이지 육향에만 국한시킨 것은 아니다.

이다. 같은 내용이 두 편지에서 계속 나오는 것은 연속해서 정리하였다.

1-4

정약용 : 왕성은 사방 9리이므로 육향의 민호가 들어갈 자리가 없다고 한다. 그러나 『주례』의 考工記 匠人에는 12리까지 나오며, 이마저도 原經과 같다고 할 필요가 없다.

신작 : 왕성이 12리라고 해도 왕궁과 朝市 등을 제외하면 육군이 나올 데가 없다. 육향은 사교에 있다.

1-5

정약용 : 夏官 量人'分國九州'과 考工記 匠人'九分其國'을 볼 때 모든 도읍은 9구중앙에 왕궁, 面朝後市, 좌우에 육향로 되어 있다.

신작 : 國을 9구로 나눈다면 왕궁이 1구를 차지하므로 나머지 8구에서 九鄕을 얻을 수 있나? 또한 9구라면 어째서 구향이 아니라 육향인가? 左祖·右社는 왜 面朝·後市처럼 다루지 않고 육향을 그 자리에 넣는가? '分國九州'에서 州는 鄕이 변한 것이라 하는데, 州는 반드시 2,500家니, 제후국에는 대소의 차이가 없이 일률적이란 말인가? 그러므로 육향은 교에 있고, '분국구주'는 천하의 9주이며, '九分其國'은 國事를 아홉 등분한 것으로 해석해야 한다.

2. 國·鄕·野에 대하여

2-1

정약용 : 鄕은 本鄕의 안이고, 國은 諸鄕이며, 모두 왕성 안에 있다.

신작 : 무응답

2-2

정약용 : 管仲의 21향은 국성 안에 있고 農이 없다. 따라서 육향은 왕성 안에 있으며, 郊野에 있지 않다.

신작 : 관중의 21향과 주례의 육향은 다른 것이다. 육향에서 육군이 나오며, 병농일치의 사회다.

2-3

정약용 : 大司馬에 야영숙소茇舍를 호칭할 때 향과 야를 구별하는 이유는?

신작 : 무응답

2-4

정약용 : 맹자가 齊梁에게 '鄕田同井'이라 한 것은 관중의 都鄙制에 나오는 향과 같은 것으로 육향과는 다르다.

신작 : 무응답

3. 鄕·遂·郊에 대하여

3-1

정약용 : 小司徒에서 육향과 사교의 관리六鄕四郊之吏를 여러 차례 드는데, 지방관을 이처럼 정중히 대하는 이유는?

신작 : 육향과 사교의 관리는 육향 중의 사교 관리를 말한다. 육향은 국중도 포함하므로 사교를 구별하였다.

3-2

정약용 : 王制鄕-郊-遂는 漢法으로 시행되지 않았고, 大司馬의 旗 구별향·수-교·야에 의해 교가 수의 바깥에 있는 것이 분명하다.

신작 : 大司馬의 旗 구별에서 향수 밖에 교야가 있다면, 師都-鄕遂-郊野-百官이 된다. 따라서 이는 증거가 되지 못한다.

3-3

정약용 : 周制는 육향이 왕성 안, 육수가 왕성 밖, 사교가 육수 밖에 있는 것이다.

신작 : 육향이 왕성 안에 있다면 國人을 모두 왕성 안에 장사지낸다는 말인가? 遂는 野인데 사교의 안에 있다면 『爾雅』의 '郊外曰野'에 어긋난다.

3-4

정약용 : 旣夕의 '實土三主人 拜鄉人'을 인용하여 周人이 모두 왕성에 장사지냈다고 하는 것은 농담일 것. 이는 향인의 장례에 모든 향인이 함께 나섰다가 돌아왔을 때, '實土 3主人'이 향인들에게 사례하는 것을 말한다.

신작 : 기석을 인용한 것은 향의 범위를 성 밖까지 넓히려고 한 말인데, 당신은 성안만을 고수한다. 장례는 어디서나 있는 것으로 이 규정은 천하에 공통적인 예이다.

3-5

정약용 : 정현 말대로 육향이 100리 안에 있다면 遂·郊는 100리와 200리 사이에 있게 된다. 그러나 이곳은 분명히 邦田의 땅이니 수·교가 있을 곳이 없다.

신작 : 정현의 뜻은 육향 안에 원근 사교를 모두 포함하며, 육향 밖은 육수로 甸·稍·縣·郡을 모두 포함한다.

4. 鄉老·鄉大夫에 대하여

4-1

정약용 : 野外 100리의 장관인 향노와 향대부의 관직이 왜 그렇게 높은가?

신작 : 사도와 향노, 향대부 등은 중앙에 있으면서 외부를 다스리는 자이

다. 州 이하의 관리가 전임관이다.

4-2

정약용 : 향대부가 歲時에 國·野를 동시에 다스리는 것은 한성판윤이 諸路의 호적을 총괄하는 것과 같은 것이다.

신작 : 향의 범위 안에 국이 있으므로 국·야가 향대부의 소관이다. 향대부는 지금의 구관당상과 같이 중앙에서 총괄하며, 육향의 실제 행정 담당자는 州長 이하의 관리다.

4-3

정약용 : 향대부가 구관당상과 같다고 하는 것은 어디에 근거하는가?

신작 : 무응답

4-4

정약용 : 3년마다 향노·향대부가 왕에게 賓興을 하는데 한성을 버려두고 화성, 파주 등 지방에서 인재를 천거한다는 말인가?

신작 : 양한 때 孝廉科와 茂才科도 郡國에서 실시한 것이다. 지방에 버려진 인재가 많았기 때문이다.

4-5

정약용 : 향대부의 賓興이 양한의 孝廉科가 군국에서 시작된 것과 같다고 한다면 육수 이하 지방에선 어째서 한 명도 빈흥에 들어가지 못하는가?

신작 : 遂大夫 규정 '三年大比 帥其吏而興甿'에 의하면 빈흥 때 육수의 인재도 포함된다.

4-6

정약용 : 교관을 두어 인재를 양성하고 賢能의 추천에 들어가게 하는 것을 100리의 교에 둔 이유는 무엇인가?

신작 : 육향에 국중을 포함하며, 향대부도 국중에 있으면서 사교를 다스리는 것이다. 지금도 府·牧·郡·縣이 100리 떨어진 곳이 많지만 하루거리에 불과하다.

5. 鄕師에 대하여

5-1

정약용 : 4명의 鄕師로 野外를 모두 담당할 수 있는가?

신작 : 무응답

5-2

정약용 : 향사가 大祭에 희생을 올리는 것은 지금 종묘사직 제사에 四都留守가 희생을 올리는 것과 같다.

신작 : 향사는 司徒의 屬官이므로 사도유수와 같은 것이 아니다.

5-3

정약용 : 大喪治役에 향사가 國中이 아니라 100리 밖의 민을 동원하는 이유는 무엇인가?

신작 : 향사가 민을 동원하는 것은 國·鄕을 통틀어 하는 것이다. 그대의 말대로라도 大喪때 遂人과 稍人이 50리, 300리 부역을 하게 된다.

5-4

정약용 : 육수와 家稍도 大喪때 부역하는 것을 근거로 육향이 교에 있다고 한다. 역은 육향이 제일 무겁고, 그 다음이 육수이며, 가초의 역은 가장 가벼

운 것이다.

신작 : 역의 경중에 대해서는 동감이다.

5-5

정약용 : 지방관인 향사가 四時之田에 京司인 司徒의 기를 사용하는 이유는?

신작 : 무응답

5-6

정약용 : 지방관인 향사가 四時徵令에 목탁을 가지고 市·朝를 순찰하는 이유는?

신작 : 무응답

5-7

정약용 : 향사가 歲時에 國·野를 순찰하는 이유는?

신작 : 향사는 司徒의 속관이므로 문제가 없다.

5-8

정약용 : 정현은 夏官 司勳과 載師 賞地 조항을 근거로 육향이 원교에 있는 것으로 알았다. 이는 '王功과 國功은 육향에서 전유할 수 없으나 그 賞田은 육향에서 나오는 것'이라 생각한 것이다.

신작 : 정현의 뜻이 반드시 그런 것은 아니다.

6. 향삼물鄕三物·향팔형鄕八刑에 대하여

정약용 : 국중에는 文物과 刑律이 없이 야외 100리에만 삼물과 팔형으로

教·糾하는가?

신작 : 삼물과 팔형은 국중에도 있는 것이다. 그 중에서 향에 시행되는 것이 향삼물과 향팔형이다.

이상에서 보듯 정약용과 신작은 각자의 기준에서 육향제를 설명하며, 이를 수정하는 것은 서로가 용납하기 어려웠다. 이들의 논쟁점을 정리하면 다음과 같다.

첫째, 왕성내의 구조에 대해, 정약용은 왕성이 9분되어 왕궁·조朝·시市·육향으로 이뤄진다고 생각하였다. 신작은 사방 9리가 되는 좁은 왕성에 75,000가家[55]나 되는 육향의 민호가 들어갈 수 없다고 생각하였다. 또한 면조面朝와 후시後市가 한 지역씩 차지하면 좌조左祖와 우사右社도 한 지역씩 차지할 텐데, 육향이 어디에 있겠냐는 것이었다. 정약용의 견해를 따르면 사방 9리의 왕성 안에 75,000가, 사방 100리의 근교 안에 15만 가가 있다고 보았다. 이를 정현이 사방 200리방100리의 4배 안에 12만 가가 있는 것으로 파악한 것과 비교하면, 인구의 도시 집중도, 특히 왕성의 집중도가 매우 높게 나타난다.[56]

둘째, 당시 사회가 병농일치 사회라는 데에는 두 사람이 일치하였다. 그러나 육군의 병력이 나오는 지역에 대해, 정약용은 육향 지역이 토지가 전혀 없는 왕성 안에 있으므로 천자의 육군은 육수 내지는 전지甸地까지 확대하여 조직된다고 보았다. 신작은 육향이 사교 지역까

55 1향은 5州=25黨=125族=500閭=2,500比=12,500家이며, 1遂는 5縣=25鄙=125酇=500里=2,500隣=12,500家이다(『周禮』 권10, 司徒教官之職 「大司徒」;권15, 司徒教官之職 「遂人」).

56 정현의 계산 방식에 의하면 인구의 분포가 전 지역이 사방 100리당 3만 家로 균등하게 나타난다.

지 포함하므로 당연히 토지가 있고, 육향에서 천자의 육군이, 육수에서 천자 12군 중 육군이 조직되는 것으로 보았다. 육군이 나오는 지역은 서로 차이가 크지만, 포함 범위를 보면 비슷한 지역을 생각하고 있었다.

셋째, 향鄕·수遂·야野 용어에 대한 논쟁이다. 정약용은 그 위치를 모두 구분해서 보았고, 신작은 수遂와 야野는 같다고 보았다. 그러나 논거로 제시되는 자료의 시기가 달라 정확하지는 않다.

넷째, 향鄕·수遂·교郊의 위치에 대한 논쟁이다. 정약용은 향-수-교의 순으로 각 지역이 분명히 분리되어 있다고 보았다. 신작은 육향이 원근 사교에 포함되며, 육수는 사교 밖의 전 지역을 포함하는 것으로 보았다. 이러한 신작의 견해에 대해, 정약용은 육향과 육수는 거주지 중심의 구획이고 그 이외 지역은 정전을 기준으로 한 구획이라고 분명하게 구별하였다. 그러나 시간이 지난 뒤에 정약용은 신작의 견해를 수용하여 왕성의 육향 외에는 모두 수遂와 같이 구획되어 있는 것으로 보았다.[57]

다섯째, 육향의 관리인 향노鄕老·향대부鄕大夫·향사鄕師의 직무에 대한 논쟁이다. 정약용은 이들을 육향지역의 전임관리로 이해하였다. 왕성에서 100리나 떨어진 지역을 담당하기에는 그들의 직무가 너무 중요하다는 것이다. 신작은 이들이 조선의 구관당상처럼 중앙에서 겸직하면서 지방까지 다스린다고 보았고, 향의 하부 단위인 주州의 관리부

57 정전을 중심으로 한 구획이란 1都=4縣=16甸=64丘=256邑=1,024井=8,192家로 환산한 것이다. 그런데 정약용은 이렇게 할 때 甸·稍·縣·畺에 특별히 따로 지정된 관리가 없다는 점을 들어 縣·遂 제도는 모든 지역에 적용되는 것으로 보았다(『經世遺表』 권3, 「匠人營國圖」).

터 전임관리로 파악하였다. 신작의 견해를 따라가도 육향 관리의 직무가 무난히 해결되지만, 육향과 사교를 분명하게 구별한 정약용은 이를 이해하지 못하고 비슷한 질문을 반복하였다.[58]

정약용은 신작과 육향제 논쟁을 벌이는 도중에 김정희에게 육향제에 대한 자신의 주장을 담은 질문서를 보냈고, 김정희로부터 신작의 입장과 비슷한 비판을 받았다. 이 때 김정희는 한학에 대해 신작보다 객관적 입장을 보였지만, 정현의 업적을 높이 평가하는 것은 신작과 같았다.[59]

정약용과 신작의 육향제 논쟁은 견해 차이를 좁히지 못한 채 끝났다. 그러나 이 논쟁은 각자의 풍부한 경학 지식을 바탕으로 벌어졌고, 정약용은 신작의 견해를 상당히 수용하여 제도 개혁안을 마련한 점을 주목해야 한다.[60]

제4절 육향제 이해의 의미

1. 경학과 경세학

정약용은 육향제 논쟁을 벌이면서 이를 조선의 제도에 비겨서 설명

58 정약용의 질문 5-5, 5-6에 대해서 신작이 무답인 것이 이런 예이다.

59 『阮堂先生全集』 권4, 「與丁茶山若鏞」.

60 『經世遺表』의 제도개혁안에는 鄉遂 지역을 하나의 단위로 취급하고 있는 경우가 많다. 이는 육향이 사교 지역까지 포함하는 것으로 보았던 정현과 신작의 견해에 영향을 받은 것으로 보인다.

하였다. 그는 왕성 안에 있는 육향은 한성부의 오부, 면조·후시는 육조 거리와 종로의 시장, 근교의 육수는 화성華城이나 파주坡州 정도의 지역으로 생각하였다. 또한 향대부와 향사의 직무는 한성판윤과 사도유수四都留守의 직무에 비겨 이해하였고, 향학을 사부학당과 같은 것으로 이해하였다.[61]

정약용의 설명 방식에 익숙해진 신작은 육향의 관리를 조선의 구관당상과 같은 것으로 설명하였다. 그러나 정약용이 그 이유를 설명하라고 공박하자, 신작은 정현의 『주례』 주석을 통해 주대의 제도를 고증하는 데 그쳤다.

정약용이 주나라 제도인 육향제를 당대의 제도에 비긴 것은 경학과 경세학을 긴밀히 연결시켜 생각하였기 때문이다. 정약용은 천하의 이치는 고금이 같으므로, 경문經文을 통해 옛 성인의 제도를 알고, 이를 시대적 상황에 맞게 변통하면 개혁안이 마련된다고 생각하였다.[62] 따라서 육경사서에 관한 경학 연구가 경문을 통해 옛 성인의 제도를 이해하는 단계라면, 일표이서一表二書로 이루어진 경세학은 경학 연구를 바탕으로 시대적 상황에 맞게 변통하는 단계였다.[63]

정약용은 경세학을 어떻게 파악하였을까? 그는 치인의 핵심이 지인知人과 안민安民, 즉 공선거公選擧와 박부렴薄賦斂에 있으며, 경세학은

---

61 『與猶堂全書』, 詩文集, 권20, 「答申在中」.
"六鄕在國中, 如五部在漢城之中, 卽此推彼可以相方. … 漢城判尹, 總領諸路戶籍之事, 可以華城留守·坡州牧使, 兼總漢城五部之籍, 政非怪事乎?"

62 『經世遺表』 권5, 地官修制, 「田制 1」.

63 정약용의 유배기에 이뤄지는 연구는 경학 연구가 경세학 연구에 선행하고 있다. 그리고 정약용의 『상서』 주석서인 『尙書知遠錄』의 '知遠'은 바로 옛 성왕의 제도를 안다는 의미이다(『與猶堂全書』, 經集, 권21, 「尙書知遠錄序說」).

이를 원만히 수행하는 방안을 마련하는 것이라 생각하였다. 그는 생민生民을 군자와 소인으로 나누고, 이들은 각각 귀욕貴欲과 부욕富欲을 가졌다. 경세학은 이들의 욕구를 충족시켜 주는 방향, 즉 군자에게는 관리의 선발을 공정히 하고, 소인에게는 세금을 적게 거두는 방향으로 제도를 시행하면 제대로 된 정치가 이뤄진다고 보았다.[64]

그러면 육향제는 지인과 안민을 위한 정치와 어떤 관련이 있을까? 정약용은 신작과 논쟁을 벌이면서 육향제의 중요성을 다음과 같이 말하였다.

> 시경에 '상商나라 도읍이 잘 정돈되어 있으니 사방의 기준이라'고 하였다. 왕국王國이란 정치의 근본이자 교화의 근원으로 천하가 기준으로 삼는 것이다. 그러므로 주공의 제도[禮] 중에 만민을 가르치고教萬民, 만민을 바로잡으며糾萬民, 능력에 따라 인재를 쓰고登賢黜惡, 세금을 공평하게 하며平賦斂, 요역의 부담을 고르게 하고均征役, 군대를 다스리며治軍旅, 예기를 바로 잡는正禮器 등 대규모 대절목이 모두 다 육향六鄕의 정치에 있다. 그러므로 향사鄕師는 매년 연말에 육향의 정치를 살펴 왕에게 아뢰어 인사이동을 하고, 3년 대비大比에는 관리들의 공적을 고찰하여 왕에게 아뢰어 상벌을 시행한다. 옛 성왕들이 천하를 다스리는 경법經法 중에 육향의 관리보다 더 중요한 것이 없었다.
>
> 그런데 정현은 육향이 왕성王城에서 100리 되는 교郊에 있다고 하였으니, 첫머리가 잘못되어 전체가 어그러져 버렸다. 이에 따라 교법教法, 규법糾法, 전법田法, 부법賦法, 군대의 일, 길흉에 관한 예법 등 왕국에서 시행하던 것을 물

64 정약용은 정조의 가르침으로 인해 知人과 安民에 대한 문제의식을 가지게 되었다. 그는 유배기에 이 뜻을 숙고한 끝에 깨치게 되었으며, 이것이 『大學』의 宗旨이자 皐陶 학문의 진수라고 하였다(『與猶堂全書補遺』 제2책, 227~230면). 같은 취지의 글이 『상서』와 『대학』 연구에서도 발견된다.

을 곳이 없어져 버렸다. 후세 사람들이 비록 이제二帝, 堯 舜와 삼왕三王, 禹 湯 文王의 정치를 본받아 방위를 바로 잡고 중앙과 지방을 다스리려 한들 되겠는가?[65]

이를 보면 정약용은 고대의 이상적 정치가 육향제에 있으며, 인사제도의 핵심이 육향의 관리 조직에 있는 것으로 파악하였다. 따라서 육향제의 실상을 밝힌다는 것은 바로 주제周制의 실상을 밝히는 것이며, 주제周制의 이해는 그가 추진하는 개혁안의 모델이 되는 것이다. 정약용이 옛 성인의 제도를 이해하는 경학에서부터 지인과 안민을 위한 방안인 경세학에 이르는 과정을 연결시켜 정리하면 다음과 같다.[66]

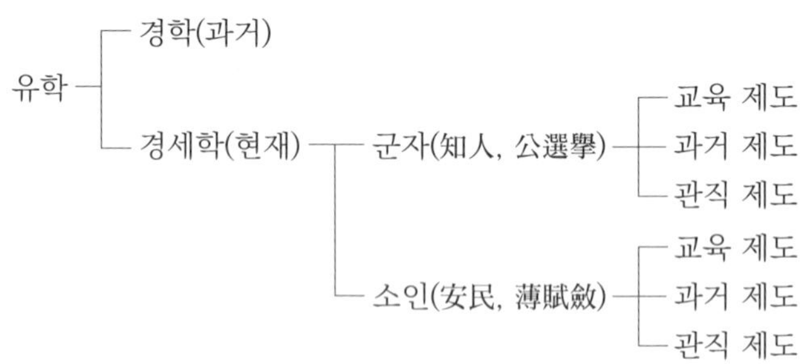

65 『與猶堂全書』, 詩文集, 권20, 「答申在中」(1822. 6. 13).

66 經世學에 대한 정리는 신작에 보낸 편지와 雜文에 나오는 자료들을 합하여 구성하였다.
『與猶堂全書』, 詩文集, 권16, 「自撰墓誌銘」.
“經世者何也? 官制, 郡縣之制, 田制, 賦役, 貢市, 倉儲, 軍制, 科制, 海稅, 商稅, 馬政, 船法, 營國之制.”
『與猶堂全書』, 詩文集, 권20, 「上仲氏」.
“大抵此道, 本之以孝弟, 文之以禮樂, 兼之以鑑衡·財賦·軍旅·刑獄, 緯之以農圃·醫藥·曆象·算數·工作之技,庶乎其全德. 凡著書, 每考之此目, 其外於是者, 便不要著耳.”

정약용의 경학 연구는 경세학과 밀접히 연결된 상태에서 이뤄지는 '경세학을 위한 경학'이라 한다면, 신작의 경학 연구는 경학의 연구에 관심이 집중된 '경학을 위한 경학'이라 할 수 있다. 그런 의미에서 두 사람을 경세가經世家와 경사經師로 구분했던 정인보鄭寅普의 견해는 타당해 보인다.[67] 정약용과 신작은 주대의 이상적 제도였던 육향제를 연구하면서도 이러한 태도를 유지하였다. 정약용은 육향제의 제도적 모습을 응용하여 『경세유표』의 각종 개혁안을 구상하였고, 신작은 정현의 주석을 더욱 발전시키는 데 머물렀다.

2. 『경세유표』에 나타나는 육향제

정약용은 1810대에 『상서』를 연구하면서 육향제를 정현과 다르게 해석하였고, 1817년에 『경세유표』를 저술하면서 육향제를 개혁안의 원형으로 반영시켰다. 1822년 신작과의 토론을 거치면서 육향제 이해에 약간의 변화와 함께 치밀한 연구의 필요성을 느끼면서 『경세유표』에 「장인영국도匠人營國圖」를 추가하였고,[68] 1834년에 『상서』 연구

---

67 鄭寅普, 「石泉遺稿記」, 『石泉遺稿』(古3436-28), 1938.
"石泉, 嘗譏茶山著書, 過於彈射古人, 少含蓄之意, 茶山受以爲過. 然經世家與經師異, 茶山說經, 意在經世, 要使人明白易曉. 又要斧劈往感, 以發新知, 故辭氣自俊厲. 石泉視茶山如自視, 則過矣. 然石泉顓門之業, 羽翼古經. 後之治國朝學術史者, 於儒門樸學, 當推石泉爲宗, 其功亦豈淺哉."
이러한 차이는 상서 연구서에서 古訓을 정리하여 大義를 파악한 이후 정약용은 이를 현재에 적용하려는 『상서지원록』을 저술하였음에 비해, 신작은 隷書로 복원하는 『고상서』를 저술하는 것에서 극명하게 나타난다.

68 활자본 『經世遺表』(44권 15책)를 규장각 필사본과 비교하면(古5120-171, 奎7090, 奎6915), 「匠人營國圖」 부분이 본에 따라 위치가 다르고 奎7090에는 아예 빠져있다. 「장인영국도」의 내용도 육수 지역에 대한 해석이 원래 정약용의 해석과는 변화가 있다. 이를 보면 「장인영국도」는 신작과 토론이 있은 후 수정 추가된 부분으로 보인다.

를 마무리하면서 육향이 왕성 내에 있다고 거듭 확인하였다.

이하에서는 『경세유표』에서 육향제가 반영된 왕성 근교 지역의 구획, 지인의 실천방안인 교육제도와 과거제, 안민의 실천방안인 전제와 군제에 대해 살펴보겠다.

왕성 근교지역의 구획에서, 정약용은 왕성의 범위를 사방 9리로 하던 주나라 제도에서 도로와 하천이 들어갈 지역을 추가하여 사방 10리로 하였다.[69] 그리고 그 내부는 원래 구상대로 9지역으로 나누어, 중앙에 왕성·면조·후시, 좌우에 육향을 두고, 6조와 산하의 120관서를 배치하였다. 또한 육향을 육부로 하여 거주 지역을 도면으로 표시하였는데, 육향 지역에는 사대부, 부사府史, 서도胥徒, 상공인商工人이 살며 농민은 전혀 없었다. 왕성 거주민들의 주택 규모는 관직의 고하와 직업에 따라 9등급으로 나눠졌다. 여기서 주택 규모는 사방 100보步인 1구내에 1등급甲, 왕자와 왕손 등이 거주은 4호戶, 9등급壬, 寒士 中人 小民이 거주은 100호가 있을 정도로 차이가 났다. 이 개혁안은 정약용의 인재선발론과 관련하여 주목된다.

다음의 〈그림 3〉과 〈표 22〉는 이상의 내용을 정리한 것이다.

---

69 왕성과 그 주변 지역의 구획에 대해서는 「匠人營國圖」(『經世遺表』 권3)의 내용을 정리한 것이다. 왕성을 사방 10리로 늘린 것도 9리로 하면 너무 적다는 신작의 지적이 감안된 것으로 보인다.

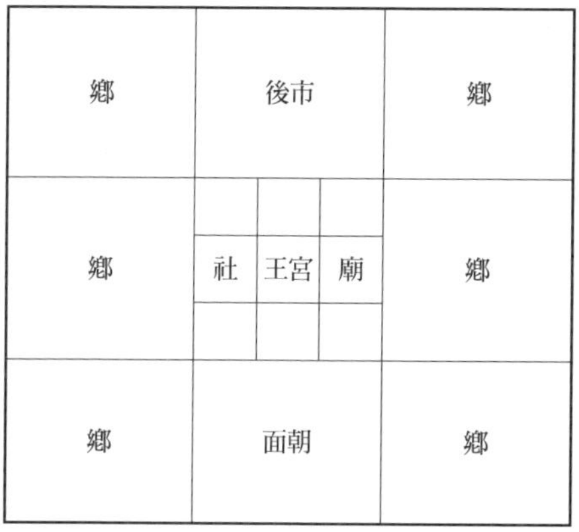

方9里 ; 王城
方3里 ; 鄉(部), 朝, 市
方1里(方300步) ; 井 , 坊
方100步 ; 夫, 區, 聚
方10步 ; 畝

〈그림 3〉 정약용의 왕성 구획

〈표 22〉 정약용의 왕성 거주민

등급(호)	面朝 (구/호)	後市 (구/호)	東上 西上	東中 西中	東下 西下	계	수 육수
갑(4)				9/36		18/72	
을(9)	6/54	6/54	9/81	9/81	9/81	66/594	
병(16)	12/192	12/192	9/144 8/218	9/144	9/144	112/1792	9/144 54/864
정(25)	6/150	6/150	9/225	9/225	9/225	66/1650	2/50 12/300
무(36)	6/216	6/216	8/288	8/288	8/288	60/2160	4/144 24/864
기(49)	6/294	6/294	8/392	8/392	8/392	60/2940	4/196 24/1176
경(64)	6/384	6/384	9/576	9/576	9/576	66/4224	8/512 48/3072
신(81)	6/486	6/486	9/729	9/729	9/729	66/5346	27/2187 162/13122
임(100)	6/560 18/1800	6/600 18/1800	9/900	9/900	8/800	100/9960	27/2700 162/16200
계	72/4136	72/4176	78/3463	79/3371	78/3379	614/28738	81/5933 486/35598

다음으로 육수 지역은 왕성에서 30리 떨어진 근교 지역까지이다.[70] 이는 주나라 제도의 50리보다 많이 축소되었으며, 당시 경기지역의 인구 집중도를 감안한 것으로 보인다. 또한 원지園地는 원래 육향 지역에 속하지만 과수나 원예작물을 심을 토지가 없으므로, 왕성에서 가까운 육수 지역에 위치시켰다. 육수 지역은 중앙군이 나오는 지역이므로 군제와 관련하여 주목된다. 그리고 육부와 육수 지역은 공통적으로 방坊-취聚-가家이며部·遂=9坊=81聚=8100家, 총 120방坊이 된다. 『경세유표』에서 '육부 육수 120방'은 중앙의 기본단위로 과거 제도와 군사 제도에 적용되었다.[71]

둘째, 지인의 실천 방안인 교육제도와 과거제는 서로 긴밀히 연결되어 있었다.[72] 정약용은 육부와 육수 지역에 육학을 설치하고, 부와 수에 향대부와 수대부를, 방에 방노坊老를, 취聚 區에 족사族師를 두어 각 단위 지역의 선사選士와 학도學徒를 교육시키도록 하였다.[73] 이런 교육을 거쳐 바로 과거를 응시할 수 있는 거자擧子가 나오며, 이는 취 단위에서 대략 3인을 기준으로 방 단위마다 30인이 선발되는 선사 중에서 다시 1/3을 제외한 인원이다. 따라서 육부 육수 120방에서는 3,600인의 선사와 2,400인의 거자가 나오며, 이들은 응시과목에 따

70 정약용은 육수 지역을 80리로 설정한 곳도 있으나 대체로 30리로 설정하여 개혁안을 마련하였다(『經世遺表』 권6, 「田制 6」).

71 120방은 왕성의 6부에서 각 9방씩 54방과 면조·후시에서 각 6방씩 12방, 육수에서 각 9방씩 54방을 합한 것이다.

72 본서 제3부 제5장 참조.

73 이를 합하면 鄕大夫와 遂大夫 각 6인, 坊老 120인, 族師 1,080인이 된다. 그런데 족사의 담당 구역은 聚=區이므로 향수 지역을 합한 1100區와 비교하면 20區가 누락된다. 그러나 관리 선발의 기준단위는 120방이었으므로 큰 문제는 없다.

라 8:8:4:5:5의 비율로 문선文選, 무선武選, 치선治選南行入仕, 예선藝選醫譯律算書畵, 서선胥選으로 나눠졌다.

문과를 예로 든다면, 왕성 근교 지역에서 640인의 거자가 과거에 응시하여 주시州試部試와 성시省試를 거쳐 회시會試에서 80인이 남고, 지방에서는 그 배수인 160인이 남아 도합 240인 중에서 40인을 급제자로 한다. 이렇게 되면 사방 60리에 불과한 육부 육수 120방 출신의 인원이 12성省 2경京 45주州 105군郡 172현縣이라는 전국 인원의 1/3을 차지하게 된다.

왕성과 근교에서도 관직의 고하에 따라 선사 수에서 상당한 차이가 있다. 가령 1등급인 갑 지역에서는 4호戶에서 평균 3인의 선사가 나오며, 9등급인 임 지역에서는 100호에서 3인의 선사가 나온다. 이를 보면 정약용의 개혁안은 인구의 도시 집중도와 함께 관리 선발의 도시 집중도도 매우 높았음을 알 수 있다.

셋째, 안민의 실천방안인 전제와 군제는 병농일치제에 따라 긴밀히 연결되어 있었다.[74] 정약용의 토지구획은 육향 지역에 토지가 전혀 없고, 육수 지역은 구혁법溝洫法, 그 바깥 지역은 정전제로 구분되었다. 여기서 육수의 구혁법이란 10부夫가 서로 연이어 있는 형태로 첫 번째 것이 공전公田이다. 정전제란 9부실제 경작자는 8夫가 정井을 이루고 중앙이 공전이지만, 토지의 모양은 지역 사정에 따라 조정하며 반드시 정井형을 이루어야 하는 것은 아니었다.

정약용의 전제 개혁안은 전세를 십일제什一制, 구일제九一制로 한다는

---

74 田制와 軍制는 주로 「田制」(『經世遺表』 권5~9, 地官修制)의 내용을 정리하였다.

데 중점이 있었다.[75] 여기서 1/10은 육수 지역의 전세로서 이 지역이 왕성에 가까워 군사 동원, 제사, 빈객 접대, 상장喪葬 동원 등의 부역이 다른 지역보다 많아 전세를 다소 약하게 하였다. 그리고 이 지역은 중앙군의 양병養兵을 위한 군전軍田으로 쓰이기 때문에 전세 납부 지역으로서의 의미는 약하다. 전세로서의 의미를 가지는 중심 지역은 1/9세稅가 실시되는 육수 밖의 정전 지역이며, 정약용은 공전과 사전을 막론하고 1/9세가 시행되도록 하는 데에 전제 개혁안의 초점을 맞추었다.

다음으로 군제, 특히 왕성 근교 지역과 밀접한 관련이 있던 중앙군에 대해 살펴보자. 정약용은 향수 지역에서 천자의 육군이 나온다고 하였는데, 개혁안에서는 당시의 5군영을 3군영都總營 左禦營 右衛營으로 줄여서 편성하였다. 3군영은 기병騎兵 1,674인과 보졸步卒 8,326인으로 구성되며, 이들은 육수의 토지를 각각 2.5부䂨와 1부䂨씩 경작하여 식량을 자급하도록 하였다.[76] 또한 지방군은 병농일치제로 정井을 바탕으로 한 리의 128인을 기준으로 1초哨를 구성하였다.[77]

이상에서 보듯 『경세유표』의 개혁안에는 육향제의 위치 비정을 비

---

75 정약용의 전제 개혁안의 의미를 均稅論의 시각에서 언급한 논문은 이영훈, 「實學 사상의 사회경제적 의미-정약용의 井田制적 전제개혁론의 재검토」, 『동양문화국제학술회의』, 대동문화연구소, 1990.

76 여기에도 약간의 계산이 필요한데, 우선 왕성 근교지역 사방 60리에서 사방 10리(왕성 크기) 되는 것이 36개 나온다. 그런데 이 지역에 있는 산천지역을 감안하여 1/2정도를 버리고 16개로 계산하면 14,400부가 나온다.(方1리=1井=9부) 여기서 1/10인 1,440부는 공전으로 하고 나머지에서 4,185부를 1,674인의 기병에게, 8,326부를 8,326인의 보졸에게 449부를 장군에게 나눠주어 각자의 식량으로 삼게 한 것이다.

77 1里(=丘)=4村=16井=128人이며 1哨는 10隊=5旗로서 正卒 100인, 火兵 10인, 旗總 5인, 隊長 10인, 敎鍊官 2인으로 구성된다. 또한 1部=4坊=16里이다.

롯한 각종 제도가 반영되어 있었다. 그러면 정약용의 개혁안은 어떤 특성을 가졌을까? 앞서 정약용의 경세학은 군자에게 공선거公選擧, 소인에게 박부렴薄賦斂을 실현한다고 하였는데, 『경세유표』의 개혁안에서 이것이 실현되고 있었다.

정약용에게 있어 군자와 소인의 구별은 획득적 요소이지만 군자와 소인 사이에는 분명한 한계가 있었다. 정약용은 경성 지역에서 조예早隸와 하천下賤, 군현 지역에서 맹예氓隸와 하천下賤에게는 상벌의 시행만 있을 뿐 교육의 기회는 없다고 하였다.[78] 또한 왕성 근교 지역에서도 관직의 고하에 따라 선사의 자격이 차등 있게 부여되었다. 이는 '사士는 사仕'라는 그의 사의식과 관련된 것으로, 소인으로 표현되는 농민에게는 관리로 들어갈 길이 제한되었고, 군자로 표현되는 사대부에게는 관리 선발의 공정을 기하는 데 초점이 있었다.[79] 그리고 농

---

78 『經世遺表』 권13, 地官修制, 「敎民之法」.
『與猶堂全書』, 經集, 권20, 「詩經講義 補遺」.
"閭巷卑微之民, 雖有善惡, 隨施刑賞, 使各勸懲. 其有言辭, 何足以被之管絃, 列之樂官哉."

79 『經世遺表』 권13, 地官修制, 「敎民之法」.
정약용은 『周禮』의 敎民之法을 해석하면서 士農工商의 주거까지 분명히 구별하고 육수 이하의 지역에는 敎法이 없었다고 하였다. 또한 농부는 民이 아니라 氓이라 하며 庠序學校에는 農氓이 섞이지 못하고, 농사만 지으면서 각자 일정한 살림이 있었다고 보았다. 다만 지금 6部의 민호가 적으므로 육수를 6부에 붙이고 교법을 군현에까지 시행하지만, 士 이외의 계층에 대해서는 교육 기회와 관리 선발에 제한을 두었다. 이러한 정약용의 士 의식은 같은 시기 徐有榘와 같은 京華巨族 출신 학자들이 새로운 士의 전형을 모색해 가던 것과 비교해 볼 문제이다. 정약용과 서유구의 士의식은 출발점이 비슷하지만, 토지개혁론에서는 서유구는 地主佃戶制를 기본 전제로 하였던 반면에 정약용은 농민적 토지 소유를 지향하였다는 점이 그들의 경세학이 가지는 중요한 차이점으로 생각된다.
金容燮, 「18.9세기의 農業實情과 새로운 農業經營論」, 『大東文化硏究』 9, 1972.
金容燮, 「茶山과 楓石의 量田論」, 『韓國史硏究』 11, 1975.
유봉학, 「徐有榘의 學問과 農業政策論」, 『奎章閣』 9, 1985.

민을 주축으로 하는 소인에게는 온갖 명목의 잡세를 폐지하고 전세를 1/9세로 일원화함으로써 백성들이 가진 생래의 욕구인 부욕富欲을 충족시키는 데 초점이 있었다. 따라서 『경세유표』는 공선거와 박부렴으로 구성되는 경세학의 실천 방안이라고 할 수 있다.

정약용의 제도 개혁안은 인구의 도시 집중, 상공업의 발달 등 당시 사회의 변화를 반영하고 있다. 정약용이 상공인의 거주지를 도시로 제한한 것은 국가가 상공업을 직접 관리하며 발전시키려는 의도로 보인다. 이에 비해 신작은 육향제에 대한 관심이 개혁안으로 이어지지 않았고, 전통적인 농본주의에 머물렀던 것으로 보인다.[80]

이상에서 보았듯이 정약용과 신작은 학문 경향에서 차이를 보였고, 『상서』 연구서 및 육향제에 대한 해석에서도 차이를 보였다. 두 사람은 특히 한학의 성과에 대한 평가에서 뚜렷한 차이를 보였다. 신작은 당대唐代를 하한선으로 하여 한학자들의 성과를 집성하는 데 정력을 기울였고, 고문상서를 원래의 예서체로 복원하려고 하였다. 신작의 한학에 대한 관심은 경학 고증에서 정약용의 수준을 능가하였고, 매색의 고문상서에 대해서도 객관적이며 긍정적인 태도를 유지하였다. 정약용은 신작처럼 경학 연구에서 한학의 성과를 중시하였으나 경학이 경세학으로 이어지는 것을 목표로 하였다. 정약용에게 한학의 성과는 절

趙誠乙, 「실학파의 토지개혁론-유형원, 이익, 정약용을 중심으로」, 『토지연구』 7·8월호, 1990.

80 18세기 말에 신작은 「農書條對」를 올리면서 講水利, 相土宜, 盡地力, 禁移秧, 備田器를 주장하여 토지제도의 개혁보다 생산기술의 개량을 통한 수습을 강조하였다(『石泉遺集後集』 권1·2, 「新溪縣 農書條對」).

대적인 것은 아니고, 자신의 해석과 다른 부분은 여지없이 비판하였다.

정약용과 신작은 육향제의 제도적 실상을 둘러싸고 논쟁을 벌였다. 신작은 정현의 『주례』 주석을 수용하며 보완하려는 입장에 있었고, 정약용은 『상서』 연구에서 주장한 내용에 자료를 보강하며 정현의 주석을 비판하였다. 두 사람을 결국 견해 차이를 좁히지 못한 채 논쟁을 끝냈다. 그러나 신작의 날카로운 지적은 정약용의 견해를 수정하게 하였다.

신작은 육향제를 주대의 한 제도로 보고 경서에 나타나는 제도를 고증하고 한학의 성과를 재확인하는 수준에서 끝났다. 그러나 정약용은 육향제의 운영 방안을 『경세유표』의 개혁안에 반영시켰다. 정약용은 경학 연구에서 발견한 육향제를 교육제도와 과거제, 전제와 군제의 개혁안에 반영시켰으며, 그의 개혁안에는 조선후기 상공업의 발달, 인구의 도시 집중 현상도 나타났다.

제2장 태학지도太學之道의 이해

정약용은 1822년에 회갑을 맞으면서 「자찬묘지명」을 작성하였다. 18년간의 유배 생활을 마치고 고향으로 돌아온 정약용은 자신의 인생을 돌아보며 정리할 시간을 가졌다. 정약용은 이 때 2종의 묘지명壙中本 集中本을 작성하였고, 집중본 묘지명에서는 그때까지 완성된 자신의 연구서를 소개하며 내용적 특징을 요약하였다. 그가 소개한『대학』연구서의 특징은 다음과 같다.[1]

① 대학大學=태학太學은 주자胄子=국자國子가 배우는 곳으로 치국·평천하의 방책을 가르친다.

② 명덕明德은 효제자孝弟慈이다.

③ 격물格物은 물유본말物有本末의 물物을 헤아리고, 치지致知는 지소선후知所先後의 지知에 이르는 것이다.

④ 성誠은 물物의 시종始終을 관철하는 것이다.

⑤ 정심正心은 수신修身이다.

⑥ 노노老老, 장장長長, 휼고恤孤는 태학의 양노養老, 치세자齒世子, 향고자饗孤子이다.

---

1 「自撰墓誌銘」에 수록된『大學』7조의 내용에 대해서는 다음을 참조.
實是學舍經學研究會 譯,『茶山의 經學世界』, 한길사, 2002, 150~153면.
지준호,「茶山 丁若鏞의『大學』이해와 그 특징 -「自撰墓誌銘」의 '『대학』七條'를 중심으로 -」,『溫知論叢』8, 2002.

⑦ 군자는 귀욕貴欲, 소인은 부욕富欲을 가진다. 용인用人이 불공不公하거나 염재斂財가 무절無節하면 나라가 망한다.

이상의 7가지는 정약용이 『대학』 해석에서 탁견이라고 자부한 내용을 정리한 것이다. 그런데 그 중에서도 가장 특징적인 것은 ①과 ⑥에서 보듯이 대학大學을 태학太學으로 규정하고, 『대학』에는 주자胄子=국자國子가 치국·평천하를 이루는 방안이 수록되어 있다고 본 점이다. 대학을 태학에서의 교육으로 보는 정약용의 입장은 『대학공의』와 『대학강의』는 물론이고 여타 경학 연구서에서도 일관되게 나타난다. 그리고 『경세유표』와 『목민심서』에 나타나는 경세학 방안도 이러한 해석에 토대로 둔 것이다.

이 글은 정약용의 『대학』 해석에 나타나는 특징을 태학지도로 규정하고, 그 내용을 구체적으로 검토하며, 정약용의 경학이 경세학으로 연결되는 방식을 밝히기 위해 작성되었다. 먼저 『대학』이란 텍스트에 대한 정약용의 견해를 정리하고, 그가 주장하는 태학지도의 내용을 생도, 교육내용, 교육의 효과로 구분하여 재구성하였다. 그리고 이러한 정약용의 『대학』 해석이 가지는 의미를 생각해 보았다. 이글의 자료는 주로 『대학공의』와 『대학강의』를 활용하며, 정약용의 경학 연구서 가운데 취지가 일치하는 자료들을 함께 검토하였다.

제1절 『대학』 텍스트에 대한 입장

1. 저자

『대학』의 저자에 대해 정약용은 견해를 분명히 밝히지 않았다. 그는 『대학공의』의 첫머리에서 주희朱熹, 정단간鄭端簡, 완원阮元의 학설을 소개하였으며, 이는 ① 자사子思, ② 증자曾子, ③ 증자와 그 제자로 구분할 수 있다.

①은 '공급孔伋子思이 송나라에서 어렵게 살던 중 제왕帝王의 도道가 사라져 버릴 것을 걱정하여, 『대학』을 경經으로 하고 『중용』을 위緯로 하였다'는 설이다. 가규賈逵가 처음으로 주장한 이래 우송虞松, 정단간이 이를 따랐다. 정약용은 정현의 주注나 공영달의 소疏에 이런 언급이 없는 것을 근거로, 이는 가규가 지어낸 말로 보았다.[2]

②는 '『대대례大戴禮』에서 증자의 제자들이 스승에 대해 쓴 10편을 뽑아 이를 표장表章한 것'이라는 설이다. 이는 완원이 주장하였다. 정약용은 공자의 학문이 증자, 자사子思, 맹자孟子로 전수된다는 도통론道統論에서 나온 설이지만, 마지막에 있는 「천원天圓」편의 문장을 증자의 저술로 보기에는 미흡하다고 보았다.[3]

---

2 『大學公議』 권1.

"鄭端簡所引賈逵之言, 明係僞造, 不可從也."

『中庸自箴』 권1.

"鄭端簡古言曰, 虞松校刻石經于魏表, 引漢賈逵之言曰, '孔伋窮居于宋, 懼先聖之學不明, 而帝王之道墜, 故作大學以經之, 中庸以緯之.' ○ 鏞案, 此說不見鄭註, 不見孔疏, 而石經大學, 本是僞書, 所引賈逵之言, 亦白撰也."

3 『大學公議』 권1.

③은 '『대학』의 경經 1장은 공자의 말을 증자가 조술祖述한 것이고 전傳 10장은 증자의 뜻을 그 문인門人들이 기록한 것'이라는 설이다. 주희가 『대학장구』에서 주장하였다.[4] 정약용은 이 설도 근거가 없으며, 공자의 학문을 계승한 증자·자사·맹자 중 유독 증자의 저술이 없었으므로, 주희가 그를 『대학』의 저자로 만들었다고 하였다. 정약용은 주희의 주장을 비판하였다.[5]

결국 정약용은 이상의 세 가지 학설을 모두 따르지 않는 입장이었다.

2. 사서四書의 출현 시기

정약용은 『대학』과 『중용』을 전문적으로 공부한 사람은 서한西漢에도 있었다고 하였다. 『대학』과 『중용』을 본격적으로 표장한 것은 정호程顥·정이程頤에서 시작되며, 사서四書가 확립된 것은 원 인종仁宗이 팔비법八比法八股文을 창안한 후 주자의 장구章句로 인재를 뽑으면서 시작되었다고 하였다.[6] 정약용은 『예기』의 유래에 대해, 유향劉向이 고

"近聞, 翁覃溪門友阮元, 取大戴禮曾子十篇表章而注解之, 亦道統連脈之意, 然第十天圓篇, 似不雅馴也."

4 『大學章句大全』.
"右經一章, 蓋孔子之言, 而曾子述之. 其傳十章, 則曾子之意而門人記之也."

5 『大學公議』 권1.
"朱子謂, '曾子作經一章, 曾子之門人作傳十章', 亦絕無所據, 朱子以意而言之也. 朱子以爲, 孔子之統, 傳于曾子, 以傳思孟, 而思孟有著書, 曾子無書, 故第取此, 以連道脈耳, 亦安知其不然哉?"

6 『中庸自箴』 권1.
"中庸大學, 已自西京以來, 有專治其義者. 然其別爲一書, 用之科擧者, 自元仁宗始也. 元仁宗, 刱八比法, 始用『朱子章句』取士. 『禮記』四十九篇. 鄭目錄, 「中庸」第三十一."
『大學公議』 권1.

정考訂한 오례五禮를 양梁의 대덕戴德·대성戴聖이 산정刪定하여 46편으로 만들었고, 여기에 마융馬融이 3편月令 明堂位 樂記을 추가한 것이 『예기』 49편이라고 하였다.[7] 이는 『수서隋書』 「경적지經籍志」의 내용이다.[8] 정약용은 『예기』 속에 있던 『대학』과 『중용』을 뽑아내어 사서로 만든 것은 남송의 이정二程과 주희朱熹이고, 이를 공인한 것은 원 인종 때라고 보았다.

이러한 정약용의 주장은 모기령의 설을 반박하는 것이었다. 모기령은 『수서』 「경적지」에 『중용강소中庸講疏』 1권이 나오는 것을 근거로, 수대隋代에 『대학』과 『중용』을 뽑아 『논어』 『맹자』와 함께 소경小經이라 하였고, 송대宋代에 이를 사서四書로 하였다고 주장하였다.[9] 그러나 정약용은 『당서唐書』 「선거지選擧志」와 『송사宋史』 「선거지選擧志」에 나오는 소경小經 규정을 인용하며 모기령의 설을 반박하였고,[10] 모기령은 『대학』과 『중용』을 표장한 이정과 주희의 공功을 질투하여 이전 시기

"大學表章, 自二程始, 大學之列爲四書, 自元仁宗八比法取朱子章句始也."

7 『中庸自箴』 권1.

"又劉向所考五禮, 梁人戴德·戴聖, 刪定爲四十六篇, 馬融又增三編, 今之『禮記』, 是也."

8 劉向의 214편을 戴德(大戴)이 85편으로 줄였고, 戴聖(小戴)이 다시 46편으로 줄였다는 것인데, 이에 대해서는 戴震과 錢大昕이 반박하였다(林東錫, 『中國學術綱論』, 고려원, 1986, 91~92면).

9 『中庸自箴』 권1.

"毛大可曰, 『隋書』經籍志有『中庸講說』一卷, 當時輯經者, 增抽大學·中庸二篇, 幷論語·孟子合稱小經, 而有宋因之, 遂改名四書."

정약용이 인용한 毛奇齡의 설은 『大學證文』에 나온다(권1, "自西漢傳『禮記』四十九篇中, 有大學·中庸二書, 竝著爲經. 而其時復有以大中二書, 幷論語·孟子稱小經, 析二書於記, 爲之單行, 因別有大學·中庸之目. … 然又有以春秋諸經爲大經, 孟子·論語·大學·中庸·孝經爲小經者, 則大中論語·孟子, 在漢唐早已單行, 不始宋儒作四子書也.").

10 『唐書』 「選擧志」에서는 『書』·『易』·『公羊傳』을 小經이라 하였고, 『宋史』 「選擧志」에서는 『論語』·『孟子』·『孝經』을 小經이라 하였다.

로 돌렸다고 비판하였다.[11]

정약용은 『대학』과 『중용』을 독립시켜 사서로 만든 것은 주희의 공적으로 보았다.[12]

3. 편차

정약용은 『대학』과 『중용』을 표장한 주희의 공적을 인정하였다. 그러나 『대학』의 편차에 대해서는 주희와 견해가 달랐다.

『대학』의 편차에 대해서는 크게 두 가지 설이 있었다. 하나는 『예기』에 수록된 고본대학古本大學의 순서를 그대로 인정하는 것으로, 왕양명王陽明이 대표 인물이었다. 정약용은 『대학공의』에서 '『대학』에는 착간錯簡이 없었다.'는 왕양명의 설을 소개하였다.[13] 다른 하나는 고본대학에는 착간이 있고 순서에도 문제가 있으므로 이를 개정改正해야 한다는 입장이다. 정호·정이와 주희가 대표적이다.[14] 주희는 정씨 형제가 개정한 『대학』의 본문을 경 1장과 전 10장으로 나누고, 격물치지格物致知를 해설하는 전 5장 부분이 망실된 것으로 보고 이를 보완하

---

11 『中庸自箴』 권1.
"此人心嫉程朱, 欲奪中庸·大學表章之功, 歸之前代, 故屢爲此說."

12 『中庸自箴』 권1.
"朱子章句之前, 中庸·大學, 本不能別自爲書."

13 『大學公議』 권1.
"來矣鮮『心學晦明解略』曰, 王陽明以大學未曾錯簡, 是矣. 然又以格物之物, 認爲事字, 教人先于良知, 而明德二字, 亦依朱子, 又不免少差. 可見天惜聰明, 不肯歸于一人也.[見『性理會通』]

14 『二程全書』 권50, 「明道先生改正大學」; 「伊川先生改正大學」.
『大學章句大全』, 經一章.
"舊本頗有錯簡, 今因程子所定, 而更考經文, 別爲序次如左."

는 보망장補亡章을 만들었다. 이는 격치보전格致補傳이라고도 한다.[15] 정약용은 고본대학의 편차를 원형으로 보고, 『대학공의』에서도 그 순서를 따랐다.

주희가 작성한 보망장에 대해 후대 학자들이 많은 논란을 벌였다. 원의 학자 왕백王柏 魯齋은 '『대학』에 착간은 있을 수 있지만 빠진 글은 없다'고 하면서 주희의 보망장을 비판하였다. 이는 후대 학자에게 큰 영향을 미쳤다. 조선에서는 권근權近, 이언적李彦迪 같은 학자들이 주희의 보망장을 비판하는 입장이었고, 이들은 왕백의 견해를 바탕으로 하였다. 1564년에 이황李滉은 보망장을 비판하는 이담李湛에게 보낸 편지에서 보망장의 필요성을 강하게 주장하였다. 이때 이담은 주희가 『대학』의 경문經文으로 판단한 일부 구절知止而后有定, 物有本末을 옮겨 전문傳文을 만드는 것은 '정침正寢을 헐어다 행랑行廊을 보수하는 것과 같다'고 비판하였다.[16]

정약용은 왕백이 위의 몇 구절을 옮겨다가 전 5장을 만든 것은 문제

---

15 윗책, 傳五章.

"右傳之五章, 蓋釋格物致知之義, 而今亡矣. … 間嘗竊取程子之意, 以補之."

16 『退溪先生文集』 권11, 「答李仲九」(1564).

"近見禹性傳云, 公自言近世中國有儒者, 覺得大學格致章非闕也. 經文'知止''物有'兩節, 卽格致之簡, 誤脫在此. 此說, 公意以爲如何? 滉所見, 則王魯齋及權陽村, 皆有此說, 李復古公, 亦有此說. 但陽村所稱數家, 不著其說, 每恨無以見其得失. 今公所見, 不知何人, 乞須具首尾謄示. … (別紙) 諸儒徒見此數節中, 有知止知先後知本等語, 意謂可移之以爲格致之傳, 更不思數節之文, 頓無格致之義, 未見補傳之益, 適得破經之罪, 其可乎哉? 今有巨室於此, 正寢輪奐無闕, 而廊廡有一缺處, 大匠見之, 作而補修, 材良制美, 少無可議. 其後有世所謂良工者, 過而相之, 恥己之一無措手於此室也. 於是, 强生意智, 攘臂其間, 折壞其所補處, 撤取正寢數架材來, 圖欲補完其所壞處. 更不計正寢之材, 初非廊廡之材也, 圖完處不見其完, 而寢屋則已成敗屋矣. 此所謂非徒無益, 而又害之者也. 然人情, 大率好立異趨新, 後至之工, 皆不究大匠之神算, 而一向贊歎, 和附於世, 所謂良工之所爲, 悲夫."

가 있지만, '치지·격물을 설명한 부분에는 망실된 것이 없다'고 한 것이 공정한 견해라고 평가하였다.[17] 정약용은 이황이 이담을 비판한 것도 그가 왕백처럼 몇 구절을 옮겨 전 5장을 보완하였기 때문이며, '『대학』의 경전經傳은 탈자나 오자가 없다'고 하였으면 전혀 문제가 없었을 것이라 하였다.

정약용은 『대학』 전체를 하나의 장으로 본 나여방羅汝芳 近溪의 견해를 통유通儒의 쾌론快論이라 극찬하였다.[18] 이는 『대학』을 경·전으로 분절分節해서 보는 주희와 달리 『대학』의 본문을 하나의 덩어리로 보고 상호 연관되는 의미를 파악하였던 자신의 입장과 같은 견해였기 때문이다.[19]

정약용은 고본대학에는 오자誤字도 없다고 보았다. 정씨 형제는 고본대학을 개정하는 과정에서 원문의 3글자를 오자로 보고 수정하였으며, 주희도 이를 수용하였다. 그 내용은 다음과 같다.

① 大學之道, 在明明德, 在親民, 在止於至善. [程子曰, '親當作新.']

---

17 『大學公議』 권2.

"鏞案, 前人謂董槐·葉夢鼎·吳澄諸人, 皆與王魯齋語同. 然魯齋, 以知止有定節, 物有本末節, 子曰聽訟節, 合之爲傳之五章, 而尾曰, 此謂知本此, 謂知之至也, 則其論仍不足以破衆惑也. 然其謂致知格物未嘗亡, 則亦公議也."

18 『大學公議』 권2.

"李公之說, 欲以經文, 移補傳闕, 故先生非之. 若云, '經傳之文, 都無脫誤', 則先生之答, 未必如是也. 王魯齋之大學本, 亦毁上數節, 移之爲傳之五章. 退溪之云, '毁正寢而補廊廡', 誠確論也. 近日, 羅近溪謂, '大學只是一章書', 亦通儒之快論也."

19 『大學講義』.

"憙曰, '此章本有分節, 而亦有他般看得之道耶?' 鏞曰, '分節之法, 本難得當, 必欲穿鑿截斷, 反使照應聯貫之旨, 晦而不顯, 莫如渾全融會, 熟讀詳味之爲有得也.'"

② 所謂脩身在正其心者, 身有所忿懥, 則不得其正, 有所恐懼, 則不得其正, 有所好樂, 則不得其正, 有所憂患, 則不得其正.[程子曰, '身有之身當作心.']

③ 見賢而不能擧, 擧而不能先, 命也. 見不善而不能退, 退而不能遠, 過也.[命, 鄭氏云, '當作慢', 程子云, '當作怠', 未詳孰是.]

『대학』 원문의 오자에 대해 1789년에 정조가 주도한 『대학강의』에서도 논란이 되었다. 질문을 맡은 김희는 주희의 견해를 수용하는 가운데 ③에서 주희의 대답이 불분명한 이유를 물었다. 이에 정약용은 '명命'자를 그대로 두어도 무리가 없다고 답변하였다.[20] 정약용은 또 『대학공의』에서 '정자程子가 수정한 세 글자를 모두 원래대로 두는 것이 좋겠다.'고 하였다.[21]

정약용은 『예기』에 수록된 고본대학이 편차가 맞으며, 그 원문은 궐문闕文이나 오자가 없는 완본完本이라 생각하였다.[22] 이는 양명학 계열인 왕양명, 래지덕來知德, 나여방羅汝芳의 견해를 수용한 것이다.

---

20 윗글.

"憙曰, '親作新字, 形相近. 身作心, 文勢固然. 至於命作慢, 則字形文勢俱無近似, 章句亦云, 未詳孰是, 若以命字看, 則果不成耶?' 鏞曰, '知之於賢者, 命也. 『集註』引張子曰, 晏嬰智矣, 而不知仲尼, 是非命耶. 此所謂君子而未仁者也. 據此, 則命字亦不爲無理矣.'"

21 『大學公議』 권3.

"大學改三字[親·身·命三字], 恐皆當以不改爲善也."

22 『大學公議』 권3.

"朱子曰, '彼爲善之上下, 疑有闕文誤字.' … (○鏞案) 未見其爲闕文."

제2절 태학의 생도

『대학』을 표장하여 사서四書에 위치시킨 정자程子는 '『대학』은 초학자가 덕德으로 들어가는 문로門路'라 하였고, 주희는 '대학은 대인大人의 학문'이라고 규정하였다.[23] 주희는 「대학장구서大學章句序」에서 15세가 된 천자의 원자元子·중자衆子, 공公 경卿 대부大夫 원사元士의 적자適子, 백성 중에서 준수한 자들은 모두 대학에 들어간다고 하여,[24] 대인大人 즉 성인 가운데 준수한 자들이 대학에 입학할 수 있다고 보았다.

정약용은 대학을 태학太學으로 규정하고 주자冑子와 국자國子만 태학에 입학할 수 있다고 주장하여, 주희와 입장의 차이를 보였다. 대학의 생도에 대한 정약용의 생각이 처음부터 주희와 달랐던 것은 아니다. 1789년에 정약용은 『대학강의』에서 소학은 동자童子의 학문이고, 대학은 대인의 학문이라고 구분하여, 주희의 입장을 수용하였기 때문이다.[25] 그러나 경학 연구가 진행되면서 정약용은 주희의 해석에 심각한 문제점이 있다고 느꼈다.

정약용은 먼저 '대인大人'의 용례를 검토하였다. 정약용은 주희가 말

---

23 『大學章句大全』.
"子程子曰, 大學孔氏之遺書, 而初學入德之門也. … 大學者, 大人之學也."

24 『大學章句大全』「大學章句序」.
"及其十有五年, 則自天子之元子衆子, 以至公卿大夫元士之適子, 與凡民之俊秀, 皆入大學, 而教之以窮理正心修己治人之道."

25 『大學講義』.
"對曰, 童子之學, 其節文小, 止於灑掃文字之末, 故曰小學, 大人之學, 其功用, 大至於修齊治平之極, 故曰大學也. … 小學大學之所以分, 雖由學問體用之大小, 而序亦云, 幾歲入小學, 幾歲入大學, 則此是學宮之名也."

한 '대인'이란 '관冠을 쓴 성인成人'을 말하므로, '대인의 학문'은 '온 세상 사람들이 두루 배울 수 있는 학문'을 의미한다고 보았다.[26] 그러나 정약용이 『주역』·『맹자』·『춘추좌씨전』을 검토한 결과, 대인은 ① 지위가 높은 사람天子 諸侯, ② 덕德이 높은 사람, ③ 엄부嚴父, ④ 몸집이 큰 사람이라는 네 가지 뜻으로만 나타났고, 관을 쓴 성인이라는 용례는 없었다.[27] 이에 정약용은 주희를 비판하였다.

정약용은 고대의 학교에는 태학太學과 향학鄕學이 있었고, 그 생도는 국자國子와 만민萬民으로 명확하게 구분되었다고 보았다. 정약용은 태학과 향학을 구분하는 근거를 『상서』와 『주례』에서 찾았다. 그 근거가 되는 원문을 정리하면 다음과 같다.

1. 太學

1-1. 夔爲典樂, 以教胄子(『尙書』「堯典」)

1-2. 大司樂, 以三教, 教國子. 三教者, 樂德·樂語·樂舞也. 以樂德, 教國子, 中和祗庸孝友. 以樂語, 教國子, 興道·諷誦·言語. 以樂舞, 教國子, 舞雲門·大卷·大咸·大磬·大夏·大濩·大武.(『周禮』「大司樂」

1-3. 樂師, 掌國學之政, 以教國子小舞.(『周禮』「樂師」)

1-4. 師氏, 以三德教國子, 一曰至德[爲處本], 二曰敏德[爲行本], 三曰孝德[知惡]. 教三行, 一曰孝行[親父母], 二曰友行[尊賢良], 三曰順行[事師長]. 凡國之貴游子弟, 學焉.(『周禮』「師氏」)

1-5. 保氏, 養國子以道, 乃教之六藝, 禮·樂·射·馭·書·數. 乃教之六儀, 一曰

---

26 『大學公議』 권1.
"朱子於此, 遂改書名曰大學, 讀之如字, 訓之曰大人之學. 與童子之學, 大小相對, 以爲天下人之通學. 所謂大人者, 冠而成人之稱也."

27 윗글.

祭祀之容, 二曰賓客之容, 三曰朝廷之容, 四曰喪紀之容, 五曰軍旅之容, 六曰車馬之容.(『周禮』「保氏」)

1-6. 諸子, 掌國子之倅[公卿大夫之諸子], 掌其教治, 凡樂事正舞位, 凡國之政事, 國子存游倅, 春合諸學[太學], 秋合諸射[射宮」, 以攷其藝而進退之.(『周禮』「諸子」)

1-7. 大胥, 掌學士之版, 以待致諸子[卿大夫之諸子], 春入學舍, 采合舞, 秋頒學合聲.(『周禮』「大胥」)

1-8. 小胥, 掌學士之徵令, 而比之觵其不敬者.(『周禮』「小胥」)

2. 鄕學

2-1. 契爲司徒, 以教百姓.(『尙書』「堯典」)

2-2. 大司徒, 以鄕三物, 教萬民而賓興之. 一曰六德, 知仁聖義忠和, 二曰六行, 孝友睦婣任恤, 三曰六藝, 禮樂射御書數. 以鄕八刑, 糾萬民. 一曰不孝, 二曰不睦, 三曰不婣, 四曰不弟.(『周禮』「大司徒」)

2-3. 鄕大夫, 受教灋于司徒, 退而頒之于其鄕吏, 使各以教其所治, 以攷其德行, 察其道藝.(『周禮』「鄕大夫」)

2-4. 州長, 各屬其州之民, 而讀法以攷其德行道藝.(『周禮』「州長」)

2-5. 黨正, 正歲屬民讀法, 而書其德行道藝.(『周禮』「黨正」)

2-6. 族師, 月吉, 則屬民而讀邦法, 書其孝弟睦婣有學者.(『周禮』「族師」)

2-7. 司諫, 糾萬民之德, 以時書其德行道藝, 辨其能而可任於國事者, 以攷鄕里之治.(『周禮』「司諫」)

2-8. 司寇, 掌萬民之衺惡過失. 凡民之有衺惡者, 三讓三罰, 恥諸嘉石, 役諸司空. 其有過失者, 三讓三罰, 歸於圜土.(『周禮』「司寇」)

정약용은 「요전」에 보이는 태학의 제도가 삼대夏殷周에도 계승되었으므로, 주周의 국자國子는 우虞의 주자胄子를 말하고, 주의 제도는 『주례』에 잘 나타나는 것으로 보았다. 따라서 그는 주로 『주례』를 통해 태학의 제도를 고증하였다. 이를 보면 고대의 교육은 전악典樂이 주자胄子를 가르치는 태학과 사도司徒가 만민을 가르치는 향학鄕學으로 분명하게 구분되었다. 그리고 대사악大司樂·악사樂師·학정學正·대서大胥·소서小胥·사씨師氏·보씨保氏는 태학을 담당하는 관리이고, 대사도大司徒·향대부鄕大夫·주장州長·당정黨正·족사族師·사간司諫·사구司救는 향학을 담당하는 관리였다.[28]

정약용은 태학의 생도를 주자胄子=국자國子로 파악하였다. 구체적으로는 ① 천자의 태자, ② 천자의 서자庶子, ③ 제후의 적자適子, ④ 공·경·대부의 적자適子를 의미하였다. 이중에서 ①은 장차 천자가 될 사람이고, ②는 토지를 분봉받아 제후가 되거나 적어도 봉읍封邑을 소유할 사람이며, ③은 제후, ④는 공·경·대부가 될 사람이었다. 따라서 이들은 장차 천하를 다스리거나, 자신의 봉토를 다스리거나, 천자를 보필할 사람들이므로 반드시 태학에 들어가 치국·평천하하는 대학지도大學之道를 배워야 하였다.[29]

---

28 『尙書古訓』 권2, 「堯典」.
"虞制無徵, 今以周制言之, 可乎. 虞之胄子, 周之所謂國子也. 古者, 教人之法, 原有二塗. 一是教萬民, 司徒主之. 一是教國子, 典樂主之. 契教萬民, 是爲鄕學. 夔教胄子, 是爲太學. 此法歷夏殷周, 猶然不變, 周禮大司徒教萬民, 而鄕大夫州長黨正族師之所教, 司諫司救之所糾, 皆此屬也. 大司樂教國子, 而樂師學正大胥小胥之所教, 師氏保氏之所養, 皆此屬也."

29 『大學公議』 권1.
"天子之太子, 將繼世爲天子, 天子之庶子, 將分封爲諸侯[雖不侯, 皆有封邑」, 諸侯之適子, 將繼世爲諸侯, 公卿大夫之適子, 將繼世爲公卿大夫. 斯皆他日, 御家御邦, 或君臨天下, 或輔弼天子, 道斯民而致太平者也. 故入之于太學, 教之以治國平天下之道, 斯之謂大學之道, 在明明德在親民也. 寒門賤族, 古法原屬之司徒, 不關於太學."

그런데 태학의 생도를 주자=국자로 한정하면 『주례』의 원문에서 누락되는 부분이 생겼다. 1-4의 귀유자제貴游子弟, 1-6의 국졸國倅과 유졸游倅, 1-7의 제자諸子가 그것이었다. 정약용은 이들을 모두 공·경·대부의 서자庶子로 파악하고, 이들은 원하는 경우 국자와 함께 태학에서 사씨師氏의 교육을 받을 수 있으나 정령政令은 제자諸子에, 판적版籍은 대서大胥에, 징벌은 소서小胥에 소속되는 것으로 보았다.[30] 따라서 엄격히 말하면 공·경·대부의 서자는 주자=국자에 포함되지 않았다. 천자와 제후의 자식이면 적·서의 구별 없이 모두 태학의 생도가 되지만, 공·경·대부의 자식은 적·서를 구분하며 서자에게는 자격을 제한하다는 것이 정약용의 해석이었다.[31]

태학의 생도에 있어 마지막 문제는 '백성 중에서 준수한 자'였다. 준수한 백성이 태학에 들어갈 수 있다는 근거는 『주례』와 『예기』에 나타났다.

3. 民之俊秀者(鄕學에서 太學으로)

3-1. 凡民之俊秀者, 自鄕學而賓興之, 乃升太學.(『周禮』「鄕大夫」;「大司徒」)

3-2. 樂正, 崇四術, 立四教, 順先王詩書禮樂, 以造士. 春秋教以禮樂, 冬夏教

---

30 『大學公議』 권1.

"夏官, 諸凡卿大夫之庶子, 謂之游倅. 蓋師氏之職, 本教適子, 而其庶子之游學者, 亦與焉. … 國倅游倅者, 卿大夫之庶子也. 其政令則領於夏官, 其版籍則領於大胥, 其懲罰則屬於小胥, 而若其道藝, 則亦受學於師氏. 故師氏之末云, '凡國之貴游子弟, 學焉.' 貴游者, 游倅也. 師氏之職, 雖主於胄子, 而庶子亦得以與焉."

31 『尙書古訓』 권2, 「堯典」.

"天子邦君之子, 適庶皆入太學. 唯所謂游倅者, 乃公卿大夫之庶子[倅貳也], 雖亦受教於師氏, 領籍於諸子[夏官有諸子], 而仍與適子有別."

以詩書, 王太子, 王子, 群后之太子, 卿大夫元士之適子, 國之俊選, 皆造焉. 凡入學以齒.(『禮記』「王制」)

이상에서 3-2는 주周의 제도가 아니라 후대의 제도임을 밝히는 것으로 문제가 해결되었다. 정약용은 『예기』「왕제王制」편은 한 문제 때 박사博士가 기록한 것으로, 한대에 옛 제도를 참작하여 새로운 제도를 만들 때 전악典樂과 사도司徒, 대사악大司樂과 대사도大司徒를 하나로 합친 것으로 보았다. 그런데 주희는 『대학장구』의 서문을 작성하면서 「왕제」를 근거로 하였고, 후대 학자들은 주희의 기록을 근거로 대학에서 만민을 가르치는 것이 선왕의 법이라고 착각하는 결과를 가져왔다.[32] 정약용은 『상서』「요전」과 『주례』에 나타나는 고법古法과 『예기』「왕제」에 나타나는 한의 제도를 분명하게 구분해야 태학의 진면목을 파악할 수 있다고 주장하였다.[33]

그런데 3-1은 정약용이 주의 제도로 보았던 『주례』의 규정인 것이 문제였다. 『주례』에서는 '백성 중에서 준수한 자는 향학鄕學에서 빈흥賓興하여 태학太學으로 보낸다.'고 하였다. 그렇다면 주자=국자가 아닌 만민 중에도 태학에 들어가는 사람이 있으므로, 정약용의 해석에 허점이 생겼다. 이에 대해 정약용은 미묘한 입장의 변화를 보였다. 그

---

32 『大學公議』 권1.

"「王制」者, 漢文帝時博士所錄也. 漢儒, 酌古參今, 以制漢法. 故其法, 合夔契而爲一, 合大司樂大司徒而爲一, 與虞法周法, 絕不相同. 學者, 若以王制, 認爲先王之法, 則其失眞, 大矣. … 朱子專據王制, 以作序文. 今之學者, 皆謂先王之法, 本來如此, 故太學之道, 遂認爲教萬民之法, 殊不然也."

33 윗글.

"「王制」非古法, 必取堯典·周禮, 覈其制度然後, 太學之道, 乃知爲何道也."

는 『대학공의』에서 당학黨學·주학州學에서 학습하는 백성 중 준수한 자[賢能]를 선발하여 상급자인 사도司徒에게 천거[賓興]하는 것으로 해석하였다. 이들이 태학에 입학하였는지는 거론하지 않고 태학이 만민을 교육시키는 곳이 아니란 점을 강조하는 데 중점을 두었다.[34] 그런데 말년에 작성한 『상서고훈』에서는 '백성 중 준수한 자를 향학에서 천거하여 태학에 올려 보낸다.'고 하여, 일반 백성에서 태학에 들어가는 사람이 있음을 분명히 하였다.[35]

정약용이 태학의 생도를 해석하는 방식은 모기령의 영향을 받은 것으로 보인다.[36] 정약용은 고대 소학의 제도를 해석하면서 모기령의 학설을 광범위하게 인용하였다. 모기령老晴은 「왕제」편은 한 문제 때 박사들이 지은 것으로, 소학은 천자의 태자, 제후·경·대부의 적자適子들이 입학하는 학교이며, 서인庶人의 자제는 들어갈 수 없다는 내용이 포함되어 있다고 하였다.[37] 정약용은 인용문의 말미에서 모기령이 방대

---

34 윗글.

"古者, 凡民之俊秀者, 司徒薦之曰賢能, 禮之曰賓興. 其曰賓興者, 鄕大夫爲主人, 賢能者爲賓. 盖自黨學·州學, 升之司徒, 謂之賓興也. 總之, 古者太學, 本非學萬民之地."

35 『尙書古訓』 권2, 「堯典」.

"至於凡民之俊秀者, 自鄕學而賓興之, 乃升太學, 鄕大夫有其文也[亦見大司徒]."

36 淸의 毛奇齡과 함께 日本의 荻生徂徠도 大學과 小學을 學宮의 大小로 보고, 일반 백성을 가르치는 곳이 아니라고 보았다(금장태, 「大學之道와 德의 개념 — 茶山과 荻生徂徠의 『대학』 해석」, 『茶山學』 4, 2003, 204~206면). 大學의 제도에 대한 韓·中·日 經學者들의 비교연구가 필요하다.

37 『小學枝言』.

"毛老晴云, '小學者, 寫字之學, 非小子之所爲學也.' … 惟漢文博士作「王制」, 漢儒伏生作「尙書大傳」, 戴德作『大戴禮』, 賈誼作『新書』, 班固作「漢志」, 始有小學之名, 見于諸書. 然皆係天子太子, 諸侯卿大夫適子之學, 而士庶子弟不得與焉. 故大戴「保傅」篇云, '太子少長, 知妃色則入小學.' 小者所學之宮也. 而『白虎通』謂, '八歲毁齒, 始入小學而學書計.' 此太子之禮. 若『尙書大傳』云, '使公卿之

한 자료를 동원하였지만 '소학小學은 자학字學'이라는 것을 고증한 데 불과하며, 모기령의 해석은 매우 편벽된 것이라고 비판하였다.[38] 그러나 정약용이 태학의 생도를 고증한 방식은 모기령의 고증 방식과 매우 유사하였다.

이상에서 보듯 정약용은 태학의 생도를 주자=국자로 보았다. 물론 공·경·대부의 서자나 백성 중에서 준수한 자도 태학의 생도가 될 수 있었다. 그러나 이들의 입학 자격은 엄격히 제한되었고, 이들이 태학의 생도에서 차지하는 비중도 낮았다. 그런데 『예기』「왕제」편에서 보듯 한대 이후 태학의 생도가 될 수 있는 범위가 크게 늘어났고, 주희가 대학을 대인지학으로 해석한 것도 후대의 추세를 반영한 때문이었다. 정약용은 봉건제가 사라진 한대 이후로는 태학의 제도가 크게 변하여 백성百姓도 태학에 입학할 자격이 있기 때문에 모두 『대학』의 학습에 힘쓰는 것이 마땅하다고 하였다.[39] 그러나 정약용이 『대학』 연구에서 밝힌 옛 성왕聖王의 제도는 태학의 생도를 주자=국자로 제한할 때 그 진면목이 나타났다.

世子, 大夫元士之適子, 十有三年而入小學, 二十入大學.' 而「王制」云, '小學在公宮南之左, 大學在郊.' 則又諸侯之學. 而卿大夫之適子, 得與其間."

38 윗책.

"鏞案, 毛氏雜引諸文, 以證小學爲字學. 然字學者, 小學之藝也, 學之教, 有道有藝, 大學蹍大道習大藝, 小學蹍小道習小藝, 豈必小學有藝而無道乎? 其說, 偏而妄矣."

39 『大學公議』 권1.

"經云, 大學之道, 是教冑子之道, 與士萬民, 不同也. 今世之法, 族無貴賤, 咸於此經, 致力焉, 可也"

『尙書古訓』 권2, 「堯典」.

"自漢而降, 爵不世襲, 才不族選, 故其學校之政, 一變古制, 凡民庶姓, 咸造太學, 而鄕學賓興之法廢, 此古今之異也."

제3절 태학의 교육 내용

정약용은 태학의 교육은 명덕明德을 실천하는 데 있고, 명덕의 내용은 효孝·제弟·자慈라고 주장하였다.

정약용은 태학의 교육 과목이 『주례』, 『예기』의 「왕제王制」 「제의祭義」 「문왕세자文王世子」, 『대대례』의 「보부保傅」에 잘 나타나며, 구체적으로는 예악禮樂, 시서詩書, 현송弦誦, 무도舞蹈, 중화中和, 효제孝弟를 가르쳤다고 하였다.[40] 또한 정약용은 고대의 교육법에 덕德·행行·예藝 세 조목이 있으며, 시서, 예악, 현송, 무도, 사어射御, 서수書數는 모두 예에 속하는 것이지 교육의 근본이 되는 덕德行은 아니라고 하였다. 따라서 태학의 핵심적인 교육 내용은 덕·행에 해당하는 효제였다.[41]

그런데 정약용이 강조하는 덕행은 구체적으로 실천하는 '행사行事'를 의미하므로, 심성의 수양을 강조하며 실천력이 떨어지는 성리학과는 상당한 거리가 있었다. 정약용은 불가佛家는 치심治心으로 사업事業을 하지만 유가儒家는 사업으로 치심을 한다고 하여, 유가의 특징이 실질적인 사업에 있음을 강조하였다.[42] 게다가 성리학에서 강조하는

---

40 『大學講義』 권1.

41 윗글.

"原來先王教人之法, 厥有三大目, 一曰德, 二曰行, 三曰藝. 大司徒鄕三物所列六德六行六藝, 其細目也. 大司樂教胄子, 亦只此三物而已. 彼以忠和爲德, 孝友爲行, 而大司樂通謂之德者, 德行可互稱也. 詩書, 禮樂, 弦誦, 舞蹈, 射御, 書數, 皆藝也. 雖其恒業之所肄習, 在於諸藝, 而其本教, 則孝弟而已."

42 윗글.

"佛氏治心之法, 以治心爲事業, 而吾家治心之法, 以事業爲治心."

명심明心, 복성復性, 격물格物, 궁리窮理, 치지致知, 주경主敬은 고경古經에 보이지 않고, 성의와 정심에도 학교의 격례條例가 될 명문明文이 보이지 않으므로,[43] 성리학의 한계는 더욱 분명하였다. 정약용은 『대학』의 성의와 정심은 실제적인 일에서 실천하는 것이지, 불가처럼 벽을 마주하고 앉아 자신의 마음을 들여다보는 좌선坐禪이 아니라는 점을 여러 번 강조하였다.

> 성의誠意와 정심正心은 학자의 지극한 공부이다. 매번 일로 인하여 성의를 다하고 마음을 바로잡는 것이지, 벽을 향해 앉아 마음을 살피고 스스로 허령한 본체를 검속檢束하여, 허공처럼 밝고 티끌 하나에도 오염되지 않아야 성의와 정심이라 하는 것은 아니다.[44]

> 지금 사람들은 치심治心을 성의誠意라 하여 곧장 허령불매虛靈不昧한 본체를 뱃속에 넣어둠으로써 진실무망眞實无妄한 이치를 돌이켜 살피려고 한다. 이는 평생토록 정좌靜坐하여 묵묵히 내 몸속을 살펴야 비로소 가경佳境이 있는 것이니, 좌선坐禪이 아니고 무엇이랴.[45]

정약용은 태학의 교육내용을 구체적인 일에서 실천하는 덕행=명덕

---

43 윗글.
"格物窮理, 致知主敬等題目, 其在古經, 絕無影響. 竝其所謂誠意正心, 亦無明文可以爲學校之條例者."

44 윗글.
"誠意正心, 雖是學者之極工. 每因事而誠之, 因事而正之. 未有向壁觀心, 自檢其虛靈之體, 使湛然空明, 一塵不染, 曰此誠意正心者."

45 윗글.
"今人以治心爲誠意, 直欲把虛靈不昧之體, 捉住在腔子內, 以反觀其眞實无妄之理. 此須終身靜坐, 默然內觀, 方有佳境, 非坐禪而何?"

으로 보았고, 명덕은 바로 효·제·자라고 규정하였다.[46] 정약용은 명덕=효제자를 입증하기 위해 유학의 도道가 요순→하夏→은殷→주周→공자로 계승되며, 『대학』과 『중용』의 연원은 『상서』와 『주례』에 있다고 주장하였다.[47] 정약용의 논지를 정리하면 다음과 같다.[48]

4. 『尙書』「堯典」

4-1. 克明峻德, 以親九族, 以平百姓, 以協萬邦. : 『大學』의 明德·新民이 나옴. 修身 齊家 治國 平天下를 말한 것임

4-2. 夔命汝典樂, 教胄子, 直而溫, 寬而栗, 剛而無虐, 簡而無傲. : 『周禮』 大司樂의 中和祗庸之教가 나옴

4-3. 允執其中 : 『中庸』의 연원.

5. 『尙書』「皐陶謨」

5-1. 愼厥身修, 敦敍九族, 庶明勵翼, 邇可遠在玆. : 『大學』의 明德·新民이 나옴. 愼厥身修은 誠意以修身을, 敦敍九族은 孝弟慈의 齊家를 말함

5-2. 寬而栗, 柔而立, 擾而毅, 直而溫, 愿而恭, 亂而敬, 簡而廉, 剛而塞, 彊而義. 彰厥有常吉哉. : 『中庸』의 연원

5-3. 自我五禮有庸哉 : 教人以禮樂의 연원

5-4. 允迪厥德 : 『大學』의 明明德을 말함

---

46 明德을 孝·弟·慈로 해석한 학자들은 정약용 이전에도 元의 盧孝孫(玉溪), 明의 劉元卿, 來知德, 朝鮮의 尹鑴(白湖), 李德欽(東園) 등이 있었다.

47 『尙書古訓』 권2, 「堯典」.
"道之大源, 起於堯舜, 歷夏與殷, 流于『周禮』, 終于孔門, 爲『中庸』『大學』二書而止. 讀「堯典」而逢此大源, 爲之太息而欷歔也."
『中庸自箴』 권1.
"堯命舜, 舜命禹曰'允執其中', 而皐陶中庸之學, 傳于周公, 以至孔子."

48 『中庸自箴』『尙書古訓』『大學公議』의 내용에서 발췌, 정리한 것이다.

6. 『尙書』「立政」

6-1. 籲俊尊上帝, 迪知忱詢于九德之行. : 皐堯의 九德(5-2)과 상통

7. 『周禮』「大司樂」

7-1. 以六德教國子, 曰中和祗庸孝友. : 六德은 『大學』『中庸』의 연원. 中和祗庸은 『中庸』, 孝友는 『大學』

이상에서 보듯 정약용은 『대학』과 『중용』은 『상서』「요전」「고요모」, 『주례』「대사악大司樂」에 연원을 두었고, 『대학』의 덕행인 효우孝友는 고요의 구덕九德과 대사악의 육덕六德에서 비롯된 것으로 보았다. 또한 정약용은 한유들은 훈고에 빠져서 「고요모」편이 『대학』과 『중용』의 연원임을 밝히지 못하였지만 주희가 이를 처음 발명하였다고 하여, 주희의 공적을 평가하였다.[49]

정약용은 『상서』「요전」에 나오는 준덕峻德, 오전五典, 오교五教가 모두 동일한 것이며, 구체적으로는 부의父義, 모자母慈, 형우兄友, 제공弟恭, 자효子孝를 의미한다고 보았다.[50] 이는 『춘추좌씨전』에 나오는 노魯의 태사太史인 극克의 견해를 따른 것으로,[51] 오전과 오교를 『맹자』와 『중용』에 나오는 오상五常, 父子有親 君臣有義 夫婦有別 長幼有序 朋友有信으로 보는 정

49 『書傳集註』 권1, 「皐陶謨」.
"朱子曰, 克明峻德, 是明明德之意."
『尙書古訓』 권2, 「皐陶謨」.
"論曰, 「皐陶謨」一篇, 『大學』『中庸』之本源. 漢儒溺於訓詁, 不省大義, 至朱子始發之也."

50 『大學公議』 권1.

51 『春秋左氏傳』 권9, 文公 18년.
"擧八元, 使布五教于四方, 父義·母慈·兄友·弟恭·子孝, 內平外成."

현과 채침의 견해와는 차이가 있었다. 정약용은 교육할 때 부모, 형제, 자식 사이에 이뤄지는 천속天屬의 사랑을 기초로 하여, 군신, 부부, 붕우 사이에 이뤄지는 인합人合의 윤리로 확산시켜야 한다는 취지에서 태사 극의 견해를 지지하였다.[52] 또한 정약용은 오교 중에서 부의父義와 모자母慈는 자慈, 형우兄友와 제공弟恭은 제弟에 해당하므로, 준덕=오전=오교는 결국 효·제·자이며, 이는 다시 사군事君, 사장事長, 사중使衆으로 나타나므로, 효·제·자는 명덕인 동시에 신민新民이라고 해석하였다.[53] 이를 정리하면 다음의 〈표 23〉과 같다.

〈표 23〉 효孝·제弟·자慈의 확산

峻德·五典·五教	天屬의 사랑	人合의 윤리
孝	子孝	事君
弟	兄友, 弟恭	事長
慈	父義, 母慈	使衆

정약용은 명덕과 친민이 모두 효·제·자이므로, 치국과 평천하를 이루게 될 주자=국자는 자신이 먼저 효·제·자를 실천함으로써 천하에

---

52 『尙書古訓』 권1, 「堯典」.
"然『大學』之孝弟慈, 施之於父母兄弟子則合, 施之於五倫則不合. 蓋孝弟慈, 天屬之愛也. 君臣夫婦朋友, 人合之倫也. 相見必以贄, 相合必以義, 資於事父以事君, 自我內教推於外. 所以立教, 先自天屬之愛與."

53 『大學公議』 권1.
정약용은 詩에 나타나는 仁·敬·孝·慈·信은 至善의 제목인 동시에 孝·弟·慈의 덕을 말한다고 하였다(『大學公議』 권2, "『詩』云, '穆穆文王, 於緝熙敬止.' 爲人君止於仁, 爲人臣止於敬, 爲人子止於孝, 爲人父止於慈, 與國人交止於信. … 仁敬孝慈信五者, 皆至善之題目, 雖其所列, 錯落不整, 亦可見經所云至善, 乃孝弟慈之諸德, 非此諸德之外別有至善也.").

명덕을 밝힐 수 있다고 보았다.[54] 또한 효·제·자를 실천하여 친민親民을 이루는 방법은 윗사람이 노노老老·장장長長·휼고恤孤, 즉 노인을 노인으로 섬기고, 어른을 어른으로 섬기며, 고아를 구휼하는 것으로 달성될 수 있었다.[55] 그런데 정약용은 노노·장장·휼고를 주희의 해석처럼 '자수自修의 효·제·자', 즉 왕실 내에서 실천하는 효·제·자로 보지 않고 백성의 노인을 노인으로 섬기고, 백성의 어른을 어른으로 섬기며, 백성의 어린이를 사랑으로 기르는 것으로 해석하였다. 윗사람이 그런 모범을 실천함으로써 백성들이 이를 보고 각자 효·제·자를 실천하도록 유도해야 한다는 견해였다.[56]

정약용은 주자=국자가 태학에서 실천하는 교육내용을 바로 노노·장장·휼고로 보았다. 정약용은 노노는 천자가 기로耆老들을 봉양하는 것이고, 장장은 세자世子가 학궁學宮에서 서치序齒를 실천하는 것이며, 휼고는 천자가 고아들을 먹이는 것으로, 이를 '태학의 삼례三禮'라 규정하였다.[57] 정약용은 『예기』, 『대대례』, 『서대전書大傳』 등에서 태학의 삼례를 고증하였다. 그 내용을 정리하면 다음의 〈표 24〉와 같다.

---

54 『大學公議』 권2.
"胄子他日, 皆有成物化民之責, 故戒之以自明. 恐明明德於天下者, 不先自修, 而强人之明德也."

55 『大學公議』 권1.
"經曰, '上老老而民興孝', 使民興孝者, 親民也. 經曰, '上長長而民興弟', 使民興弟者, 親民也. 經曰, '上恤孤而民不倍', 使民不倍者, 親民也."

56 『大學公議』 권3.
"議曰, 自修之孝弟慈, 已言於上節, 不必再言. 此節之孝弟慈, 皆老民之老, 長民之長, 慈民之幼, 而使民興起自新, 各自爲孝弟慈也."

57 윗글.
"老老, 謂天子養耆老也. 長長, 謂世子齒于學也. 恤孤, 謂天子饗孤子也. 此三禮, 皆太學之所有事也."

〈표 24〉 태학의 삼례三禮 1

삼례	내 용	출전
太學老老之禮	有虞氏(燕禮) : 國老를 上庠, 庶老를 下庠에서 養 夏后氏(饗禮) : 國老를 東序, 庶老를 左學에서 養 殷(食禮) 周(兼用) : 國老를 東膠, 庶老를 虞庠에서 養	禮記 王制
	天子의 視學, 東序에 가서 三老 五更 群老를 만남	禮記 文王世子
	三公은 朝, 三老는 學에서 거행	禮記 禮運
	養老는 五帝의 憲	禮記 內則
	三老 五更을 大學에서 食	禮記 樂記
	天子가 春秋로 入學하여 國老에게 醬을 대접함	大戴禮 保溥
太學長長之禮	世子가 太學에서 齒하여 父子, 君臣, 長幼의 道를 알게 함	禮記 文王世子
	帝가 東學에서 上親 貴仁하면 親疎에 차례가 있게 됨 帝가 南學에서 上齒 貴言하면 長幼에 차등이 있게 됨 帝가 西學에서 上賢 貴德하면 聖智가 제 자리에 있게 됨 帝가 北學에서 上貴 尊爵하면 貴賤의 등급이 있게 됨 帝가 太學에서 承師 問道하면 德智가 자라고 理道를 얻게 됨	大戴禮 保溥 書大傳
大學恤孤之禮	春에 孤子를 饗하고 秋에 耆老를 養	禮記 郊特牲
	仲春에 幼少를 養하여 諸孤를 살림 仲秋에 衰老를 養하여 几杖을 줌	禮記 月令
	司徒는 春에 孤子 8인을 入朝시켜 春事를 이룸 司空은 冬에 國老 6인을 쉬게 하여 冬事를 이룸	大戴禮 千乘
	天子 視學에 群吏에게 '東序에서 老幼를 위로하라'고 함	禮記 文王世子
	辟雍은 大射 養孤하는 곳, 靈臺는 望氣하는 觀	毛詩 靈臺疏
	事老 養孤하여 化民 升賢하는 자에게 상을 줌	韓詩外傳
	顯宗이 有司에게 命하여 尊耆耄 恤幼孤하게 함	後漢書 中元元年

정약용은 주자=국자가 태학에서 이 삼례를 실천함으로써 효·제·자의 기풍을 이룰 수 있으며, 이것이 대학지도이자 천하에 명덕을 밝히는 방안이라고 주장하였다.[58] 장차 군주가 되어 치국과 평천하를 이룩

58 『大學公議』 권3.

할 사람들이 태학에서 백성들을 상대로 삼례를 실천하면, 천하 백성들이 이를 본받아 효·제·자를 실천할 것이기 때문이다. 천하의 백성들이 효·제·자를 실천하는 세상, 그것은 바로 정약용이 꿈꾸는 이상 국가였다.

제4절 태학 교육의 효과

정약용은 태학의 생도인 주자=국자는 장차 치국·평천하를 이룩해야 할 책임이 있었기 때문에 『대학』은 치국·평천하로 결론을 맺은 것으로 보았다. 그는 원래의 태학지도는 주자=국자만이 실천할 수 있으며, 후대에 사士·서인庶人의 자식은 『대학』을 공부하여 치국·평천하의 도를 알기는 하지만 실제로 치국·평천하를 실천하지는 못한다고 하였다.[59] 또한 정약용은 태학의 교육내용을 명덕이자 신민新民인 효·제·자를 실천하는 삼례로 보았는데, 그중에서도 자덕慈德을 가장 중시하였다. 치국·평천하를 한다는 것은 결국 효·제·자를 확충해 나가는 것이

"總之, 上老老者, 太學之養老也. 上長長者, 太學之序齒也. 上恤孤者, 太學之饗孤也. 此三大禮, 爲太學興孝興弟興慈之本, 若去此三禮, 則經所云, '大學之道', 不知何道, 經所云, '明明德於天下', 不知何德. 余所謂, '買櫝還珠', 非敢爲過實之言也."

59 『尙書古訓』 권2, 「皐陶謨」.

"原夫太學之道, 卽治國平天下之道也. 古唯冑子入太學, 冑子者, 天子之元子衆子[衆子將受封], 卿大夫之適子[將襲其父位], 將躬膺大位, 或佐天子出治, 或分封爲列侯, 無一非身任治平之責者也. 故誠意正心, 以先修身, 而其畢竟結局在於治平, 非如今世匹庶之子, 聊讀其書, 以知治平之道, 而憮然退息者也."

지만, 특히 자덕은 대중을 부리고[使衆], 백성을 돌보는 데[牧民] 필요한 덕목이므로, 치국·평천하를 이루는 데 가장 중요한 덕목이었기 때문이다.[60]

정약용은 『상서』 「고요모」편에 나오는 지인과 안민을 『대학』의 종지宗旨이자 결론으로 보았다. 앞서 보았듯이, 정약용은 「고요모」편을 『대학』의 연원으로 보았고 지인과 안민의 해석을 통해 이 논리를 더욱 강화시켰다. 다음의 〈표 25〉는 지인과 안민을 중심으로 하는 「고요모」편과 『대학』의 관계를 정리한 것이다.[61]

〈표 25〉 「고요모皐陶謨」와 『대학大學』의 관계

고요모	대학
知人則哲 安民則惠	用人 理財
三德 六德 九德	官人之法
艱食 鮮食 內粒[62]	惠民之法

정약용은 군자와 소인이 각자 원하는 것을 얻게 되면 평천하가 이뤄지는데, 그 방안은 바로 지인用人과 안민理財에 달려 있다고 하였다.[63]

---

60 『大學公議』 권3.

"孝弟慈, 大學之教也. 身治孝弟慈, 以御于家邦, 不必別求他德. 惟此孝弟慈, 推而用之耳. 其中慈德, 所以牧民者, 故繼引「康誥」, 爲國之所重在牧民也."

『大學講義』.

"憙曰, '孝弟慈中, 獨言慈道, 何也? … 鏞曰, 不唯是也. 孝弟, 所以事君事長也. 此章是治國之道, 則使衆底當緊, 故必言慈道也."

61 『大學公議』 권2.

62 '艱食 鮮食 內粒'은 「益稷」편의 원문이다. 丁若鏞은 詩序 100편에 의거하여 「益稷」은 「皐陶謨」에 포함되는 것으로 보았다.

63 『大學公議』 권2.

정약용은 사람에게 두 가지 욕구가 있으며 군자는 귀욕貴欲, 소인은 부욕富欲을 가졌다고 보았다. 정치란 바로 이들이 가진 욕구를 충족시키는 것이므로, 관리의 등용을 공정히 하면 군자의 귀욕이 충족되고, 백성의 세금을 가볍게 하면 소인의 부욕이 충족되며, 그 결과 국가는 안정되고 평천하를 이룬다는 것이 정약용의 기본 입장이었다.

정약용이 평천하를 이루는 방안을 지인과 안민의 실천으로 해석한 것은 『대학공의』, 『상서고훈』 같은 경학 연구서에서 일관되게 나타난다.[64] 정약용은 이런 논지를 유지하면서 사용하는 용어는 조금씩 달랐다. 다음의 〈표 26〉은 이를 하나로 정리한 것이다.

〈표 26〉 평천하平天下를 이루는 방안

대상	君子 貴族 仕於王朝者	小人 小民 耕於王野者
욕구	貴欲	富欲
원리	知人 用人 賢其賢 親其親	安民 理財 樂其樂 利其利
덕목	官人之德	惠民之德
방법	公選擧 去黨 擧賢 立賢 進賢	薄賦斂 懲貪 豐産 散財 薄賦
결과	朝廷安	野人安

이를 보면 정약용은 인간의 기본 욕구인 귀욕과 부욕을 인정하고 이를 적극적으로 충족시키는 방안을 제시한 것이 주목된다. 정약용이 인성을 기호嗜好로 해석하고 귀욕과 부욕이란 인정人情을 충족시키는 경세학의 방안을 마련하였다. 이러한 그의 개혁안은 조선시대의 인성론

"君子小人之各得所願, 非所以平天下乎? 平天下節, 其大義有二, 一曰立賢以御君子, 二曰散財以御小人."

64 金文植, 『朝鮮後期經學思想研究』, 일조각, 1995, 217~219면.

논의에서 새로운 영역을 개척하였다는 평가를 받는다.

정약용의 해석이 처음부터 이런 논리를 갖춘 것은 아니었다. 정약용은 1789년에 용인用人과 이재理財의 의미를 해석하면서, 현자賢者를 등용하면 조정朝庭이 편안해지고, 생산이 풍부하면 야인野人이 편안해져서 조야朝野가 잘 다스려진다고 하였다. 후대에 정약용은 이를 수정하면서 용인과 이재는 군자의 귀욕과 소인의 부욕을 충족시키는 것이라고 하였다.[65] 정약용의 해석에 변화가 생긴 것은 정조 때문이었다.

> 치국治國 평천하平天下의 방법은 구경九經과 팔통八統이며 그 세목은 매우 많은데, 어째서 지인知人과 안민安民 두 가지만 중요한가?[선조先朝 正祖께서는 규장각 강의에서 매번 이것을 가지고 강관講官들에게 물었으나 한사람도 제대로 대답하는 사람이 없었다.] … 공선거公選擧와 박부렴薄賦斂은 천명이 영원하기를 비는 근본이다.[선조정조께서는 매양 치도治道를 논할 때마다 '거당징탐去黨懲貪' 네 글자를 요지로 삼았는데, 하나는 관인官人의 요체였고, 하나는 안민安民의 요체였다.][66]

예전에 선조先朝, 정조께서는 새로 선발된 문신이 『대학』을 진강할 때마다 반드시 그 뜻을 묻기를 '진현進賢과 부렴薄賦는 진실로 국가의 대정大政이 된

---

65 『大學講義』.
"憙曰, '禮樂刑政, 治天下之大經大法, 而不少槪見, 只以理財用人立言者, 何也?' 鏞曰, '治天下, 固不出於用人理財, 擧賢則百官修職, 而朝廷安, 豐産則萬姓樂生, 而野人安. 朝野旣治, 禮樂自興, 刑政自平, 將誰與不治乎?' … ○今案, 生民之所大欲, 不出於富貴二物, 君子之所大欲在貴, 小人之所大欲在富, 用人理財二事, 所以馭此二情也."

66 『尙書古訓』 권2, 「皐陶謨」.
"治平之術, 九經八統, 其目甚廣, 奚必斯二者之爲大乎?[先朝閣講, 每以是下問講官, 無一人能對者.] … 公選擧薄賦斂, 爲祈天永命之本.[先朝每論治道, 以去黨懲貪四字爲要旨. 蓋此一是官人之要, 一是安民之要.]"

다. 그런데 구경九經과 오전五典에는 절목이 많은데 어째서 이 두 가지만 중언부언하고 다른 일은 조금도 언급하지 않는가?'라고 하셨다. 여러 신하들이 대답하는 것은 모두 적확한 견해가 없었고, 국왕의 가르침도 본지를 분명하게 선포하신 적이 없이 그저 물러가라고만 하였으나 그 이유를 알지 못하였다. 그 후 깊은 산속에 물러나 있으면서 밤낮으로 생각하다가, 갑자기 환하게 깨닫는 것이 있어, 나라가 치란흥망治亂興亡하는 원인이 이 두 가지 일뿐이요, 인심人心의 동향과 천명天命의 움직임이 이 두 가지 일뿐임을 알았다.[67]

정약용이 지인과 안민의 의미를 깨달았던 것은 정조의 반복된 질문 때문이었다. 정약용은 정조 치하에서는 그 질문의 의미를 파악하지 못하였고, 유배기 이후 그 질문을 곰곰이 생각하다가 마침내 지인과 안민이 인간의 기본 욕구를 충족시킴으로써 평천하를 이루는 방안임을 깨달을 수 있었다. 정약용의 『대학』 해석이 정조에 의해 촉발된 것임을 보여주는 대목이다.

정약용은 『대학』의 마지막 부분이 지인과 안민을 실현하는 입현立賢과 산재散財를 반복하여 강조한 것으로 보았다. 이를 정리하면 다음과 같다.

8. 立賢之戒과 散財之戒

8-1. 立賢之戒

67 『讀尙書補傳』「皐陶謨」.
"昔在先朝, 每新選文臣, 進講大學, 必問斯義曰, '進賢薄賦, 固爲有國之大政, 而九經五典, 節目尙多, 奚獨此二事, 重言復言, 而略不及於他事也?' 諸臣所對, 皆無的確之見, 上諭亦未嘗敷宣本旨, 而但命黜退, 不知何故. 其後, 屛居深山之中, 蚤夜以思, 恍然若有悟者, 知國之所以治亂興亡, 只此二事, 人心向背, 天命去就, 只此二事."

詩云, "樂只君子, 民之父母. 民之所好, 好之. 民之所惡, 惡之." 此之謂民之父母.

詩云, "節彼南山, 維石巖巖. 赫赫師尹, 民具爾瞻." 有國者不可以不愼, 辟則爲天下僇矣.

詩云, "殷之未喪師, 克配上帝, 儀監于殷, 峻命不易." 道得衆則得國, 失衆則失國.

8-2. 散財之戒

是故, 君子先愼乎德. 有德此有人, 有人此有土, 有上此有財, 有財此有用.

德者, 本也, 財者, 末也.

外本內末, 爭民施奪.

是故, 財聚則民散, 財散則民聚.

是故, 言悖而出者, 亦悖而入. 貨悖而入者, 亦悖而出.

康誥曰, "惟命不于常", 道善則得之, 不善則失之矣.

8-3. 立賢之戒

楚書曰, "楚國無以爲寶, 惟善以爲寶."

舅犯曰, "亡人無以爲寶, 仁親以爲寶."

秦誓曰, "若有一个臣, 斷斷兮無他技, 其心休休焉, 其如有容焉. 人之有技, 若己有之, 人之彦聖, 其心好之, 不啻若自其口出. 寔能容之, 以能保我子孫黎民, 尙亦有利哉. 人之有技, 媢疾以惡之, 人之彦聖而違之, 俾不通. 寔不能容, 以不能保我子孫黎民, 亦曰殆哉."

唯仁人, 放流之, 迸諸四夷, 不與同中國. 此謂仁人爲能愛人, 能惡人.

見賢而不能擧, 擧而不能先, 命也. 見不善而不能退, 退而不能遠, 過也.

好人之所惡, 惡人之所好, 是謂拂人之性, 菑必逮夫身.

是故, 君子有大道, 必忠信以得之, 驕泰以失之.

8-4. 散財之戒

生財有大道, 生之者衆, 食之者寡, 爲之者疾, 用之者舒, 則財恒足矣.

仁者以財發身, 不仁者以身發財.

未有上好仁而下不好義者也. 未有好義, 其事不終者也. 未有府庫財, 非其財者也.

孟獻子曰, "畜馬乘, 不察於鷄豚. 伐冰之家, 不畜牛羊. 百乘之家, 不畜聚斂之臣, 與其有聚斂之臣, 寧有盜臣." 此謂國不以利爲利, 以義爲利也.

長國家而務財用者, 必自小人矣. 彼爲善之, 小人之使爲國家, 菑害並至, 雖有善者, 亦無如之何矣. 此謂國不以利爲利, 以義爲利也.

이렇게 보면 『대학』의 끝은 입현과 산재에 대한 경계가 두 번씩 반복되고, 네 구절의 끝은 모두 실국失國으로 맺어 은미한 말과 오묘한 뜻이 중층적으로 나타난다.[68] 정약용은 『대학』의 저자가 태학 교육의 목표인 치국과 평천하를 이루려면 반드시 입현과 산재, 지인과 안민을 실천해야 하며, 그렇지 않으면 국가가 멸망하게 됨을 반복하여 강조한 것으로 보았다.

이상에서 정약용의 『대학』 해석에 나타나는 특징을 태학지도로 규정하고, 그가 논증한 태학의 생도와 교육 내용, 교육의 효과를 살펴보았다.

정약용은 『대학』을 이해함에 있어 『대학』과 『중용』을 표장하여 사

68 『大學公議』 권3.

"'樂只君子' 以下, 其微言妙義, 間見層出, 雖若多端, 大約只是四節. 第一節, 立賢之戒, 終之以失國. 第二節, 散財之戒, 終之以失國. 第三節, 申言立賢之戒, 終之以失國. 第四節, 申言散財之戒, 終之以失國, 四節而已. … 其作文之妙, 乃至是矣."

서四書를 정립한 성리학자의 공적을 평가하였다. 또한 그는 고본대학을 완본으로 보고, 『대학』의 원문은 경과 전으로 구분되지 않는 하나의 장으로 보았다. 이는 양명학 계열의 견해를 따른 것이다.

정약용은 대학=태학의 생도를 치국과 평천하를 이룰 책임을 가진 주자=국자로 보았고, 태학의 교육 내용은 주자=국자가 백성들에게 명덕인 효·제·자를 실천하는 삼례였음을 논증하였다. 그리고 태학 교육의 효과는 주자=국자가 지인과 안민을 실천하여 자덕을 실현하고 치국과 평천하를 이루는 것이었다. 정약용은 태학의 생도를 논증하는 과정에서 모기령의 학설을 많이 수용하였고, 지인과 안민의 의미를 해석할 때에는 정조에 의해 촉발된 점이 많았다.

정약용의 『대학』 해석에서 정조의 영향은 다양하게 나타났다. 정약용의 경학 저술에서 『대학강의』1789, 『중용강의』1790, 『시경강의』1791는 정조와 직접 문답한 내용을 정리한 것이고, 정약용의 경학관이 반영된 「대학책」과 「십삼경책」도 정조의 물음에 답하려고 작성한 글이다. 따라서 정약용의 『대학』 연구는 정조와 인연이 깊었다.

다음으로 정조는 『대학』을 군주를 대상으로 하는 책이라 규정하고, 『대학』의 핵심은 치국과 평천하에 있으며, 『대학연의大學衍義』와 『대학연의보大學衍義補』는 군주가 치국과 ·평천하를 위해 실천해야 하는 방안들이 담겨있다고 주장하였다. 이에 정조는 『대학』과 『대학연의』·『대학연의보』를 합하고 『대학』의 8조목 체제로 편집한 『대학유의大學類義』 21권을 제왕학 교과서로 편찬하였다.[69]

---

69 김문식, 『정조의 제왕학』, 태학사, 2007, 141~144면.

정조와 정약용의 『대학』에 대한 입장은 기본적으로 동일하였다. 정조는 『대학』을 제왕학 교과서로 파악하고 『대학연의』와 『대학연의보』에서 군주의 실천 방안을 추출하였고, 정약용은 태학의 생도를 주자=국자로 제한하고 치국과 평천하를 이룩하는 방안을 『대학』에서 찾았기 때문이다. 정약용이 정조 치하에서 국왕의 지우知遇를 받으며 실무 관료로 활동하였고, 정조가 사망한 후에는 정조의 정치 이념을 더욱 논리화하고 구체화하였다.

정약용의 『대학』 해석에서 보이는 또 하나의 특징은 경학 연구를 경세학 연구로 연결시킨 점이었다. 정약용은 경학을 선왕의 제도를 파악하는 것으로, 경세학을 선왕의 제도를 변통한 제도를 마련하는 것으로 규정하고, 『대학』에서 재해석한 지인과 안민을 실천하는 경세학 연구에 몰두하였다. 정약용의 경세학이란 지인과 안민을 실현하는 구체적 방안을 마련하는 작업이었고, 이는 『경세유표』, 『목민심서』, 『흠흠신서』 등으로 나타났다.

정약용은 학문 정보를 최대한 흡수하였지만 그를 탁월한 경학자로 보기는 어렵다. 그는 고대 태학의 제도를 고증하면서 『주례』를 많이 인용하였다. 『주례』에 주대周代의 제도가 잘 나타난다고 보았기 때문이다. 오늘날 『주례』는 한나라 초기에 만들어진 책으로 이해하는 점을 감안하면,[70] 정약용의 『대학』 연구는 기초 자료에서부터 오류를 범하였다. 정약용은 경학 연구를 바탕으로 경세학을 이론화하고 구체적인 경세 방안을 제시하였다는 점에서 탁월한 경세학자라 하겠다.

---

70 彭林, 『周禮主體思想與成書年代研究』, 中國社會科學出版社, 1991, 247~256면.

제3장 향례鄕禮의 이해

정약용은 1822년에 작성한 「자찬묘지명」에서 자신의 저술을 육경사서와 일표이서로 구분하고, 전자는 수기修己를 위한 것으로 본本에 해당하고, 후자는 천하 국가를 위한 것으로 말末에 해당한다고 하였다. 또한 그는 『경세유표』의 '경세經世'란 관제官制, 군현지제郡縣之制, 군제軍制, 과제科制 등에 대해 시용時用에 구애되지 않고 경經과 기紀를 세워 우리 구방舊邦을 새롭게 하려는 것[新我之舊邦]이며, 『목민심서』의 '목민牧民'은 지금의 법을 따라 우리 민民을 목牧하는 것이라 하였다.[1]

필자는 『경세유표』의 원래 제목이 '방례초본邦禮草本'이었음을 주목한다. 정약용은 「방례초본서邦禮草本序」에서 예禮란 법法을 말하며, 주공이 주나라를 경영할 때 법法 6편을 제정하여 예禮란 한 것, 즉 『주례』가 그 증거라 하였다. 정약용은 선왕은 예를 법으로 삼고 후왕은 법을 법으로 삼았다면서 천리天理에 부합하고 인정人情에 화합하는 예로 나라를 다스리고 민을 인도해야지, 두려움과 공포로 협박하여 죄를 짓지 못하게 하는 법으로는 나라를 다스릴 수도 민을 인도할 수도 없다고 하였다. 법치보다 예치를 중시하는 발언이었다.[2]

---

1 『與猶堂全書』 詩文集, 권16, 墓誌銘, 「自撰墓誌銘[集中本]」.
"經世者, 何也? 官制·郡縣之制·田制·賦役·貢市·倉儲·軍制·科制·海稅·商稅·馬政·船法·營國之制, 不拘時用, 立經陳紀, 思以新我之舊邦也. 牧民者, 何也? 因今之法而牧吾民也. … 六經四書, 以之修己, 一表二書, 以之爲天下國家, 所以備本末也."

2 『與猶堂全書』 文集, 권12, 序, 「邦禮草本序」.

이 글은 정약용의 향례鄕禮[3]에 대한 이해 방식을 검토하기 위해 작성되었다. 그가 예를 법으로 보고 경세의 제도=법을 방례邦禮로 파악한다면, 향촌 사회를 다스리는 향례는 어떻게 보았을까 궁금하였기 때문이다. 지금까지 정약용의 향례에 대한 연구는 많이 이뤄지지 못하였다. 방례와 가례家禮에 대해서는 단독 저술이 있지만, 향례에 대해서는 단독 저술이 없기 때문으로 이해된다. 지금까지 향례에 대한 연구는 주로 지방사와 교육사에서 이뤄졌으며,[4] 최근에는 정약용과 서유구의 향례에 대한 연구가 본격적으로 이뤄지고 있다.[5]

필자는 이러한 선행 연구를 참고하면서 『목민심서』에 집중적으로 나타나는 정약용의 향례 이해를 검토하기로 한다. 그는 『목민심서』를

"玆所論者, 法也. 法而名之曰禮, 何也? 先王以禮而爲國, 以禮而道民, 至禮之衰, 而法之名起焉. 法非所以爲國, 非所以道民也. 揆諸天理而合, 錯諸人情而協者, 謂之禮. 威之以所恐, 迫之以所悲, 使斯民兢兢然莫之敢干者, 謂之法. 先王以禮而爲法, 後王以法而爲法, 斯其所不同也. 周公營周, 居于洛邑, 制法六篇, 名之曰禮, 豈其非禮而周公謂之禮哉."

3 朱熹는 『儀禮經傳通解』에서 禮를 家禮·鄕禮·學禮·邦國禮·王朝禮 등 다섯 개 범주로 구분하고, 鄕禮로는 士相見禮, 士相見義, 投壺禮, 鄕飮酒禮, 鄕飮酒義, 鄕射禮, 鄕射義를 제시하였다. 『儀禮經傳通解』의 鄕禮에 대해서는 李範稷, 「朝鮮初期 漢城府의 鄕禮와 學禮 硏究」, 『서울학연구』 5, 1995, 52~55면.

4 李範稷, 「朝鮮初期 漢城府의 鄕禮와 學禮 硏究」, 『서울학연구』 5, 1995.
고영진, 「조선 중기 鄕禮에 대한 인식의 변화」, 『國史館論叢』 81, 1998.
원준재, 「鄕禮의 敎育的 考察 - 鄕飮酒禮와 鄕射禮를 中心으로-」, 『한국교육사학』 21, 1999.
김현수, 「17世紀 鄕村敎化論과 鄕禮 認識 - 李惟泰, 尹鑴, 朴世采를 中心으로」, 『東洋古典硏究』 39, 2010.

5 백민정, 「정약용 經世書의 鄕禮 규정과 공동체 운영의 특징 - 『경세유표』 및 『목민심서』의 鄕禮 문제를 중심으로」, 『東洋哲學』 41, 2014.
신진혜, 「『목민심서』에 나타난 정약용의 군현의례 정비론」, 『민족문화연구』 68, 2015.
이봉규, 「『林園經濟志』를 통해 본 楓石의 禮學과 經濟觀」, 『풍석 서유구 연구 下』, 사람의무늬, 2015.

‘지금의 법에 따라 백성을 다스리는 책’이라 하였지만, 그가 『대학』 연구에서 밝힌 태학의 삼례와 『경세유표』의 교민지법教民之法에서 밝힌 교육 방법은 『목민심서』에서도 일관되게 나타난다. 이글에서는 먼저 정약용의 경례京禮와 향례鄉禮에 대한 인식을 검토하고, 다음으로 태학의 삼례가 향교의 명륜당에서 구현되는 것을 양로지례養老之禮, 향음지례鄉飮之禮, 향고지례饗孤之禮로 구분하여 정리한다.[6] 그리고 맺음말에서는 정약용의 향례가 가진 특징을 제시하기로 한다.

제1절 경례京禮와 향례鄉禮 인식

정약용은 향례란 육향에서 거행하는 예禮이고 육향은 왕성 안에 위치하므로, 향례는 원래 왕성 안에서 거행한 경례京禮라고 하였다. 정약용은 『주례』의 기록을 근거로 왕성을 정전 모양으로 구획하여, 중앙에는 왕궁을 두고, 왕궁 앞에는 조정이 있고 뒤에 시장이 있으며[面朝後市], 좌우의 6개 지역에 육향이 있다고 해석하였다. 이는 육향이 왕성 밖에 위치한다는 정현과 신작의 설을 비판하면서 나온 정약용의 독특한 해석이었다.[7]

정약용의 해석을 따르면 육향은 왕성 안에 있으므로, 육향에서 거행하는 향음주鄉飮酒는 경음례京飮酒이고, 향사례鄉射禮는 경사례京射禮이며,

---

6 정약용은 『牧民心書』에서 鄉禮에 해당하는 鄉射之禮와 投壺之禮도 언급하였다. 그는 鄉射之禮는 『鄉禮合編』을, 投壺之禮는 『禮記』를 참조하라고 하였다(『牧民心書』 권7, 禮典六條, 「興學」).

7 본서 제3부 제1장을 참조.

향팔형鄕八刑은 왕성의 율령이 되었다. 정약용은 공자가 거처한 향당鄕黨도 왕성 안이고,[8] 맹자가 말한 향의 선사善士도 왕성의 사士를 말하는 것으로 보았다.[9] 정약용은 군현을 '향=시골'이라 부르고, 군수와 현령을 향대부라 여기며, 향음례와 향사례를 군현에서만 거행하고 경사京師에서 거행하지 않는 것은 옛 제도의 실상을 잘 모르는 것이라 비판하였다.

향례鄕禮란 경례京禮이다. 옛날에는 왕성王城을 아홉 개 구역으로 나누어 정전 같은 모양으로 하고 중앙은 왕궁王宮을 만들고 앞은 조정, 뒤는 시장, 좌우에는 육향六鄕이 둘씩 마주보게 하였으니 향鄕이란 향嚮 서로 향함이다. 향음주鄕飮酒는 경음주京飮酒이며, 향사례鄕射禮는 경사례京射禮이다. 지금 사람은 옛 제도를 자세히 알지 못해 향鄕을 야野라 하고, 이른바 향음례鄕飮禮와 향사례鄕射禮는 군현에서만 거행하게 하고 경사京師 서울는 빠트리니 한 가지 잘못이다.[10]

향음주鄕飮酒는 왕경王京의 음주飮酒요, 향사례鄕射禮는 왕경의 사례射禮며, 향팔형鄕八刑은 왕경의 율령律令이다. 공자가 향당鄕黨에 있었던 것은 왕성의 안이요, 맹자가 일향一鄕의 선사善士를 벗한 것은 왕성의 사士를 벗한 것이다. 지

---

8 『論語』「鄕黨」.
"孔子於鄕黨, 恂恂如也, 似不能言者."

9 『孟子』「萬章下」.
"孟子謂萬章曰, '一鄕之善士, 斯友一鄕之善士. 一國之善士, 斯友一國之善士. 天下之善士, 斯友天下之善士."

10 『牧民心書』 권7, 禮典六條, 「興學」.
"鄕禮者, 京禮也. 古者, 王城分爲九區, 狀如井田, 中爲王宮, 面朝後市, 左右六鄕, 兩兩相嚮, 鄕者, 嚮也. 五黨爲州, 五州爲鄕, 如我邦王城之內, 束諸里以爲一坊, 束諸坊以爲一部[六鄕如五部]. 鄕飮酒者, 京飮酒也. 鄕射禮者, 京射禮也. 今人未詳古制, 以鄕爲野, 所謂鄕飮禮·鄕射禮, 獨令郡縣行之, 而京師闕焉, 亦一蔀也."

금은 군현을 향鄕이라 하고방언으로 '시골'이라 한다, 이 때문에 향음과 향사는 군현에서만 거행하게 한다. 군수와 현령이 향대부鄕大夫가 되고, 경성의 오부五部 안에서는 의논하지 않으니, 이는 모두 실상을 살피지 못한 잘못이다.[11]

정약용은 사족士族이 왕성 안에만 거주하므로 왕성의 밖에서는 향음례나 향사례를 거행할 수 없다고 보았다. 그는 옛 제도에서 사士와 농農은 거주지가 분명하게 구분되었으며, 사는 육향의 안에 거주하고, 육수에서 기강畿疆까지는 농민인 맹甿이 거주하는 것으로 보았다. 이에 정약용은 『경세유표』의 개혁안을 마련할 때에도 사방 10리의 왕성 안에는 왕자, 왕손王孫으로부터 경, 대부, 사, 중인中人, 소민小民만 배치하고 농민의 거주지는 두지 않았다.[12]

옛날 국도國都의 제도는 국도를 아홉으로 나누어 중앙에 성을 쌓아 왕궁이라 하고, 앞은 조정, 뒤는 시장, 좌우에는 육향이 둘씩 마주보게 하였으니, 향鄕이란 향嚮 서로 향함이다. (중략) 향鄕이란 우리나라의 오부五部와 같은 것이다. (중략) 옛날 사士와 농農은 다른 곳에 거처하였다. 사士가 된 사람은 모두 육향의 안에 거처하고, 육수로부터 기강畿疆에 이르기까지는 모두 맹甿, 농민이고 사士는 없었다. 이 때문에 향음鄕飮과 향사鄕射는 왕성 안에서만 거행되었다.[13]

---

11 『雅言覺非』 권2, 「鄕」.
"鄕飮酒者, 王京之飮酒也, 鄕射禮者, 王京之射禮也, 鄕八刑者, 王京之律令也. 孔子在鄕黨者, 在京城之內也. 孟子'友一鄕之善士'者, 友京城之士也. 今以郡縣爲鄕[方言云柴骨], 故鄕飮·鄕射, 只令郡縣行之, 郡守·縣令, 爲鄕大夫, 京城五部之內, 莫之議到, 斯皆不覈之過也."

12 본서 제3부 제1장 참조.

13 『與猶堂全書』 詩文集, 권12, 序, 「江皐鄕射禮序」.
"古者, 國都之制, 九分其國, 城中爲王宮, 面朝後市, 左右六鄕, 兩兩相嚮, 鄕也者嚮也. … 鄕之爲物,

옛날 천자의 나라는 방기邦畿 천리였고, 왕성의 안에만 이 교법敎法이 있었다. 이른바 향대부鄕大夫·주장州長·당정黨正·족사族師는 모두 육향의 관리였다. 육향은 우리나라 경성京城의 오부五部와 같다. 육향의 밖에 있는 사람은 가르친다는 문장이 없다. 육수는 근교 안에 있지만 그 법은 오직 토지에 적합한 것을 맹甿에게 가르치고, 정전을 일으켜 맹甿을 이롭게 할 뿐이며, 덕행德行이나 도예道藝에 대해서는 다시 말하지 않았다.[14]

정약용은 향례가 경례였지만 당시 현실에서는 왕성 안에서만 시행할 수 없는 것으로 보았다. 원래는 사士와 민民의 거주지가 엄격하게 분리되어 있었지만 후대에는 사와 민이 섞여 살았기 때문이다. 정약용은 당시의 현실이 사가 교야郊野 지역에까지 흩어져 있는 상황이므로, 지방에서 향례를 거행하는 것이 가능하다고 보았다.

지금은 민民이 거주하는 것이 법도가 없어 도道를 배우고 예藝를 익힌 사士는 교야郊野의 밖에 흩어져 살고, 빈賓을 일으키고 민民을 소속시키는 예禮를 유사有司가 거행하지 못한다. 따라서 향례를 초야에서 거행하는 것도 시대에 맞추는 뜻이다.[15]

如我邦之五部. … 然古者, 士農異處. 凡爲士者, 皆處六鄕之內, 而自遂以外, 達于畿畺, 皆有甿而無士. 此鄕飮·鄕射之所以只行於王城之內也."

14 『牧民心書』 권7, 禮典六條, 「敎民」.
"古者, 天子之國, 邦畿千里, 惟王城之內, 有此敎法. 所謂鄕大夫·州長·黨正·族師, 皆六鄕之官. 六鄕者, 如我邦之京城五部. 凡在六鄕之外者, 其敎無文. 六遂, 在近郊之內, 而其法惟以土宜敎甿, 興耡利甿而已, 德行道藝, 不復稱述."

15 『與猶堂全書』 文集, 권12, 序, 「江皐鄕射禮序」.
"今也, 居民無法, 學道習藝之士, 散處郊野之外, 而興賓屬民之禮, 有司者不能擧, 則鄕禮之行於草茅之間, 亦時措之義也."

정약용은 지방에서 향례를 거행하는 주체로 수령을 상정하였다. 정약용은 성현의 가르침에는 두 가지 방법이 있다고 보았다. 하나는 대학에서 국자를 가르쳐 수신하고 치민하게 하는 것이요, 다른 하나는 사도司徒가 만민을 가르쳐 각자 수신하게 하는 것이 그것이었다. 그런데 수령은 사족 출신으로 대학 교육을 받았으며 치민治民=목민牧民과 함께 교민敎民의 의무를 가진 존재였으므로 지방에서 향례를 거행하는 주체가 되었다.

> 양민養民을 목牧이라 하는 것은 성현께서 남겨놓은 뜻이다. 성현의 가르침은 원래 두 가지 길이 있다. 사도司徒는 만민을 가르쳐 각자 수신하게 한다. 대학은 국자國子를 가르쳐 각자 수신하여 치민하게 한다. 치민이란 목민牧民이다. 그러므로 군자의 학은 수신이 반이요 나머지 반은 목민이다.[16]

> 윗사람을 섬기는 것을 민民이라 하고, 목민牧民을 사士라 한다. 사士는 벼슬하는 것[仕] 이니 벼슬하는 것은 모두 목민하는 것이다.[17]

> 옛날 대사도大司徒는 만민을 가르치고, 대사악大司樂은 국자國子를 가르쳤다. 교민敎民은 지관地官의 직무이므로, 일찍이 방례邦禮를 초草하면서 교규敎規를 지관地官에 소속시켰다. 지금은 정전의 토지가 고르지 않고 법제가 완성되지 못하였으므로, 이른바 교민敎民이란 예속禮俗을 실천하도록 권하고 향약鄕約을

---

16 『牧民心書』 권1, 「自序」(1821).
"養民之謂牧者, 聖賢之遺義也. 聖賢之敎, 原有二途. 司徒敎萬民, 使各修身. 大學敎國子, 使各修身而治民. 治民者, 牧民也. 然則君子之學, 修身爲半, 其半牧民也."

17 『牧民心書』 권1, 赴任六條, 「除拜」.
"事上曰民, 牧民曰士. 士者, 仕也. 仕者, 皆牧民者也."

> 지켜나가는 것뿐이다. 따라서 우선 「예전禮典」에 기록해 둔다.[18]

> 민목民牧이란 직책은 교민敎民 뿐이다. 토지와 재산을 균등하게 하는 것은 장차 가르치기 위해서이고, 부역을 공평하게 하는 것도 장차 가르치기 위해서이다. 관아를 설치하고 목牧을 둔 것도 장차 가르치기 위해서이고, 벌을 분명히 하고 법을 정비하는 것도 장차 가르치기 위해서이다. 이런 정사들이 다 스려지지 않으면 교敎를 일으킬 겨를이 없으므로, 이 때문에 백세가 지나도 선치善治가 없는 것이다.[19]

그러면 지방에서 수령이 실천할 향례는 무엇일까? 정약용은 태학에서 국자가 실천하는 삼례를 지방에서 수령이 실천할 수 있다고 보았다. 그는 『대학』의 명덕을 효·제·자 세 가지로 보았고, 이는 각각 노노老老·장장長長·휼고恤孤를 실천함으로써 획득되는 것으로 보았다. 즉 태학에서 천자가 백성 중의 기로耆老를 봉양하고, 세자가 서치序齒를 실천하며, 천자가 고자孤子 고아를 돌보는 모범을 보이면, 백성들이 이를 본받아 효·제·자를 실천할 것으로 보았다. 이런 내용을 정리하면 다음의 〈표 27〉과 같다.[20]

---

18 『牧民心書』 권7, 禮典六條, 「敎民」.
"[古者, 大司徒敎萬民, 大司樂敎國子. 敎民者, 地官之職也, 嘗草邦禮, 敎規屬于地官. 今井地未均, 法制未成, 所謂敎民, 不過勸行禮俗, 謹守鄕約而已. 權且錄之於「禮典」.]"

19 『牧民心書』 권7, 禮典六條, 「敎民」.
"民牧之職, 敎民而已. 均其田產, 將以敎也. 平其賦役, 將以敎也. 設官置牧, 將以敎也. 明罰飭法, 將以敎也. 諸政不修, 未遑興敎, 此百世之所以無善治也."

20 蔡振豊도 丁若鏞이 太學에서 거행하는 大禮(三禮)를 老老·長長·恤孤로 보았다고 언급하였다(차이전펑 지음, 김중섭·김호 옮김, 『다산의 사서학 - 동아시아의 관점에서』, 너머북스, 2015, 315~316면).

〈표 27〉 태학의 삼례三禮2

明德	天屬之愛	人合之倫	親民	三禮
孝	子	事君	上老老而民興孝	天子養耆老
弟	兄弟	事長	上長長而民興弟	世子齒于學
慈	父母	使衆·牧民	上恤孤而民不倍	天子饗孤子

정약용은 태학의 삼례인 양로지례, 향음지례, 향고지례를 지방의 학궁學宮인 향교[21]에서 실천함으로써 지방에서도 효·제·자를 일으키자고 하였다. 지금의 군현은 옛 제후국에 해당하고, 지금의 수령은 육향의 관리인 향대부에 해당하므로, 지방에서도 이를 실천할 수 있다는 주장이었다. 정약용은 수령이 주인이 되고 옛 제도를 참고하여 현재의 삼례를 마련하며, 양로지례는 9월, 향음지례는 10월, 향고지례는 2월에 거행하자고 제안하였다. 향음지례를 10월에 거행하는 것은 한나라 제도를 따랐기 때문이었다.

계추季秋, 9월에 양로지례養老之禮를 거행하여 노노老老, 노인을 노인으로 대우함를 가르친다. 맹동孟冬, 10월에 향음지례鄉飮之禮를 거행하여 장장長長, 연장자를 연장자로 대우함을 가르친다. 중춘仲春, 2월에 향고지례饗孤之禮를 거행하여 휼고恤孤, 고아를 구휼함를 가르친다. (중략) 지금의 군현은 옛날의 제후국이며, 지금의 수령은 그 지위가 옛 향대부鄉大夫나 주장州長과 같다. 수령이 스스로 주인이 되어 이 예를 거행하며, 옛 제도를 참고하여 지금의 제도를 만들면 잘못되지 않을 것이다. 정현鄭玄은 '주周나라 법은 정월에 거행하고, 한나라 법은 맹동10월에

21 『世宗實錄·五禮』를 보면 鄉飮酒儀와 鄉射儀는 이미 세종 대에 각 지역의 學宮에서 거행하는 것으로 규정되었다. 고영진, 「조선 중기 鄉禮에 대한 인식의 변화」, 『國史館論叢』 81, 1998, 6~7면 참조.

거행하였다.'고 하였다. 우리나라의 장고掌故는 모두 한나라 법을 쓰므로 지금은 우선 여기에 의거한다.[22]

옛날 태학太學에서는 양로지례養老之禮를 거행하여 효를 일으키고, 치학지례齒學之禮를 거행하여 제弟를 일으키며, 향고지례饗孤之禮를 거행하여 민이 배반하지 않게 하였다. 이 때문에 효孝·제弟·자慈는 대학의 종지宗旨가 되었다. 목牧은 이 뜻을 보존하여 학궁에서 양로지례를 거행하고 향음지례를 거행하여 효와 제를 일으킨다. 혹 새로 침략을 당해 민民으로 왕사王事를 위해 죽은 사람이라면 그 고자孤子에게 잔치를 열어 휼고恤孤의 뜻을 보존하는 것도 비문備文이 되기에 충분하다. 만약 난리를 겪은 지 오래라면 창의倡義한 집안의 자손을 찾아내어 봄에 학궁에서 잔치를 연다면 이 또한 충을 권하는 요무要務이다."[23]

정약용이 지방의 학궁인 향교에서 실천할 것을 제안한 세 가지 향례를 차례로 검토해 보자.

---

22 『牧民心書』 권7, 禮典六條, 「興學」.
"季秋行養老之禮, 教以老老. 孟冬行鄉飮之禮, 教以長長. 仲春行饗孤之禮, 教以恤孤. … 然今之郡縣, 亦古之侯國. 今之守令, 其位如古鄉大夫·州長. 守令自爲主人, 以行此禮, 參古酌今, 未爲失也. 鄭玄謂'周法正月行之, 漢法孟冬行之.' 吾東掌故, 皆用漢法, 今姑依之."

23 『牧民心書』 권7, 禮典六條, 「興學」.
"古者, 太學行養老之禮, 以之興孝, 行齒學之禮, 以之興弟, 行饗孤之禮, 使民不背. 此孝·弟·慈之所以爲大學之宗旨也. 牧宜存此意, 學宮行養老之禮, 行鄉飮之禮, 以興孝弟. 其或新經寇難, 民有死於王事者, 饗其孤子, 以存恤孤之意, 亦足以備文也. 若經亂已久者, 訪求倡義家子孫, 春饗于學宮, 是亦勸忠之要務也."

제2절 양로지례養老之禮의 절차

정약용은 『목민심서』 애민愛民 편에서 양로지례의 의주儀注를 정리하였다. 그가 제안한 향례의 대부분이 예전禮典 편에 수록된 것을 보면 이는 이례적이었다.[24] 정약용은 『주례』 대사도에 나오는 '보식육정保息六政'을 목민牧民의 첫 번째 임무로 보고 이를 개괄한 애민愛民 6조를 만들었고, 그중 하나로 양로養老 항목을 두었다.[25] 양로지례를 수령이 애민을 실천하는 방안으로 보았기 때문이다.

앞서 정약용은 양로지례를 9월에 거행하자고 하였다. 이는 『예기』 「교특생郊特牲」 편의 '추식기로秋食耆老'와 「월령月令」 편의 '추양쇠로秋養衰老'에 근거를 둔 것이다. 정약용은 목민을 담당한 수령이 가을 추수가 끝나고 겨울 추위가 오기 전에 백성 중의 노인인 서로庶老를 봉양하는 의례를 거행함으로써, 백성들에게 효를 일으키는 효과를 거둘 수 있다고 보았다.[26]

---

24 『牧民心書』 권7, 禮典六條, 「興學」.
"養老之禮, 已見上編.[愛民第一條]"

25 『牧民心書』 권3, 愛民六條.
"守令之職, 豈唯七事而已. … 『周禮·大司徒』保息六政, 誠牧民之首務. 今檃栝其意, 爲愛民六條."
保息六政의 六政은 慈幼, 養老, 振窮, 恤貧, 寬疾, 安富를 말한다(『周禮注疏』 권10, 「大司徒」. "以保息六政養萬民. 一曰慈幼, 二曰養老, 三曰振窮, 四曰恤貧, 五曰寬疾, 六曰安富.").

26 『牧民心書』 권3, 愛民六條, 「養老」.
"養老之禮廢, 而民不興孝. 爲民牧者, 不可以不擧也. 古禮, 大夫耆老, 謂之國老, 庶人耆老, 謂之庶老. 有虞氏, 養庶老於下庠, 夏后氏, 養庶老於左學, 周人養庶老於郊庠[見「王制」]. 今之守令, 惟庶老宜養也. 『禮記』曰, '春饗孤子, 秋食耆老.' 「月令」曰, '春養幼少, 秋養衰老.' 宜於秋成之後, 天寒之前, 行此禮也."

수령이 양로지례를 거행하는 이유는 '노인을 봉양하고 연장자를 우대한다[養老事長]'는 본래의 목적과 함께 말을 구하고[乞言] 백성들의 괴로움과 질병이 있는지를 파악하기[詢瘼問疾] 위해서였으며, 재정이 부족하면 80세 이상의 노인만 대상으로 할 수도 있었다.[27] 정약용은 9월의 양로지례 외에도 때때로 노인을 우대하는 혜택을 베풀어 사람에게 경로敬老를 알게 하자고 하였고,[28] 수령의 부모님 생일에 양로지례를 겸한다면 백성들이 싫어하지 않을 것이라 하였다.[29] 또한 수령이 양로지례를 거행할 때 부인들의 잔치는 수령의 대부인大夫人 모친이 주관하는 것도 좋겠다고 하였다.[30]

정약용이 제안한 양로지례의 의주를 정리하면 다음과 같다.[31]

하루 전

예리禮吏, 향교 명륜당 뜰에 막차幕次를 설치하고, 땅 위에 명석을 폄

---

27 『牧民心書』 권3, 愛民六條, 「養老」.

"力詘而擧嬴, 不可廣也. 宜選八十以上. … 養老之禮, 必有乞言詢瘼問疾, 以當斯禮. 張橫渠爲雲巖縣令, 每月吉, 具酒食, 召鄕人高年, 會于縣庭, 親爲勸酬. 使人知養老事長之義, 因問民間疾苦及所以訓戒子弟之義."

28 『牧民心書』 권3, 愛民六條, 「養老」.

"以時行優老之惠, 斯民知敬老矣. … 歲除前二日, 以食物歸耆老."

29 『牧民心書』 권1, 律己六條, 「飭躬」.

"每見奉親者, 或晬日張樂, 我以爲孝, 而民則詛之. 使民詛親, 非不孝乎? 若晬日, 兼行養老之宴, 則民不詛矣."

30 『牧民心書』 권2, 律己六條, 「齊家」.

"慈母有教, 妻子守戒, 斯之謂法家而民法之矣. … ○前輩若尹八松諸公, 每作養老之宴, 其婦人耆老, 令大夫人領宴, 此或不害於禮法也歟."

31 『牧民心書』 권3, 愛民六條, 「養老」.

다음 날

희고 깨끗한 자리를 폄

목牧수령의 자리는 동쪽에서 서쪽을 향함

기로耆老의 자리는 북쪽에서 남면南面하는데 동쪽이 상석이 됨

중층 하층의 노인은 남쪽에서 북면北面하는데 동쪽이 상석이 됨

진시辰時

수령, 조의朝衣 조관朝冠을 갖추고 자리로 나아감

동재東齋의 장의掌議유생, 존로尊老를 인도하여 문 밖 자리로 나아가 문 동쪽에서 서면西面하고 섬. 북쪽이 상위이며 나이순으로 섬

서재西齋의 장의, 여러 노인중층 하층을 인도하여 문 밖 자리로 나아가 문 서쪽에서 동면東面하고 섬. 북쪽이 상위이며 나이순으로 섬

동반東班 첫 번째 사람을 빈賓으로 삼음

예리, 문을 나와서 빈賓에게 "현령이 좋은 술과 맛있는 안주로 빈을 즐겁게 해 드리려 합니다."

빈, "영후令侯수령의 명이 있지만 나는 실로 덕이 없어 사양합니다."

예리, 복명하고 다시 나와서 "고례古禮를 따라 감히 굳이 청합니다."

빈, "굳이 사양합니다."

예리, 세 번 청하기를 "감히 굳이 청합니다."

빈, "내가 사양해도 허락하지 않으시니 감가 따르지 않겠습니까!"

음악 연주

예리, 수령을 인도하여 문 안의 동쪽에 나와 섬

빈, 문의 서쪽으로 들어와 동쪽을 향해 섬

목牧, 서쪽을 향하여 읍하면 빈이 답읍答揖함

목, 들어와 자리로 나아가 좌석에 앉지 않고 서쪽을 향하여 섬

장의, 빈을 인도하여 동반에 들어가고 노인들이 따라감

빈, 북쪽 자리로 나아가 좌석에 앉지 않고 남쪽을 향하여 섬

장의, 서반의 노인들을 인도하여 남쪽 자리로 나아감. 좌석에 앉지 않고 북쪽을 향하여 섬

목, 국궁鞠躬하여 절하면 빈이 답배答拜함. 동반 서반의 노인들은 움직이지 않음

목, 좌석에 앉음

빈 노인, 각자 몸을 돌려 좌석에 앉음

찬饌을 먼저 기로에게 드림

찬 드리는 것이 끝나면 목이 일어나 찬을 둘러봄. 북쪽 자리를 먼저 보고 다음으로 남쪽 자리를 봄

목, 자리로 돌아오면 찬을 드림

음악 그침

사준司尊, 술을 따라 목에게 올림

목, 작爵을 받아 봉작奉爵에게 줌 사준 봉작은 유생, 서반은 교생이 함

봉작, 작을 받아 빈에게 올리고, 차례로 기로들에게 미침

기로, 작을 받아 각각 반盤 위에 놓음

봉작, 목에게 작을 올림

음악 연주

목, 작을 받아 마시고, 기로들도 모두 마심

음악 그침

목, 일어나 마신 것을 살핌. 북쪽 열을 먼저 살피고 다음으로 남쪽 열을 살핌

찬을 물리되 노인 것을 먼저하고 목의 것을 나중에 함

걸언乞言을 함
예리, 필찰筆札을 빈에게 올림
빈, 격언格言을 종이에 써서 다스리는 이치를 권면함
예리, 차례로 기로들의 말을 받아 목에게 올림
목이 일어나면 기로들도 모두 일어남
목이 절하면 빈이 답배하고 노인들은 답배하지 않음
찬자贊者, "예필禮畢"

음악 연주
목이 일어나면 기로들이 모두 일어남
빈, 나가서 문 안의 서쪽에서 동쪽을 향해 섬
목, 나가서 문 안의 동쪽에서 서쪽을 향해 섬
목이 읍하면 빈이 답읍함
기로들 앞에서 음악을 연주하며 나옴

이상에서 양로지례는 ① 좌석 배치, ② 목牧 빈賓 노인老人의 입장, ③ 진찬進饌과 헌작獻爵, ④ 걸언乞言, ⑤ 퇴장의 순으로 진행되었다.

① 좌석은 향교 명륜당의 마당에 멍석을 깐 다음 자리를 폈다. 장소를 명륜당 마당으로 한 것은 수령이 당堂 위에 앉고 노인들은 마당에 앉는 경우, 존로尊老는 당 위에 앉고 비로卑老는 마당에 앉는 경우, 모두 예가 아니었기 때문이다.[32] 이때 수령은 동쪽에서 서쪽을 향하여 앉고, 동반에 속하는 빈賓과 기로耆老는 북쪽에서 남쪽을 향하며, 서반에

---

32 『牧民心書』 권3, 愛民六條, 「養老」.
"其必設宴于庭者. 坐牧於堂, 養老於庭, 非禮也. 養尊老於堂, 養卑老於庭, 非禮也. 故庭而後, 可也."

속하는 중층과 하층의 노인들은 남쪽에서 북쪽을 향해 앉았다. 수령은 빈과 기로를 자신보다 상위에 앉게 함으로써 예우를 하였다.[33] 이때의 빈은 '노인 중에 최존最尊한 사람'이라 표현하여,[34] 사족 가운데 관직이 가장 높은 사람이 선정되는 것으로 보인다.

② 조의朝衣와 조관朝冠을 갖춘 수령이 명륜당 안쪽에 미리 들어가 있다가 노인들이 입장할 때 문의 동쪽으로 가서 맞이하였다. 빈 이하 노인들은 세 번 초청을 거절한 후 문 안으로 들어왔다. 노인들은 문의 서쪽으로 입장하여 수령과 마주보고 섰으며, 수령이 읍하면 빈이 답읍하고, 좌석에 가서 수령이 절하면 빈이 답배하였다. 빈이 답읍하거나 답배할 때 나머지 노인들은 가만히 있어, 수령의 인사는 빈 한 사람을 위한 것이 되었다. 자리에 앉을 때는 수령이 노인보다 먼저 앉았다.

③ 찬饌과 술잔은 빈과 기로에게 먼저 올린 후 수령에게 올렸고, 술을 마시는 것은 수령과 노인이 함께 마셨다. 수령은 노인에게 찬을 올릴 때나 술을 마신 후 노인들의 상을 돌아보며 살폈다. 노인이 입장하고, 수령과 노인이 찬을 받으며, 술잔을 받을 때는 음악이 연주되었다. 음악 연주에는 반드시 금琴 슬瑟 종鍾 고鼓가 있어야 하였고, 삼현三絃이라는 것은 군악軍樂이므로 향교에서는 쓸 수가 없었다.[35]

---

33 『國朝五禮儀』 권4에 나오는 「開城府及州縣養老宴儀」를 보면 수령은 正廳의 東壁에서 서쪽을 향하여 앉고, 群老 중에서 2품 이상의 관리만 西壁에서 동쪽을 향해 앉았으며, 3품 이하의 관리는 南行, 西人은 뜰의 동쪽과 서쪽에 앉았다. 정약용이 賓과 耆老를 수령보다 上位에 앉게 한 것은 극도의 예우에 해당한다.

34 『牧民心書』 권3, 愛民六條, 「養老」.
"又凡吉凶諸禮, 只有一賓一主. 宜於諸老之中, 以最尊者, 立之爲賓, 乃可以行禮也. 凡拜揖, 唯賓一人, 答拜答揖, 衆賓不俱動也, 宜先明此禮."

35 『牧民心書』 권3, 愛民六條, 「養老」.

④ 빈과 기로에게 필찰筆札을 제공하면 이들이 수령에게 하고 싶은 말을 기록하여 제출하였다. 이를 보면 남쪽에 앉은 비로卑老들은 걸언乞言을 하는 대상이 아니었다.

⑤ 수령이 먼저 자리에서 일어나면 기로들이 일어났고, 들어올 때처럼 수령은 문의 동쪽, 노인들은 문의 서쪽에서 마주보고 섰다. 역시 수령이 먼저 읍하면 빈이 답읍하였다. 노인들이 퇴장할 때도 음악이 연주되었다. 노인들의 식사가 끝나면 그 자제에게 유지油紙 1장을 주어 남은 음식을 싸가게 하고, 노인이 이동할 때 자제나 친척 두 사람이 좌우에서 부축하게 하였다.[36]

정약용의 양로지례를 보면 수령은 문 동쪽을 이용하고, 자리에 먼저 앉고 일어나는 것으로 목민관 대접을 받았다. 그러나 수령이 빈을 상대할 때, 수령이 먼저 읍과 절을 하고, 북쪽의 제일 상석을 양보하며, 찬이나 술잔도 먼저 올리는 예우를 하였다. 정약용은 수령이 이런 방식으로 노노를 실천함으로써 백성에게 효를 가르칠 수 있다고 보았다.

"守令欲行此禮, 亦當行之於學宮. 古者, 鄉飮亦有琴瑟, 而今所謂三絃者, 軍樂也, 不可用之於學宮. 必有琴·瑟·鍾·鼓, 乃可行也."

36 『牧民心書』 권3, 愛民六條, 「養老」.

"飮食享畢, 取油紙一張, 以授諸老, 使其子弟, 懷之以歸. ○每一老, 許子弟二人, 扶掖在後, 其無子弟者, 族人可也."

제3절 향음지례鄕飮之禮의 절차

정약용은 향음지례의 대의大義는 연장자와 연소자를 구분하고[辨弟長], 귀천貴賤을 밝히는 데[明貴賤] 있다고 보았다. 그는 향음지례의 절차가 가진 의리는 『예기』「향음주의鄕飮酒義」 편에 잘 나타나며, 수령이 직접 거행하는 향음지례를 통해 백성들에게 가르침을 줄 수 있다고 하였다.[37]

수령의 향음지례는 관할 지역의 선호善戶를 우대하는 방법이기도 하였다. 정약용은 이속을 단속하는 조목을 서술하면서, 명나라 황종況鍾이 소주蘇州를 다스릴 때 선호는 향음지례의 빈賓으로 초대하여 예우하고, 악호惡戶는 백성들을 위해 죽이겠다고 선언한 일을 모범적 사례로 소개하였다.[38]

정약용은 『국조오례의』의 「향음주의」[39]와 정조 대에 편찬된 『향례합편』을 참조하여 향음지례의 의주를 정리하였다.[40] 정약용은 『국조

---

37 『牧民心書』 권7, 禮典六條, 「興學」.
"按此諸節, 其義理竝見「鄕飮酒義」, 可按而知也. 辨弟長, 明貴賤, 其大義也. 燕而不亂, 和而不流, 其微文也. 至若度數之出入, 古今異宜, 不必拘也. … 蓋以鄕飮酒者, 使民觀感而已, 非以口舌教之也. 教以口舌, 非聖人制禮之本意, 故今所不用."

38 『牧民心書』 권4, 吏典六條, 「束吏」.
"誘之不牖, 教之不悛, 怙終欺詐, 爲元惡大奸者, 刑以臨之. … 況鍾, 宜德間, 爲蘇州知府. … 以屬若等, 速以善戶·惡戶報來. 善者, 吾優視之, 甚則賓致鄕飮. 惡者, 吾且爲百姓殺之. 吾列善惡二簿, 俟若曹矣."

39 『國朝五禮儀』 권4, 嘉禮, 「鄕飮酒儀」.

40 정조 대에 편찬된 『鄕禮合編』의 체제에 대해서는 이봉규, 「『林園經濟志』를 통해 본 楓石의 禮學과 經濟觀」 『풍석 서유구 연구 下』, 사람의무늬, 2015, 316~320면 참조.

오례의』의 의주가 너무 간단하고, 정조는 고례古禮가 너무 번잡하다고 『향례합편』을 편찬하였지만 그 역시 번잡한 것으로 보았다.[41] 정약용은 『향례합편』의 「향음주례」보다 간략한 의주를 만들어 제시하였다.[42]

향음지례의 주인은 수령이 담당하고, 빈은 처사 중의 현자賢者를 선발하였다. 또한 향음지례에서 주인을 보좌하는 선僎은 향교의 장의掌議, 삼찬三贊은 향교의 서재생西齋生이 맡았으며, 개介와 삼빈三賓도 모두 처사 중의 현자를 선발하였다. 결국 수령이 주관하는 향음지례는 수령과 향교의 선생 및 학생들이 해당 지역의 사족을 예우하는 행사였다.

정약용이 제시한 향음지례 참가자를 정리하면 다음의 〈표 28〉과 같다.[43]

〈표 28〉 향음지례鄕飮之禮의 참가자

향음지례	담당자	비고
主人	牧	
僎	學宮의 掌議	주인을 보필
三贊	西齋生(色掌2, 訓長1)	주인을 보좌
從子 27인	群丞9, 群吏18	
賓	處士의 賢者	
介	處士의 賢者	齒와 德이 賓 다음

---

41 朱熹가 편찬한 『儀禮經傳通解』을 보면 鄕飮酒禮는 謀賓介, 戒賓介, 設席, 速賓, 迎賓, 獻賓, 賓酢主人, 主人酬賓, 主人獻介, 介酢主人, 主人獻衆賓, 一人擧觶, 樂賓, 立司正, 司正擧觶, 旅酬, 二人擧觶, 徹俎, 燕, 賓出, 遵入, 拜禮, 息司正 등 23개 절차로 구성되었다.

42 『牧民心書』 권7, 禮典六條, 「興學」.
"古禮太繁, 我正宗大王御定『鄕禮合編』, 頒于郡縣, 其儀尙縟. 至若『五禮儀』所著, 其文太簡, 不成模樣. 今參酌出儀注,如左."

43 『牧民心書』 권7, 禮典六條, 「興學」.

향음지례	담당자	비고
三賓	處士의 賢者	齒와 德이 介 다음
從子 27인	衆賓9, 弟子18	鄕에서 선발
樂正	禮丞1	禮房 鄕所
司正	端士1	鄕의 善者, 威儀를 살핌

정약용은 고례에서는 80세, 90세가 된 노인도 향음지례에 참석하였지만 당시에는 70세 이하의 사람만 초청할 것을 제안하였다. 향음지례에서도 음악이 연주되므로, 이를 위해 가歌와 슬瑟을 잘 하는 사람은 미리 『시경』의 「녹명鹿鳴」 3편, 「주남周南」 3편, 「소남召南」 3편을 익혀야 하며, 노래할 때는 화완和緩을 중시하고 격렬한 것을 금지하도록 하였다.[44]

정약용이 제안한 향음지례의 의주는 다음과 같다.[45]

3일 전

주인主人, 계빈戒賓함. 일찍 일어나 오사모烏紗帽 흑다령黑團領을 갖추고 빈賓의 집에 가서 절하고 올 것을 요청함

빈賓,[46] 답배하고 이를 허락함

선僎을 개介의 집에 보내 절하고 올 것을 요청함

개介, 절하고 허락함

44 『牧民心書』 권7, 禮典六條, 「興學」.
"古禮, 八十九十者, 亦與飮. 今擬七十以下, 乃可延請. 其筋力康健, 欲自來觀者, 亦許之. ○招善歌者善瑟者, 授「鹿鳴」三篇, 周南三篇, 召南三篇, 先期誦習, 令歌瑟相和, 其聲務在和緩, 禁其激烈."

45 『牧民心書』 권7, 禮典六條, 「興學」.

46 『牧民心書』의 원문은 "主人"이나 문맥으로 볼 때 "賓"이 맞음

하루 전

향교 명륜당 뜰에 자리를 폄당堂이 넓으면 당에 폄

빈의 자리는 서북쪽에서 동쪽을 향하게 하며 북쪽이 상위임

주인의 자리는 동남쪽에서 서쪽을 향하게 하며 남쪽이 상위임

빈의 자리를 폈으면 그 남쪽에 개, 삼빈三賓, 중빈衆賓 9인의 자리를 펴고, 제자 18인은 뒷줄에 앉음

주인의 자리를 폈으면 그 북쪽에 선僎, 삼찬三贊, 군승群丞 9인의 자리를 펴고, 군리群吏 18인은 뒷줄에 엎드림

악정樂正의 자리는 조계阼階동쪽 계단 위, 사정司正의 자리는 서계西階 위이며, 악공樂工 4인의 자리는 그 중앙

자리의 남단에 땅에다 금을 그어 조계 서계 모양을 만들고, 위에는 막차幕次를 설치함당에서 마셔도 막차는 뜰에 설치함

그 다음날

찬자贊者, 조계 서쪽에 어금棜禁尊所을 설치함. 현주玄酒 1병, 청주淸酒 1병, 포해脯醢 1광주리, 잔반盞盤 2구具이며, 현주는 서쪽에 있음. 서계 동쪽에 세洗를 설치하는데 관수盥水 1대야, 마른 수건 1사事임

찬자, 확소鑊所에서 희생 삶는 것을 감독하며 희생은 개를 사용함3확에 각각 개 두 마리를 삶음

주인, 일찍 일어나 명륜당으로 가서 좌정함

빈의 제자 1인, 문에 이르러 빈이 왔음을 알림

찬자, 들어가 알림

빈이 도착하면 개, 삼빈, 중빈, 제자가 따름

주인, 나가서 맞이하며 선, 삼찬이 주인을 따름. 군승 군리는 각 위位를 지키고 따르지 않음

주인, 대문 밖으로 나가 빈에게 절하면 빈이 답배함

주인, 빈에게 들어오라고 읍하면 빈이 답읍함

주인, 문의 동쪽으로 들어오면 빈은 문의 서쪽으로 들어옴

문을 들어와 서로 마주보고 서서 주인이 읍하면 빈이 답읍함

계단에 이르러 주인이 읍하면 빈이 답읍함

주인, 서쪽을 향하여 서서 먼저 오르기를 청함

빈, "모某는 감히 할 수 없습니다."

주인, 먼저 오르기를 청함

빈, "모는 감히 할 수 없습니다."

주인, "감히 굳이 청합니다."

빈, "굳이 사양합니다."

주인, "모가 허락을 받지 못하였으니 감히 먼저 오를 수 없습니다."

주인, 조계로 올라 위에 이르러 서쪽을 향하여 섬

빈, 서계로 올라 위에 이르러 동쪽을 향하여 섬

선 이하, 주인의 뒤를 따라가 차례로 주인의 오른쪽에 섬

개 이하, 빈을 따라가 차례로 각 위에 섬

주인, 재배하면 빈이 답배함

찬자, 앉으라고 하면 빈 주인 이하가 모두 앉음

찬자, 손을 씻고 술을 부어 주인에게 줌

주인, 잔을 받았다가 다시 찬자에게 줌

찬자 2인, 한 사람이 잔을 잡고 한 사람이 광주리를 들고 빈의 앞에 나가 무릎 꿇고 잔 올림

빈, 잔을 받아 마시고 포脯 1조각을 집어 씹음

찬자, 물러나 위로 돌아감

주인이 절하면 빈이 답배함

찬자, 손을 씻고 술을 부어 빈에게 줌

빈, 잔을 받았다가 다시 찬자에게 줌

찬자 2인, 한 사람이 잔을 잡고 한 사람이 광주리를 들고 주인 앞에 나가 무릎 꿇고 잔 올림

주인, 잔을 받아 마시고 포 1조각을 집어 씹음

찬자, 물러나 위로 돌아감

빈이 절하면 주인이 답배함

찬자, 주인을 도와 개에게 마시게 함. 위의 예와 같음

개가 절하면 주인이 답배함

찬자, 빈을 도와 선에게 마시게 함. 위의 예와 같음

선이 절하면 빈이 답배함

찬자, 주인을 도와 삼빈이 마시게 함. 위의 예와 같음

주인이 절하면 삼빈의 장자長者인 빈장賓長이 답배함

중빈과 군승이 서로 마심. 위의 예와 같이 함

찬자, 각자의 위에 가서 앉음

빈의 제자 1인, 일어나 손을 씻고 찬자에게 마시게 함. 위의 예와 같이 함

빈이 절하면 삼찬의 장자인 찬장贊長이 답배함

악정樂正, 악공을 인도하여 올라옴

슬자瑟者 2인, 가자歌者 2인, 서계를 올라 남단에서 북쪽을 보고 앉으며 동쪽이 상위임

가자, 「녹명鹿鳴」「사모四牡」「황황자화皇皇者華」를 노래하며 슬자瑟者가 화합함

군리群吏 1인, 일어나 술을 부어 악공에게 마시게 하며 절하지는 않음

가자, 주남周南의 「관저關雎」「갈담葛覃」「권이卷耳」를 노래하며 슬瑟에 의지함

진찬進饌

빈, 1형鉶 狗羹 6두豆

개 삼빈, 1형 4두

중빈 이하, 1형 2두

중빈으로 70세인 사람 6두, 60세 이상인 사람 4두로 높임

주인, 1형 6두

선 삼찬 사정 악정, 1형 2두

군승 군리, 1형

진찬은 빈 주인을 먼저 하고, 그 다음에 개 선에게 함

진주進酒

찬자 2인, 한 사람은 병을 들고 한 사람은 잔을 잡고 빈, 주인에게 나아가 올림.

그 이하는 교대로 올림

삼빈, 중빈, 군승, 사정, 악정에게 올리고, 악공, 제자, 군리에게 마시게 함

찬자, 각자 위로 나아가 스스로 술을 부어 마심

악정, 일어나 "노래와 연주가 화합되고 술과 음식이 모두 넉넉하니 편안히 쉬시기 바랍니다."

사정, 일어나 "맛있는 술과 좋은 안주에 빈과 주인이 즐거우니 위의威儀를 가다듬기 바랍니다."

주인 빈, 일어나 서계 위에 섬

주인이 절하면 빈이 답배함

빈, 위로 돌아감

다시 한 차례 진주進酒

악정, 악공에게 명하여 소남召南의 「작소鵲巢」「채번采蘩」「채빈采蘋」을 노래하게 함

사정, "빈이 이미 취하였지만 위의를 허물하지 마시고 얼마든지 마시기 바랍니다."

빈, "모某가 이미 취하였으니 감히 사양합니다."

주인, "맛있는 술과 좋은 안주로 자리를 마치기 바랍니다."

빈, "모가 이미 취하였으니 감히 명을 따르지 못합니다."

찬자, 형 두를 치움, 삼빈 이하의 것은 하집사下執事가 치움

찬자, "예필禮畢"

빈, 서계를 내려오면 개, 삼빈, 중빈, 제자가 따라감

주인, 조계를 내려오면 선, 삼찬이 따라감. 군승, 군리는 따르지 않음

빈 주인, 문에 이르면 서로 마주보고 섬

주인이 읍하면 빈이 답읍함

빈이 문의 서쪽으로 나가면, 주인은 문의 동쪽으로 나와서 문 밖에서 서로 마주보고 섬

주인이 절하면 빈이 답배함

주인, 돌아 들어가며, 조금 있다가 관아로 돌아감

이를 보면 향음지례는 ① 빈賓 개介 초청, ② 좌석 배치, ③ 주인主人 빈賓 찬贊 개介의 입장, ④ 진주進酒, 진찬進饌과 진주進酒, ⑥ 퇴장의 순

으로 진행되었다.

① 사흘 전에 수령은 오사모烏紗帽와 흑단령黑團領을 갖추고 빈의 집에 가서 초청하고, 개의 집에는 선을 파견하여 초청하였다. 수령이 먼저 절을 하면 빈은 답배하였다.

② 좌석은 향교 명륜당의 마당에 만들었으며, 명륜당이 넓으면 건물 안에 자리를 만들었다. 좌석의 위치는 주인 선 삼찬 군승 군리는 동남쪽에서 서쪽을 향하여 앉고, 빈 개 삼빈 중빈 제자는 서북쪽에서 동쪽을 향하여 앉았다. 악정 사정 악공의 자리는 계단 위였다. 조계와 서계는 명륜당 마당에 마련한 자리의 남쪽 끝에 금을 그어서 표시하였다.[47]

③ 수령은 명륜당에 좌정해 있다가 빈이 도착하면 대문 밖으로 나가서 맞이하였다. 양로지례 때 수령이 대문 안에서 맞이한 것보다 예우하는 방식이었다. 수령이 먼저 읍하고 절하면, 빈은 답읍, 답배를 하였고, 계단에서도 수령이 빈에게 세 차례 먼저 오르기를 청한 후 계단을 올랐으며, 수령이 재배하고 빈이 답배한 다음 동시에 자리에 앉았다.

④ 헌잔獻盞의 순서는 주인이 빈에게, 빈이 주인에게, 주인이 개에게, 빈이 선에게, 주인이 삼빈에게 술잔을 주었고, 중빈과 군승은 서로 술잔을 나누었다. 삼찬은 술잔 주는 것을 돕느라 잔을 받지 못하다가 마지막에 각자의 자리에 앉아 빈의 제자로부터 술잔을 받았다. 술잔을 받은 사람은 안주 감으로 광주리에 있는 포脯 1조각을 집어 먹었다.

47 정약용은 江皐에서 士族들이 모여 鄕射禮를 거행할 때에도 學宮, 阼階, 賓階, 門을 바닥에 금을 그어 표시하였다(『與猶堂全書』 文集, 권12, 序, 「江皐鄕射禮序」. “以野爲鄕, 以處士爲主人, 以朋友爲賓, 以子弟爲樂正. 畫地以爲宮, 畫地以爲阼階·賓階及兩楹之間, 畫地以爲門.”).

술잔을 돌린 후 슬자瑟者와 가자歌者 각 2인이 서쪽 계단으로 올라와 북쪽을 보고 연주하였다. 슬瑟의 반주에 따라 가자는 「녹명鹿鳴」 「사모四牡」 「황황자화皇皇者華」와 주남의 「관저關雎」 「갈담葛覃」 「권이卷耳」를 노래하였다. 노래하는 중간에 군리群吏가 악공에게 술을 주었다.

⑤ 진찬進饌에서 모든 참석자에게 개고기국[狗羹] 한 그릇이 올려졌다. 두豆의 숫자는 참석자의 지위에 따라 달랐으며, 수령과 빈은 6두, 개와 삼빈은 4두, 중빈 이하와 선 삼찬 사정 악정은 2두였다. 중빈 이하라도 나이가 70세면 6두, 60세 이상이면 4두로 늘어났다. 연장자를 우대하는 방식이었다.

진주進酒는 두 차례 있었다. 찬자를 통해 빈과 수령에게 술잔을 올린 후 그 이하 사람들에게 차례로 올렸으며, 술을 마신 수령과 빈은 서쪽 계단 위로 가서 절을 한 후 자리로 돌아갔다. 다시 한 번 술잔을 올렸고, 슬瑟의 반주에 따라 가자歌者는 소남의 「작소鵲巢」 「채번采蘩」 「채빈采蘋」을 노래하였다. 노래가 끝나면 찬그릇을 치우는 것으로 향음지례가 끝났다.

⑥ 빈과 수령은 계단을 내려와 대문에서 마주보고 읍을 하였고, 대문 밖으로 나와 절을 하였다. 이때 수령이 먼저 하고 빈은 답읍과 답배를 하였다.

정약용의 향음지례를 보면 수령은 문의 동쪽으로 이동하고 동쪽 계단을 이용하며 동쪽에 앉는 것으로 목민관의 대접을 받았다. 그러나 수령은 빈에게 먼저 읍하고 절하였으며, 찬과 술잔도 빈에게 먼저 올리는 방식으로 예우하였다. 정약용은 수령이 이런 방식으로 장장長長을 실천함으로써 백성에게 제弟를 가르칠 수 있다고 보았다.

제4절 향고지례饗孤之禮의 절차

정약용은 『의례』에 향고지례의 전모가 남아 있지 않아 구체적 절차를 알기는 어렵지만, 삼대의 아름다운 제도이므로 수령이 학정學政을 할 때 반드시 향고지례를 거행해야 한다고 주장하였다. 정약용은 『예기』 『대대례大戴禮』 『모시정의毛詩正義』 『한시외전韓詩外傳』 『후한서』 『대학』 『주례』와 같은 책에서 향고지례가 거행되었음을 보여주는 기록들을 뽑아 제시하였다. 다음의 〈표 29〉는 정약용이 향고지례의 근거로 제시한 기록들이다.[48]

〈표 29〉 향고지례饗孤之禮의 근거 기록

출 전	기 록
『禮記』「郊特牲」	春에 孤子를 饗하고 秋에 耆老를 食
『禮記』「月令」	仲春에 幼少를 養하여 諸孤를 살림
『大戴禮』「千乘」	司徒는 典春에 孤子 8인을 入朝시켜
『禮記』「文王世子」	天子 視學에 老幼를 東序에서 養함
『毛詩正義』「靈臺」疏	辟雍은 養孤하는 곳
『韓詩外傳』	事老 養孤하여 民을 대신하여 善을 勸함
『後漢書』	(中元元年) 처음으로 三雍을 세워 尊耆老 恤幼孤함
『大學』	上恤孤
『周禮』「天官」「地官」「夏官」	外饔 酒正 遺人 槀人 司門 羅氏

그런데 향고饗孤의 '고孤'는 고아 전체를 말하는 것이 아니라 나라

48 『牧民心書』 권7, 禮典六條, 「興學」.
"饗孤之禮, 『儀禮』殘缺, 今不可考. … 其文歷然, 明係三代令典. 牧旣修學校之政, 不可以不修此禮."

를 위해 죽은 사람의 후손을 가리키는 용어였다. 정약용은 수령이 관할 지역에서 충신으로 나라를 위해 죽은 사람이나 의병으로 전쟁터에 나가 화살을 맞고 죽은 사람의 자손을 돌보아야 하며, 그 중에 치齒·덕德이 있는 사람을 빈賓으로 세우고 나머지를 중빈衆賓으로 삼아 향고지례를 거행하라고 하였다.[49]

정약용은 『목민심서』 애민 편에 양로養老, 자유慈幼, 진궁振窮, 애상哀喪, 관질寬疾, 구재救災 등 6개 조목을 두어 각종 고통에 시달리는 백성을 구제할 방안을 제시하였다. 그는 『주례』 대사도大司徒의 '보식육정保息六政'의 하나인 자유慈幼는 휼고恤孤 즉 고아를 돌보는 것으로, 선왕의 대정大政에서 빠트릴 수 없다고 하였다.[50] 또한 그는 수령이 흉년에 버려진 백성들의 자식을 거두어 기름으로써 백성의 부모 노릇을 해야 하고,[51] '보식육정'의 하나인 관질寬疾을 실천하기 위해 불구자와 중환자의 신역身役을 면제해 주어야 하다고 하였다.[52] 또 '보식육정'의 하나인

---

49 『牧民心書』 권7, 禮典六條, 「興學」.

"所謂孤者, 死於王事者之子姓也. ○牧訪求本管, 有忠臣死事者之子孫. 雖無寸功, 若倡義赴陣, 死於矢石者, 其子孫皆所當恤也. 訪得幾人, 擇於其中, 以有齒德者, 立之爲賓, 其餘爲衆賓, 或三或九, 唯所宜也."

여기서 齒와 德은 爵과 함께 三達尊이 되는 것으로 齒는 나이, 德은 孝弟와 같은 德行을 의미하였다. 백민정, 「정약용 經世書의 鄕禮 규정과 공동체 운영의 특징 - 『경세유표』 및 『목민심서』의 鄕禮 문제를 중심으로」, 『東洋哲學』 41, 2014, 225면 참조.

50 『牧民心書』 권3, 愛民六條, 「慈幼」.

"慈幼者, 先王之大政也. 歷代修之, 以爲令典. 『周禮·大司徒』, 以保息六政, 養萬民. 一曰慈幼, 二曰養老, 三曰振窮. ○案. 慈幼者, 恤孤也. … ○鏞案. 此皆慈幼之政也. 傷天地之和氣, 極人心之哀惻者, 未有甚於幼而失養者也. 慈幼之政而敢忽乎!"

51 『牧民心書』 권3, 愛民六條, 「慈幼」.

"歲値荒儉, 棄兒如遺. 收之養之, 作民父母."

52 『牧民心書』 권3, 愛民六條, 「寬疾」.

진궁振窮을 실천하려면 사궁四窮 鰥·寡·孤·獨을 일으켜 세워야 하며, 사궁을 정할 때에는 나이, 친척, 재산의 유무를 살피고, 자력으로 살 수 있는 10세~60세는 사궁에서 제외시켜야 한다고 주장하였다.[53] 정약용은 이처럼 휼민의 차원에서 백성들의 고통을 살폈지만, 수령이 향고지례의 빈으로 초대하는 대상은 나라를 위해 싸우다가 희생된 충신의 자손으로 제한하였다.

정약용이 제안한 향고지례의 의주는 다음과 같다.[54]

기일 전
향교 명륜당에 설치함
목牧의 자리는 북벽 아래에서 남쪽을 향함
빈賓의 자리는 서벽 아래에서 동면하며 북쪽이 상위임
나머지는 다른 예와 같음

3일 전
재장齋長에게 계빈戒賓하게 함

그 날

"廢疾篤疾者, 免其征役, 此之謂寬疾也.『周禮』保息之政, 五曰寬疾. 鄭玄云, '若今癃不可事, 不算卒.' 寬也者, 寬免其征役也. 啞者闇者, 不妨食力, 瞽者賣筮, 跛者結網, 亦或有自給者. 惟其篤廢者, 在所顧恤."

53 『牧民心書』 권3, 愛民六條, 「振窮」.
"鰥寡孤獨, 謂之四窮. 窮不自振, 待人以起. 振者, 擧也. 文王發政施仁, 必先此四者. 大司徒保息六政, 三曰振窮, 卽謂是也. … 牧選四窮, 厥有三觀, 一曰齡, 二曰親, 三曰財. 年未滿六十, 能自食其力, 及已滿十歲, 能自行求食者, 不暇恤也."

54 『牧民心書』 권7, 禮典六條, 「興學」.

목, 일찍 일어나 명륜당에 가서 좌정함

찬자贊者, 빈이 이르렀음을 알림

목, 나와서 문 안에 서서 서쪽을 향하여 섬

빈, 문의 서쪽으로 들어와 동쪽을 향하여 섬

목이 절하면 빈이 답배함

목 빈이 계단에 이르면 서로 읍함

목이 조계로 올라가면 빈은 서계로 올라감

중빈衆賓, 빈을 따라 올라가 각자 자리로 나아가 섬

빈이 재배하면 주인이 답배하고 좌석에 앉음

진찬進饌

빈 주인, 1형鉶 6두豆

중빈, 1형 4두

진주進酒

빈, 목, 중빈의 순으로 술을 올림

찬자, 주인 왼쪽에 서서 "그대의 선인先人을 생각하면 내 마음이 아프고 슬프다. 맛있는 술과 좋은 안주로 영원히 사모하는 마음을 위로한다."

빈, 부복하였다가 일어나 "우리 선고先故를 생각하셔서 좋은 안주로 잔치를 여시니 감히 받지는 못하고 돌아가 선인에게 아뢰겠습니다."

철찬徹饌

찬자, "예필禮畢"

빈이 나오면 목은 문 안에서 전송함

빈이 절하면 목이 답배함

이를 보면 향고지례는 ① 좌석 배치, ② 목牧 빈賓의 입장, ③ 진찬進饌과 진주進酒, ④ 퇴장의 순으로 진행되었다.

① 좌석은 향교의 명륜당 건물 안에 만들었다. 수령은 북쪽에서 남쪽을 향하여 앉고 빈과 중빈은 서쪽에서 동쪽을 향하여 앉았다. 빈은 나라를 위해 죽은 사람의 자손으로 나이와 덕이 있는 사람인데, 수령보다 낮은 자리에 앉았다.

② 수령은 명륜당에 좌정하였다가 빈이 도착하면 대문 안에서 맞이하였다. 수령이 먼저 절을 하면 빈이 답배하였고, 계단에 이르러 서로 읍을 하였으며, 좌석에 앉을 때 빈이 먼저 재배하면 수령이 답배하였다.

③ 진찬進饌은 참석자 모두에게 국 한 그릇이 올려지고, 빈과 수령에게 6두, 중빈에게 4두가 올려졌다. 수령과 빈에게 올린 찬의 숫자는 향음지례와 동일하였다. 다음으로 진주進酒는 빈, 수령, 중빈의 순으로 술을 올리고, 찬자가 수령을 대신하여 빈에게 위로의 말을 하고, 빈은 이에 답사를 하였다.

④ 수령과 빈은 대문 안에서 서로 전송하였다. 이때에도 빈이 먼저 절하고 수령이 답배하였다.

정약용의 향고지례를 보면, 수령은 문의 동쪽으로 이동하고, 동쪽 계단으로 이동하는 것으로 목민관의 대접을 받았다. 또한 수령은 가장 높은 위치인 북쪽에서 남쪽을 보며 앉았고, 처음 만났을 때 빈에게 먼저 절한 것을 제외하면 나머지는 모두 빈이 수령에게 먼저 절을 하였다. 지금까지 살펴본 세 가지 향례 가운데 수령이 북쪽에 앉고, 빈이 먼저 절을 하는 것은 향고지례가 유일하며, 이때 수령의 지위도 가장 높아졌다.

향고지례의 빈은 국가를 위해 희생된 사람의 자손 중 나이와 덕이 있는 사람이 선정되었다. 이에 따라 빈의 나이가 수령보다 어리거나 관직에 오른 경력이 없었을 가능성이 높았다. 향고지례에서 수령의 위상이 높아진 것은 이러한 이유 때문으로 보인다. 그러나 빈은 수령보다 먼저 찬과 술잔을 받았고, 수령과 대등한 위치에서 읍하고 절하는 방식으로 예우를 받았다. 정약용은 수령이 이런 방식으로 휼고恤孤를 실천함으로써 백성에게 자慈를 가르칠 수 있다고 보았다.

이상에서 정약용이 『목민심서』를 통해 수령에게 향교의 명륜당에서 거행하라고 제안한 향례를 양로지례, 향음지례, 향고지례를 구분하여 살펴보았다. 정약용이 거론한 세 향례는 『대학』의 명덕에 해당하는 효·제·자를 실천하기 위한 의례로, 원래는 태학에서 국자國子들을 대상으로 한 태학의 삼례였다. 정약용은 사士가 지방에 흩어져 거주하는 당시 현실을 반영하여 이를 지방의 향교에서도 거행할 수 있도록 하였다.

정약용이 제시한 향례의 의주를 분석하면, 향례를 거행하는 장소는 향교의 명륜당이고, 향례를 주관하는 주인은 지방 수령이며, 수령이 빈으로 모시고 예우하는 대상은 지방의 유력 사족이나 나라를 위해 싸우다가 희생된 사람의 자손이었다. 정약용이 제시한 향교의 삼례를 정리하면 다음의 〈표 30〉과 같다.

〈표 30〉 향교의 삼례三禮

明德	親民	三禮	主人	賓	참석자
孝	上老老而民興孝	養老之禮	牧	耆老 중 最尊	尊老, 卑老
弟	上長長而民興弟	鄕飮之禮	牧	處士의 賢者 齒德이 최고	介, 三賓, 衆賓, 弟子
慈	上恤孤而民不倍	饗孤之禮	牧	忠臣의 자손 齒德이 있는 자	衆賓

이를 보면 정약용의 향례는 철저하게 사족을 중심으로 진행함으로써 사족 중심의 향촌 질서를 확립하려 하였던 것으로 보인다.[55] 정약용은 『목민심서』에서 바람직한 수령의 상으로 청사淸士와 지사智士를 제시하였으며,[56] 이는 결국 수령이 사족 출신임을 의미한다. 또한 향례에서 수령이 빈으로 모시고 예우하는 대상도 사족이었다. 물론 양로지례의 비로卑老는 중층과 하층의 노인을 말하므로 민이 포함되고, 향고지례의 중빈衆賓에는 의병으로 나갔다가 사망한 사람의 자손이 있어 민이 포함될 수 있었다. 그러나 삼례의 빈은 기로耆老 중 최존最尊한 사람, 처사와 충신 자손 중 치덕齒德을 갖춘 사람이므로 사족의 범위를 벗어나지 않았다.

정약용의 향례가 정조 대에 편찬된 『향례합편』을 적극적으로 활용한 점도 주목된다. 정조는 1795년 화성에서 혜경궁의 회갑연을 성대

55 백민정은 정약용의 鄕禮에 대한 구상을 보수적으로 보일 만큼 정교하게 차별화된 예치 시스템을 제안한 것으로 보았다(「정약용 經世書의 鄕禮 규정과 공동체 운영의 특징 - 『경세유표』 및 『목민심서』의 鄕禮 문제를 중심으로」, 『東洋哲學』 41, 2014, 228면).

56 『牧民心書』 권14, 解官六條, 「遞代」.
"治簿有素, 明日遂行, 淸士之風也. 勘簿廉明, 俾無後患, 智士之行也."
『牧民心書』 권14, 解官六條, 「歸裝」.
"笥籠無新造之器, 珠帛無土產之物, 淸士之裝也."

하게 열면서, 군주와 백성이 함께 효를 실천한다는 의미에서 양로연을 개최하고 효행을 실천한 사람들을 표창하였다. 이후 정조는 당대의 풍속을 일신하고 신민臣民들이 인륜을 실천하는 구체적 방안이 필요함을 절감하였고, 『소학집주小學集註』와 『오륜행실도五倫行實圖』를 보급하여 유학의 기본 덕목을 익히고, 『향례합편』의 보급을 통해 향음의식과 향약을 실천하게 되기를 기대하였다.[57]

정약용은 『향례합편』에 수록된 「향음주례」의 의주를 더욱 간소화하여 향음지례의 의주를 정리하였고, 향사지례의 의주는 『향례합편』에 수록된 「향사례」 의주를 참작하라고 하였다.[58] 이외에도 그는 향약의 실천을 강조하며 『오륜행실도』에 수록된 미행美行을 이용하거나, 하민下民=우민愚民의 교육을 위해 『오륜행실도』를 활용할 것을 제안하기도 하였다.[59] 정약용의 이러한 태도는 향례의 실천을 통해 백성을 교화시키려는 정조의 의도를 계승한 것이라 할 수 있다.

정약용은 수령이란 옛 제후나 향대부와 같은 존재로 치민治民=목민牧民과 교민敎民의 의무를 가진 것으로 보았다. 그가 『목민심서』에서 제시한 향례는 수령이 노노老老·장장長長·휼고恤孤를 실천하는 모범을

---

57 『鄕禮合編』 卷首, 「御製養老務農頒行小學五倫行實鄕飮酒禮鄕約綸音」.

58 『牧民心書』 권7, 禮典六條, 「興學」.
"以時行鄕射之禮, 以時行投壺之禮. 鄕射禮, 古禮繁縟難行, 宜取『鄕禮合編』, 參古酌今, 檃栝爲文以行之."

59 『牧民心書』 권7, 禮典六條, 「敎民」.
"今擬呂氏鄕約·陳氏鄕約及朱子「榜諭文」及『五倫行實』之中, 抄取其美行數十條, 別爲一冊, 楷書土書[謂諺文], 謄寫數十本, 頒于諸鄕, 乃於諸鄕, 各選子弟百餘人,[大鄕百二十人, 小鄕八十人] 別爲名錄, 使之肄習. … 正宗丁巳(1797), 增修『五倫行實』, 頒于郡縣, 令敎諭下民. ○ 臣謹案. 『五倫行實』, 旣以土書翻譯, 又有圖畫, 此古昔唐虞三代象刑象敎之遺意也. 愚民於此, 深有感發."

보임으로써 백성들에게 효·제·자를 가르치는 교민의 행위에 해당하였다. 그리고 수령이 목민과 교민을 실천한 결과는 지역 인재를 선발하는 빈흥 내지는 선거로 연결되었다.

필자는 정약용이 『목민심서』에서 제시한 향례는 그가 『대학』 연구에서 논증하였던 태학의 삼례를 지방의 향교에서도 실천하려는 것이며, 그 결과는 지역 인재의 선발로 연결된다는 점에서 주목할 필요가 있다고 생각한다.

제4장 『경세유표』의 제도개혁안

정약용은 「오학론五學論」에서 '사士는 사仕'라고 규정하고 유학을 공부하는 사는 관리가 되어 자신의 경륜을 적극적으로 펼쳐야 한다고 주장하였다. 정약용은 사의 모범을 보인 인물로 주희朱熹를 지목하고 그의 행적을 다음과 같이 서술하였다.

> 옛적에 도道를 공부하는 사람을 '사士'라고 하였다. 사는 '벼슬한다[仕]'는 뜻으로 상등인 자는 나라에 벼슬하고 하등인 자는 대부大夫에게 벼슬하였다. 벼슬을 하여 임금을 섬기고 백성을 윤택하게 하며 천하와 국가를 다스리는 자를 사라고 하였다. (중략) 주자는 육경六經을 연구하여 진위眞僞를 판별하고, 사서四書를 드러내어 심오한 뜻을 개발하였다. 중앙에 들어와 관각館閣의 관리가 되어 곧고 과격한 언론으로 죽음을 돌보지 않고 임금의 허물과 권력자의 잘못을 공격하였다. 천하의 대세를 토론하고 군사 기밀을 거침없이 말하여 원나라에 대한 원수를 갚고 수치를 씻는 대의를 천추에 펴고자 하였다. 지방에 나가서는 고을 수령이 되어 어질고 자상한 규범으로 백성들의 어려운 일을 살피고, 세금 부담을 공평하게 하며, 흉년과 역병을 구제하였으니, 그 큰 강령과 자세한 조목은 한 나라를 다스리기에도 충분하였다.[1]

이를 보면 정약용은 주희가 실천한 사의 역할을 1) 학자로 경서經書를 연구하여 유학의 의미를 드러낸 것, 2) 중앙관으로 군주와 권력자

---

[1] 『與猶堂全書』 詩文集, 권11, 論, 「五學論 1」.

의 잘못을 바로잡고 국가를 경륜한 것, 3) 지방관으로 일반 백성을 다스린 것으로 보았다.

강진으로 유배된 이후의 정약용을 생각하면 중앙관이나 지방관으로 활동할 가능성은 매우 희박해졌다. 그러나 학자로서의 활동은 실천할 기회가 주어졌다. 또한 관리로서의 활동도 자신의 경험과 지식을 활용한 개혁 방안을 제시하면 간접적인 수행이 가능하였다.

필자는 정약용의 『경세유표』에 사士로서의 역할에 충실하고자 하였던 그의 고심이 담겨있다고 생각한다. 정약용이 작성한 경세학 저술에는 『목민심서』와 『흠흠신서』가 있으며, 그는 당시의 목민관들이 이 책을 읽고 실천해 주기를 기대하였다. 그러나 『경세유표』는 성격이 달랐다. 정약용은 이 책에서 당대의 제도를 전면적으로 개혁하려는 방안을 제시하였지만 책의 편찬을 마무리하지도 못하였다. 따라서 이를 실천할 가능성은 매우 낮았다. 그러나 필자는 정약용이 당대의 현실 문제를 해결하려고 제시한 핵심적 방안들이 이 책에 담겨있다고 생각한다. 『경세유표』에는 정약용이 경학 연구를 통해 발견한 고대 성왕聖王의 제도를 현실화한 방안들이 등장하며, 그의 경학 연구도 여기에서 결실을 맺는 것으로 파악되기 때문이다.[2]

이 글은 정약용이 『경세유표』에서 제시한 제도개혁안의 내용과 특징을 검토하기 위해 작성되었다. 이를 위해 먼저 정약용이 경학과 경

---

2 정약용은 '戶籍法'을 거론하면서 『牧民心書』에는 習俗에 순응하는 小規를 밝히고, 『經世遺表』에는 나라를 다스리는 大道를 밝혔다고 하였다(김태영, 「조선 정법서의 전통과 『경세유표』」, 『다산과 현대』 6, 2013, 27쪽). 김태영은 『經世遺表』에 나타나는 정약용의 經世論을 전반적으로 검토한 바 있다(「『經世遺表』에 드러난 茶山 經世論의 역사적 성격」, 『퇴계학보』 129, 2011).

세학의 관계를 어떻게 연결시켰는가를 살펴보고, 정약용의 제도개혁안을 지인知人을 위한 방안과 안민安民을 위한 방안으로 구분하여 정리하였다. 필자는 정약용이 지인을 위한 방안으로 교육, 과거, 고적考績 제도의 개혁안을, 안민을 위한 방안으로 전제田制, 재정財政, 군제軍制 제도의 개혁안을 제시하였음을 발표한 바 있다.[3] 이글에서는 정약용이 제시한 개혁안의 내용을 구체적으로 검토하면서 그 의미를 파악해 보기로 한다.

제1절 경학經學과 경세학經世學의 관계

정약용은 경학과 경세학을 긴밀히 연결시켜 이해하였으며, 이는 정조의 영향을 많이 받았다. 정조는 삼대 이전에는 경經과 사史가 하나이고 경학과 경세학도 하나였다고 보았다.

> 삼대 이전에는 경經이 곧 사史이고 사가 곧 경이었다. 『상서』「열명說命」편은 학문을 논한 글이지만 정치가 그 안에 있었고, 「홍범洪範」편은 정치를 위한 도구이지만 학문이 그 안에 있다. 따라서 처음에는 교학敎學 편이 법령의 밖에 따로 있지 않았다. 진秦 한漢에 이르러 학문을 좇는 사람은 법전을 가리켜 힘쓸 것이 없다고 하니 체體는 있지만 용用이 없는 것이요, 경제에 뜻을 둔 사람은 유가儒家를 가리켜 우활하다고 하니 말末을 따르고 본本을 버린 것이다. 이때에 경과 사가 처음으로 나눠졌고 치도治道의 성쇠도 여기서 나눠졌

3 金文植, 『朝鮮後期經學思想硏究 - 正祖와 京畿學人을 중심으로』, 一潮閣, 1996, 217~222면.

다.[4]

정조는 경과 사가 하나였듯이 학문과 정치, 경학과 경세학도 분리되지 않는 것으로 보았다. 그는 경과 사의 분리 여부를 정치와 연결시켜 경과 사가 하나면 정치가 잘 되고, 분리되면 정치는 제대로 이뤄지지 않았다고 하였다.

정조는 경서에 나타나는 경세학에 관심이 높았고 특히 『상서』와 『대학』을 주목하였다. 정조는 『상서』「고요모」편에 나오는 지인과 안민, 『대학』 전 10장에 나오는 용인과 이재를 강조하고 이를 가지고 경세학을 이론화하려 하였다.

(『대학』) 전10장에서 용인用人과 이재理財를 평천하의 요도要道로 삼은 것은 『상서』에서 지인知人과 안민安民에 있다고 한 뜻이다. 지인한 후에야 용인用人할 수 있고, 이재理財한 후에야 안민할 수 있다. 많은 성인들이 서로 전하였던 요결要訣이 부신符信을 합쳐 놓은 것 같지만 용인과 이재의 자루가 되는 것을 잡는 것은 호오好惡 이것뿐이다.

고요皐陶가 등용되자 어질지 못한 사람이 멀어졌고, 길사吉士가 많아지자 봉황이 울었다. 산에는 부소扶蘇의 재목이 없고 들판에 벌단伐檀의 노래가 없어진 것은 바로 **인군人君이 용인用人하는 호오好惡**에 달린 것이다. 둔한 말과 천리마가 수레를 함께 몰자 백락伯樂이 한숨을 쉬고, 옥과 돌이 뒤섞이니 화씨和氏가 탄식한 것도 **인군이 용인하는 호오**에 달린 것이다. 사람들이 병속에 든 깨끗한 음식을 자신에 견주고 가정에서 깨끗한 지조 지키는 것을 숭상하며, 물건마다 흙처럼 구하기 쉽고 산 것이 제자리를 얻는 것은 바로 **인군人**

4 『弘齋全書』 권165, 日得錄, 文學(徐有榘, 1797).

君이 이재理財하는 호오好惡에 달린 것이다. 돈 냄새나는 공公이 조정에 줄지어 있고 돈을 신으로 여기는 논의가 아래에서 잇따라 일어나 원망하는 눈으로 흘겨보는 것이 끊이지 않고 여항의 집은 빈털터리가 되는 것도 **인군이 이재하는 호오**에 달린 것이다. 따라서 학자學者의 호오는 그의 한 몸이 착한가 그렇지 못한가에 불과하지만, 인군의 호오는 실로 만백성의 휴척休戚이 달려있다.[5]

정조는 용인·이재와 지인·안민을 천하를 다스리는 핵심으로 보고 지인의 결과가 용인으로, 이재의 결과가 안민으로 나타난다고 보았다. 또한 정조는 정치란 국왕이 용인·이재하는 호오好惡가 적절한지 그렇지 못한지에 달려있는데, 국왕의 호오란 『대학』에 나오는 '백성이 좋아하는 것을 좋아하고 백성이 싫어하는 것을 싫어하는 것'[6]이었다. 따라서 정조는 국왕이 백성의 호오를 따라 용인·이재를 하여 지인·안민을 실천한다면 천하를 잘 다스려질 것이라 보았다.

정조의 이러한 생각은 정약용에게 큰 영향을 주었다. 정약용은 천하의 이치는 과거와 지금이 같아서 선왕의 제도를 후대에 시행할 수 있다고 하였다. 그는 경서에 나타나는 옛 성인의 제도를 정확히 알고 이를 시대 상황에 맞게 조절하는 것이 중요하였다.

정전이란 성인의 경법經法이다. 경법이란 예나 지금이나 통할 수 있다. 예전에는 편리하였지만 지금 불편하다는 것은 반드시 그 법에 밝지 못한 것이 있어

5 『弘齋全書』 권107, 「經史講義·總經」(1793).

6 『大學』 傳10章.
"詩云, '樂只君子, 民之父母.' 民之所好好之, 民之所惡惡之, 此之謂民之父母."

서이지 천하의 이치가 고금이 달랐기 때문이 아니다. (중략) 아! 천하의 이치는 하나이다. 지금 사람이 반드시 할 수 없는 것은 요堯 순舜과 삼왕三王도 할 수 없었고, 요 순 삼왕이 이미 한 것은 지금 사람도 반드시 할 수가 있다.[7]

정약용에게 있어 경학 연구는 경서에 나타나는 옛 성인의 제도를 파악하는 과정이었다. 그는 『상서』 주석서의 이름을 '지원록知遠錄'이라 하였는데, 『상서』에 있는 옛 성인의 제도를 안다는 의미였다. 정약용에게 있어 경서는 옛 성인의 제도가 담겨 있는 일종의 역사서였다.

책이 대략 이루어지자 그 이름을 '상서지원록尙書知遠錄'이라 하였다. 『상서』의 가르침은 지원知遠일 뿐이며, 자구字句를 훈고訓詁하는 것은 옛 제왕의 일을 아는 것으로 귀결될 뿐이다. 알면 어떻게 하는가? 장차 그것을 지금에 시행하는 것이다. 부합하지 않으면 어떻게 하는가? 알지 못하므로 부합하지 않는 것이지 그것을 안다면 예전이나 지금은 같은 것이다.[8]

정약용의 경학 연구는 경서에 나오는 옛 성인의 제도를 이해하는 단계이고, 경세학 연구는 경서에서 파악한 옛 제도를 시대적 상황에 맞게 변통하는 단계였다. 실제로 정약용은 경세학 저술에서 경서와 사서를 다양하게 이용하였다. 그는 『목민심서』에서 경서 다음에 중국과 조선의 사서에 나오는 목민 자료를 정리하였고, 『흠흠신서』에서 경서와 사서에서 발췌한 옥사獄事 자료를 정리한 경사요의經史要義를 제일 앞에 두었다. 그는 『경세유표』에서도 경문經文을 먼저 거론하고 중국과 조

7 『經世遺表』 권5, 地官修制, 「田制 1」.

8 「尙書知遠錄序說」.

선의 사서에 나타나는 사례를 인용하였다.[9]

정약용은 지인·안민과 용인·이재를 가지고 경세학을 이론화하였다. 1789년 4월에 정약용은 정조 앞에서 『대학』을 강론하였다. 이때 그는 용인·이재가 천하를 다스리는 요체이며 군주는 사리私利를 버리고 백성들의 호오好惡를 따라야 한다고 하였다.[10] 이는 정조의 발언과 매우 유사하였다.

유배기에 들어가 정약용의 생각에 변화가 일어났다. 그는 지인과 안민, 용인과 이재를 오랫동안 음미한 끝에 정조가 이를 강조한 이유를 깨달았다고 고백하였다.

> 예전에 선조先朝, 정조께서 새로 선발한 문신文臣이 『대학』을 진강進講할 때마다 반드시 그 뜻을 묻기를 '진현進賢 박부薄賦는 진실로 국가의 대정大政이다. 9경九經과 5전五典에는 절목이 많지만 어째서 이 두 가지만 중언부언하고 다른 일은 언급하지 않았는가?'라고 하셨다. 신하들이 대답한 것은 모두 적확한 견해가 없었고, 상上께서도 본지本旨를 분명하게 선포하시지는 않고 그저 물러나라고만 하셨으니 무슨 까닭인지를 몰랐다. 그 뒤 깊은 산 속에 물러나 있으면서 밤낮으로 생각하다가 홀연히 깨닫는 것이 있었으니, 국가의 치란治亂과 흥망興亡은 이 두 가지 일뿐이요, 인심人心의 동향과 천명天命의 움직임도 이 두 가지 일뿐이었다.[11]

---

9 정약용은 자신의 경세학 저술을 聖經에 근본을 두고 時宜에 맞게 조절한 것이라고 하였다(『與猶堂全書』 詩文集, 권16, 墓誌銘, 「自撰墓誌銘[壙中本]」. "鏞在謫十有八年, 專心經典, 所著詩書禮樂易春秋及四書諸說, 共二百三十卷. 精研妙悟, 多得古聖人本旨. 詩文所編, 共七十卷, 多在朝時作. 雜纂, 國家典章, 及牧民按獄武備疆域之事, 醫藥文字之辨, 殆二百卷, 皆本諸聖經而務適時宜.").

10 『大學講義』 傳10章.

11 『與猶堂全書補遺』 II, 『讀尙書補傳』 「皐陶謨」.

정약용은 『상서』와 『대학』 연구를 통해 사람을 군자와 소인으로 구분하고, 정치는 이들이 가진 귀욕과 부욕을 충족시키는 방향으로 시행하면 된다고 보았다. 귀욕을 가진 군자에게 관리의 선발을 공정히 하고, 부욕을 가진 소인에게는 세금을 적게 거두는 방안이었다. 앞서 정조가 정치는 군주가 백성들의 호오好惡를 따라 용인·이재하는 것으로 보았다면, 정약용은 군자와 소인의 욕구를 구분하고 각자의 욕구를 충족시키는 것으로 해석한 점이 달랐다.

> 원래 생민生民은 욕구를 가지고 있다. 그 중 대욕大欲은 두 가지가 있으니, 하나는 부욕富欲이요 또 하나는 귀욕貴欲이다. 군자의 무리로 왕조에 벼슬하는 이는 욕구가 귀貴에 있고, 소인의 무리로 왕토에서 농사짓는 사람들은 욕구가 부富에 있다. 만일 관리를 선발하는 데 공정함을 잃으면 귀족貴族들이 원망하고, 민에게 은혜를 베푸는 것이 고루 미치지 못하면 소민小民들이 원망하니, 두 경우 모두 국가를 잃어버리기에 충분하다. 묵묵히 국가가 흥망하는 이치와 인심의 향배에 대한 이유를 생각해 보니 이 두 가지를 벗어나지 않는다. (중략) 관리의 선발을 공정히 하고 세금을 적게 거두는 것이 천명天命의 영원함을 기하는 근본이 된다.[12]

> 나라를 다스리는 대정大政에 두 가지가 있으니 하나는 용인用人이요 둘은 이재理財다. 사람들이 이 세상에 태어남에 대욕大欲이 두 가지가 있으니 하나는 귀貴요 둘은 부富이다. 위에 있는 사람은 욕구가 귀貴에 있고 아래에 있는 사람은 욕구가 부富에 있다. 인재를 등용할 때 현자와 어리석은 자, 사악한 사람과 바른 사람을 등용하거나 쫓아내는 것이 대중의 마음에 어긋나지 않

12 『尙書古訓』 권2, 「皐陶謨」.

고, 세금을 거둘 때 부세賦稅와 재유財賄를 출납하는 것이 대중의 마음에 어긋나지 않으면 물정物情이 평온해지고 나라도 편안해진다.[13]

정약용은 경학 연구에서 옛 성인의 제도를 이해하고, 경세학에서는 경학 연구를 바탕으로 하면서 지인과 안민을 실천할 제도개혁안을 제시하였다. 『경세유표』에는 이러한 개혁 방안이 잘 나타난다.

제2절 지인知人을 위한 제도개혁안

정약용은 『경세유표』에서 왕성 안에는 육향이 있고 왕성 밖의 근교 지역에 육수가 있다고 보았다. 이는 1820년대에 신작과 치열한 논쟁을 거쳐 확정한 것으로, 정약용은 말년까지 그 입장을 바꾸지 않았다.[14]

정약용은 왕성의 규모를 사방 10리로 설정하였다. 왕성의 안에는 중앙에 왕궁王宮·면조面朝·후시後市가 있고, 오른쪽의 삼부三部 三鄕와 왼쪽의 삼부三鄕를 합하여 육부육향를 배치하였다. 면조에는 의정부와 육조가 배치되고 육조 산하의 120개 관서官署는 면조를 비롯하여 왕성 안에 두루 배치되었다. 육향에는 대부大夫, 사士, 부사府史, 서도胥徒, 상공인이 거주하고 농민은 없었으며, 관직이나 직업에 따라 주택의 규

---

13 『大學公議』 권3.

14 정약용의 鄕遂制 이해와 제도 개혁안과의 연관성에 대해서는 다음의 논문을 참조.
안병직, 「다산과 體國經野」, 『茶山學』 4, 2003.
백민정, 「정약용 『經世遺表』 구성의 철학적 원리 : 六經四書에 대한 다산의 經學 註釋을 중심으로」, 『동양철학』 37, 2012.

모가 9등급으로 구분되었다. 주택의 규모는 사방 100보步가 되는 1구區에 1등급은 4호戶, 9등급은 100호가 들어갔다.

육수 지역은 왕성에서 30리 떨어진 근교 지역이었다. 『주례』에서 근교는 왕성에서 50리까지로 하였으나 정약용은 수도권의 인구가 밀집된 상황을 감안하여 30리로 축소하였다. 정약용은 과수와 원예 작물을 재배하는 원지園地는 원래 육향에 있었지만, 개혁안에서는 육수 지역에 배치하였다. 왕성 안에는 농토가 전혀 없었기 때문이다. 육부육향와 육수는 총 120방坊으로 구성되고 이곳은 모든 개혁안의 중심지가 되었다.[15]

지방은 12개 성省으로 구분되었다. 정약용은 8도에서 규모가 큰 경상도, 전라도, 평안도를 두 개의 성省으로 나누고, 경기도에 해당하는 봉천성奉天省에서 한강 동쪽은 강원도에 해당하는 열동성洌東省, 임진강 서쪽은 황해도에 해당하는 송해성松海省에 붙이고, 강원도에서 한강 서쪽은 봉천성에 붙이는 방식으로 지역을 조정하였다. 그 결과 각 성의 호수戶數와 전결수田結數는 차이가 크게 줄어들었고, 중부에 있는 4개 성의 호수와 전결수는 증가하였다.[16]

1. 교육 제도

정약용은 공족公族의 자제는 태학에 바로 입학시키고 나머지는 사

---

15 120坊은 王城의 6部에 있는 54坊, 面朝와 後市에 있는 12坊, 왕성 밖 6遂에 있는 54坊을 합한 것이다.

16 姜錫和, 「조선후기 지방제도의 운영과 정약용의 개혁안」, 『韓國學報』 17-4, 1991, 72~78면.

도司徒의 교육을 받게 하였다.[17] 정약용은 『대학』 연구에서 태학의 생도는 원래 주자=국자로 한정되지만 백성 중 준수한 자는 향학의 천거로 태학에 보낼 수 있다고 하였다.[18] 『경세유표』에서 태학에 입학하는 공족의 자제는 왕자·왕손의 현손玄孫까지와 왕자의 적장자손嫡長子孫으로 한정되었고, 부마駙馬 국구國舅 원훈元勳 대신大臣의 아들은 사도의 가르침을 받아야 하였다. 다만 하천下賤 출신이라도 회시會試에서 진사進士로 선발되면 태학에 입학할 수 있었다. 그러나 이런 인원은 매우 제한되어 있었다.

중앙 교육을 담당하는 관리는 향대부鄕大夫 6인人, 수대부遂大夫 6인, 방로坊老 120인, 족사族師 1,100인이었다. 이중에서 족사는 육부와 육수 지역에 있는 1,100개 취聚[19]의 교관이 되었다. 120방에서 선사選士 30인씩을 선발하여 교장敎長이 되고, 선사 1인은 학도學徒 2인을 거느렸다. 선사는 5품으로 구분되어, 문과 거자擧子가 되는 문선文選, 무과 거자가 되는 무선武選, 치민治民하는 재주로 뽑는 치선治選蔭官, 팔예八藝醫 譯 樂 曆 律 算 書 畵의 재주를 보는 예선藝選, 육조의 서리를 뽑는 서선胥選이 있었다. 그리고 120방에서 선발된 선사 3,600인은 문선 960인, 무선 960명, 치선 480명, 예선 600명, 서선 600명으로 구분되었다.

중앙에서 교육을 받는 사람은 학도 7,200인과 선사 3,600인이었다. 학도의 나이는 10~30세, 선사의 나이는 20~40세로 제한되었다. 학도 2인은 항상 선사의 집으로 가서 삼물三物德 道 藝과 덕행德行 도예道

[17] 『經世遺表』 권13, 地官修制, 敎民之法.

[18] 본서 제3부 제2장 참조.

[19] 王城 안은 6部 6坊 614聚이고, 왕성 밖은 6遂 486聚이다. 1坊=9聚이다.

藝를 익히고,[20] 매월 말에 선사는 평가한 성적을 족사族師에게 보냈다. 매월 초하루에 선사 3~4인은 족사의 집에 가서 교계教戒를 듣고, 육행六行 팔형八刑의 법과 덕행 도예를 배웠으며, 족사는 평가한 성적을 방로坊老에게 보냈다. 사시의 첫째 달 초하루에 선사 30인은 방로의 집에서 같은 교육을 받고, 방로는 평가한 성적을 향대부鄕大夫에게 보냈다. 매년 맹춘에 향대부와 수대부遂大夫는 본학本學에서 방로坊老, 족사族師, 본부本部와 본학本學의 관리를 모아놓고 교법을 주며, 연말에 9방의 덕행과 도예를 9등급으로 나누어 평가하였다. 대사도大司徒는 육부와 육수의 고장告狀을 받아 상등上之上, 上之中, 上之下에 속하는 사람은 거자로 올리고, 최하등下之下에 있는 사람은 탈락시켰다. 그리고 그 중간에 있는 사람은 3년 대비大比에 성적이 좋은 사람을 뽑아 거자에 보충하였다. 학도를 선사로 올리는 것은 방로가 담당하였다.

이상에서 보듯 중앙의 교육 제도는 학도 → 선사 → 족사 → 방로 → 향대부수대부 → 대사도로 이어졌고, 최종적으로는 대사도가 선사에서 거자를 선발하였다. 그런데 선사는 각 취마다 2~4명씩 인원이 배정되므로, 부친의 관직이 높을수록 거주하는 주택의 규모가 커지고 거자로 선발될 가능성도 높아졌다.

중앙에는 본학=향학鄕學에서 동몽童蒙을 교육시키는 제도도 있었다. 육부와 육수에서 준수한 동몽 60인을 선발하여 6개의 본학에 10인씩 소속시켜 교관이 가르친다. 동몽은 나이가 8~15세로 재기가 뛰어난

---

20 選士와 學徒가 배우는 德行과 道藝는 6德(知 仁 聖 義 忠 和), 6行(孝 友 睦 姻 任 恤), 6道=6經(詩 書 儀禮經傳 周禮 易 春秋左氏傳), 6藝(禮 樂 射 御 6書 9數)를 말한다. 6經 과목에서 文選과 治選은 6經과 4書를 모두 익히고, 武選, 藝選, 胥選은 1經과 4書를 익혔다. 6藝에서 禮는 鄕飮과 鄕射였고, 樂은 琴瑟과 風雅였다.

자만 선발하였다. 이들은 매월 세 차례 정일丁日에 교관의 강의를 듣고 글씨와 제술을 시험하며, 사계절의 마지막 달이 끝날 때에는 교수敎授의 강의를 듣고 글씨와 제술을 시험하며, 연말에는 교수와 교관이 1년 동안의 성적을 종합하여 9등급의 성적을 매겼다. 그 결과 상등 6인은 졸업시키되 나이가 차면 선사로 올려주고, 하등 6인은 탈락시켜 개별로 학습하게 하며, 중등 48인은 다음 해의 수업을 받게 하였다. 이에 따라 본학에는 매년 동몽이 12인씩 보충되었다.[21] 이를 보면 중앙에서는 동몽이 선사로 선발되는 기회가 있었다.

지방 교육은 군현에서 100가家가 1취聚가 되고, 9취가 1방坊이 되며, 방마다 교장敎長 3인을 두었다. 교장은 1인마다 학도 4인을 거느리고, 교육 방법은 중앙과 같았다. 지방에서도 매월 말에 족사族師에게 성적을 보고하고, 4계절마다 방로에게 성적을 보고하며, 군수와 현령은 매년 말에 성적을 각 성의 포정사布政司에 올려 보내어 사도에게 전달하였다. 지방의 선사와 거자를 선발하는 것은 향대부에 해당하는 군수와 현령의 몫이었다. 이들은 식년式年의 하지 날 향교에 모여서 공의公議에 따라 선사를 선발하고 그 중에서 다시 거자를 선발하였다. 선사와 거자를 선발하는 기준은 덕행德行, 경술經術, 문예文藝였다.[22]

---

21 童蒙은 6書學을 위주로 하고, 문자 학습서 1과목, 『禮記』 4개 편이나 『小學』 1과목, 四書 1과목을 학습하였다. 동몽을 시험하면 하나의 經을 講하여 뜻을 아는지 보고, 100자를 쓰게 하여 6書學을 살폈다. 또 『시경』의 國風이나 小雅처럼 4言을 製述하거나 60자 이내의 經論이나 史論을 짓게 하여 문장력을 살폈다. 12인은 매년 선사로 올라간 6인과 탈락한 6인을 보충하는 인원이었다.

22 『經世遺表』 권15, 春官修制, 科擧之規 1.
"十二省, 就諸坊教長之中, 擇立選士, 以充其額. 總以德行爲本, 經術爲次, 文藝爲末. … 每式年夏至之日, 郡守縣令就鄕校, 博詢公議, 圈點得選士, 旣得選士, 又選爲擧子."

중앙의 조예皂隸와 하천下賤, 지방의 맹예甿隸와 하천과 같은 하층민에게는 교육이 없었다. 그들의 선한 행동에는 상을 주고, 악한 행동에는 벌을 주었을 뿐이다. 중앙에서는 매년 연말에 사도가 육부와 육수 지역을 통틀어서 선한 사람 3인을 선발하여 태학에서 상을 주게 하고, 악한 사람 3인을 선발하여 사구司寇에게 벌을 받게 하였다. 태학에서 하층민에게 주는 상은 선사로 천거하거나 택부宅賦를 면제해 주었고, 사구가 주는 벌에는 도형徒刑, 유형流刑부터 사형死刑까지 있고 변방으로 쫓아내기도 하였다. 또한 기교技巧가 있는 사람은 공조工曹로 보내고, 용력勇力이 있는 사람은 군문軍門으로 보내기도 하였다. 지방에서도 중앙의 제도를 참조하여 상벌을 주지만, 농한기에는 향교에서 「남전여씨향약藍田呂氏鄕約」을 가르치고 백성에게 효제를 가르치는 것을 중시하였다. 이들은 최하층민이지만 선사로 선발되거나 공조와 군문에서 근무할 가능성이 있었다.

이를 보면 정약용은 교육 제도에서 중앙과 지방에 현격한 차이를 두었다. 중앙의 1방에는 교장=선사 30인을 두었으나 지방의 1방에는 교장 3인을 두어 중앙의 1/10에 불과하였다. 또한 지방에서는 교장이라고 반드시 선사가 되는 것도 아니었다. 그리고 중앙에서는 교장 1인에 학도가 2인이지만 지방에서는 학도가 4인이라 학도에서 선사로 올라가기가 두 배나 힘들었다. 중앙 내에서도 직급에 따른 차이가 있었다. 부친의 관직이 높아 주택의 규모가 크면 그 자제는 교육을 받을 기회가 많고, 과거에 응시하는 거자로 선발될 가능성도 높았다. 그리고 최하층민은 정해진 교육 과정은 없지만 재능에 따라 선사로 선발되거나 하급 관리로 근무할 수 있었다.

2. 과거 제도

정약용은 당시 과거 제도의 폐단을 지적하면서 몇 가지 원칙을 세웠다.[23] 명경明經과 제술製述을 합하고, 소과小科와 대과大科를 합하며, 3년에 있는 대비大比 시험만 두고 비정기적인 경과慶科나 절제節製를 폐지하자는 것이었다. 또한 덕행이나 경술로 선사를 선발한 후에는 문학문예으로 거자를 선발하며, 거자를 모아 진사를 선발하고 최종 합격자인 급제까지 선발하였다. 문과에서 거자로 선발되는 나이는 20~49세로 제한되었고, 50세를 넘기면 치선으로 돌렸다. 학생의 나이가 50세 이상이 되면 문과에 응시할 자격을 박탈하는 방안이었다.

과거 시험은 중앙과 지방을 분리하여 진행하다가 회시會試와 도시都試 단계에서 합쳤다. 시험 순서는 다음과 같다.

중앙 : (선사) → (거자) → 部試(六部) → 庠試 → 會試(진사) → 都試
지방 : 邑選(선사) → 邑擧(거자) → 州試 → 省試(12省) → 會試(진사) → 都試

중앙의 부시部試는 육부의 거자를 육학에서 시험하고, 육수의 거자를 육부에서 시험하여 선발하며, 상시庠試는 부시에서 선발된 거자까지 육학에 모아서 선발하였다. 지방의 읍선邑選은 처음으로 선발된 선사를 말하며, 읍거邑擧는 주州·군郡·현縣에서 천거한 거자를 말한다. 주시州試는 각 성에서 몇 개 읍을 합하여 규모가 큰 주에서 시험을 치르는 것이다.

---

23 『經世遺表』 권15, 春官修制, 科擧之規 1.

정약용은 각 단계에서 선발되는 인원을 지역 별로 배정해 두었다. 문학으로 선발하는 문과의 경우를 정리하면 다음의 〈표 31〉과 같다.

〈표 31〉 문과 합격자의 정원

<table>
<tr><th colspan="2">문과</th><th colspan="2">選士</th><th colspan="2">擧子</th><th colspan="2">部試
州試</th><th colspan="2">庠試
省試</th><th colspan="2">會試</th><th>8道(布政司)</th></tr>
<tr><td colspan="2">경성 6부</td><td colspan="2">960</td><td colspan="2">640</td><td colspan="2">320</td><td colspan="2">160</td><td colspan="2">80</td><td></td></tr>
<tr><td rowspan="4">중부</td><td>奉天省</td><td>240</td><td rowspan="4">912</td><td>160</td><td rowspan="4">608</td><td>80</td><td rowspan="4">304</td><td>40</td><td rowspan="4">152</td><td>20</td><td rowspan="4">76</td><td>경기도(한성부)</td></tr>
<tr><td>泗川省</td><td>336</td><td>224</td><td>112</td><td>56</td><td>28</td><td>충청도(공주)</td></tr>
<tr><td>洌東省</td><td>168</td><td>112</td><td>56</td><td>28</td><td>14</td><td>강원도(원주)</td></tr>
<tr><td>松海省</td><td>168</td><td>112</td><td>56</td><td>28</td><td>14</td><td>황해도(개성)</td></tr>
<tr><td rowspan="4">남부</td><td>完南省</td><td>168</td><td rowspan="4">720</td><td>112</td><td rowspan="4">480</td><td>56</td><td rowspan="4">240</td><td>28</td><td rowspan="4">120</td><td>14</td><td rowspan="4">60</td><td>전라도(전주)</td></tr>
<tr><td>武南省</td><td>168</td><td>112</td><td>56</td><td>28</td><td>14</td><td>전라도(광주)</td></tr>
<tr><td>嶺南省</td><td>192</td><td>128</td><td>64</td><td>32</td><td>16</td><td>경상도(대구)</td></tr>
<tr><td>潢南省</td><td>192</td><td>128</td><td>64</td><td>32</td><td>16</td><td>경상도(성주)</td></tr>
<tr><td rowspan="4">북부</td><td>浿西省</td><td>96</td><td rowspan="4">288</td><td>64</td><td rowspan="4">192</td><td>32</td><td rowspan="4">96</td><td>16</td><td rowspan="4">48</td><td>8</td><td rowspan="4">24</td><td>평안도(평양)</td></tr>
<tr><td>淸西省</td><td>72</td><td>48</td><td>24</td><td>12</td><td>6</td><td>평안도(영변)</td></tr>
<tr><td>玄菟省</td><td>72</td><td>48</td><td>24</td><td>12</td><td>6</td><td>함경도(함흥)</td></tr>
<tr><td>滿河省</td><td>48</td><td>32</td><td>16</td><td>8</td><td>4</td><td>함경도(경성)</td></tr>
<tr><td colspan="2">총</td><td colspan="2">2,880</td><td colspan="2">1,920</td><td colspan="2">960</td><td colspan="2">480</td><td colspan="2">240</td><td></td></tr>
</table>

〈표 31〉을 보면 중앙육부 육수에서는 640인의 거자가 응시하여 회시에서 80인의 진사進士가 선발되고, 지방에서는 1,280인의 거자가 응시하여 회시에서 160인의 진사가 선발되었다. 선사에서 1/3을 탈락시킨 인원을 거자로 선발한 후에는 계속해서 1/2씩 선발하는 방식이었다. 회시에서 선발된 240인의 진사는 도시都試에 응시하며, 최종적으로는 40인이 급제로 선발되었다. 회시 합격자를 기준으로 하면 사방 60리에 불과한 서울과 근교 지역이 전국의 1/3을 차지하여, 중앙과 지방 사이에 현격한 차이가 나타났다.

지방에서도 지역적 차이가 있었다. 12성을 중부, 남부, 북부로 구분할 때 회시 합격자의 비율이 76:60:24로 나타나 중부가 가장 유리하고 북부가 가장 불리하였다. 특히 북부는 남부의 절반도 되지 않아 합격자의 지역적 편중이 심각하였다. 정약용이 배정한 인원은 인구수를 고려하였기에, 여기에는 당시 서울과 수도권에 인구가 집중된 상황을 반영한 것이다. 그러나 인구수를 고려하더라도 북부에 대한 처우는 매우 열악하였다.

문과는 회시 이후 도시, 도회都會, 전정친시殿庭親試, 조고朝考의 순으로 진행되었다.[24] 회시는 서울의 공거원貢擧院에서 실시하며, 480인이 응시하여 240인을 진사로 선발하였다. 탈락한 240인에서 상위 120인은 거자의 신분을 유지하지만, 하위 120인은 거자의 자격이 박탈되었다. 거자에서 탈락한 120인은 본읍으로 돌아가 다시 천거를 받아야 거자가 될 수 있었다.

도시는 공거원, 태학, 예빈관禮賓館 세 곳에서 실시하며, 새로 선발된 240인의 진사와 앞서 세 번의 회시를 통과하였던 진사가 함께 응시하였다. 이는 진사가 된 후 12년이 되어도 문과에 급제하지 못하면 진사 자격을 상실한다는 의미였다. 도시에서는 다시 240인을 선발하였다.

도회에서는 240인의 진사에서 40인의 급제출신及第出身을 선발하고, 장원壯元 1인, 갑과甲科 3인, 을과乙科 9인, 병과丙科 27인의 순위를 정하였다. 3일 후 이들은 전정친시殿庭親試에 나가 시무책을 시험한 후 성적이 좋은 자는 상을 받았다. 그 다음날 조고가 있었다. 삼관三館의 학

---

24 『經世遺表』 권15, 春官修制, 科擧之規 2.

사學士들이 모인 가운데 40인의 급제자는 경문經問 3조, 사문史問 3조, 시무문時務問 3조, 시율詩律 3수五言 2수, 七言 1수를 시험하였다.

조고가 끝나면 바로 관직이 제수되었다. 장원 1인은 홍문관 부수찬副修撰, 갑과 3인은 홍문관 부정자副正字에 임명되고, 을과와 병과 36인은 3관國子監, 校書監, 承文監으로 분관分館되었다.

한편 무과는 문과와 선발 과정이 같았지만 성에 배정된 인원에 차이가 있었다.[25] 정약용은 문과는 문풍文風을 따져야 하므로 삼남이 서북보다 많지만, 무력武力과 궁마弓馬는 서북이 배나 강한데도 삼남보다 선발 인원이 적은 것은 이상하다고 하였다. 그는 무과도 문과처럼 3년마다 회시에서 240인을 선발하고, 도회에서 40인의 급제자를 뽑는 것으로 정리하였다. 다만 성별 인원은 문과와 크게 차이가 났다.

다음의 〈표 32〉는 무과 합격자의 정원을 정리한 것이다.

〈표 32〉 무과 합격자의 정원

武科		選士		擧子		部試 州試		庠試 省試		會試		8道(布政司)
京城 6部		960		640		320		160		80		
중부	奉天省	240	768	160	512	80	256	40	128	20	64	경기도(한성부)
	泗川省	240		160		80		40		20		충청도(공주)
	洌東省	144		96		48		24		12		강원도(원주)
	松海省	144		96		48		24		12		황해도(개성)
남부	完南省	144	576	96	384	48	192	24	96	12	48	전라도(전주)
	武南省	144		96		48		24		12		전라도(광주)
	嶺南省	144		96		48		24		12		경상도(대구)
	潢南省	144		96		48		24		12		경상도(성주)

25 『經世遺表』 권15, 夏官修制, 武科.

武科		選士		擧子		部試 州試		庠試 省試		會試		8道(布政司)
북부	浿西省	144	576	96	384	48	192	24	96	12	48	평안도(평양)
	淸西省	144		96		48		24		12		평안도(영변)
	玄菟省	144		96		48		24		12		함경도(함흥)
	滿河省	144		96		48		24		12		함경도(경성)
총		2,880		1,920		960		480		240		

〈표 32〉를 보면 중앙이 전체의 1/3을 차지하고, 봉천성에 배정된 인원은 문과와 동일하였다. 그러나 남부와 북부의 선발 인원은 동일하게 되었다. 중부와 남부에서 줄인 인원을 모두 북부에 붙여주었기 때문이다. 정약용이 이처럼 서북 지역을 배려한 것은 북방 지역의 방어를 강화하려는 목적이 있었기 때문이다.

무과의 회시는 서울의 무거원武擧院에서 실시하였고, 480인의 거자에서 240인을 뽑아 진무進武로 삼았다. 문과처럼 회시에서 낙방한 거자 가운데 120인은 그 자격을 유지하고, 120인은 자격이 박탈되었다. 도시는 무거원武擧院, 무장武場, 모화관慕華館 세 곳에서 실시하며, 앞서 세 번의 회시를 통과한 진무도 참여하였다. 정약용은 도시에서 무기武技에 해당하는 삼예鐵箭 貫革 騎芻만 실시하고, 문자로 시험하는 기예陳法 兵法 武備를 제외시켰다. 문자에 능한 경화자제京華子弟가 시험에서 유리해 지는 것을 방지하기 위해서였다.[26]

도회는 문과처럼 40인의 급제출신을 선발하고, 전정친시에서는 관

---

26 『經世遺表』 권15, 春官修制, 科擧之規 2.
"臣謹案, 都試三藝, 無陳法·兵法·武備等條目者, 武科主於武技. 若以文字之藝, 參錯其間, 則京華子弟, 多捷都試, 而遠方材力之士, 無不負屈, 安得無恨. 都試者, 大小科之蜂要也, 其利害甚切, 不可不如是也."

혁貫革 1순巡을 쏘아 우수자에게 상을 주었다. 관혁을 한 발도 맞추지 못하면 유엽전柳葉箭 1순을 쏘게 하고, 다시 한 발도 맞추지 못하면 기추騎芻 1순을 쏘게 하고, 그래도 명중이 없으면 급제에서 탈락시켰다. 이 때 누락된 인원은 도회에서 탈락한 사람 가운데 최우수자로 충원하였다. 무과에서 급제자를 탈락시키는 것은 무예 능력을 위주로 하여 선발하였음을 의미한다. 조고는 세 군문의 대장과 세 청廳의 명무名武가 모인 가운데 무거원에서 진행되었다. 무경문武經問 3조, 장감문將監問 3조, 무비문武備問 3조, 발사發射 3시矢貫革를 시험하고 끝나면 관직을 제수하였다. 장원 1인은 중사中士인 선지관宣旨官, 갑과 3인은 하사下士인 선전관宣傳官에 임명되고, 을과와 병과 36인은 무겸武兼인 선령관宣令官에 임명되었다.

정약용은 과거 제도에서 회시까지 지역별 인원을 배정하였고, 그 이후에는 경쟁을 통해 인재를 선발하였다. 서울을 비롯한 수도권은 초기 선발에서 매우 유리하였다. 당시 수도권에 인구가 집중되기도 하였지만, 권력의 중심부임을 고려하였기 때문이다. 지방에서도 문과에서는 중부 > 남부 > 북부의 순으로 인원에 차이가 있었다. 그러나 무과에서는 이런 차이가 많이 해소되어 남부와 북부에서 동일한 인원을 선발하였다.

3. 고적考績 제도

정약용은 관리들의 근무 성적을 평가하는 고적考績에서 몇 가지 원칙을 제시하였다. 경관京官이든 외관外官이든 모두 먼저 주적奏績을 한

다음에 고적하며, 고적은 3년에 한 번씩 실시하도록 하였다.[27] 정약용이 제시한 원칙은 『상서』 연구에서 나온 것이다. 정약용은 요순의 정치에서 가장 핵심이 되는 것이 고적이며, 이는 관리가 자신의 공적으로 보고하는 주적과 인사권자가 주적을 바탕으로 관리의 성적을 평가하는 고적으로 구분된다고 보았다. 정약용은 주적은 평가를 받는 관리가 문서로 보고하기보다 인사권자 앞에서 직접 구두로 보고하는 것이 낫다고 하였다.[28]

정약용은 최고위 관리인 의정부의 3공公과 3고孤는 중추부에서 고적하고, 중추부의 영사領事와 판사判事는 의정부에서 고적하도록 하였다. 의정부는 육조의 상위에 있는 기관으로 3공은 영의정, 좌의정, 우의정이고, 3고는 도찬성都贊成, 좌찬성左贊成, 우찬성右贊成을 말하였다. 중추부는 병조의 예하에 있으면서 비변사를 개편한 기구였다.[29] 정약용은 당시의 고적제도가 대신大臣은 물론이고 경관 3품 이상의 관리, 외관으로 관찰사와 절도사의 근무 성적을 평가하지 않는 것을 큰 병폐로 보았고, 아무리 고위 관리라 하더라도 반드시 성적을 평가해야 한다고 주장하였다.[30] 의정부와 중추부의 고위 관리가 상대방을 평가하는 것은 상호 견제의 효과를 노린 것이다. 다만 의정부의 최고위 관리

---

27 『經世遺表』 권4, 天官修制, 考績之法.

28 정약용이 파악한 堯舜의 考績制에 대해서는 『尙書古訓』의 「堯典」편과 「皐陶謨」편에 여러 번 강조되어 있다.

29 『經世遺表』 권1, 天官吏曹, 天官之屬 ; 권2, 夏官兵曹, 中樞府.

30 『經世遺表』 권4, 天官修制, 考績之法.

"今我邦之法, 大官姑捨, 凡京官三品以上, 稱爲下大夫者, 都不考績. 外官觀察使·節度使, 亦無考績之法. 貪饕唯意, 荒淫無度, 而人莫之誰何. 遂使百度廢壞, 萬姓顚連, 而無藥可救, 無法可施, 其視唐虞之制, 豈不乖舛乎? 臣故曰'三公雖尊, 不可不考績也.'"

를 평가할 때에는 중추부의 영사와 판사, 원임原任 3공과 3고만 참여하고 등급을 나누지 않도록 하여 예우하였다.

의정부와 중추부는 6조에 소속된 고위 관리의 고적을 담당하였다. 의정부는 6조의 대부, 3영문營門의 대장, 한성부 판윤, 각 사司 제조提調 중 정경正卿 上大夫에 해당하는 사람의 고적을 맡았고, 중추부는 정경으로 군직을 가진 사람의 고적을 맡았다. 여기에서도 등급을 나누지 않았다.

6조의 판서는 예하에 있는 아경亞卿 이하 관리들의 고적을 맡았다. 판서는 자기 부서에 소속된 대부와 함께 고적하여 3등급으로 평가하였다. 병조는 3위衛와 3영營의 관리 중 품계가 높은 사람을 고적하고, 품계가 낮은 사람은 본위本衛나 본영本營에서 평가하였다. 역시 3등급이었다.

6조에 소속된 사士 4~9품는 700여 명이었다. 정약용은 이들의 고적을 9등급으로 평가하되 등급별 인원을 한정하여 평가가 어느 한쪽으로 치우치는 것을 막았다. 신임 관리로 근무 일수가 적거나 하나의 기예技藝나 잡기雜技로 관리가 된 사람은 고적 대신 고예考藝를 하였다. 고예도 9등급이며 등급별 정원이 있었다.

9등급의 평가가 끝나면 상상上上은 품계를 올렸고, 하하下下는 면직시키며, 상중上中은 녹祿을 늘려주고, 하중下中은 녹을 깎았다. 상하上下는 상을 주고, 하상下上은 벌을 주었으며, 중등中等은 그대로 두었다가 3년 대비大比 때 공적을 따졌다.

외관의 고적은 경관보다 훨씬 엄격하였다. 12성의 순찰사와 절도사의 고적은 의정부와 중추부가 합석하여 결정하였다. 전국의 순찰사와 절도사는 총 27원員이며, 정약용은 상등 1, 중상中上 3, 중중中中 19, 중하中下 3, 하등 1로 배정 인원을 정해두었다.

외관의 고적에서 가장 중요한 것은 수령의 고적이었다. 정약용은 국가의 안위는 백성의 인심人心에 달려 있고, 이를 결정하는 것이 수령이므로, 관찰사는 수령의 공적을 엄격히 평가해야 한다고 주장하였다.

> 국가의 안위安危는 인심人心의 향배向背에 달렸고, 인심의 향배는 생민生民의 휴척休戚에 달렸다. 생민의 휴척은 수령의 현부賢否에 달렸고, 수령의 현부는 감사監司의 포폄褒貶에 달렸다. 감사가 고과考課하는 법은 바로 천명과 인심이 향배하는 기틀이 되고 국가의 안위가 결정되는 바이다. 거기에 관계되는 것이 이렇게 중요하지만 그 법이 소루하고 밝지 못함은 지금 같은 때가 없었으니 신臣 정약용은 이를 걱정한다.[31]

정약용은 수령의 고적을 9등급으로 구분하고, 상등:중등:하등의 비율을 1:8:1로 정하였다. 12성 별로 읍邑의 등급별 숫자도 제한되었다. 그는 각 수령은 국가에서 지정한 주적 54개 조목 가운데 자신의 실적이 있다고 판단하는 27개 조목을 골라 각 성의 포정사布政司에 보고하고, 포정사에서는 수령을 고적한 결과를 9개 조목으로 정리하여 조정에 보고하게 하였다.

다음의 〈표 33〉은 수령이 주적하는 54개 조목을 정리한 것이다.

---

31 『經世遺表』 권4, 天官修制, 考績之法. "守令考功之法, 尤所致意, 不可有纖毫疏漏."
정약용의 이 발언은 『與猶堂全書』 文集, 권9, 「玉堂進考課條例箚子」에도 수록되어 있다.

〈표 33〉 수령의 주적奏績 조목

9綱	1	2	3	4	5	6
律己	飭躬	礪行	觴政	色戒	減眷	屛客
奉公	瞻賀	宣布	報聞	貢納	禮際	往役
愛民	養老	慈幼	振窮	哀喪	寬疾	救災
吏典	擧賢	貢士	束吏	用人	文牒	賞罰
戶典	教民	田政	賦役	市糴	農政	賑恤
禮典	祭祀	賓客	禮制	禮俗	興學	敷文
兵典	養兵	勸武	修兵	牧馬	調丁	備患
刑典	聽訟	斷獄	愼刑	禁制	量衡	除害
工典	山林	川澤	廨宇	城郭	道路	舟車

이보다 앞서 정약용은 「고적의考績議」에서 수령의 고적 항목을 24사事6綱 4目로 제시하고, 「옥당진고과조례차자玉堂進考課條例箚子」에서는 9강綱 79사事를 제시한 적이 있었다.[32] 『경세유표』에서 제시한 54개 조목9綱 6目은 정약용이 제시한 방안 가운데 가장 정비된 것이었다.[33]

외관 중에서 우후虞侯와 변장邊將의 고적은 절도사가 평가한 후 감영으로 전달하였다. 감영에서는 이를 찰방察訪 및 감목관監牧官의 고적과 합하여 9등급으로 나누었으며, 상등:중등:하등의 비율은 역시 1:8:1이었다. 성에 있는 능묘陵廟의 관리, 토관土官, 사고史庫 관리도 고적하는데 3등급으로 구분하였다.

감영에서 수령의 고적이 끝나면 수령이 주적한 서장書狀과 관찰사가

32 『與猶堂全書』 文集, 권9, 「考績議」; 「玉堂進考課條例箚子」.
정약용이 제시한 6綱은 農, 貨, 教, 刑, 兵, 工이고, 9綱은 律己, 字牧, 市糴, 戶籍, 田政, 文教, 武備, 刑獄, 工繕이었다.

33 『牧民心書』는 책의 체제가 12綱 6目으로 구분되어 있었다. 『牧民心書』의 12綱은 『經世遺表』의 9綱에 赴任, 陳荒, 解官 3綱을 더한 것이다.

고적한 계본啓本을 이조吏曹로 올려 보내어 보관하였다. 그리고 3년이 지나면 세 차례 고적을 받은 수령들이 서울로 올라가 국왕 앞에서 자신의 공적을 직접 설명하는 소접召接이 있었다. 정약용이 『상서』 연구에서 요순의 고적 제도라 밝혔던 '부주이언敷奏以言'이었다. 국왕의 소접이 끝나면 중앙에서 암행어사 12인을 12성으로 파견하여 수령이 보고한 내용을 감찰하게 하였다. 이때 파견된 암행어사는 조정에서 반포한 54개 조목, 수령이 주적한 27개 조목, 감사가 고적考績한 9개 조목을 가지고 있었고, 관찰사와 암행어사는 사전에 서로 통하기가 어려운 존재였다. 정약용은 이러한 고적 제도라면 수령의 잘잘못이 남김없이 드러날 것이라고 장담하였다.[34] 정약용은 『경세유표』에서 제시한 내용을 『목민심서』에도 수록하여 자신이 제시한 개혁안에 상당한 자신감을 가졌다.[35]

정약용은 고적에서 등급별 인원을 미리 지정하여 편향된 평가를 견제하고, 특히 수령의 고적에서는 여러 가지 장치를 마련하여 수령의 치적이 그대로 드러나게 하였다. 수령의 행적은 백성들의 생활 조건을 결정하고, 민심은 바로 국가의 안위로 이어진다고 보았기 때문이다.

---

34 『經世遺表』 권4, 天官修制, 考績之法.

"況朝廷所頒五十四條, 御史手中, 守令所奏二十七條, 在御史手中, 監司所考臧否九條, 在御史手中. 執此行部, 覈其虛實, 誰有不栗栗危懼者乎? 雖勢家大族, 三年之後, 御史來者, 親疏柔剛, 旣難逆覩, 將何所憑恃乎? 監司與之同時, 可撓之以勢力, 可緩之以顔情, 御史與之相違, 二者無所施矣. 監司考績者, 亦知有御史之議, 其後則其考績不得不公, 其視今日之法, 其疎密何如也? 守令若報僞績, 監司若奏罔功, 本罪之外, 其欺君之罪, 又將罔赦, 其有不栗栗危懼者乎? 臣愚以爲此法若行, 太平之治, 可朝暮俟也. 堯舜之所以爲堯舜之治, 不外乎考績一事, 臣不敢爲妄言也."

35 『牧民心書』 권4, 吏典六條, 考功, 「附見監司考功之法」.

제3절 안민安民을 위한 제도개혁안

1. 토지 제도

정약용은 토지 제도의 경법經法인 정전제井田制는 모든 토지를 정전 모양으로 구획한 것은 아니라고 보았다.[36] 정약용은 『상서』와 『주례』 연구를 통해 고대 정전의 실상을 확인하고 이를 당대에 실현할 수 있다고 생각하였다.[37] 그는 정전제란 평평하고 기름진 땅에 정전을 만들어 이를 기준으로 삼고, 고대에 시행했던 1/9세稅를 시행하는 것이 정전제의 이상을 실현하는 방안이라 주장하였다.

> 정전井田이란 균均을 세우고 도度를 내어 여러 토지를 통솔하는 것이다. 따라서 요순 삼왕三王의 시대에도 평평하고 기름진 토지만 정전으로 만들고, 산릉山陵이나 천택川澤을 포괄하여 천하 토지를 전부 정전으로 만든 것은 아니었다. 비뚤어지거나 기울고 평평하지 않은 땅으로 모진 것, 타원형인 것, 뾰족한

---

36 『經世遺表』 권5~9, 地官修制, 田制 1~12 ; 田制別考 1~3.
정약용이 제안한 토지 제도 개혁안은 18세기 후반에는 공동농장적 영농경영론인 閭田論이었지만, 19세기에 들어와 公田均稅를 지향하는 井田論으로 바뀌었다. 이에 대해서는 金容燮, 『韓國近代農業史硏究』(上), 一潮閣, 1980, 88~140면; 朴贊勝, 「丁若鏞의 丁田制論 考察 - 『經世遺表』 「田制」를 중심으로」, 『歷史學報』 110, 1986 참조.

37 정약용이 고대의 제도를 확인한 것은 『尙書』의 「堯典」 「皐陶謨」 「禹貢」 3편과 『周禮』 6편이었다(『經世遺表』 권7, 地官修制, 田制 9, 井田議 1. "古法之存於今者, 唯有「堯典」·「皐陶謨」·「禹貢」三篇, 及『周禮』六篇而已. 臣於此九篇, 硏精覃思, 蓋有年所, 其考績奏績之法, 正土平賦之制, 種種條例, 嚴酷栗烈, 綜核縝密, 一滴不漏, 一髮不差, 不似後世之法, 敧傾散漫, 贅疣潰裂. 其精義妙旨, 不可勝言.).

것, 굽은 것은 실제 면적을 계산하여 몇 무畝로 헤아리는 것이 지금의 법과 같았다. 이미 이와 같은데 어째서 정전을 회복할 수 없다고 하는가? (중략)

1/9은 천지 방원方員의 바른 이치다. 1/9보다 많으면 백성들이 지탱하지 못하고 1/9보다 가벼우면 나라가 넉넉할 수 없다. 예전에는 1/9이라 상하가 모두 편안하였는데, 한漢나라 이후 1/9보다 가벼워지면서 부역이 번잡하게 일어나고, 징렴徵斂에 한정이 없었으며, 호활豪猾한 자가 겸병하고 농부農夫는 피폐해졌다. (중략) 실로 1/9을 회복하고 1/9 이외의 모든 피해를 제거하면 백성들이 춤추지 않을 자가 있겠는가? 1/9의 법을 시행하려면 반드시 평평하고 기름진 땅에 정전을 구획하여, 정방正方을 혈구絜矩처럼 하고 경위經緯를 바둑판처럼 하여, 만민萬民에게 분명하게 보이고 '1/9의 비율은 이와 같다'고 한다. 드디어 이 비율로 황종척黃鐘尺을 세워 여러 비율을 바로 잡고, 모진 것, 타원형인 것, 뾰족한 것, 굽은 것을 모두 이것으로 다스린다. 이 때문에 정전을 만드는 것이다.[38]

정약용은 토지 제도의 개혁을 위해 토지의 경계를 새로 정하자고 제안하였다. 토지 개혁을 주관하는 관청인 경전사經田司를 설립하고, 각 도에 경전어사經田御史를 파견하여 평평하고 기름진 땅에 3리 혹은 5리에 1정井씩 정전을 구획하게 하였다. 경전어사가 만든 정전은 그 지역의 표준이 되는 것으로, 비용은 국가가 부담하고 관리는 경전어사가 담당하였다. 경전어사는 경전사 소속으로 원래는 옥당홍문관에서 차출된 부정副正 2인이었다. 그러나 남행南行으로 3조曹의 낭관을 거쳤거나 감찰이나 계방桂坊을 거친 사람도 경전어사에 임명될 수 있었다.[39]

---

38 『經世遺表』 권7, 地官修制, 田制 9, 井田議 1.

39 『經世遺表』 권8, 地官修制, 田制 11, 井田議 2.
"經田御史, 不必文臣, 南行曾經三曹郞·監察·桂坊者, 亦宜差遣."

이외의 토지는 최대한 정전으로 구획하되 지역의 형편을 따르게 하였다. 당시 대부분의 토지는 사전私田이라 강제로 정전으로 구획하게 할 수는 없었다. 정약용은 재물이 많고 재간 있는 백성이 스스로 정전을 구획하면, 9품 관리인 경전사의 감역監役이나 참군參軍으로 임명하고, 자신이 만든 정전에서 3~6년간 감농監農을 맡게 하였다. 이들은 실적이 있으면 중사中士로 승진시켜 찰방, 변장邊將, 현령에 임명하고, 정전의 규모가 크면 군수, 목사, 관찰사, 절도사에 임명될 수 있게 하였다.

조관朝官으로 있다가 물러나 군현에 거주하는 사람도 경전사에 참여할 수 있었다. 이들은 자신의 재물을 가진 사람으로 대부는 경전부사經田副使, 상사上士와 중사中士는 경전사耕田司 원외랑員外郞, 하사下士는 감역이나 참군으로 근무할 수 있었다. 이들도 정전을 만들어 관리한 백성들처럼 임무를 완수하면 승진의 혜택을 주었다.

정전을 만들 수 있지만 만들지 않은 곳과 정전을 만들 수 없는 토지는 면적을 계산하여 부畉[40]를 만들었다. 수령은 관할 지역의 토지를 측량하여 부畉를 만든 결과를 경전사에 보고하고, 경전어사는 현장에 나가 이를 확인하였다. 경전어사가 현장에 나갈 때에는 산학算學에 밝은 계사計士 2인을 종사관從事官으로 하고, 관상감에서 수리數理에 밝은 사람 1인을 별군관別軍官으로 하여 함께 나갔다. 이들은 토지의 규모가 9부이면 그 중 하나를 공전으로 하고, 부가 못되면 그 중 1/9을 공전으로 하였다. 따라서 이렇게 구획된 토지에는 모두 1/9에 해당하는 공

[40] 1畉=10畎=100畝=1,000畯=10,000步이고, 1井은 9畉이다.

전이 있었다.

토지 측량이 끝나면 사방 1리의 토지가 한 폭에 들어가는 어린도魚鱗圖를 작성하였다. 가로와 세로를 각 30칸으로 하여 하나의 칸이 1무畝, 한 폭 전체가 1정井 900무이 되었다. 어린도에는 주묵朱墨을 사용하여 두렁을 그리고, 구획된 토지의 중앙에 번호를 붙여 소유자를 기록하였다.

토지 경계가 정해지면 이를 바탕으로 촌리村里를 구성하였다. 『주례』 소사도의 제도井邑丘甸縣를 따라 1부部=4방坊=16리里=64촌村=256정井이 되고, 여기에 각각 부정部正, 방로坊老, 이윤里尹, 촌감村監을 두었다. 이들은 현지 농민을 지도하여 공전과 사전에서 농사를 짓게 하고, 공전에서 나온 수확물을 공창公倉에 납부하였다. 촌감의 녹봉은 매년 곡식 24곡斛 240斗이며, 첫 해의 농사는 관청에서 환곡을 나눠주었다.

농사를 지은 지 3년이 되면 경전어사는 3년 동안의 장부를 가지고 공전을 돌아다니며 토지의 등급을 9등급으로 정하였다. 경전어사가 공전의 등급을 정할 때 이윤과 촌감이 참여하였다. 토지는 그 해의 풍흉에 따라 등급을 조정하며, 재해가 발생하면 중앙에서 경전어사를 파견하여 현장의 공전을 확인하였다. 큰 기근이 들면 경전어사는 사전까지 확인하여 재상災傷의 정도를 파악하고 스스로 감진어사監賑御史가 되어 백성을 구제하였다.

정약용은 토지의 경계를 정하고 등급을 조정하며, 기근을 구휼하는 모든 과정에 중앙에서 파견한 경전어사를 활용하였다. 이는 수령의 고적을 확인하는 암행어사와 같은 존재로, 토지 개혁을 수령과 아전의 손에 맡겨놓으면 농간을 막기 어렵다고 생각하였기 때문이다.

2. 조세 제도

조세에서 가장 기본이 되는 것은 전세田稅였다. 정약용은 정전으로 구획된 토지에 일률적으로 1/9세를 실시하였다.[41] 토지 경계를 정하면서 토지마다 1/9에 해당하는 공전을 두었으므로 여기서 나오는 수확을 세금으로 내면 그만이었다. 전국 토지는 비옥도에 따라 9등급으로 구분되고, 1부畉의 소출은 1등급이 4,000두400斛이고 9등급은 600두였다.[42] 실제로 1/9세는 결부법結負法에 의한 전세보다 부담이 컸다. 그러나 정약용은 전세를 제외한 잡세가 없어지므로 결국은 농민에게 이롭다고 판단하였다.[43] 정약용은 공전에서 나온 1/9세를 납부한 후 남은 곡식을 9등분하여 촌감과 8부夫가 1/9씩 나눠가지는 것으로 보았다.

전세가 1/9보다 낮은 지역도 있었다. 먼저 육수 지역의 토지는 모두 군전軍田에 편입되어 1/10세가 적용되었다. 정약용은 육수의 수전遂田은 구혁법溝洫法을 적용하여 10부夫가 연이어 있으며, 첫 번째 1부가 공전이 되는 것으로 보았다.[44] 그는 육수가 왕성에 가까워 제사祭祀, 빈

---

41 정약용의 井田論을 均稅論으로 파악한 것은 安秉直, 「茶山의 農業經營論」, 『茶山의 政治經濟思想』, 창작과비평사, 1990 참조.

42 1등급 4,000斗, 2등급 3,200斗, 3등급 2,400斗, 4등급 2,000斗, 5등급 1,600斗, 6등급 1,200斗, 7등급 1,000斗, 8등급 800斗, 9등급 600斗였다.

43 『經世遺表』 권7, 地官修制, 田制 10, 井田議 2.

44 『經世遺表』 권5, 地官修制, 田制 2.

"井田之法, 九畉爲井, 則中一畉爲公田. 遂田之法, 十夫相累, 則上一夫爲公田. 經雖不言, 可推而知

객賓客, 대상大喪, 대장大葬, 사전師田, 정역征役의 부담이 많으므로 전세를 줄여주어야 한다고 주장하였다.[45]

사전寺田과 화전火田도 1/10세였다. 정약용은 신라와 고려 때 불법을 믿어 사전은 면세였지만, 당시에는 사찰의 땅도 타량打量하여 1/10세를 거둬야 한다고 주장하였다. 다만 남한산성, 북한산성, 지방 산성을 수호하는 사찰, 능陵에 두부豆腐를 제공하는 사찰은 면세 혜택을 주었다. 또한 그는 국토의 3/4이 산악이므로 산전과 화전을 별도로 관리하며 1/10세를 받자고 하였다. 화전은 풍년이 들면 등급을 올리지 않지만 흉년에는 재감災減을 허락하였다.[46]

서북의 국경 지역에는 1/20세 혹은 1/30세를 적용하였다. 이곳은 백성을 편안하게 하여 변경을 충실히 방어하는 것이 급선무였기 때문이다. 정약용이 거론한 국경 지역은 만하성滿河省의 6진鎭, 삼수, 갑산, 장진長津, 후주厚州, 폐사군, 강변의 7읍이었다.[47]

정약용은 전세와 함께 부세賦稅를 확보하여 국가 재정을 충실히 하려고 하였다. 그는 『상서』「우공」편을 요순의 제도로 보면서 전세와 부세가 함께 있었다고 주장하였다.

> 「우공禹貢」은 요순의 법이다. 요순의 법에는 전田에 9등이 있고 부賦에 9등이 있다. 전이란 정지井地에서 곡식을 내는 것이고, 부란 부가夫家에서 재물을

也."

45 『經世遺表』 권5, 地官修制, 田制 3.
"其外六遂之地, 謂之近郊, 其外四郊之地, 謂之遠郊. 郊遂, 雖同在百里之內, 祭祀·賓客·大喪·大葬·師田·征役, 六遂之民, 勞於遠郊, 故田稅·宅稅, 皆遂輕而郊重."

46 『經世遺表』 권8, 地官修制, 田制 11, 井田議 3.

47 『經世遺表』 권8, 地官修制, 田制 12, 井田議 4.

거두는 것이다. 『주례』 대사도大司徒가 9등으로 천하의 지정地征을 만들고, 9등으로 천하의 재부財賦를 거두었다. 지정이란 「우공」에서 말하는 전田이요, 재부란 「우공」에서 말하는 부賦이다. 전田과 부賦를 병행시켜 국가를 경영하는 근본으로 삼고 국왕이 민중을 제어하는 권한으로 삼았다.[48]

정약용은 9직職[49]을 가진 백성에게는 전세와 부세가 함께 있는데, 농민에게만 모든 부담을 집중시키는 현실을 비판하였다.

> 민民에게 구직九職을 나누는 것은 하늘의 이치이다. 위에서 시키지 않아도 민이 스스로 나눈다. 민의 직職이 아홉 가지이나 오직 농農에만 세금이 있고, 공工 상商 빈嬪 목牧에 대해서는 모두 말하기를 꺼린다. 이에 따라 9직職의 부賦를 농農이 전담하니 농이 견딜 수 있겠는가? 농부農夫가 초췌해지니 전야田野는 날로 황폐해지고, 대본大本이 무너지니 생리生理가 날로 고갈되는 것은 모두 부법賦法이 밝혀지지 못한 때문이다.[50]

정약용은 국가 재정을 충실하게 하려면 세금을 거둘 수 있는 산업을 일으키자고 하였다. 그는 광산의 개발을 적극적으로 개진하여, 전국에서 금 은 동 철이 나는 지역에 관야官冶 수백 곳을 설치하고 금속을 제련한 다음 이를 화폐로 통용시켜 금 은이 중국으로 빠져나가는 것을 막고 정전을 만드는 재원으로 활용하자고 하였다.[51] 정약용은 『경

---

48 『經世遺表』 권10, 地官修制, 賦貢制 1.

49 9職 가운데 농업에 속하는 6職은 田農(9穀, 곡물), 園廛(100果, 과수), 圃畦(100菜, 원예), 嬪功(布帛, 직포), 虞衡(100材, 산림), 畜牧(6畜, 목축)이고, 나머지 3職은 工, 商, 臣妾이다.

50 『經世遺表』 권10, 地官修制, 賦貢制 1.

51 『經世遺表』 권7, 地官修制, 田制 9, 井田議 1.

세유표』「부공제賦貢制」에서 역대의 부공賦貢 제도를 상세히 검토하고, 「균역사목추의均役事目追議」에서 당시 시행되던 해세海稅, 어세魚稅, 곽세藿稅, 염세鹽稅, 선세船稅의 절목을 검토하며 그 대안을 제시하였다.

이를 보면 정약용은 농업에서 나오는 전세 이외에 국가에서 소홀히 다뤘거나 새롭게 나타나는 산업에서 부세를 확보하려고 하였다. 이는 국가 재정을 충실히 하는 동시에 면세 혜택을 누리며 이권을 독점하던 권세가의 전횡을 견제하는 효과가 있었다.

3. 군사 제도

정약용은 병농일치제를 주장하며 토지의 경계가 정해지면 군대도 조직할 수 있다고 보았다. 그는 『주례』 소사도를 해석하면서 주나라의 모든 토지는 왕전王田이자 군전軍田이므로, 왕전에서 농사짓는 농민들은 국가의 부름에 기꺼이 응했던 것으로 보았다.[52] 또한 정약용은 9직에 종사하는 백성 가운데 가장 힘을 쓰는 사람이 농부이므로 이들로 군대를 편성하였다.[53]

중앙군은 왕궁을 호위하며 주로 육수 지역의 농민으로 편성하였다.[54] 중앙군은 3영 즉 훈련도감에 해당하는 도통영都統營, 어영청에 해당하는 좌어영左禦營, 우위영右衛營에 소속되며, 기병騎兵 1,674인과 보

52 『經世遺表』 권6, 地官修制, 田制 4.
"周制, 兵農合一, 天下之田, 皆軍田也. … 田者, 王田也, 寄生理於王田, 敢不致死力於王事乎?"

53 『經世遺表』 권7, 地官修制, 田制 12, 井田議 4.
"九職之民, 其最用力者誰也? 農夫是也."

54 『經世遺表』 권8, 地官修制, 田制 12, 井田議 4.

졸步卒 8,326인으로 구성되었다. 정약용은 왕궁의 사방 60리에서 산천이 있는 곳을 제외하면 사방 10리가 16개1,600井가 나오고, 이곳에서 14,400부䊂1,600井×9가 나온다고 계산하였다. 그런데 이곳은 1/10세가 적용되므로 1,440부를 공전으로 제외하고 나머지에서 4,158부를 기병 1,674인, 8,326부를 보졸 8,326인, 449부를 장군將軍에게 배당하여 식량을 보충하게 하였다. 그런데 기사騎士와 기병은 18반 무예를 모두 익혀야 하므로 직접 농사를 짓기는 어려웠다. 따라서 이들은 다른 사람에게 농사를 짓게 하고 그 소출의 1/2을 받았다. 보졸은 각자에게 지급된 토지를 경작하여 자급하는 군인으로, 그 구성은 1사司坊=5초哨里=15기旗村=540인이었다.

중앙군은 아니지만 중경中京이나 서경西京 같은 대도시에도 기병 2초哨, 보졸 10초가 배당되고, 도, 주, 군현에서도 읍치 규모에 따라 군대를 양성하였다. 이들은 읍성 주변의 5~10리 이내에 있는 군전을 경작하여 식량을 자급하게 하였다.[55]

지방군은 정전을 경작하는 농민으로 구성되었다.[56] 정약용은 토지 경계가 끝나면 1정井에 있는 8부夫로 대오를 편성하며 1초哨丘里=4촌郵村=16정井=128인으로 구성되는 것으로 보았다. 128인은 1초哨 5기旗 10대隊로 편성되는데, 초관哨官 1인의 통솔 하에 정졸正卒 100인, 화병火兵 10인, 기총旗總 5인, 대장隊長 10인, 교련관敎鍊官 2인으로 구성되었다. 또한 10대의 정졸正卒 100인은 궁수弓手 20인, 총수銃手 20인, 창수槍手 20인, 당파수鐺鈀手 20인, 낭선수筤筅手 긴 대나무 창 20인으로 구

55 『經世遺表』 권8, 地官修制, 田制 12, 井田議 4.

56 『經世遺表』 권8, 地官修制, 田制 12, 井田議 4.

성되고, 5인의 기총旗總이 지휘하는 5기에는 청기靑旗, 홍기紅旗, 황기黃旗, 백기白旗, 흑기黑旗가 있었다. 기총과 대장은 농민 중에서 뽑고, 교련관은 현재 농사를 짓고 있는 시점時占에서 선발하였다. 또한 1리에서는 융마戎馬 1필匹, 치거輜車 1승乘, 우牛 2두頭를 제공하였다.

지방군의 군사 훈련에 대해, 정약용은 모든 토지가 왕전이라면 국왕은 건장한 사람에게 토지를 맡기고, 대사마大司馬가 사계절에 훈련시키는 것이 가능하다고 보았다. 그러나 당시는 대부분의 토지가 사전이라 강제 훈련이 가능하지 않고 자율적 훈련을 기대하였다. 정약용은 이들을 군적軍籍에 편입하여 대오를 알게 하고, 음력 11월인 중동仲冬에 각 리에서 하루씩 훈련하여 대법大法을 알게 하자고 하였다. 현관縣官이나 병영兵營에서는 이들의 훈련에 전혀 간섭하지 않았다. 다만 현관은 훈련을 잘하는 사람에게 상을 주고, 본진本鎭州에서는 가장 뛰어난 1인을 병조에 추천하여 초사初仕에 임명되게 하면 흥기되는 효과가 있을 것으로 보았다. 지방군의 복장服裝과 기계는 각 부에서 공동으로 마련하였다.

정약용은 군대를 중앙군과 지방군으로 구분하고, 중앙군은 육수의 수전遂田에, 지방군은 지방의 정전에 근거를 두었다. 이들은 모두 토지에서 나온 농민군으로 병농일치제였다. 그러나 중앙군에는 기사나 기병과 같이 특수한 무예를 연마하는 직업 군인도 포함되어 있었다.

이상에서 정약용의 『경세유표』에 나타나는 제도개혁안을 지인을 위한 방안과 안민을 위한 방안으로 구분하여 살펴보았다. 정약용은 경학과 경세학을 긴밀히 연결시키고, 경학 연구에서 발견한 옛 성인의 제도를 경세학 연구에서 시대적 상황에 맞게 변통하면 되는 것으로 보았다. 그가 경학과 경세학을 연결시키고, 경세학의 핵심을 지인과 안민, 용인과 이재로 파악한 데에는 정조의 영향이 컸다. 정약용은 지인과 안민을 군자의 귀욕과 소인의 부욕으로 연결시켜 각자의 욕구를 충족시키면 된다고 한 것은 정조의 생각을 발전시킨 것이었다.

정약용이 경학 연구에서 발견한 옛 성인의 제도는 주로 『대학』『상서』『주례』에서 나타났다. 정약용은 이런 경서를 옛 성인의 제도적 실상이 담겨있는 사서史書로 보았다. 그는 지인을 위한 방안을 마련할 때에는 『상서』「요전」「고요모」 편과 『주례』를, 안민을 위한 방안을 마련할 때에는 『상서』「우공」편과 『주례』를 많이 원용하였다.

그러면 정약용의 제도개혁안에 나타나는 특징을 정리해 보자.

정약용은 정치 참여층과 생산 참여층의 지위를 분명히 구분하였다. 그가 군자와 소인의 욕망을 구분한 것은 이들의 지위를 구분한 것이고,[57] 교육, 과거, 고적 제도에는 정치 참여층, 토지, 조세, 군사 제도에는 생산 참여층에게 유리한 부분이 있었다. 생산 참여층인 백성에게도 관리로 진출할 수 있는 길이 있었다. 하층민에게 교육의 기회는 거의 없었지만 효제를 잘 실천한 사람은 선사選士로 선발되고, 기교가 있는 사람은 공조로, 용기가 있는 사람은 군문의 하급 관리로 진출할 수 있었다. 또한 자기 재력을 바탕으로 정전을 만들고 운영을 잘한 백성은 하위직을 거쳐 중사中士로 승진할 수 있었다. 그러나 하층민이 관리

57 정약용에게 있어 君子는 관리가 되어 尊貴한 지위에 있는 자이고, 小人은 직업을 가지고 卑賤한 지위에 있는 자였다(『牧民心書』 권8, 禮典六條, 辨等. "辨等者, 安民定志之要義也. … 所謂尊尊者, 入仕爲君子者, 其位尊貴. 操業爲小人者, 其位卑賤, 兩等而已. 然君子之子孫, 世守其道, 績文秉禮, 雖不入仕, 猶爲貴族. 彼甿隸之子若孫, 敢不祗敬, 此第一等當辨者也.").

로 진출하는 길은 매우 좁았다.[58]

정약용은 중앙과 지방을 분명하게 구분하였다. 그는 왕성을 중심에 두고 사방 60리에 해당하는 중앙 지역을 모든 개혁안의 중심지로 보았다. 이곳에는 왕궁, 조정朝政, 시장과 함께 육부육향와 육수를 구성하는 120방이 배치되고, 왕성에 있는 육부에는 관리와 상공인이 거주하고 육수에는 농민이 거주하였다. 중앙 지역의 주민들은 교육을 받고 과거에 응시할 때 전국 인원의 1/3을 차지할 정도를 우대를 받았다. 이런 우대는 진사進士나 진무進武를 결정할 때까지만 적용되고, 최종 급제자는 거주지에 상관없이 공개적인 경쟁으로 결정되었다. 그러나 관리로 진출하는 초기 단계에서 중앙 지역에 대한 배려는 큰 혜택이었다. 중앙 지역 내에서도 상하 직급에 따른 차이가 있었다. 부친의 관직이 높을수록 주택의 규모가 커지고, 그 자제는 교육과 과거에서 유리한 위치에 있었다. 육수 지역의 토지는 정전이 아니라 구혁으로 구획된 균전으로 1/10세가 적용되고, 이곳을 경작하는 농민은 왕성을 수호하는 중앙군이 되었다. 정약용은 병농일치제를 주장하여 군인은 모두 농민에서 나오게 하였지만, 중앙군에 편성된 기사나 기병은 훈련에 전념하는 직업 군인이라 할 수 있었다. 중앙을 우대하는 개혁안은 서울을 중심으로 하는 수도권에 인구가 집중되고 상공업이 발달하던 당시 상황을 반영한 것으로 이해된다.

지방에는 12성 2경京 45주 105군 172현이 배치되었다. 정약용이 8

58 이러한 정약용의 개혁안에 대해 백민정은 '국가 위주의 산업 편성과 국익 증대를 위해 민의 노동력을 극대화하는 방안'이라고 해석하였다(「정약용 『經世遺表』 구성의 철학적 원리 : 六經四書에 대한 다산의 經學 註釋을 중심으로」, 『동양철학』 37, 2012, 113면).

도를 12성으로 세분한 것은 성별 규모의 차이를 줄이기 위해서였고, 교육과 과거에서 지방은 중앙보다 불리하였다. 교육에서 선발되는 선사와 거자, 과거에서 선발되는 진사와 진무의 숫자는 사방 60리인 중앙의 2배에 불과하기 때문이다. 이들의 숫자는 성, 군현 별로 인원이 배정되었다. 지방에도 지역에 따른 차이가 있었다. 전국을 중부, 남부, 북부로 구분할 때 문과에서는 경기도에 해당하는 봉천성이 포함된 중부가 가장 유리하고, 남부, 북부의 순으로 차이가 났다. 과거에 응시하는 거자는 남부가 480인, 북부는 192인에 불과하여 북부 출신이 문과에 급제할 가능성은 매우 낮았다. 그러나 무과에서는 사정이 달라졌다. 정약용은 문풍文風은 남부가 앞서지만 무예는 북부가 강하다며, 거자 정원을 남부와 북부에 똑같이 배분하였다. 결국 북부 출신의 사士라면 문과보다 무과에 합격할 가능성이 높았고, 이는 서북 지역의 방어를 강화하려는 그의 의도와 관련이 있었다.

정약용은 관리의 선발 과정을 단순화하고 실적을 엄격하게 평가하여 실질적 공적이 없는 관리는 과감하게 탈락시켰다. 그는 문과와 무과를 모두 3년에 한 번씩만 시행하고, 선발 인원은 40인으로 고정시켰다. 그동안 문과는 3년마다 치르는 식년시 외에도 각종 명목의 별시가 많았고, 무과에서는 한꺼번에 많은 인원을 선발하고 제대로 대우하지 못하던 폐단을 바로잡기 위해서였다. 관리로 임명된 후에는 엄격한 고적 제도가 있었다. 모든 관리는 고적의 대상이었고, 특히 지방의 수령은 엄격한 평가를 받았다. 수령은 매년 자신의 공적을 27개 조목으로 구분하여 감사에게 보고하고, 감사는 이를 9등급으로 평가하며, 3년이 지나면 암행어사를 현지로 파견하여 수령의 실적을 감찰하였다.

수령의 고적에는 9등급의 정원을 정해 두어 과도한 평가를 방지하였다. 정약용이 수령의 고적을 엄격하게 한 것은 이들이 백성들과 직접 접촉하면서 삶의 질을 결정짓는 존재였기 때문이다.

토지와 조세 제도에서는 농민에 대한 배려가 두드러졌다. 지방의 토지에는 면적의 1/9에 해당하는 공전이 지정되었고, 농민들은 공전에서 나오는 것으로 전세로 납부하였다. 농민이 내는 1/9세는 기존의 전세보다 부담이 높았지만 기타 잡세가 없었으므로 실제 혜택은 큰 것으로 보았다.[59] 정약용은 전세를 1/9세로 고정하는 것이 정전제의 이상을 실현하는 방안이라 판단하였다. 정약용은 토지의 경계를 정하고 세액을 결정할 때에 반드시 경전어사를 현장에 파견하여 확인하게 하였다. 수령과 아전이 결탁하여 농민에게 과도한 부담을 안겼던 폐단을 해결하기 위해서였다. 관리의 고적에 암행어사가 파견되었다면, 토지와 조세에는 경전어사가 파견되었다. 정약용은 전세와 함께 부세를 확보할 것을 강조하였다. 그는 국가의 재정 부담이 농민에게 집중되는 현실을 비판하고, 생산이 있는 곳에는 부세가 있어야 한다고 주장하였다. 정약용이 국가에서 소홀히 다루던 분야나 새롭게 성장하는 산업에 부세를 부과한 것은 이곳의 이익을 독점하던 권세가의 전횡을 견제하고 농민의 부담을 경감시키려는 의도가 있었다.

정약용의 제도개혁안을 보면, 당시의 지배 질서를 전면적으로 전복시킬 수준은 아니었다. 그는 중앙으로 갈수록, 고위직으로 갈수록 유리한 제도를 마련하였기 때문이다. 그러나 정약용은 각종 제도가 운영

59 박진태는 정약용의 井田論은 집약적 소농경영의 안정을 목표로 한 것으로 보았다(「다산의 토지문제 인식의 추이와 연속성」, 『다산과 현대』 6, 2013, 174~176면).

되는 과정에서 나타나는 문제점을 주목하고, 이를 해결할 방안을 제시하였다. 그가 특히 주목한 것은 농민에 대한 배려였다. 그는 국가의 주산업이 농업이고 농민의 생활상이 국가의 안위로 직결되는 상황에서, 수령과 아전의 농간을 제거하고 농민의 생활을 안정시키는 데 개혁의 초점을 두었다. 벼슬길에서 밀려난 정약용은 이렇게 하는 것이 사士로서의 책무를 다하는 길이라 생각하였다.

제5장 『경세유표』의 인재선발론

『경세유표』는 정약용이 평생을 두고 구상한 개혁 방안이 종합적으로 나타나는 저술이라 할 수 있다. 그는 1822년에 작성한 「자찬묘지명」에서 '『경세유표』는 현행 제도에 얽매이지 않으면서 경經을 세우고 기紀를 베풀어 우리의 오래된 나라를 새롭게 만들고자[新我之舊邦] 생각한 책'이라 하였다.[1] 이는 『경세유표』가 당시의 제도를 수정하고 보완하는 정도가 아니라 완전히 새로운 차원에서 마련한 개혁안을 정리한 책임을 의미한다. 따라서 『경세유표』에는 당대의 제도를 혁신하려는 개혁 방안이 많이 나타난다.

이 글은 정약용이 제시한 개혁안 가운데 인재를 양성하고 관리로 선발하는 방안을 집중적으로 살펴보려 한다. 정약용이 『경세유표』의 편찬을 마무리하던 1820년경에 작성한 「방례초본인邦禮草本引」[2]에서 자신이 제안한 개혁안을 15가지로 요약하고 이는 모두 바꿀 수 없다고 명시하였다. 정약용이 제시한 15가지에서 인재의 양성과 관리의 선발에 관한 것은 다음과 같다.

---

1 『與猶堂全書』 詩文集, 권16, 墓誌銘, 「自撰墓誌銘」(集中本).
"經世者, 何也? 官制·郡縣之制·田制·賦役·貢市·倉儲·軍制·科制·海稅·商稅·馬政·船法·營國之制, 不拘時用, 立經陳紀, 思以新我之舊邦也."

2 조성을, 『年譜로 본 茶山 丁若鏞 - 샅샅이 파헤친 그의 삶』, 지식산업사, 2016, 731~732면.

호조戶曹를 교관敎官으로 하고, 육부六部를 육향六鄕으로 하며, 향삼물鄕三物로 만민萬民을 가르치는 면목을 보존한다.

대과大科와 소과小科를 합하여 하나로 하고, 급제及第 36인人을 뽑는다. 3년마다 대비大比하고, 증광정시增廣庭試와 절제節製의 법을 폐지하여 사람을 뽑는데 한계를 둔다.

문과文科와 무과武科의 액수額數를 서로 같게 하고, 등과登科한 사람은 모두 관직에 보임되게 한다.[3]

이 글은 정약용의 인재선발론을 인재의 양성과 관리의 선발로 구분하여 검토한다. 인재의 양성에서는 교육 기관, 교육 내용, 선사와 거자의 선발을 살펴보고, 관리의 선발에서는 문반文班 관리, 무반武班 관리, 남행南行 관리를 선발하는 방안을 정리하였다. 마지막으로 정약용의 인재선발론에 나타나는 특징을 정리하였다.

제1절 교육 기관

정약용은 교육 대상을 크게 국자國子와 만민萬民으로 구분하고, 춘관 대사악은 태학에서 국자에게 육덕六德을 가르치고, 지관 대사도는 향학에서 만민에게 향삼물鄕三物을 가르치는 것으로 보았다. 이때의 국자

[3] 『經世遺表』 권1, 「邦禮草本引」.
"以戶曹爲敎官, 以六部爲六卿, 以存鄕三物敎萬民之面目, 斯不可易也. … 合大小科, 以爲一取及第三十六人. 三年大比, 罷增廣·庭試·節製之法, 使取人有限, 斯不可易也. 文科·武科, 其額相同, 使登科者, 悉得補官, 斯不可易也."

는 왕자, 공후公侯 및 공·경·대부의 적자適子를 가리키는 용어였다. 정약용은 성균관을 국자감으로 바꾸고, 국자와 문과에서 선발된 진사進士를 교육시키는 기관으로 개편하자고 하였다.

> 국자國子란 왕자王子와 공후公侯의 적자適子, 공公·경卿·대부大夫의 적자適子이다. 지금의 태학太學은 반드시 국자가 거처하는 곳이 아니므로 그 또한 명名과 실實이 서로 어긋난다. 그러나 그에 가깝기 때문에 국자감國子監으로 고친다. 생각하기에, 옛적에 사람을 가르치는 법은 원래 두 가지 길이 있었다. 국자는 태학에서 가르치며 대사악大司樂이 주관하고, 만민萬民은 향학鄕學에서 가르치며 대사도大司徒가 주관한다. (중략) 『주례』의 춘관春官 대사악은 육덕六德으로 국자를 가르치니 이것은 요 임금이 기夔에게 명령한 유법遺法이다. 지관地官 대사도는 향삼물鄕三物로 만민을 가르치니 이것은 순 임금이 설契에게 명령한 유법이다. 이제二帝 삼왕三王의 법 가운데 확실하게 나란히 서서 분명히 볼 수 있는 것은 이 법 하나뿐이다.[4]

정약용은 국자감의 명륜당 일대를 종학宗學의 공간으로 만들고, 동재에는 종실의 자제가, 서재에는 공·경의 적자가 거처하는 숙소로 만들었다. 또 그는 국자감의 비천당丕闡堂 일대를 진사의 공간으로 만들고, 그곳에도 동재와 서재를 별도로 만들자고 하였다. 그는 당시 명륜당의 동재와 서재 건물은 제도에 맞지 않으므로 각각 9실로 건축하고,

---

4 『經世遺表』 권1, 春官禮曹3, 「國子監」.
"國子者, 王子公侯之適子, 公卿大夫之適子也. 今太學不必國子居之, 則其亦名實相舛, 然猶爲近之, 故改之曰國子監. ○臣竊伏念. 古者, 敎人之法, 原有二路. 其國子則敎之於太學, 而大司樂主之. 其萬民則敎之於鄕學, 而大司徒主之. …『周禮』春官大司樂, 以六德, 敎國子, 此命夔之遺法也. 地官大司徒, 以鄕三物, 敎萬民, 此命契之遺法也. 二帝三王之法, 確然雙立, 歷然可見者, 唯此一法."

이곳에서 나온 자재를 비천당으로 옮겨와서 동재와 서재가 각각 16실이 되게 개축하자고 하였다. 이때 비천당의 이름은 '경부당敬敷堂'으로 바뀌었다.

정약용은 세자가 국자감에 입학하여 명륜당에서 입학례에 해당하는 서치지례序齒之禮를 거행할 때, 만민에 속하는 진사는 그 자리에 들어갈 수 없다고 보았다. 명륜당에서 세자 입학식을 거행하는 것은 옛 태학의 법이지만, 세자 입학식에 만민이 섞이지 않는 것은 옛 향학의 법이기 때문이다.[5]

정약용은 국자감에 장악원掌樂院과 양로사養老司를 소속시키고, 양현고養賢庫에서 고아들을 돌보게 하는 방식으로 옛 태학의 직무를 복원하였다. 그는 태학은 음악을 관장하는 기관인데, 음악이 사라지면서 학교 제도도 불분명하게 되었다고 비판하였다. 그는 개혁안에서 장악원을 국자감 안으로 옮기고, 국자감의 관리들이 장악원의 고위직을 겸함으로써 옛 태학의 제도에 가깝게 하였다.[6] 또한 그는 당시의 기로소耆老所를 양로사로 개칭하고, 이를 국자감에 소속시켜 태학에서 거행하던 양로지례養老之禮를 실천하게 하고, 국자감에 설치된 양현고에서 옛

---

5 『經世遺表』 권1, 春官禮曹3, 「國子監」.
"臣謂. 就今太學之中, 以明倫堂爲宗學之署, 於其兩廡, 處宗室子弟及公卿之適子.[宗室子弟, 處東齋. 公卿子弟, 處西齋.] 若世子入學, 遂於明倫堂, 行序齒之禮, 以存太學之舊法. 以丕闡堂, 爲萬民之學, 別起兩廡, 以處進士. 若世子入學, 不敢混入於序齒之列, 以存鄕學之舊法, 恐合事宜. ○今東齋·西齋, 屋宇之制, 陋惡無比. 庭高於軒, 軒高於室, 不可以此處國子, 宜毁而新之. 東齋·西齋, 各無過九室. 以其舊材, 移設於丕闡堂之東西庭, 東西二齋, 各爲三十六室, 令視舊弘敞. 其丕闡堂改之曰敬敷堂, 恐合事宜."

6 『經世遺表』 권1, 春官禮曹3, 「掌樂院」.
"古以太學, 爲掌樂之司. 樂旣亡, 學校之制, 遂亦不明. 臣謂, 古樂雖不可復作, 掌樂院宜移設於太學之中, 令大司成, 爲掌樂院都正, 知成均·同成均, 爲提調, 以治樂事, 庶乎其近古矣."

태학에서 거행하였던 휼고지정恤孤之政을 시행하게 하였다.[7]

이를 보면 정약용은 국자감 안에서 국자와 만민진사의 활동 공간을 분명히 구분하여 서로 어울리지 않게 하였다.[8] 또한 그는 태학에서 국자가 실천해야 하는 삼례로 양로지례[孝], 서치지례[弟], 휼고지례[慈]를 들었는데, 국자감 기구를 개편하여 이를 실천할 수 있게 하였다.[9]

정약용은 중앙 지역에 거주하는 만민의 교육 기관으로 한성부, 육부, 육학을 제시하였다. 그는 '대사도는 향삼물로 만민을 가르치고, 향팔형으로 만민을 다스린다.'는 『주례』의 기록을 근거로, 만민을 교육시키는 기관은 호조에 소속되어야 한다고 하였다.[10] 『주례』에서 만민의 교육을 담당하는 교관들은 지관地官 즉 호조에 소속되었기 때문이다.

옛적에 대사도란 직책은 사람을 가르치는 일을 전담하였으니, 이른바 '향

---

7 『經世遺表』 권1, 春官禮曹3, 「養老司」.

"養老司者, 今之耆老所也. 國制, 公卿年七十者, 入於耆社, 圖畫其象於靈壽閣. 主上聖壽至六十, 亦入耆社, 此盛典也. 臣竊伏念, 春享耆老, 秋食孤子, 先王之禮也. 然養老之禮, 本在太學. … 臣謂養老司, 宜移設於太學, 以遵古制, 未可已也."

『經世遺表』 권1, 春官禮曹3, 「養賢庫」.

"恤孤之政, 亦古太學之事也. 所謂孤子, 卽死於王事者之子也. 每於春分之日, 宜自養賢庫, 召而享之. 其在外邑者, 令鄕校爲之."

8 趙誠乙은 國子監을 宗學으로 만들고 일반민을 위한 校舍를 따로 만든 것은 宗室 및 公卿大夫의 자제에 대한 교육적 통제를 강화하는 것이며, 국자감의 입학에는 신분적 차별이 없다고 보았다(「丁若鏞의 中央官制 改革論」, 『동방학지』 89·90, 연세대학교 국학연구원, 1995, 316면).

9 정약용이 파악한 太學의 三禮에 대해서는 본서 제3부 제2장 참조.

10 『周禮』 권10, 司徒敎官之職, 「大司徒」.

"大司徒之職 … **以鄕三物敎萬民**, 而賓興之. 一曰六德, 知·仁·聖·義·忠·和, 二曰六行, 孝·友·睦·婣·任·恤, 三曰六藝, 禮·樂·射·御·書·數. **以鄕八刑糾萬民**. 一曰不孝之刑, 二曰不睦之刑, 三曰不婣之刑, 四曰不弟之刑, 五曰不任之刑, 六曰不恤之刑, 七曰造言之刑, 八曰亂民之刑."

삼물鄕三物로 만민을 가르친다.'는 것이다. 후세에 호부戶部는 재부財賦를 전담하여 오직 세금 거두는 것만을 직무로 한다. 이렇게 되자 백관들이 별처럼 늘어서 있어도 사람을 가르치는 직책은 한 사람도 없다. 이렇게 되자 윤상倫常이 끊어지고 풍속은 무너지게 되었다. (중략) 『주례』의 향로鄕老, 향대부鄕大夫, 주장州長, 당정黨正, 족사族師 등은 모두 사람을 가르치는 관리이다. 지금의 육부六部와 육학六學은 오직 사람을 가르치는 것을 직무로 하니 사송詞訟만 듣는 것이 아니다. 이 때문에 도사都事도 고쳐서 교관敎官이라고 한다.[11]

정약용은 호조의 관리는 모두 교관이 되어 교육 업무를 맡는 것으로 보았다. 실제로 그는 『경세유표』에서 교육을 담당하는 관서와 관리를 호조에 집중적으로 배치하였다. 구체적으로는 한성부, 육부, 육학이 이에 해당한다.[12]

정약용은 한성부란 한나라의 경조京兆에 해당하고, 한성부윤은 육향과 육수 지역을 총괄하는 관리이므로, 한성부의 관리를 지관 즉 호조에 배치시켰다. 한성부에는 판윤卿 1인, 좌윤中大夫 1인, 우윤下大夫 1인, 서윤上士 2인이 배속되어 한성과 인근 지역의 교육을 총괄하였다.[13]

다음으로 육부와 육학은 한성부에 소속된 교육 기관이었다. 정약용은 한성의 오부를 육부로 편성하여 『주례』의 육향에 해당하게 하고,

---

11 『經世遺表』 권1, 地官戶曹2, 「六部」.
"古者, 大司徒之職, 專掌教人, 所謂'鄕三物, 教萬民'也. 後世, 戶部專掌財賦, 唯以聚斂爲職事. 於是百官星羅, 而教人之職, 無一人焉, 於是倫常斁絶, 風俗壞敗. … 『周禮』鄕老·鄕大夫·州長·黨正·族師之等, 皆教人之官也. 今擬六部·六學, 專以教人爲職, 不唯詞訟是聽也. 故都事, 改之曰教官."

12 戶曹에 소속된 漢城府·六部·六學에 대해서는 趙誠乙, 「丁若鏞의 中央官制 改革論」, 1995, 312면 참조.

13 『經世遺表』 권1, 地官戶曹2, 「漢城府」.
"漢城府者, 漢之京兆. 尹也, 『周禮』無此官, 然此爲鄕遂之總官, 則當屬地官也."

도성의 동쪽과 서쪽에 각각 3부씩 배치하였다. 육부의 관리에는 부마다 부령中士 1인과 교관下士 2인이 소속되었다. 여기서 교관은 도사의 직명을 바꾼 것이었다.[14]

육학은 사부학당에 해당하고, 옛 제도에서는 향학을 담당한 향교에 해당하는 기관이었다.[15] 육학에는 향부마다 향대부 2인, 교수中士 1인, 훈도下士 1인, 동몽교관下士 1인이 배속되었다. 정약용은 향학을 총괄하는 향대부의 선발을 특히 중시하여, 각 부에서 명덕名德이 높은 사람을 선발하되 1인은 정경, 1인은 중대부 혹은 하대부에서 선발하고, 정경이 없으면 1인은 중대부, 1인은 하대부에서 뽑으라고 하였다.[16] 그의 개혁안에 의하면, 정경은 정2품上大夫의 고위 관리로 한성부윤과 같은 품계였다. 정약용은 향대부가 육향과 육수 지역의 선사와 거자를 선발하는 막중한 임무를 가졌기 때문에 그 지위를 높였다.

정약용은 『경세유표』에서 지방에 거주하는 만민의 교육 기관을 명시하지 않았으나 향교가 담당한 것으로 보인다. 그는 현의 교관은 현재縣宰가 담당하고, 성의 제학은 감사監司가 담당한다고 하여, 지방관이 관할 거주민의 과거를 전담하는 것으로 보았다.[17] 다음으로 그는 『목

---

14 『經世遺表』 권1, 地官戶曹2, 「六部」.

15 정약용이 말하는 鄕校는 조선시대의 향교가 아니라 六鄕에 설치된 향교를 말한다.

16 『經世遺表』 권1, 地官戶曹2, 「六學」.

"然則今之四學, 卽古之所謂鄕校. … 旣是鄕校, 則宜考古鄕老·鄕大夫·州長·黨正之職, 勉而行之, 不可但以詩賦爲戲, 以塞其職也. 然則其名位宜尊, 宜於六部, 各選大夫之有名德者二人, 以爲六部之鄕大夫, 使六學教授. 凡教人罰人, 皆稟命於鄕大夫, 未可已也. … 其一人以正卿爲之, 其一人以中下大夫爲之. 若本部之內, 本無正卿, 則中大夫下大夫各一人, 可也. 若又無中大夫, 則以鄰部之卿大夫, 代領其職, 靡不可也."

17 『經世遺表』 권15, 春官修制, 「科擧之規一」.

"縣有教官, 省有提學, 而科擧有專治者矣. 臣謹案. 國典, 諸州有教授, 郡縣有訓導, 此本宋明之遺制

민심서』에서 지방민의 교육을 거론하였다. 그는 향교의 관리로 도유사都有司인 교장校長 1인, 장의掌議 1인, 색장色掌 2인을 두고, 각 지역 출신의 사족 가운데 단정한 사람을 뽑았고, 사족이 없으면 토족土族에서 선발할 수 있다고 하였다.[18] 정약용은 지방에서 교민敎民은 예속을 권장하여 실행하고 향약을 지키게 하는 정도로 보았다.[19]

정약용은 국자, 만민, 맹예氓隸의 교육을 엄격히 구분하였다. 그의 방안을 따르면, 처음부터 국자감에 소속되어 종학宗學을 배우는 국자는 귀근貴近한 공족의 자손으로 제한되었다. 이들을 제외하면 부마駙馬·국구國舅·원훈元勳·대신의 자식이라도 국자가 아닌 만민이 되어 사도에게 교육을 받고 진사로 선발된 후에야 국자감에 들어갈 수 있었다.[20] 또 사도가 가르치는 만민에는 농부農夫·백공百工·상고商賈에 해당하는 '맹氓' 혹은 '맹예'가 포함되지 않았다. 일반 백성은 교육 대상이

也. 敎官如縣宰, 提學如監司也."

18 『牧民心書』 권7, 禮典六條, 「興學」.
"簡選端方, 使爲齋長, 以作表率. 待之以禮, 養其廉恥. 鄕校任事者, 校長一人,[南方稱都有司] 掌議一人, 色掌二人. 荒遠之地, 士族稀少, 土族如林, 羞與爲伍, 絶不往來. 於是土族, 專擅學宮, 據爲窟穴, 此輩多不學無識. … 牧宜知此俗, 簡取端士, 使爲齋任. ○齋任有闕, 宜別求端士, 必其足跡不入於城府. 文學有名於鄕里, 門地有餘, 而特以不求之故, 尙不經任者, 乃可用也. 我之誠意, 能勸起士族, 使之屈心則大善, 如不可強取, 於土族, 未必無佳士也."

19 『牧民心書』 권7, 禮典六條, 「敎民」.
"[古者, 大司徒敎萬民, 大司樂敎國子. 敎民者, 地官之職也, 嘗草邦禮敎規, 屬于地官. 今井地未均, 法制未成, 所謂敎民, 不過勸行禮俗, 謹守鄕約而已. 權且錄之於「禮典」.]"

20 『經世遺表』 권13, 地官修制, 「敎民之法」.
"公族子弟, 咸隸太學. 其疏遠者, 歸之司徒. … 今擬. 太學以宗學爲主人, 以處國子. 其餘悉歸司徒, 選而升之, 乃入太學. 雖非虞周之舊, 庶乎「王制」之面目也. 卿大夫之子, 雖亦國子, 古者世卿, 今興替無常, 不可以泥古也. 貴近公族之外, 雖駙馬·國舅·元勳·大臣之子, 皆當敎之於司徒也. … 國子之外, 雖仕宦之族, 皆謂之萬民也."

아니었던 것이다.

『주례』의 민民을 가르치는 법은 육향六鄕에 그치고, 육향 밖에서는 절대로 민을 가르치는 법이 없다. 선왕의 법은 사士·농農·공工·상商을 네 부류로 나누고, 사士는 사士와 거처하고, 농農은 농農과 거처하며, 백공百工은 사肆에 거처하고, 상고商賈는 시장에 앉아 서로 섞이지 않는다. 농부農夫는 왕성의 밖에 거처하며 전무田畝를 관리한다. 농부에게는 덕德·행行·도道·예藝를 요구할 수 없으므로, 육수六遂의 밖에는 교법敎法이 없다. (중략) 효孝·우友·목睦·인婣은 오직 위에 있는 사람을 이끌고 인도하며, 상庠·서序·학學·교校에서는 전야田野의 맹甿이 섞여서 살게 하지 않는다. 오직 힘써 농사짓는 것을 그들의 본업으로 하고, 각자 항산을 가지고 사심邪心을 일으키지 않게 하는 것이 선왕의 지극한 이치이다.[21]

이른바 '만민을 가르친다[敎萬民]'는 것은 맹예氓隷의 천한 사람들을 모두 가르치는 것을 말하는 것이 아니다. (중략) 사도가 가르칠 때는 반드시 덕·행·도·예를 살피는데 맹예가 어떻게 도·예를 배울 수 있겠는가?[22]

이를 보면 정약용은 사·농·공·상은 같은 직업을 가진 사람들끼리 모여서 살고, 농부에게는 오직 농사에만 힘쓰게 하지 이들에게 덕·행·

---

21 『經世遺表』 권13, 地官修制, 「敎民之法」.
"『周禮』敎民之法, 止於六鄕, 而六鄕之外, 絶無敎民之說. 蓋先王之法, 士農工商, 分爲四類, 士與士處, 農與農處, 百工居肆, 商賈坐市, 不相混雜. … 唯農夫, 處王城之外, 以治田畝. 農夫不可責之以德·行·道·藝, 故六遂以往, 無敎法也. … 孝·友·睦·婣, 唯其在上者, 導之率之, 而庠·序·學·校, 不令田野之甿, 混然雜處. 唯以力農, 爲其本業, 各有恒產, 不起邪心, 此先王之至理也."

22 『經世遺表』 권13, 地官修制, 「敎民之法」.
"且所謂'敎萬民'者, 非謂氓隷之賤, 悉皆敎之也. … 司徒之敎, 必考其德·行·道·藝, 道·藝, 豈氓隷之所能學哉."

도·예를 가르쳐 실천하기를 요구할 수는 없다고 하였다. 정약용은 국자와 만민의 지위를 엄격하게 구분하고 교육 대상을 이들로 제한하였으며, 농·공·상 출신인 맹예는 교육 대상에 포함시키지 않았다.

제2절 교육 내용

정약용은 관리로 선발되는 대상으로 선사選士를 제시하고, 응시 과목에 따라 문선文選·무선武選·치선治選·예선藝選·서선胥選으로 구분하였다. 그리고 선사가 학습하는 내용으로 육덕六德·육행六行·육도六道·육예六藝를 제시하였다. 이를 정리하면 다음과 같다.

六德: 知 仁 聖 義 忠 和
六行: 孝 友 睦 婣 任 恤
六道: 詩 書 禮 樂 易 春秋
六藝: 禮 樂 射 御 書 數

이중에서 육덕·육행·육예는 대사도가 만민을 가르치는 향삼물에 해당하고, 육도는 육경을 말하므로, 선사가 학습하는 덕·행·도·예란 결국 향삼물과 육경이었다.[23] 정약용은 모든 선사는 덕·행·도를 익혀야

23 정약용의 鄕三物 교육에 대해서는 백민정, 「『周禮』 '六鄕制' 해석을 통해 본 다산의 경세 구상-'鄕三物'과 '鄕八刑' 논의를 중심으로」, 『茶山學』 29, 2016, 111~116면 참조.

하며 예六藝는 분야별로 익히는 사람이 다르다고 하였다.[24]

정약용은 모든 선사가 육도六經를 익혀야 한다고 하였으나, 구체적인 내용에서는 차이가 있었다. 그는 성인聖人의 도가 육경에 있으므로 익혀야 하며, 당시에는 육경에 사서四書를 더해 십경十經이 되었다고 하였다. 또한 육경에는 『악경』이 있었지만 지금은 없어졌으므로 『주례』로 대신하며, 예경은 주자가 정한 『의례경전통해儀禮經傳通解』를 배우면 『예기』의 중요한 부분이 들어가 있으므로 결국 삼례『주례』『의례』『예기』를 모두 공부하는 셈이 된다고 하였다. 정약용은 문선과 치선은 십경을 모두 배우고, 무선·예선·서선은 1경과 4서를 배워야 한다고 보았다.[25]

정약용이 모든 선사가 익혀야 하는 육경으로 『주례』와 『의례경전통해』를 적시한 것은 매우 특이하였다. 그는 『주례』란 주공이 태평을 이룬 책으로 여기에는 선왕들이 정치를 한 규모와 절목이 들어 있고, 『악경』이 사라진 상황에서 선왕들이 악을 사용한 방법을 살필 수 있기 때문에 『주례』가 육경에 들어간다고 보았다.[26] 또한 그는 『의례』는 예禮의 경經이고 『예기』는 예禮의 전傳인데, 공영달이 『오경정의』에서

---

24 『經世遺表』 권13, 地官修制, 「教民之法」.
"選士之教, 一曰德, 二曰行, 三曰道, 四曰藝. 藝各不同, 而德行與道, 五選皆同."

25 『經世遺表』 권13, 地官修制, 「教民之法」.
"古者, 教人以道, 而今也道在六經. 欲明此道, 宜講此經, 此今所以講經以明道也. 古唯六經, 今益之以四書, 總爲十經. 文選·治選之士, 宜全習之, 武選及藝選·胥選, 宜以一經四書, 使爲恒業也. … ○ 『樂經』今亡, 無所習也. 禮有三禮, 不可選也. 『春秋』有三傳, 不可偏也, 宜著爲式. 禮經, 以朱子所定『儀禮經傳』爲主, 則『禮記』之要切者, 皆入其中矣. 『樂經』, 以『周禮』代之, 則三禮靡不擧矣. 『春秋』以『左氏傳』爲主, 則事實得以明矣. 四書則載道之器, 不可不全習也."

26 『周禮』에 대한 정약용의 태도에 대해서는 전성건, 「다산의 방례기획과 『사례가식』의 위상」, 『공자학』 30, 한국공자학회, 2016, 117~127면 참조.

『예기』를 예경으로 만드는 오류를 범하였다고 비판하였다. 그는 주자가 정한 『의례경전통해』에는 예의 경과 전이 수록되어 있으므로 육경에 들어갈 수 있다고 하였다.[27]

정약용은 육예에서 예는 향음례鄕飮禮와 향사례鄕射禮, 악은 금슬琴瑟과 풍아風雅를 말하는 것으로 보았다. 그는 문무겸치의 차원에서 무사무선라도 예·악을 익히고, 문사문선·치선라도 사射와 어御를 익혀야 한다고 하였다. 또한 그는 모든 선사가 향음, 향사, 관혁貫革, 기추騎芻, 육서六書, 구수九數를 익혀야 향삼물을 가르치는 취지에 부합한다고 하였다.[28]

정약용은 선사에서 선발한 거자에게 과거에 응시할 자격을 주고, 거자을 가르칠 때에는 십경과 중국사에 해당하는 화사華史, 한국사에 해당하는 국사國史를 학습하게 하였다. 다음의 〈표 34〉는 거자의 학습 과목을 정리한 것이다.

---

27 『經世遺表』 권13, 地官修制, 「敎民之法」.
"臣謹按. 『儀禮』者, 禮之經也. 『禮記』者, 禮之傳也. 唐太宗令孔穎達, 撰『五經正義』, 謬取『禮記』, 以爲禮經. 自玆以後, 『儀禮』不得爲經書. 朱子有憂於是, 乃『儀禮經傳』, 發凡起例, 以授門人黃幹, 今所行『儀禮經傳通解』是也. 今擬六經之學, 其經宜用『儀禮經傳』, 不可易也. ○又按. 『周禮』者, 周公致太平之書也. 以其不用於科場, 故今亦爲廢書. 不讀『周禮』, 則先王致治之規模節目, 無所考驗. 況今『樂經』全亡, 『周禮』六篇之中, 其用樂之法, 猶多可考. 以『周禮』而代『樂經』, 以備六經, 抑所宜也."

28 『經世遺表』 권13, 地官修制, 「敎民之法」.
"六藝之目, 曰禮·樂·射·御·書·數. ○六經'禮樂'者, 『禮經』『樂經』也. 六藝言'禮樂'者, 身習其禮, 身習其樂也. 然禮之可習者, 鄕飮·鄕射而已. 樂之可習者, 琴瑟·風雅而已. ○古人兼治文武, 今文武異業, 都非古意. 然人才各有所長, 科目不得不分. 唯是禮樂, 雖武士, 不得不身習. 射御, 雖文士, 不得不身習. 今擬, 鄕飮·鄕射, 五選之士, 無不與焉. 貫革·騎芻, 五選之士, 無不肄焉. 庶乎其古法也. ○六書之學, 宜令寫官專治, 而五選之士, 亦時試之. 九數之學, 宜令算學專治, 而五選之士, 亦時考之. 夫然後'鄕三物敎萬民', 不違於名實也."

〈표 34〉 거자의 학습 과목

式年	經(2)	華史(3)	國史(1)
子年	『詩』『書』	『史記』『南史』(宋·南齊·梁·陳書) 『遼史』『金史』	『三國史記』『東史輯成』
卯年	『儀禮經傳通解』『周禮』	『漢書』『北史』(魏·北齊·周·隋書) 『元史』	『高麗史』
午年	『周易』『春秋左氏傳』	『後漢書』『唐書』(舊唐書·五代史) 『明史』	『東國通鑑』『東文選』
酉年	『論語』『孟子』(中庸·大學)	『晉書』(三國志)『宋史』 『淸會典』	『國朝寶鑑』『國朝名臣錄』

이를 보면 정약용은 거자의 학습 과목을 식년에 따라 네 가지로 구분하고, 각 식년마다 경 2과목, 중국사 3과목, 국사 1과목을 학습하게 하였다. 그가 제시한 과목을 합하면 경은 십경이 되고, 중국사는 『이십삼대사二十三代史』와 『청회전淸會典』, 국사는 『삼국사기』, 『고려사』, 『동국통감』, 『동사집성東史輯成』, 『동문선』, 『국조보감』, 『국조명신록國朝名臣錄』이 되었다.

정약용은 중국의 역사서를 언급할 때 『이십삼대사』를 거론하였다. 〈표 34〉를 보면 이는 23종의 역사서인 『사기』, 『한서』, 『후한서』, 『삼국지』, 『진서』, 『송서』, 『남제서』, 『양서』, 『진서』, 『위서』, 『북제서』, 『주서周書』, 『남사』, 『북사』, 『수서』, 『구당서』, 『신당서』, 『신오대사』, 『송사』, 『요사』, 『금사』, 『원사』, 『명사』를 합한 책으로 보인다.[29] 또한 『청회전』은 청대의 전장典章 제도를 정리한 관찬 사서이다. 이 책은

[29] 중국에서 紀傳體 史書를 편찬한 과정을 보면 淸 乾隆 연간 초에 『明史』를 간행하면서 22史가 되었고, 얼마 후 『舊唐書』를 추가하여 23史가 되었다. 1739년(乾隆 4)에는 23史에 『舊五代史』를 추가하여 24史가 되었고 이를 武英殿本으로 간행하였다. 정약용이 『경세유표』에서 거론한 『二十三代史』는 별도로 간행된 本이 있는지 확인이 필요하다.

1684년康熙 22에 처음 편찬된 후 계속 수정이 되었고, 정약용은 1764년乾隆 29에 작성된 『청회전』을 열람하였을 것으로 보인다. 정약용이 제시한 중국사 과목을 보면 그는 거자에게 중국의 고대사부터 당대사까지 모두 학습할 것을 기대하였다.

다음으로 국사는 한국의 고대사부터 고려사까지 담은 『삼국사기』, 『고려사』, 『동국통감』, 『동사집성』, 한국의 뛰어난 문장을 편집한 『동문선』, 조선 국왕의 모범적 언행을 편집한 『국조보감』, 영조 대에 이존중李存中이 조선 초부터 인조 대까지 명신 390인의 행적을 정리한 『국조명신록』으로 구성되었다. 이중에서 『동사집성』은 중국 사서에 기록된 동국의 일을 모아 편집한 책으로, 정약용은 한치윤韓致奫의 『해동역사海東繹史』를 취하여 간략하게 할 부분은 깎아내고 상세하게 할 부분은 덧붙이면 된다고 하였다. 이를 보면 그는 거자에게 한국의 고대사부터 당대사까지 전체 역사에 대한 지식이 필요하다고 생각하였다.[30]

정약용은 이외에도 향교에 비치해야 할 서적으로 『십삼경주소』, 『이십삼대사』, 『삼국사』, 『고려사』, 『국조보감』과 함께 두우杜佑의 『통전通典』, 정초鄭樵의 『통지通志』, 마단림馬端臨의 『문헌통고文獻通考』, 왕기王圻의 『속문헌통고』와 조선의 『문헌비고』를 거론하였다. 정약용은 관리가 되려면 경학 지식과 함께 중국과 조선의 역사 및 전장 제도에 대한 지식이 필요하다고 생각하였다.[31]

---

30 『經世遺表』 권13, 地官修制, 「教民之法」.
"每一式年之間, 擧人習二經·三史·一國史, 以待式年. … ○『東史輯成』者, 取中國全史, 輯東事以成編者也[宜取韓致奫『海東繹史』, 刪其所宜略, 增其所宜詳.]."

31 『牧民心書』 권7, 禮典六條, 「興學」.
"修葺堂廡, 照管米廩, 廣置書籍, 亦賢牧之所致意也. … 俗之所以荒昧, 學之所以鹵莽, 以無書籍也.

제3절 선사選士와 거자擧子의 선발

정약용은 선사를 전문 분야에 따라 다섯 가지로 구분하였다. 문선은 문과에 응시하는 거자, 무선은 무과에 응시하는 거자가 되고, 치선은 과거를 치르지 않고 음관蔭官으로 관리가 될 사람으로 각각을 선발하고 양성하는 방안을 제시하였다. 또한 예선은 의醫·역譯·악樂·역曆·율律·산算·서書·화畵 가운데 한 가지 기예로 관리가 되고, 서선은 육조에 소속된 관청의 서리胥吏가 될 사람이었다.

선사를 선발하는 방안은 전국을 육향육부 육수[32] 120방으로 이루어진 중앙 지역과 지방의 군현 지역으로 구분하고, 각 지역별로 선발할 인원을 배정하였다. 정약용이 각 지역에 배정한 인원의 비율은 최종 합격자인 급제를 선발하기 직전까지 그대로 유지되었다. 중앙 120방에서 선발되는 선사는 총 3,600인이며, 이는 문선 960인, 무선 960인, 치선 480인, 예선 600인, 서선 600인으로 구분되었다. 이에 비해 지방 군현에서 선발되는 선사는 문선 1,920인, 무선 1,920인이 배정되었다. 치선은 군현에도 배정이 되었지만, 선사와 거자를 선발하는 단계는 없이 바로 관리로 선발하였고, 예선과 서선은 아예 인원을 배정하지 않았다.[33]

『十三經注疏』, 『二十三代史』, 『三國史』, 『高麗史』, 『國朝寶鑑』, 杜佑『通典』, 鄭樵『通志』, 馬端臨『通考』, 王圻『續通考』, 吾東之『文獻備考』, 此數帙書籍, 不可以不具也. 牧宜竭力經紀, 以圖購置, 嚴其鎖鑰, 時其曝曬, 出納看閱, 皆具條例, 使之遵守焉, 可也.”

32 六遂 지역은 王城에서 30里 떨어진 近郊 지역이었다. 『周禮』에서 근교는 왕성에서 50리까지 지역이지만, 정약용은 수도권에 인구가 밀집한 당시 사정을 감안하여 50리를 30리로 줄였다.

33 『經世遺表』에는 중앙 지역에 집중된 藝選과 胥選의 구체적인 선발 방식도 나타나지 않는다.

정약용은 지역별로 선사 인원을 배정하였는데, 사방 70리에 불과한 중앙 지역이 전국의 1/3을 차지하고 나머지 전 지역에서 전국의 2/3를 차지하였다. 이는 당시 수도권에 인구가 집중된 상황을 반영한 때문이며, 왕성에 가깝게 거주할수록 관리로 선발되기에 유리하였다.

> 군현에서 민을 가르치는 법은 경도京都와 비교하면 간략하다. 역시 100가家를 1취聚로 하고, 9취를 1방坊으로 하며, 1방마다 교장教長 3인을 세운다. (중략) 그러나 경성京城의 1방은 선사가 30인이고, 군현의 1방은 교장 3인을 세울 뿐이니 경성에 견줄 수가 없다. 교장 3인이 모두 선사選士가 되는 것도 아니다. 선사의 숫자는 문업文業, 무업武業, 예업藝業의 우열을 살피는 것이니, 1방에 3인을 고정된 비율로 할 수가 없다. 인재가 많은 군郡에서는 1방에 3인을 배정하는 것이 많다고 할 수 없지만, 인재가 없는 현縣에서는 9방에 3인이라도 적다고 할 수가 없다. 게다가 군현의 사士에는 예선과 서선이 없으므로 그 액수額數가 적음은 의심할 것이 없다.[34]

이상에서 보듯 정약용이 중앙과 군현에 배정한 선사 인원에는 큰 차이가 있었다. 먼저 중앙의 120방에 있는 가家의 크기는 9등급으로 구분되었다. 중앙 지역의 1취聚에 있는 가의 숫자를 보면, 1등급에는 4호가 있지만 9등급에는 100호가 있었다. 그런데 군현은 모두 1취 100호를 기준으로 하였으니, 이는 왕성의 천족賤族이나 상공인이 거주

---

34 『經世遺表』 권13, 地官修制, 「教民之法」.
"郡縣教民之法, 視京都略焉. 亦百家爲一聚, 九聚爲一坊, 每一坊, 立教長三人. … 然京城一坊, 選士三十人, 郡縣一坊, 立教長三人而已, 不可與京城比例也. 其教長三人, 又未必盡爲選士. 選士之數, 視其文武藝業之華陋, 不可以一坊三人爲恒率也. 彬彬之郡, 一坊三人, 未爲多也. 貿貿之縣, 雖九坊三人, 未爲少也. 況郡縣之士, 無藝選·胥選, 其額數之少, 不足疑也."

하는 곳과 같다고 본 것이다. 정약용은 사족 출신이지만 가난하여 작은 집에 살면 학문과 예업藝業을 제대로 익힐 수 없으므로 인원을 적게 배정한다고 하였다.[35] 다음으로 중앙에는 1방에 30인의 선사를 배정하였지만, 군현에는 1방에 3인의 교장敎長을 배정하고 이들이 모두 선사가 되는 것도 아니었다. 따라서 중앙과 군현에 배정된 선사의 숫자는 1방에서 이미 10배 이상의 차이가 나고, 가옥의 크기까지 고려하면 최대 250배 이상의 차이가 났다.[36]

중앙에서 선사를 선발하는 방법은 방로坊老가 취의 추천을 받아 향대부나 수대부에게 올려 결정하였다.[37] 중앙의 교관에는 향대부 6인, 수대부 6인, 방로 120인, 족사族師 1,100인이 있었다. 이중 향대부는 경 정2품, 수대부는 중대부종2품, 방로는 하대부3품와 상사4~5품, 족사8~9품는 하사가 담당하였다. 중앙 교관은 모두 호조판서가 단망單望으로 천거하여 임명하였다. 중앙에서 3,600인120방×30인의 선사가 결정되면, 선사는 각 2인의 학도를 이끌어 총 7,200인의 학도를 가르쳤고, 선사 중에서 과거에 응시할 거자를 선발하였다. 이때 학도는 10~30세, 선사는 20~40세로 나이가 제한되었다.

---

35 『經世遺表』 권13, 地官修制, 「敎民之法」.

"凡選一聚取三人, 或取四人, 或取二人, 總得三十人, 爲一坊之選. … ○或曰. '一聚之內, 第宅多少, 各自不同, 而選士之數, 概之以一聚三人, 抑何故也?' 臣以爲. 有教無類, 雖爲王者之大法, 而人才之興, 每在於貴族. 今選士之法, 多取於貴族, 而寡取於賤族, 亦公理之所不得不然也. 甲·乙·丙三區, 不過二十九堵, 而選士至九人者, 多取於貴族也[甲·乙·丙, 本皆貴人之宅.]. 庚·辛·壬三區, 爲二百四十五堵, 而選士止九人者, 寡取於賤族也[庚·辛·壬, 本皆賤人之宅.]. 丁戊己三區, 爲一百十堵, 而選士爲九人者, 權於二者之中也[丁·戊·己, 本皆中等之宅.]. 斯豈云不公乎? 其辛·壬小第之中, 容有貧寒之士, 參錯雜居者. 然無衣無食朝不慮夕者, 其學問藝業, 亦多荒蕪而未專, 斯不必深顧也."

36 1聚에 4戶가 있는 것과 100戶가 있는 것은 25배의 차이가 난다.

37 이하는 『經世遺表』 권13, 地官修制, 「敎民之法」의 내용을 정리한 것이다.

중앙에서는 조예皁隷와 하천下賤, 동몽童蒙도 선사로 선발될 수 있었다. 정약용은 조예와 하천은 선행과 악행에 따라 상과 벌을 받는데, 매년 연말에 향대부가 선행으로 3인을 선발하면 이들은 선사로 추천될 수 있었다.[38] 또 중앙에서 준수한 동몽 60인을 선발하여 육학에서 교육을 받게 하며, 매년 연말 이들의 성적을 9등으로 나누고, 상등에 속하는 6인의 동몽은 20세가 되면 선사로 선발하였다.[39]

중앙의 선사 3,600인은 족사와 방로에게 교육을 받고, 매년 연말에 향대부가 그들의 덕·행·도·예를 평가하여 거자를 선발하였다. 다음의 〈표 35〉는 향대부가 선사를 평가하는 방식을 정리한 것이다.

〈표 35〉 향대부의 선사 평가

시기	교관	참가자	장소	교육 내용	성적 보고
매일	選士	學徒 2인	選士 집	道藝	매월 말 族師 → 연말 坊老
매월 朔	族師	選士 3~4인	族師 집	教戒, 德行道藝	坊老
孟月 朔	坊老	選士 30인	坊老 집	教戒, 德行道藝	鄉大夫
매년 孟春	鄉大夫	族師 坊老 學官	六學	教法을 줌	
매년 연말	鄉大夫	族師 坊老 學官	六學	選士의 德行道藝 평가	

향대부가 선사의 도·예를 평가하는 방식은 분야에 따라 달랐다. 먼저 육도六道=육경과 사서에 있어, 문선과 치선은 전체를 익히고, 무선·예선·서선은 1경과 사서를 익혔다. 서선은 관청의 서리가 되는 것이

38 『經世遺表』 권13, 地官修制, 「教民之法」.
"其皁隷·下賤, 唯有賞善罰惡, 以勸以懲. … 六學之賞, 米不過一斗, 六部之罰笞, 不過七度. ○太學之賞, 或薦之爲選士, 或奏除其宅賦. 司寇之罰, 或徒流而至殺, 或屏逐以實邊."

39 『經世遺表』 권13, 地官修制, 「教民之法」.
"若夫童蒙之俊慧者, 六部六遂, 總選得六十人. 每以十人, 隷之於本學, 以聽教官提誨."

라 지위는 낮았으나 치민을 하기 때문에 1경과 사서의 학습이 요구되었다. 선사가 육예를 익히는 방식도 분야에 따라 구분되었다. 문선은 예와 악을 위주로 하고, 표表와 책策을 참고하며, 사射와 어御를 겸하였다. 무선은 병법을 위주로 하고, 사와 어를 참고하며, 육서六書와 사史를 겸하였다. 그리고 치선은 정사政事, 예선은 본업, 서선은 육서六書와 구수九數를 위주로 하였다.[40]

향대부가 연말에 선사를 평가하는 것은 거자의 선발로 이어졌다. 향대부가 평가하는 성적은 9등급으로 구분되고, 문선 96인의 경우 1:2:3:6:72:6:3:2:1의 비율로 배정되었다. 이 중에서 상등에 속하는 6인上之上 1인, 上之中 2인, 上之下 3인은 바로 거자가 되고, 하등에 속하는 6인은 학도로 내려가며, 중등에 속하는 84인은 3년 동안 성적을 종합하여 우수한 사람을 거자로 선발하였다.

군현에서 선사와 거자를 선발하는 방식도 중앙과 비슷하였다. 정약용은 12성省의 군현에서는 1방 900호에서 3인의 교장을 선발하되 덕·행과 경술經術을 살피고, 교장에서 문선을 선발할 때에는 문예까지 보아야 한다고 하였다.[41] 군현에서 문선의 교육은 족사와 방로가 담당

---

40 『經世遺表』 권13, 地官修制, 「教民之法」.
"每歲孟春, 鄕大夫於其本學, 聚坊老·族師及本部本學之官, 授之以教法. … 六經四書, 唯文選·治選, 可以全治. 其餘雖不能盡, 然一經四書, 不可不講. 雖胥選最卑, 是亦治民之人, 不可以不知道也. 藝業, 各自不同. 文選, 主之以禮樂, 參之以表策,[卽科擧之文, 不唯表·策而已.] 兼之以射御. 武選, 主之以兵法, 參之以射御, 兼之以書史. 治選, 主之以政事. 藝選, 主之以本業. 胥選, 主之以書數."

41 『經世遺表』 권15, 春官修制, 「科擧之規一」.
"京城六部, 以教選之士, 爲選士. 十二省, 就諸坊教長之中, 擇立選士, 以充其額. 總以德行爲本, 經術爲次, 文藝爲末. … 十二省之法, 每以九聚爲一坊,[九百戶] 置教長三人. 教長之選, 唯視德行·經術, 科士之選, 必兼觀其文藝. 故教長不盡爲選士也."

하며, 문선과 거자의 선발은 군수와 현령이 담당하였다.[42]

다음의 〈표 36〉은 군수와 현령이 선사를 평가하는 방식을 정리한 것이다.

〈표 36〉 군수·현령의 선사 평가

시기	교관	참가자	장소	교육 내용	성적 보고
매일	教長	學徒 4인	教長 집	道藝	매월 말 族師 → 坊老
매월 朔	族師	選士	族師 집	教戒, 德行道藝	坊老
孟月 朔	坊老	選士	坊老 집	教戒, 德行道藝	郡守·縣令
式年 하지	郡守·縣令	文科 進士 朝官	鄕校	德行道藝 평가	布政司 → 司徒

〈표 36〉에서 보듯 군현에서 문선과 거자를 선발할 때에는 지방관, 군현에 거주하는 문과 출신자, 진사, 조관朝官들이 향교에 모였다. 이들이 문선과 거자를 선발할 때에는 덕·행, 경술, 문예에 모두 권점圈點이 있어야 하였다.[43] 그리고 선사의 선발에는 덕·행을 위주로 하고, 거자의 선발에는 문예를 위주로 하였다.[44]

군현에서 무선과 거자를 선발하는 방식도 이와 비슷하였다. 정약용은 식년 하지에 군수와 현령이 향교에 가서 무선과 거자를 선발하며, 무사를 선발할 때에도 덕·행을 본本으로 하고, 지략을 다음으로 하며, 기예를 말末로 하라고 하였다. 그는 무사가 지략과 기예가 뛰어나도

---

42 정약용이 편성한 12省에 대해서는 姜錫和, 「조선후기 지방제도의 운영과 정약용의 개혁안」, 『韓國學報』 65, 일지사, 1991, 72~80면.

43 『經世遺表』 권15, 春官修制, 「科擧之規一」.
"每式年夏至之日, 郡守·縣令, 就鄕校, 博詢公議, 圈點得選士. 既得選士, 又選爲擧子."

44 『經世遺表』 권15, 春官修制, 「科擧之規一」.
"凡選士之法, 主之以德行. 擧子之選, 主之以文藝. 擧子之選, 必在選士之中. 選士之初, 既以德行·經術, 備其三觀, 則擧子之選, 唯以文藝爲主. 官自試之, 官自擧之, 不必更詢於僉議也."

덕행을 갖추지 못하면 선발하지 않는다고 하였다.[45]

정약용은 거자로 선발되는 나이를 20~49세로 제한하였다. 그는 문선이 50세를 넘기면 치선으로 돌리고, 15~16세 정도의 동몽이라면 특별한 능력이 있어도 20세가 되어야 과거에 나갈 수 있게 하라고 하였다.[46] 그는 무선은 40세를 넘지 않으면 진무進武가 될 수 있지만, 50세를 넘기면 도시都試에 나갈 수 없다고 하였다.[47] 정약용은 문선 거자나 무선 진무로 선발되는 나이를 49세로 제한하고, 거자를 선발할 때 문선은 문예, 무선은 덕행을 중시하였다.

제4절 문반文班 관리의 선발

중앙의 향대부와 지방의 수령이 거자를 선발하게 되면, 거자들은 매 식년마다 열리는 과거에 응시하여 관리로 선발되는 과정으로 나아갔다. 정약용은 중국과 조선의 과거 제도를 비교하면서 조선의 과거 제

45 『經世遺表』 권15, 夏官修制, 「武科」.
"武士之選, 亦以德行爲本, 智略爲次, 技藝爲末. 若於孝友睦姻, 有些缺欠者, 雖智及孫吳, 射如由錡, 不可選也. 每式年, 夏至之日, 郡守·縣令, 就鄕校選士, 又陞爲擧子. 其圈點之法, 一如文選."

46 『經世遺表』 권15, 春官修制, 「科擧之規一」.
"凡擧子之選, 自年二十以上, 至年四十九. 若年滿五十者, 罷而免之. 年五十罷免者, 歸於治選.[法見下] ○ 臣謹案. 神異夙就者, 十五六歲, 已足充選. 然早年登科, 古人謂之不幸, 宜至二十, 許赴科擧, 不可改也."

47 『經世遺表』 권15, 夏官修制, 「武科」.
"未四十, 得爲進武. 將赴四式年都試者, 雖過四十, 亦許赴. 若年滿五十者, 勿聽.[雖未經四式, 亦勿聽.]"

도에 다음과 같은 문제점이 있다고 지적하였다.[48]

① 선거選擧하지 않고 응시하여 사士에 정액이 없음
② 학정學政에 관리가 없고 교수가 간여하지 않음
③ 대과와 소과의 등급이 달라 이업肄業이 전문적이지 않음
④ 한 가지 기예로 뽑아 요행으로 차지하는 것을 막기 어려움
⑤ 시험 시간이 너무 길어 남의 글을 빌려서 지을 여가가 있음
⑥ 선발이 정밀하지 못해 사의私意가 끼어들 수 있음
⑦ 시권試券을 배포하지 않아 잘잘못을 징험하기 어려움
⑧ 잡시雜試가 자주 있어 학업을 닦을 날이 없음
⑨ 경과慶科가 연달아 요행의 문이 열려 있음
⑩ 명경明經을 위주로 하여 선발과 쓰임이 다름

정약용이 『경세유표』에서 제시한 개혁안은 이런 문제점을 해결하려는 방안이었다. 그는 먼저 중국의 과거 제도는 선발[選] 다음에 천거[擧]가 있고, 천거 다음에 시험[試]이 있다고 보고, 덕행으로 선사를 뽑고, 문학으로 거인을 채우며, 덕행과 문학을 갖춘 거인이 과거에 응시하는 방안을 제시하였다.[49] 다음으로 문과가 소과와 대과로 구분되는

48 『經世遺表』 권15, 春官修制, 「科擧之規一」.
"今計吾東科擧之法, 與中華不同者十. 一. 不擧而赴, 士無定額也. 二. 學政無官, 教授不豫也. 三. 大小異等, 肄業不專也. 四. 單技取準, 倖占難禁也. 五. 晷刻太緩, 借述有暇也. 六. 考選不精, 私意橫流也. 七. 試券不頒, 功罪難驗也. 八. 雜試頻數, 修業無日也. 九. 慶科連疊, 倖門以啓也. 十. 明經爲主, 選用殊岐也."
정약용은 清 乾隆 연간에 나온 『欽定禮部則例』를 활용하여 중국의 과거제도를 파악하였다(『經世遺表』 권15, 春官修制, 「科擧之規一」. "唐·宋州縣擧額, 無文可考. 而皇明之制, 今『禮部則例』所載, 是其遺文, 略有刪潤者也.").

49 『經世遺表』 권15, 春官修制, 「科擧之規一」.

것을 하나로 합치고, 시험하는 문체를 통일시킨 후 하루에 여러 문체를 시험하여 다른 사람의 글을 빌릴 틈이 없게 하였다. 정약용은 당시의 과거가 시험 시간은 길고 시험하는 문체는 몇 가지에 불과해 자기 답안지를 쓴 후 다른 사람을 도와주는 폐단이 있다고 보았다.[50]

정약용은 3년 대비大比 때에만 과시科試를 두고, 중간의 2년은 성적 평가에 따라 상전賞典만 두는 것으로 하였다. 당시에 많은 명목의 별시가 있어 실제로 학생들이 학업에 전념하지 못하는 폐단이 있다고 보았기 때문이다.[51] 정약용은 또 명경과 제술로 분리된 시험을 하나로 합쳐야 한다고 하였다. 그는 당시 과거에서 명경과가 점점 어려워져 3년 대비에 어렵게 합격한 사람은 서북 지역이나 한미한 가문 출신이고, 실제로 관각館閣에 출입하며 재상이 되는 사람은 상대적으로 쉬운 경과慶科 출신자라고 비판하였다.[52] 따라서 정약용은 명경과 제술을 하

"漢魏唐宋, 下及明清, 其選擧之法, 雖各不同. 若其選而後有擧, 擧而後有試, 則無不然者. 唯獨吾東之法, 不擧而試, 以至今日, 千病百弊, 皆由此起. 此法不改, 雖有良平之智, 其弊無以救矣. … 今欲矯救此弊, 唯有先定擧額. 擧額定而不才者自畫, 不才者自畫而選擧淸, 選擧淸而入場者少, 入場者少而奸僞無所容矣. 先之以德行以充選士, 衡之以文學以充擧人, 德行文學之士, 豈肯爲鵂鶹之鳴哉?"

50 『經世遺表』 권15, 春官修制, 「科擧之規一」.
"大小二科, 宜合之爲一. 所試文體, 不可殊也. … 所試文體, 不過數種, 或以單技取準, 非制也. … 一日, 竝試諸體, 晷刻雖緩, 不暇乎救人也."

51 『經世遺表』 권15, 春官修制, 「科擧之規一」.
"三年大比之外, 不宜有科試. 唯兩年歲課, 厥有賞典. 臣謹案. 『通編』, 京而有陞補·學製, 鄕而有州試[卽所云初擇]·都會, 又有節製[人日, 三日, 七夕, 九日, 有泮製]·到記[春秋各一次]·柑製·應製等名色. 奔競成習, 等候踰時, 皆令士趨不端, 肄業不專. 亟宜停罷, 不可因也. … 慶科·謁聖之科, 別試·庭試, 其試彌多, 其法制彌亂."

52 『經世遺表』 권15, 春官修制, 「科擧之規一」.
"明經之科, 亟宜停罷, 不可因也. … 忽自康熙年間, 講規猝嚴, 大註·小註·篇題·序辭所背誦者, 比古三倍. 而土書詮譯, 謂之諺解, 一字微錯, 便置落科. 於是, 京華都雅之士, 不習經工, 而西北卑微之族, 遐外寒畯之子, 乃爲此業精髓. 旣竭顏貌, 大壞栖遲, 下流歸於雜岐, 枯項黃馘, 依舊落魄, 殘郵

나로 합치고, 소과와 대과를 하나의 길로 이으며, 3년 대비만 남기고 경과와 절제節製는 모두 없애는 개혁안을 제시하였다.[53]

정약용은 급제한 사람을 조당朝堂에 불러 관각의 대신들이 다시 시험하는 조고朝考 제도를 제안하였다. 그는 청나라 학자인 주이준朱彝尊과 모기령毛奇齡은 정시廷試를 치른 후 조고까지 거치면서 문명文名이 해외까지 알려졌고, 중국인은 거자만 되어도 구경九經과 전사全史에 능통하고 백가를 넘나들며 시무를 잘 아는 것은, 그들의 능력을 반복해서 시험하는 제도가 있기 때문으로 보았다.[54] 정약용의 개혁안은 중국의 제도를 많이 참고하였다.

그러면 정약용의 개혁안에서 문반 관리의 선발 과정을 보자.

문선에서 천거된 거자는 중앙에서 부시部試 → 상시庠試 → 회시會試의 과정을 거치고, 지방 군현에서 주시州試 → 성시省試 → 회시의 과정을 거쳐 진사로 선발되었다. 회시에서 진사를 선발한 후 치르는 도

小縣, 歸以書銘, 名雖登科, 其實通國之賤流也. 其所謂'三年大比'者, 卽此明經及第, 而出入館閣, 位躋卿相者, 皆慶科出身也. 名實之不相副, 豈有甚於是者乎?"

53 『經世遺表』 권15, 春官修制, 「科擧之規一」.

"臣謂, 宜亟改科規, 以明經·製述, 合之爲一科. 以小科·大科, 連之爲一路. 唯存三年大比, 無慶科·節製, 庶乎選擧有法也."

英祖가 文科 慶科의 시행 횟수와 급제자 숫자를 제한하고, 製述을 중심으로 하던 각종 시험에 講經 시험을 도입한 것은 이러한 방향으로의 개혁이라고 할 수 있다(박현순, 『조선 후기의 과거』, 소명출판, 2014, 151~158면).

54 『經世遺表』 권15, 春官修制, 「科擧之規一」.

"殿試之後, 又有朝考, 亦善法也. … 朝考之法, 甚善, 何者? 廷試尊嚴, 其有醜拙, 猶之無愧. 館閣大臣, 會于朝堂, 或問經義, 或問史實, 或試以詩表. 其不能者, 稠人廣坐, 虛實立露, 平生名聞, 決於此日, 紈袴蒙陋之子, 念到此日, 必當望門而却步矣. 臣嘗見朱彝尊·毛奇齡等文集, 此人等皆以宏詞博學, 旣經廷試, 又赴朝考, 其聲名之震海內, 皆此日之所爲也, 不亦善乎? 其法如是, 故中國凡以擧人爲名者, 皆能貫穿九經, 融通全史, 泛濫百家, 曉達時分務, 不似吾東之擧人也."

시都試는 중앙과 지방의 진사를 합하여 시험을 보았다. 이를 당시의 제도와 비교하면 부시주시부터 회시까지 지역별 배정 인원이 유지된다는 점에서 소과 및 대과의 초시에 해당하고, 도시와 도회都會는 공개경쟁이라는 점에서 대과의 복시에 해당하는 것으로 볼 수 있다.[55]

정약용은 문선에서 진사를 선발할 때까지 단계별 선발 인원을 일정하게 줄였다. 부시주시는 거자의 1/2, 상시성시는 부시주시의 1/2, 회시는 상시성시의 1/2을 선발하는 방식이었다. 문선에서 진사를 선발할 때까지 지역별 배정 인원의 비율은 고정되었다.

정약용은 거자의 지역별 인원을 『경국대전』의 식년시 인원에서 가져왔다고 하였다.[56] 다음의 〈표 37〉은 『경국대전』의 규정과 정약용의 개혁안에 나타나는 지역별 인원을 비교하여 정리한 것이다. 이를 보면 그는 조선 초기에 정비된 과거제를 바탕으로 개혁안을 만들었다.

---

55 2017년 4월 1일 세종문화회관 예인홀에서 제21회 다산학 학술대회가 열렸다. 이날 토론자였던 박현순은 정약용의 구상을 擧人·進士·及第를 선발하는 세 단계로 나누고 進士를 선발하는 會試까지는 小科, 及第를 선발하는 都試·都會는 大科로 볼 것을 제안하였다. 이는 會試에서 선발된 進士가 國子監에 들어가는 것을 중시한 견해이다.

56 『經世遺表』 권15, 春官修制, 「科擧之規一」.
"中外擧人之額, 通共一千九百二十人. 中於州試者, 九百六十人, 中於省試者, 四百八十人, 皆會試于京師, 取二百四十人. 選士之額, 通共二千八百八十人, 三分損一, 以爲擧人之額. 原制. 式年進士初試共一千四百人.[漢城府四百人, 京畿一百二十人, 忠淸·全羅道各一百八十人, 慶尙道二百人, 江原·平安道各九十人, 黃海·咸鏡道各七十人.] 今定初試之額, 大槪視此爲率. 雖其數有減, 及其會試, 取進士二百四十人, 視舊有增, 庶乎其無怨矣. ○原制. 式年文科初試, 共二百四十人.[館試五十人, 漢城府四十人, 京畿二十人, 忠淸·全羅道各二十五人, 慶尙道三十人, 江原·平安道各十五人, 黃海·咸鏡道各十人.] 今新舊進士都試, 取二百四十人, 依此數也. 都會取四十人, 視舊加七人矣. 文科本取三十三人."
이상에서 정약용은 式年進士初試의 인원을 1,400인이라 하였지만, 실제는 生員初試와 進士初試 인원을 합한 것이다.

〈표 37〉 문과와 정약용의 문선 거자 인원

<table>
<tr><th colspan="2" rowspan="2">지역</th><th colspan="2">소과 초시[57]</th><th colspan="2">대과 초시[58]</th><th colspan="5">정약용의 거자</th></tr>
<tr><th>인원</th><th>비율</th><th>인원</th><th>비율</th><th colspan="3">지역</th><th>인원</th><th>비율</th></tr>
<tr><td rowspan="2">한성</td><td>성균관</td><td></td><td></td><td>50</td><td>20.8</td><td colspan="3" rowspan="2">경성 6부</td><td rowspan="2">640</td><td rowspan="2">33.3</td></tr>
<tr><td>한성부</td><td>400</td><td>28.6</td><td>40</td><td>16.6</td></tr>
<tr><td rowspan="12">8도</td><td>경기도</td><td>120</td><td>8.6</td><td>20</td><td>8.3</td><td rowspan="12">12성</td><td rowspan="4">중부</td><td>봉천성</td><td>160</td><td>8.3</td></tr>
<tr><td>충청도</td><td>180</td><td>12.9</td><td>25</td><td>10.4</td><td>사천성</td><td>224</td><td>11.7</td></tr>
<tr><td>강원도</td><td>90</td><td>6.4</td><td>15</td><td>6.3</td><td>열동성</td><td>112</td><td>5.8</td></tr>
<tr><td>황해도</td><td>70</td><td>5</td><td>10</td><td>4.2</td><td>송해성</td><td>112</td><td>5.8</td></tr>
<tr><td rowspan="2">전라도</td><td rowspan="2">180</td><td rowspan="2">12.9</td><td rowspan="2">25</td><td rowspan="2">10.4</td><td rowspan="4">남부</td><td>완남성</td><td>112</td><td rowspan="2">11.6</td></tr>
<tr><td>무남성</td><td>112</td></tr>
<tr><td rowspan="2">경상도</td><td rowspan="2">200</td><td rowspan="2">14.2</td><td rowspan="2">30</td><td rowspan="2">12.5</td><td>영남성</td><td>128</td><td rowspan="2">13.4</td></tr>
<tr><td>황남성</td><td>128</td></tr>
<tr><td rowspan="2">평안도</td><td rowspan="2">90</td><td rowspan="2">6.4</td><td rowspan="2">15</td><td rowspan="2">6.3</td><td rowspan="4">북부</td><td>패서성</td><td>64</td><td rowspan="2">5.9</td></tr>
<tr><td>청서성</td><td>48</td></tr>
<tr><td rowspan="2">함경도</td><td rowspan="2">70</td><td rowspan="2">5</td><td rowspan="2">10</td><td rowspan="2">4.2</td><td>현토성</td><td>48</td><td rowspan="2">4.2</td></tr>
<tr><td>만하성</td><td>32</td></tr>
<tr><td colspan="2">계</td><td>1,400</td><td>100%</td><td>240</td><td>100%</td><td colspan="3"></td><td>1,920</td><td>100%</td></tr>
</table>

부시주시에서 회시까지의 선발 과정을 살펴보자. 부시에서 육부의 거자는 육학에서, 육수의 거자는 육부에서 시험을 보고 총 320인을 선발하였다. 주시는 12성의 각 주에서 시험을 보고 총 640인을 선발하였다. 주시의 고관考官은 3인이며 모두 인근 성에서 선발하였다. 주시를 보는 해가 되면 군현에서는 입춘에 시험을 치를 거자의 명단을 감영에 해당하는 포정사布政司에 보고하고, 추분에 각 주에서 시험한 후 합격자를 포정사에 보고하였다. 주시의 시험 과목은 3장에 각 2예이며, 이를 정리하면 다음과 같다.[59]

57 『經國大典』 권3, 禮典, 「諸科·式年生員初試」; 「諸科·式年進士初試」.

58 『經國大典』 권3, 禮典, 「諸科·式年文科初試」.

59 『經世遺表』 권15, 春官修制, 「科擧之規一」.

"及試年立秋之日, 郡縣以擧經名狀, 報于布政司. … 秋分之日, 試之于本州. 三場各試二藝, 選其賢

1場: 經義 1道, 史論 1道

2場: 詩 1篇, 表·箋·詔·制 중 1道

3場: 策 1道, 吏文 1道[60]

다음으로 상시는 육학에서 시험하여 총 160인을 선발하고, 성시는 12성의 향거원鄕擧院에서 시험하여 총 320인을 선발하였다. 성시의 고관은 3인이며, 1인은 경성, 2인은 인근 성에서 뽑았다. 성시의 시험 과목은 강講·제製·예藝로 구성되어 많은 과목을 시험하였다. 다음의 〈표 38〉은 성시의 시험 과목을 정리한 것이다.

〈표 38〉 문과 성시의 시험 과목

講製藝	구분	시험 내용	시험 방법	비고
講(經史)	經	2經 500字 面講	音讀 후 文義 토론, 필담	2考官 1分 미만 탈락 1經 불통 탈락
	華史	1華史 300字 面講	音讀 후 文義 토론, 필담	1分 미만 탈락
	國史	1國史 300字 面講	音讀 후 文義 토론, 필담	1分 미만 탈락
製(9體)	1場	經 1道, 四書 1道 史論 1道	經義 100字, 書義 100字 史論 300字	
	2場	詩 1篇 詔·制·表·箋 중 1篇 物理論 1篇	五言律 6韻, 七言律 4韻 四六文 文 300字	 天文 曆法 農殖 器用
	3場	古策 1道 時務策 1道 吏文 1道	題 200字, 對 800字 題 200字, 對 800字 500字	古今의 治亂得失 殿策 國史에서 출제

者, 上之于本省. 其考官, 皆取之於鄰省."

60 吏文은 중국, 일본으로 보내는 외교문서와 국내에서 사용하는 공문서를 말한다(『經世遺表』 권15, 春官修制, 「選科擧之規二」. "吏文者, 奏文·咨文,[用之於大國.] 國書·禮書,[禮曹之移文也, 用之於日本.] 奏狀·書啓,[用之於本國] 報狀·移文, 皆是也.").

講製藝	구분	시험 내용	시험 방법	비고
藝	1場	1兵書 100字 面誦 1算書 100字 面誦 1律書 100字 面誦 試射	音讀 후 文義 토론, 필답 音讀 후 文義 토론, 필답 音讀 후 文義 토론, 필답 小帿 貫革 2旬	『孫武子』『三略』 『海島算經』『梅文鼎筆算』 『大明律』『大典通編』

〈표 38〉에서 강講의 과목은 〈표 34〉에 나왔던 식년별 지정 서적이었다. 다만 거자가 사용하는 경서는 주석이나 음독이 없고 경문만 있는 책이고, 고관은 주소注疏·대전大全·언해諺解가 갖춰진 책을 사용하였다. 정약용은 강경 시험에서 『십삼경주소』를 활용한 것으로 보인다. 또 강하는 방법은 서적마다 300~500자를 골라 면강面講하고, 음독에 오류가 없으면 문의文義를 필담으로 문답하는 방식으로 진행되었다. 다음으로 제製에서는 3장을 열어 9체의 문예를 시험하고, 추가로 1장을 열어 병서兵書·산서算書·율서律書를 이해하는 능력과 시사試射를 하였다.

성시의 고관은 총 18예를 시험한 후 합격자를 선발하여 조정에 명단을 보고하였다. 고관이 살피는 18예는 ① 경1, ② 경2, ③ 화사, ④ 국사, ⑤ 경의經義, ⑥ 서의書義, ⑦ 사론史論, ⑧ 시율詩律, ⑨ 표·전, ⑩ 물리, ⑪ 고책古策, ⑫ 시책時策, ⑬ 이문吏文, ⑭ 병서, ⑮ 산서, ⑯ 율서, ⑰ 사후射侯, ⑱ 관혁貫革이었다.[61]

61 『經世遺表』 권15, 春官修制, 「選科擧之規二」.

"諸藝者, 一詩經, 二書經,[子年式] 三華史, 四國史, 五經義, 六書義, 七史論, 八詩律, 九表箋, 十物理, 十一古策, 十二時策, 十三吏文, 十四兵書, 十五算書, 十六律書, 十七射侯, 十八貫革. 通共十八藝, 計其畫數, 以定第次, 充額而止."

다음으로 회시는 성시를 본 다음 해 춘분에 한성의 공거원貢擧院[62]에 함께 모여 시험하며, 중앙에서 80인, 12성에서 160인을 선발하였다. 회시에서 합격한 240인은 진사가 되었다. 회시에서 낙방한 240인은 고향으로 돌아가며, 그중 120인은 거자가 되고, 성적이 낮은 120인은 거자에서도 탈락하였다. 회시의 고관은 5인이며, 전현임 제학이나 부제학, 대사성 , 교리 , 수찬에서 뽑았다. 회시의 시험 과목은 성시와 같았다.

회시에서 진사를 선발한 후에는 도시都試 → 도회都會 → 전정친시殿庭親試 → 조고朝考의 순으로 진행되었다. 회시까지는 지역별 배정 인원이 있었지만 도시 이후는 없었다.

도시는 청명에 공거원, 태학, 예빈관禮賓館에서 진행되며, 앞서 세 번의 회시에서 진사가 되었던 사람과 새로 진사가 된 240인이 모여 시험을 보았다. 정약용은 도시에 응시하는 진사의 숫자를 최대 960인320인×3소으로 보았고, 12년 동안 네 차례 도시에 응시하였다가 실패하면 문과 대신에 치선남행으로 가는 것이 좋겠다고 하였다. 정약용은 과거에 응시하는 나이와 응시 횟수를 엄격히 제한하였다.

> 지난 방榜에 오른 사람을 세 번의 방으로 한정하는 것은, 지난 세 번의 방에서 진사가 된 사람은 자子·오午·묘卯·유酉 네 번의 식년을 지내어, 그 사이가 12년이다. 12년이면 천도天道가 한 번 변하는데, 네 번 도시에 응시하여 끝내 성공하지 못하였다면 그만두어야 한다. 천하의 일에는 한계와 절도가

---

62 정약용은 당시 문과 시험을 禮曹와 丕闡堂에서 치르는데, 朴趾源의 『熱河日記』에 나오는 北京의 試院처럼 東城 안의 넓은 지역에 별도의 試院을 창건하고 이름을 貢擧院으로 하자고 제안하였다(『經世遺表』 권1, 春官禮曹3, 「貢擧院」).

> 있음을 귀하게 여기는데, 종신토록 과거에 얽매여 쉴 줄도 모르고, 흰 머리로 분주하게 목숨을 걸고 힘껏 싸우는 것은 군자의 행실이 아니다. 나라에서 사士를 대우하는데 어찌 군자를 표준으로 삼지 않겠는가? 한번 향시에 합격하고 네 번이나 도시에 응시하였지만 합격하지 못하였다면 끝내 되지 않는 것이다. (중략) 게다가 치선治選하는 법은 과거에 응시하지 못한 사람이 모두 참여하는 것이니, 네 번을 응시하였다가 물러난 사람도 당세에 희망이 없는 것은 아니다. 다만 문과를 하지 않는 것일 뿐이니 어찌 한탄할 일인가?[63]

도시의 고관도 5인이며 여기서 선발된 240인의 진사는 도회에 응시할 수 있었다. 도시의 시험 과목은 하루에 3예製述를 시험하며, 구체적으로는 시 1편, 표表·전箋·조詔·제制에서 1편, 시무책 1도道였다. 정약용은 도시는 많은 인원이 치르는 시험이므로 하루에 여러 과목을 시험하여 신속하고 공정하게 진행해야 한다고 하였다.

도회는 성시나 회시와 같은 방식으로 진행되고, 240인의 진사에서 40인의 급제를 선발하였다. 도회의 고관은 7인이며, 그중 3인은 비평과 등급을 매기고, 2인은 비평만 하며, 2인은 총괄 평을 기록하도록 하였다. 도회의 과목은 성시와 회시의 과목에서 강4藝을 제외한 제·예14예를 시험한 것과 같고, 급제한 40인은 장원壯元 1인, 갑과甲科 3

---

63 『經世遺表』 권15, 春官修制, 「選科擧之規二」.

"前榜取三榜而止者, 取前三榜, 則爲進士者, 子午卯酉, 歷四式年, 其間十二年也. 十二年天道一變, 而四赴都試, 終不成名, 亦可以已矣. 天下之事, 貴有限節, 終身維縶, 不知所休息, 白首奔勞, 以與命力戰, 非君子之行. 國之待士, 豈不以君子爲準乎? 一得鄕試, 四赴都試, 如是而不得, 亦終於不得矣. … 況治選之法, 凡不赴擧者, 皆與焉, 則四試而退者, 非遂無望於當世也. 特不爲文科而已, 何足恨哉."

인, 을과乙科 9인, 병과丙科 27인으로 구분되었다.[64] 문반 관리를 선발하는 것은 사실상 도회에서 끝이 났다.

전정친시와 조고는 문과에 급제한 사람을 다시 시험하는 과정이다. 전정친시는 급제자 발표 후 3일째 날 국왕이 참석한 전정殿庭에서 시무책을 시험하여 우수자에게 상을 주는 것이고, 조고는 친시 다음날 3관館의 학사들이 조당에 모여 새로 급제한 40인과 경사를 토론하면서 그의 학술 능력을 알아보는 시험이다. 조고의 과목은 경문經問 3조, 사문史問 3조, 시무문時務問 3조, 시율로 오언율시 2수首, 칠언율시 1수였다. 조고는 급제 40인의 순위에 영향을 주지 않지만, 관각의 대신들이 직접 시험하여 급제자의 학문 수준이 잘 드러났다.

조고가 끝나면 급제자의 관직 생활이 시작되었다. 조고를 치르던 날 을과 9인과 병과 27인의 분관分館이 있었다. 이때 경술經術이 뛰어난 12인은 국자감, 문학이 뛰어난 12인은 교서감校書監, 모획謀畫 才諝이 뛰어난 12인은 승문감承文監에 분관되었다. 조고를 치른 다음 날, 나머지 4인의 분관이 있어 장원 1인은 홍문관 부수찬7품 中士, 갑과 3인은 홍문관 부정자9품가 되었다. 정약용은 이들의 분관이 가문의 귀천을 따지지 않고 능력을 중시한 것임을 강조하였다. 우수자 4인을 홍문관에 배치한 것은 이들을 우대하는 것으로, 다른 급제자는 3년이 지나야 가능한 일이었다.[65]

---

64 조선에서 文科殿試에 합격한 33人은 甲科 3인, 乙科 7인, 丙科 23인이었다(『經國大典』 권3, 禮典, 「諸科·文科殿試」).

65 『經世遺表』 권15, 春官修制, 「選科擧之規二」.
"乙丙科三十六人, 是日分于三館. 經術長者十二人, 屬之國子監. 文學長者十二人, 屬之校書監. 謨畫長者十二人, 屬之承文監. 以付初仕, 無貴族賤族較量門地之法."

제5절 무반武班 관리의 선발

정약용이 무반 관리로 선발하는 방안은 문반 관리를 선발하는 방안과 비슷하다. 무과도 중앙에서 부시 → 상시 → 회시의 과정을 거치고, 지방에서 주시 → 성시 → 회시의 과정을 거쳐 진사에 해당하는 진무進武를 선발하였기 때문이다. 중앙과 지방 군현에서 선발자를 점점 줄여가는 방식도 문과와 동일하였다.

무과에서 12성에 배정된 인원은 문과와 차이가 있었다. 무과도 문과처럼 선사와 거자 단계부터 사방 70리에 불과한 중앙 지역이 전국의 1/3을 차지하였다. 그러나 12성에 배정된 인원은 문과와 달랐다. 정약용은 문과에서 '원제原制'라 불리는 『경국대전』의 인원 배정을 수용하였지만 무과에서는 수용하지 않았다.[66] 그는 무과에서 무력武力과 궁마弓馬의 재주가 뛰어난 서북 지역을 배려할 필요가 있다고 판단하였다.

> 문과의 정원은 문풍文風의 우열을 따지는 것이므로 삼남에 많고 서북에 적게 하는 것이 그래도 가능하다. 무력武力과 궁마弓馬의 재주는 서북이 배나 강

『經世遺表』 권1, 春官禮曹3, 「校書監」.

"臣謂. 每大比之年, 取及第三十六人[見「科制」], 於是九卿·三院[弘文館·太史院·擧院], 會議都堂, 其文學超等者取十二人, 屬之校書監, 其經術超等者取十二人, 屬之國子監, 其才諝超等者取十二人, 屬之承文監, 以付初仕, 貴族賤族, 不令岐分. 至後三年大比之日, 取此三十六人, 又會議於都堂, 三監, 各選四人, 納之于弘文館. 其餘二十四人, 仍自三監, 次次陞遷, 轉授他司之職."

66 『經世遺表』 권15, 夏官修制, 「武科」.

"原制. 武科式年初試之額, 中外共一百九十人,[京都七十人, 慶尙道三十人, 忠淸·全羅道各二十五人, 江原·黃海·咸鏡·平安道各十人.] 會試取二十八人.

한데도 무과의 정원까지 삼남이 많으니, 나는 이리저리 생각해봐도 그 까닭을 알 수가 없다. 국가는 억조의 백성을 한가지로 보아 지공무사至公無私해야 하는데, 조금이라도 고르지 못한 정사가 있어서야 되겠는가? 재목과 힘을 헤아리면 서북에 정원을 많이 주고 삼남에 적게 주는 것이 마땅하다. 그러나 지금 갑자기 변경할 수 없으므로 8성省의 정원을 평균으로 하여 차이가 없게 함이 이치에 합당할 것이다.[67]

정약용은 개혁안에서 남부 지역과 북부 지역의 선발 인원을 동일하게 배정하였다. 다음의 〈표 39〉는 『경국대전』의 규정과 정약용의 개혁안을 비교하여 정리한 것이다.

〈표 39〉 무과와 정약용의 무선 거자 인원

<table>
<tr><th colspan="3">무과 초시[68]</th><th colspan="4">정약용의 거자</th></tr>
<tr><th>지역</th><th>인원</th><th>비율</th><th colspan="2">지역</th><th>인원</th><th>비율</th></tr>
<tr><td>훈련원</td><td>70</td><td>31.8</td><td colspan="2">경성 6부</td><td>640</td><td>33.4</td></tr>
<tr><td>경기도</td><td>30</td><td>13.6</td><td rowspan="4">중부</td><td>봉천성</td><td>160</td><td>8.3</td></tr>
<tr><td>충청도</td><td>25</td><td>11.5</td><td>사천성</td><td>160</td><td>8.3</td></tr>
<tr><td>강원도</td><td>10</td><td>4.5</td><td>열동성</td><td>96</td><td>5</td></tr>
<tr><td>황해도</td><td>10</td><td>4.5</td><td>송해성</td><td>96</td><td>5</td></tr>
<tr><td rowspan="2">전라도</td><td rowspan="2">25</td><td rowspan="2">11.5</td><td rowspan="4">남부</td><td>완남성</td><td>96</td><td rowspan="2">10</td></tr>
<tr><td>무남성</td><td>96</td></tr>
<tr><td rowspan="2">경상도</td><td rowspan="2">30</td><td rowspan="2">13.6</td><td>영남성</td><td>96</td><td rowspan="2">10</td></tr>
<tr><td>황남성</td><td>96</td></tr>
</table>

67 『經世遺表』 권15, 夏官修制, 「武科」.
"文科之額, 視文風之華陋, 厚三南而薄西北, 猶之可也. 武力弓馬之材, 西北倍強, 而武科之額, 亦厚三南, 臣誠左右思, 而不得其故也. 國家一視兆民, 至公無私, 豈宜有一毫不均之政. 量其材力, 宜多與西北而寡與三南. 然今不可猝變, 唯令八省之額, 平均不差, 庶乎其合理也."

68 『經國大典』 권4, 兵典, 「武科」.

무과 초시			정약용의 거자			
지역	인원	비율	지역		인원	비율
평안도	10	4.5	북부	패서성	96	10
				청서성	96	
함경도	10	4.5		현토성	96	10
				만하성	96	
계	220	100%			1,824	100%

이를 보면 경성 지역이 차지하는 비율은 31.8%에서 33.4%로 큰 변화가 없다. 그러나 중부경기, 충청, 강원, 황해는 34.1%에서 26.6%, 남부전라, 경상는 25.1%에서 20%로 줄어들었고, 북부평안, 함경는 9%에서 20%로 크게 늘어났다. 정약용은 무신을 선발할 때 서북 지역을 배려하였으며, 이는 그가 주장한 서북 지역 방어론과 관련이 있었다.[69]

부시주시에서 회시까지의 선발 과정을 살펴보자.[70] 먼저 주시는 식년의 입추에 시험을 치를 거자의 명단을 보고하고, 추분에 각 주에서 시험을 보고 합격자를 병마절도영兵馬節度營에 보고하였다. 주시의 고관 3인은 본 성에서 뽑았다. 이는 문과 고관을 인근 성에서 뽑았던 것과 대비되는데, 정약용은 무과는 자신의 손에 결정되므로 피혐避嫌할 필요가 없다고 보았다. 주시의 시험 과목은 3장에서 각 2예씩 시험하며, 이를 정리하면 다음과 같다.

1場: 鐵箭, 貫革

2場: 騎射, 騎槍

69 정약용은 遼東 지역의 전략적 가치를 중시하고 廢四郡 지역을 복구하자고 주장하였다(김문식, 「丁若鏞의 대외인식과 국방론」, 『조선후기 지식인의 대외인식』, 새문사, 2009, 358~372면).

70 『經世遺表』 권15, 夏官修制, 「武科」.

3場: 陣法陣練, 兵法將兵

이중에서 진법陣法은 정조 대에 편찬된 『병학지남兵學指南』의 12도圖 중 하나를 골라 작도作圖하고, 60자를 골라 면강하며, 문의文義 1~2조를 문답하는 방식이었다. 또한 병법은 『손무자孫武子』와 『삼략三略』 중 하나를 택하여 60자를 면강하고 문의 3조를 필담으로 문답하는 방식이었다. 정약용은 무과 주시의 기간은 3~9일이 걸릴 것으로 예상하였다.

다음으로 성시는 무거원武擧院에서 시험을 보았고, 고관 3인은 절도사와 본 성의 수령에서 뽑았다. 무과 성시도 문과처럼 시험 과목이 강·예·예로 구성되어 많은 과목을 치러야 하였다. 다음의 〈표 40〉은 무과 성시의 시험 과목을 정리한 것이다.

〈표 40〉 무과 성시의 시험 과목

講藝	구분	시험 내용	시험 방법	비고
講(經史)	1經	『春秋左氏傳』 60字 面講	音讀 후 文義 1~2조, 필담	戰伐之事
	4書	1端 60字 面講	音讀 후 文義 3조, 필담	經文
	3鑑	1端 100字 面講	音讀 후 文義 1~2조, 필담	『將鑑』『資治通鑑』 『宋鑑』(元史 明史)
	國史	1端 100字 面講	音讀 후 文義 1~2조, 필담	『東國通鑑』『國朝寶鑑』
藝(9藝)	1場	鐵箭 木箭 片箭	原典에 의거	3~9일
	2場	貫革 柳葉箭 鳥銃		
	3場	騎射 騎槍 鞭芻		
藝	1場	陣法, 作圖1, 60字 面講	音讀 후 文義 1~2조, 필담	『兵學指南』
		兵法, 60字 面講	音讀 후 文義 3조, 필담	『孫武子』『三略』
		武備, 100字 條對	面前에서 條對	『備禦考』
		算書, 60字 面講	音讀 후 文義 1~2조, 필담	梅氏之書
		律書, 60字 面講	音讀 후 文義 1~2조, 필담	『大明律』

문과와 무과의 성시 과목을 비교하면, 무과에서는 경사經史를 강하는 글자 수를 줄여 부담을 경감시키고, 중국사에서는 23사史 대신에 『장감將鑑』『자치통감資治通鑑』『송감宋鑑』元史, 明史을 위주로 하였다. 또한 문과에서 9체의 제술 시험을 볼 때 무과는 9예의 무예를 시험하고, 다시 1장을 열었을 때 진법의 작도, 병법, 무비武備의 조대條對를 시험하여 무예 위주로 평가하였다. 성시에서 주목할 점은 『비어고備禦考』에 관한 조대였다. 『비어고』는 정약용이 편찬한 전쟁사 서적으로 이를 무사의 필독서로 보고 무과의 필수 과목에 포함시켰다.

> 『비어고備禦考』란 신臣이 편집한 것이다. 위만 이후 우리나라의 전쟁에 관한 일을 모아서 한 책으로 만들고, 관방關防과 기용器用에 관한 설, 조선의 군제에 관한 연혁을 추가하였다. 무사武士들은 이 책을 강講하지 않으면 안된다.[지금은 아직 완성되지 않았다][71]

무과 성시에서 고관은 총 18예를 시험하고 합격자를 선발한 후 그 명단을 조정에 보고하였다. 고관이 살피는 18예는 ① 성경聖經『춘추좌씨전』, ② 유서儒書四書, ③ 군사軍史三鑑, ④ 국사, ⑤ 철전鐵箭, ⑥ 목전木箭, ⑦ 편전片箭, ⑧ 관혁貫革, ⑨ 유엽전柳葉箭, ⑩ 조총鳥銃, ⑪ 기사騎射, ⑫ 기창騎槍, ⑬ 편추鞭芻, ⑭ 진법, ⑮ 병법, ⑯ 무비武備, ⑰ 산서算書, ⑱ 율서律書였다.[72]

---

71 『經世遺表』 권15, 夏官修制, 「武科」.
"『備禦考』者, 臣所輯也. 衛滿以降, 凡東方戰伐之事, 彙爲一書, 繫之以關防器用之說及國朝軍制之沿革者也, 武士不可以不講此書也.[今姑未成編]"

72 『經世遺表』 권15, 夏官修制, 「武科」.

회시는 성시를 본 이듬해 춘분에 한성의 무거원에 모여 시험하며, 240인을 선발하여 진무가 되었다. 회시의 고관 5인은 중대부 1인文臣, 하대부 2인武臣, 상사文臣 1, 武臣 1이며 시험 과목은 성시의 과목과 같았다. 회시에서 낙방한 240인은 고향으로 돌아가고, 그중 120인은 거자가 되며, 성적이 낮은 120인이 거자에서 탈락하는 것은 문과와 같았다.

회시에서 진무를 선발한 이후에는 도시 → 도회 → 전정친시 → 조고가 진행되었다. 문과처럼 진무를 선발할 때까지는 지역별 인원이 있었지만 도시 이후는 모두가 경쟁하였다.

도시는 무거원訓練院, 무장武場, 모화관慕華館 세 곳에서 진행되며, 앞서 세 번의 회시에서 진무가 되었던 사람과 새로 진무가 된 240인이 함께 모여서 시험을 보았다. 여기서 선발된 240인의 진무는 도회에 응시할 수 있었다. 도시의 고관은 5인이고, 시험 과목은 철전, 관혁, 기추 등 3예였다. 정약용은 도시에 진법, 병법, 무비 시험이 없는 것은 무과가 무기武技를 위주로 한 때문이며, 문예를 포함시키지 않은 것은 경화京華 자제에게 유리하고 먼 지역의 역사力士에게는 불리하기 때문이라고 하였다.[73] 서북 출신의 무사를 배려한 방안이었다.

"諸藝, 一聖經[卽『春秋』], 二儒書[卽四書], 三軍史[卽三鑑], 四國史[卽東史], 五鐵箭[卽六兩], 六木箭[卽纖矢], 七片箭[唯我邦有之], 八貫革[卽板的], 九柳葉箭[箭之重八錢], 十鳥銃[只三放], 十一騎射[卽騎蒭], 十二騎槍[槍重三十斤], 十三鞭蒭[騎槍用三蒭, 騎射用五蒭, 此用六蒭.] 十四陣法[用『兵學指南』], 十五兵法[『孫武子』『三略』], 十六武備[如文科策問], 十七算書[用梅氏之法], 十八律書[只用大明律]. 通共十八藝, 計其畫數, 以定第次, 充額而止. 如有同畫者, 試射一巡以決之."

73 『經世遺表』 권15, 夏官修制, 「武科」.

"三藝者, 一鐵箭, 二貫革, 三騎蒭也. 數日乃畢. ○臣謹案. 都試三藝, 無陣法·兵法·武備等條目者, 武科主於武技. 若以文字之藝, 參錯其間, 則京華子弟, 多捷都試, 而遠方材力之士, 無不負屈, 安得

도회는 성시·회시와 같은 방식으로 진행되고, 240인의 진무에서 40인의 급제를 선발하였다. 급제한 40인을 장원, 갑과, 을과, 병과로 구분하고, 무신을 선발하는 것이 사실상 도회에서 끝나는 것은 문과와 같았다.

전정친시와 조고는 무과에 선발된 사람을 다시 시험하는 과정이었다. 전정친시는 국왕이 참석한 가운데 전정에서 관혁 1순旬 5발을 쏘고 성적이 우수한 급제자에게 상을 주었다. 관혁에 1시矢도 맞히지 못한 사람이 있으면 추가 시험이 있었다. 유엽전 1순을 추가하여 맞히지 못하면 다시 기추 1순을 시험하고, 그래도 맞히지 못하면 급제를 취소하고 낙방한 진무 가운데 최우수자를 골랐다.[74] 무신의 무예란 항상 갖추고 있어야 할 기예였기 때문이다.

조고는 전정친시 다음날 3군문의 대장과 3청廳의 명무名武들이 무거원에 모여 새로 급제한 40인과 병법을 토론하고 무비를 강하는 방식으로 진행되었다. 조고의 과목은 무경문武經問 3조와 『장감』문 3조, 무비문 3조, 관혁에 발사 3시矢였다. 새 급제자는 당대의 무장들이 모인 자리에서 시험받는 것이라 끝까지 긴장할 수밖에 없었다.

조고가 끝나면 급제자의 관직 생활이 시작되었다. 장원 1인은 선지관宣旨官 中士, 갑과 3인은 선전관宣傳官 下士에 임명되고, 을과와 병과 36인은 선령관宣令官 武兼宣傳官에 임명되었다. 정약용은 당시 무과가 본인의 출신에 따라 선전천宣傳薦, 부장천部將薦, 수문천守門薦으로 나눠지는

無恨? 都試者, 大小科之蜂腰也, 其利害甚切, 不可不如是也."

74 『經世遺表』 권15, 夏官修制, 「武科」.
"殿庭親試, 唯試貫革一巡, 賢者有賞. 其不得一矢者, 又試柳葉箭一巡. 若又不中者, 又試騎芻一巡. 若又不中者, 則削其科, 取都會落榜人中居首者, 陞補之."

것을 비판하고, 급제자를 모두 선교국宣教局 宣傳廳에 배치하고 직무가 없던 선령관에게는 고취랑鼓吹郞을 겸하게 하는 방식으로 직무를 주었다.[75] 정약용의 방안을 따르면 급제자는 모두 현직 관리가 되었다.

제6절 남행南行 관리의 선발

정약용은 남행=음사蔭仕는 문반, 무반과 합하여 삼반을 이루므로 문반과 무반처럼 36인을 관리로 선발해야 한다고 주장하였다.

> 과거로 사람을 뽑는 것은 옛 성왕聖王의 법이 아니다. 그러나 이미 과거를 실시하여 사람을 뽑는 것은 장차 등용하려는 것인데 도리어 버리고 있다. 그런데 남행南行으로 입사한 사람은 1년에 두 번 도정都政을 하는 데 적어도 20~30인을 내려가지 않으며, 3년을 통계하면 반드시 70~80인을 내려가지 않는다. 문과에서 30여 인을 뽑는데 남행은 70여 인을 뽑으니 매우 고르지 못하다. (중략) 지금 문과와 무과는 식년마다 각각 36인을 뽑으니, 남행

---

75 『經世遺表』 권2, 夏官兵曹4, 「宣教局」.

"武科初入仕, 分爲三薦, 淸族入宣傳薦, 其次入部將薦, 最下入守門薦. 然武科多取者, 或至千人, 朝廷無官以待之. 於是薦而不仕, 白首乾沒者, 十之八九, 其初不得薦者, 又百之九十七八, 天下之無法無制, 莫此若也. 夫設科取人, 將以授職, 苟不授職, 何以科爲. 況族之淸濁, 非所以勸賢而育材也. 出身之初, 不問其賢愚才鈍, 遂分三岐, 使不得比肩竝列者, 抑何義理. … ○臣謹案. 宣傳官, 本是傳命之職, 而啓螺卽其所兼掌也. 上中下三士, 各以二人, 專掌啓螺. 至於武兼, 專無職掌, 而徒作武臣食祿之窠, 無義甚矣. 臣聞爲官擇人, 未聞爲人設官, 今宜以內吹打, 屬之於武兼. 遂以宣令官兼之曰鼓吹郞, 於其三十六人之內, 幾員掌鼓人, 幾員掌鉦人, 幾員掌吹人, 令有所修擧, 令有所結束, 總隷於啓螺, 不令徒食祿, 斯可矣."

도 36인을 뽑아 3반三班이 되게 한다. 선選과 거擧[문과와 무과는 선選, 남행은 거擧이다.]가 겸하여 시행되고, 예藝와 덕德을 아울러 뽑으면, 사람을 쓰는 데에 법도가 있을 것이다.[76]

이를 보면 정약용은 문과와 무과는 선選, 남행은 거擧에 해당하며, 문과와 무과가 예藝로 뽑는다면 남행은 덕德으로 뽑는다고 하였다. 정약용은 남행도 문과와 무과처럼 36인을 선발하되 반드시 3년 대비가 되는 해에 문과, 무과와 함께 선발하고 이동시키는 방식을 마련하였다.[77] 앞서 보았듯이 정약용은 문과와 무과에서 40인을 급제로 하였다. 남행의 경우 36인이라 하는 것은 그의 견해에 변화가 있었던 것으로 보인다.[78]

정약용은 선사 가운데 치선을 남행으로 선발함으로써 삼반 체제를 갖추었다. 그는 당시 남행으로 관리가 되는 길이 점점 넓어져 남행 출

---

76 『經世遺表』 권3, 天官修制, 「三班官制」.
"科擧取人, 非古聖王之法. 然旣設科取人, 若將進用, 乃旋棄之. 而南行入仕者, 一年再政, 少不下二三十人, 通計三年, 必不下七八十人. 文科則取三十餘人, 南行則取七十餘人, 其不均甚矣. … 今文武科每式年, 各取三十六人, 南行亦當取三十六人, 以成三班. 使選擧兼行[文武科選也, 南行擧也.], 藝德雙取, 庶乎其用人有法度也."

77 『經世遺表』 권3, 天官修制, 「三班官制」.
"三年大比, 乃二帝三王制治之大經大法. 苟使隨出隨補, 各計其仕, 參差各陞, 則三年大比之法, 於是乎紊亂矣. 文武科三十六人, 南行三十六人, 必於大比之年, 一時選擧, 然後法制乃成. 今此條例, 萬不可變通者也."

78 『經世遺表』 권15, 春官修制, 「治選之額」.
"其四十人之中, 首薦者四人, 待之以不次. 三十六人, 例付於南行初仕. ○案. 前編, 南行入仕之法, 以爲政府樞府合選, 得三十六人. 竊又思之, 薦法疏路, 今改定如此."
정약용은 「邦禮草本引」에서는 36인을 뽑는다고 하였고, 본문에서는 문반과 무반은 40인, 남행은 36인을 뽑는다고 하였다. 현재 전해지는 『경세유표』 筆寫本을 시간 순으로 배열하여 검토할 필요가 있다.

신의 관리가 문과 출신의 관리보다 3~4배나 되는 현실을 비판하고, 치선이 가진 치민을 과목으로 하여 선발하는 과정을 만들었다.

남행 관리를 선발하는 방안은 중앙에서 방천坊薦 → 부천部薦 → 상천庠薦 → 조천曹薦 → 회천會薦의 과정을 거치고, 지방 군현에서는 읍천邑薦 → 주천州薦 → 성천省薦 → 조천 → 회천의 과정을 거쳤다. 이를 문과나 무과와 비교하면 방천읍천은 거자를 선발하는 단계에 해당하고, 상천성천은 부시주시, 조천은 회시, 회천은 도회의 단계에 해당하였다. 남행의 선발 인원을 각 지역별로 배정하고, 단계가 올라갈 때마다 인원을 1/2씩 줄이는 것은 문과나 무과와 동일하였다. 다만 문과와 무과에서는 회시 이후 지역별 배정 인원이 없어졌지만, 남행에서는 조천과 회천 단계에도 남아 지역별 인원을 유지하였다.

다음의 〈표 41〉은 남행의 지역별 배정 인원을 정리한 것이다.

〈표 41〉 남행 선발자의 배정[79]

<table>
<tr><th colspan="2">지역</th><th>8도</th><th colspan="2">坊薦
邑薦</th><th colspan="2">部薦
州薦</th><th colspan="2">庠薦
省薦</th><th colspan="2">曹薦</th><th colspan="2">會薦</th></tr>
<tr><td colspan="2">경성 6부</td><td></td><td colspan="2">320</td><td colspan="2">160</td><td colspan="2">80</td><td colspan="2">40</td><td colspan="2">20</td></tr>
<tr><td rowspan="4">중부</td><td>봉천성</td><td>경기(한성)</td><td>80</td><td rowspan="4">288</td><td>40</td><td rowspan="4">144</td><td>20</td><td rowspan="4">72</td><td>10</td><td rowspan="4">36</td><td>5</td><td rowspan="4">18</td></tr>
<tr><td>사천성</td><td>충청(공주)</td><td>112</td><td>56</td><td>28</td><td>14</td><td>7</td></tr>
<tr><td>열동성</td><td>강원(원주)</td><td>48</td><td>24</td><td>12</td><td>6</td><td>3</td></tr>
<tr><td>송해성</td><td>황해(개성)</td><td>48</td><td>24</td><td>12</td><td>6</td><td>3</td></tr>
<tr><td rowspan="4">남부</td><td>완남성</td><td>전라(전주)</td><td>64</td><td rowspan="4">240</td><td>32</td><td rowspan="4">120</td><td>16</td><td rowspan="4">60</td><td>8</td><td rowspan="4">30</td><td>4</td><td rowspan="4">15</td></tr>
<tr><td>무남성</td><td>전라(광주)</td><td>48</td><td>24</td><td>12</td><td>6</td><td>3</td></tr>
<tr><td>영남성</td><td>경상(대구)</td><td>64</td><td>32</td><td>16</td><td>8</td><td>4</td></tr>
<tr><td>황남성</td><td>경상(성주)</td><td>64</td><td>32</td><td>16</td><td>8</td><td>4</td></tr>
</table>

79 『經世遺表』 권15, 春官修制, 「治選之額」.

지역		8도	坊薦 邑薦		部薦 州薦		庠薦 省薦		曹薦		會薦	
북부	패서성	평안(평양)	32	112	16	56	8	28	4	14	2	7
	청서성	평안(영변)	32		16		8		4		2	
	현토성	함경(함흥)	32		16		8		4		2	
	만하성	함경(경성)	16		8		4		2		1	
계			960		480		240		120		60	

이를 보면 경성 6부에 배정된 인원이 전체의 1/3에 이르고, 12성에 배정된 인원의 비율도 문과와 동일하였다. 〈표 41〉에서 방천읍천에 배정된 960인은 문과와 무과에서 부시와 주시에 배정된 인원과 일치하였다.

방천읍천에서 회천에 이르는 과정을 살펴보자. 방천읍천은 식년 추분에 거행하였다. 방천은 경성의 각 방에서 선발하여 6부에 추천하고, 읍천은 각 군현에서 선발하여 영주領州에 보고하였다. 다음으로 부천주천은 문과 주시가 있는 날 거행하였다. 부천은 경성의 6부에서 선발하여 육학에 추천하고, 주천은 지방 목사가 선발하여 12성의 포정사에 추천하였다. 다음으로 상천성천은 문과 성시가 있는 날 거행하였다. 상천은 경성의 육학이 선발하여 이조에 추천하고, 성천은 지방 감사가 선발하여 병조에 추천하였다.

조천과 회천은 중앙 정부에서 진행하였다. 먼저 조천은 문과 회시가 있는 날 이조와 병조의 관리들이 모여서 합의하고 선발된 인원을 상부相府로 추천하였다. 다음으로 회천은 문과 도회가 있는 날 3공公, 3고孤, 삼사三司의 장관들이 모여 회의로 결정하였다. 이들은 최종 선발된 인원을 국왕에게 추천하고, 이조와 병조로 보내어 임용을 기다리게 하였다.

남행에서 최종 선발된 인원은 문과, 무과와 마찬가지로 40인이었다.[80] 이중에서 1인은 바로 경연관에 제수하고 사헌부 감찰6품에 보임補任하며, 그 다음 3인은 바로 경연관에 제수하고 경전사經田司 주사主事로 보임하였다. 나머지 36인은 이조와 병조에서 임명하였다.[81]

정약용의 개혁안에서 남행 입사는 여기서 그치지 않았다. 정약용은 「삼반관제三班官制」에서 문신 남행 36인, 서류庶流 문신 남행 12인, 무신 남행 48인을 두어 총 96인의 남행을 두었다. 여기서 문신 남행에는 산림山林, 종척宗戚, 훈현勳賢 집안의 출신이 있었고, 무신 남행에는 공신 자손이 포함되었다. 정약용이 문신 남행에서 서류를 별도로 둔 것은 이들이 남행으로 출사하기 어렵다고 보았기 때문이다.[82] 정약용은 삼반 관리의 선발 인원을 모두 40인으로 통일시키면서 남행에는 추가로 선발되는 인원을 두었다.

이상에서 『경세유표』에 나타나는 인재선발론을 인재 양성과 관리 선발로 구분하여 검토하였다. 그의 인재선발론에 보이는 특징을 정리하면 다음과 같다.

---

80 〈표 41〉을 보면 會薦에서 최종적으로 선발된 인원은 60人이다. 『經世遺表』에서 남행 60人 중에서 40인을 선발하는 방안은 보이지 않는다.

81 『經世遺表』 권15, 春官修制, 「治選之額」.
"其四十人之中, 首薦者四人, 待之以不次. 三十六人, 例付於南行初仕. 首薦者一人, 直授經筵官, 補司憲府監察. 其次三人, 直授經筵官, 補經田司主事. 餘付政曹, 以補三十六窠."

82 『經世遺表』 권3, 天官修制, 「三班官制」.
"文·武科, 止於三十六人, 南行則於三十六人之外, 別置庶流十二窠者. 文·武科, 其選擧公平, 則庶流之與於其選者, 宜與貴族無別. 若南行之選, 苟不別置其窠, 必難得與, 玆所以增廣之也."

정약용은 인재를 양성하고 관리로 선발하는 방안을 하나의 제도로 확립하고자 하였다. 그는 관리가 되는 경로를 문과, 무과, 남행으로 구분하고 이를 통칭하여 삼반이라 하였다. 삼반의 선발 인원은 각 40인이고, 급제자 전체가 현직 관리로 임용되었다. 관리가 되는 기본 단위에는 선사가 있고, 선사는 과목에 따라 문선, 무선, 치선, 예선, 서선으로 구분되었다. 이중에서 문선은 문과, 무선은 무과, 치선은 남행에 응시하고, 예선은 한 가지 전문 기예로 선발되며, 서선은 6조 산하 관청의 서리가 될 수 있었다.

문과, 무과, 남행으로 관리를 선발하는 방식은 비슷하고, 문과에서 소과와 대과의 구분은 폐지되었다. 과거에 응시할 선사와 거자가 익히는 과목은 향삼물육덕 육행 육예과 육경육도이었고, 거자를 선발할 때까지는 덕·행의 평가에, 과거가 진행되면 문예와 기예의 평가에 중점을 두었다. 당시 과거제가 문예와 기예의 평가에 중점을 두었다면, 정약용은 과거에 앞서는 천거 단계에서 덕행의 실천을 중시하였다. 또한 삼반의 선사와 거자는 지역별 인원이 배정되고, 문과와 무과는 회시까지, 남행은 최종 선발까지 그 비율이 유지되었다. 정약용의 방안은 문과와 남행에서는 『경국대전』의 규정을 따르고, 무과에서는 무예가 뛰어난 서북 지역을 배려하였다.

문반과 무반 관리를 선발하는 방식은 엄격하게 관리되고, 중국과 한국의 역사 및 전장 제도에 관한 지식을 중시하였다. 문반과 무반의 거자와 진사진무는 성시와 회시에서 18예, 도회에서 14예를 시험하였고, 시험에 대비하여 문무를 겸하고 육예를 갖추어야 하였다. 정약용은 중국에서는 거자만 되어도 9경經과 전사全史에 능하고 백가를 넘나들며 시무를 잘 안다고 부러워하였고, 자신의 개혁안에서 이를 실현하려 하였다. 선사의 교육 과목과 과거 과목에는 기존에 없던 과목이 많이 나타난다. 정약용은 『주례』와 『의례경전통해』를 삼례로 보고 육경에 포함시켰고 『십삼경주소』를 중시하였다. 또 청의 역사는 『청회전』을 통해 학습하고, 조선의 역사는 한치윤의 『해동역사』를 재편집한 『동사집성』, 진법은 정조 대에 편찬된 『병학지남』, 전쟁사는 자신이 편찬한 『비어고』를 학습하게 하였다. 그의 방안을 따르면 삼반의 관리는 경학, 중국과 한국의 역사, 전장 제도에 해박한 지식을 갖춰야 하였다.

정약용의 인재선발론은 지역적 차이가 있고, 사·농·공·상 사이에도 차이가 큰 방안이었다. 그가 지역별로 배정한 인원은 수도권에 집중되고, 수도권에서도 가옥의 크기에 따라 25배나 차이가 났다. 지방 군현의 가옥은 수도권에서 가장 낮은 등급에 해당하며, 방 단위에 배정된 선사의 숫자에서 다시 10배의 차이가 났다. 정약용은 사와 농·공·상을 엄격하게 구분하였다. 국자감은 국자의 공간과 만민의 공간으로 구분되고, 만민 출신은 진사로 선발되어야 국자감에 들어갈 수 있었다. 정약용이 규정한 만민에는 엄밀한 의미에서 농·공·상 출신이 포함되지 않았다. 그러나 농·공·상 출신이 선사에 뽑히거나 관리로 들어갈 가능성은 있었다. 도성에 상공인이 거주하고 육수와 군현 지역에 농부가 있었기 때문이다. 그러나 정약용의 방안은 부친의 지위가 높을수록 관리로 선발되기에 유리하고, 사士에서 농·공·상으로 떨어지는 길은 열려있지만 농·공·상에서 사士로 가는 길은 매우 좁았다.[83]

---

83 김호는 정약용이 士族은 교화의 대상에 포섭하지만 下民(小民)은 교화에 앞서 恒産을 제공해야 하며, 小民의 공공성 회복에 대해서는 유예적인 태도를 취한 것으로 보았다(「다산 정약용의

관리를 선발하는 방법을 천거제와 과거제로 구분할 때 조선은 과거제가 중심이었다. 그러나 정약용은 선사와 거자를 선발할 때까지는 천거제를 이용하고 그 이후에는 과거제를 이용하여 '선거選擧'라는 본뜻에 부합하게 하였다. 조선후기의 인재선발론에서, 유형원은 공거제貢擧制라 불리는 천거제를 지향하였고,[84] 유수원은 천거제와 과거제를 병용하는 방안을 제시하였다.[85] 따라서 정약용의 방안은 유수원과 비슷하였고, 두 사람은 동시대의 중국 제도를 참고하며 학교 제도와 과거 제도를 일원화시키려 하였다는 공통점이 있었다.

필자는 정약용의 인재선발론에는 그의 진보성과 보수성이 동시에 나타난다고 생각한다.

'민주' 기획」, 『다산과 현대』 6, 2013, 316~321면).

84 김태영, 「磻溪의 變法的 通治論」, 『반계 유형원 연구』, 사람의무늬, 2013, 154~177면.

85 정순우, 「聾庵의 과거제 및 학교제도 개혁론」, 『농암 유수원 연구』, 사람의무늬, 2014, 500~513면.

부록

다산학 연구의 동향(2003~2008)

강진다산실학연구원에서 최근 다산학 연구의 성과와 연구 동향을 정리해 달라는 의뢰를 받았을 때, 필자는 몇 가지 어려움을 느꼈다. 첫 번째는 그동안 발표된 연구 논문의 숫자에 비해 필자가 검토할 수 있는 논문의 숫자가 매우 제한되어 있다는 점 때문이었다. 물론 최근 5년간 발표된 논문 중에서 역사 분야라는 단서 조항이 있어 대상 논문이 좁혀지긴 하였지만 그래도 필자가 접근할 수 있는 논문에는 여전히 한계가 있었다. 두 번째는 논문을 검토하는 필자의 시각이 공정하지 못하다는 문제가 있었다. 정약용의 저술은 정치, 경제, 사회, 문화 등 역사학에서 다루는 거의 모든 분야에 해당하지만 필자는 이를 모두 다룰 수 있는 능력을 갖추지 못한데다 필자 자신이 일정한 시각을 가진 연구자이기 때문에 다른 연구자의 논문을 공정하게 평가하기도 어렵다. 세 번째는 역사 분야의 범위를 어떻게 설정하는가 하는 문제가 있었다. 이 부분은 필자의 판단에 따라 결정하는 수밖에 없었다.

이글을 작성하면서 필자는 몇 가지 원칙을 정하였다. 우선 이글이 『다산과 현대』 창간호에 수록되는 논문임을 고려하여 최근에 발표된 논문을 최대한 포괄적이고 공정하게 다룬다. 다음으로 최근 발표된 논문의 내용 및 성과를 소개하는 데 주력하고, 이에 대한 평가는 최소화한다. 이는 연구 분야가 매우 방대하고 필자의 시각이 편향적일 수 있다는 점을 고려한 때문이다. 다음으로 논문을 정리하는 순서는 발표 연대를 기준으로 하지만 경우에 따라서는 주제를 중심으로 정리한다.

이글에서 검토한 논문은 2003년부터 2008년까지 전문 학술지에 발표된 논문만 대상으로 하였고, 이전에 발표된 논문이라도 필요한 경우에는 간략하게 언급하였다. 같은 시기에 박사논문과 석사논문도 다수가 발표되었으나 이글에서는 목록만 제시하고 내용을 검토하지는 않았다. 학위논문의 목록을 작성하는 데에는 다산학술문화재단의 도움을 받았다. 이 자리를 빌려 감사드린다. 마지막으로 최근에 다산학 연구 동향을 검토한 이봉규2005a의 논문이 있어, 이글을 작성하는 데 크게 참고가 되었다.

제1절 『여유당전서』 텍스트 연구

텍스트 연구란 '신조선사에서 간행한 『여유당전서』에 나타나는 여러 문제점을 검토하고 이를 해결한 정본定本을 편찬하기 위한 문헌 연구'를 의미한다. 현존 『여유당전서』는 1934~1938년 다산 서거 100주년을 기념하여 필사본으로 전해지던 정약용의 저술을 154권 76책으로 정리하고 연활자鉛活字로 간행한 것이다. 이 책이 출간된 이후 학계에서는 신조선사본 『여유당전서』를 저본으로 하여 2천 편이 넘는 논문과 300편 이상의 석사논문과 박사논문이 작성되었고, 100권이 넘는 단행본이 출판되어 '다산학'이란 학문 영역이 자리 잡게 되었다. 그러나 연구가 진행되면서 『여유당전서』에서는 많은 오자와 탈자가 발견되었다. 그리고 정약용의 저술로 보기 어려운 것이 포함되어 있거나 정약용의 저술로 판단되는 것이 포함되지 않은 것도 있었다. 또한 신조선사본의 편집 체제가 1822년에 정약용이 작성한 「자찬묘지명」의 내용과 일치하지 않아 새로운 정본을 편찬해야 한다는 논의도 나오게 되었다.

신조선사본 『여유당전서』의 체제상 문제점을 전반적으로 제기한 사람은 조성을1984이다. 이보다 앞서 홍이섭1965, 민영규1979, 정석종1983이 『여유당전서』에 수록된 저술의 원문에 문제가 있음을 거론하였고, 이후에도 김영호1985, 안병직1985, 김상홍1985이 텍스트의 문제점을 지적하였다. 그러나 『여유당전서』의 체제상 문제점을 거론한 것은 이때가 처음이었다. 조성을1984은 한국학중앙연구원구 정신문화연구원과 서울대학교 규장각에 소장된 필사본 『여유당집與猶堂集』의 잡문雜文 부분을 검토하면서, 정약용이 강진에 있을 때까지 작성한 잡문 전편과 유배에서 풀려난 이후에 작성한 잡문 후편이 구분된다고 하였다. 이러한 사항은 「자찬묘지명」의 내용과 일치하는데, 신조선사본에서는 이런 구분이 전혀 나타나지 않는 점을 지적하였다. 조성을은 정약용의 저술을 묘지명墓誌銘 체제와 비묘지명非墓誌銘 체제로 구분하고, 『여유당집』의 잡문을 잡문 전편과 후편으로 구분하여 그 목록을 재구성하였다. 조성을1987은 정약용의 『상서』 연구서도 검토하였다. 정약용이 강진 시절에 『매씨상서평』, 『상서고훈』, 『상서지원록』을 작성하고, 유배에서 풀려난 이후에 『염씨고문상서소증초』, 개수본改修本 『매씨상서평』, 합편 『상서고훈』을 작성하였으며, 『여유당전서』에 수록되지 않은 저술의 필사본이 전해지고 있다는 점도 밝혔다. 이에 조성을은 신조선사본 『여유당전서』가 묘지명 체제를 따르지 않았다는 점, 영인본 『여유당전서보유』에 수록된 저술은 정약용의 저술인지 확인하는 작업이 필요하다는 점을 제기하였고, 「자찬묘지명」에 나타난 저술 체제를 따르는 완벽한 전서全書를 만들자고 제안하였다.

2003년에 『정본 여유당전서』를 편찬하기 위한 예비 모임이 열렸다. 10월 4일~5일에 '『퇴계전집退溪全書』 및 『여유당전서』 정본 사업을 위한 워크숍'이 열렸는데, 신조선사본 『여유당전서』의 체제상 문제점에 대해 조성을과 김문식이 발표하였다. 조성을은 「정약용 저작의 서지학적 제문제」라는 글을 통해 『여유당전서』를 묘지명 체제와 비묘지명 체제로 구분하여 편집해야 한다고 주장하였고, 이후 조성을2004은 필사본 『여유당집』에 수록된 시율詩律과 잡문雜文을 전편, 후편, 비묘지명 체제로 구분하고, 각 작품이 작성된 시기를 고증하는 성과를 내었다. 김문식2004은 새로 편찬하는 『정본 여유당전서』는 「자찬묘지명」의 체제를 따라 경집經集과 문집文集으로 구분해야 하고, 경집을 편집하는 순서는 육경, 사서, 소학, 심경의 순으로 하자고 하였다. 또한 그는 신조선사본의 권卷과 책冊 구분에 문제가 있으므로 필사본에 의거하여 권과 책을 다시 구분하고, 필사본에 저著·술述·집輯·편차編次로 구분된 저술의 성격도 명시해야 한다고 주장하였다. 이러한 문제 제기는 8개의 집詩文集 雜纂集 經集 禮集 樂集 政法集 地理集 醫學集으로 구분된 신조선사본 『여유당전서』 체제에 익숙해 있던 연구자들에게 상당한 충격을 주었다.

2004년부터 『정본 여유당전서』를 편찬하기 위한 텍스트 연구가 본격적으로 시작되었다. 먼저 국내외에 산재한 필사본에 대한 조사와 검토가 있었다. 장동우2005는 총 21곳국내 20곳, 국외 1곳에 소장된 필사본을 조사하면서 국내에 있는 필사본의 경집 부분을 중심으로 정리하였다. 장동우는 「자찬묘지명」의 체제는 정약용이 최후에 수정한 「열수전서洌水全書」까지 유지되고 있다는 점, 정약용의 현손인 정규영丁奎英이 작성한 「열수전서총목록洌水全書總目錄」은 『정본 여유당전서』의 체제를 결정할 때 결정적 자료임을 밝혔다. 또한 필사본 가운데 규장각 소장 『사암경집俟菴經集』이 정고본定稿本이고, 규장각 소장 『여유당집』은 가장 뒤에 정리된 것이며, 신조선사본 『여유당전서』는 『여유당집』을 저본으로 하였을 가능성이 높다고 하였다.

노경희2006는 일본에 있는 필사본을 조사하였다. 노경희는 일본에 산재한 11곳의 도서관을 조사하여 정약용의 저서 48종과 정약용 후손의 편저서 6종을 합하여 총 54종의 필사본을 보고하였다. 이는 필사본의 정고본을 확정할 때 기초 자료로 활용되었다. 노경희2005는 필사본을 조사하는 과정에서 일본 궁내청宮內廳 서릉부書陵部에 소장된 정약용의 아들 정학연丁學淵의 시집 『삼창관집三倉館集』을 발굴하고, 해제를 덧붙인 원문 자료를 영인본으로 냈다.

김언종2006~2007은 『여유당전서보유』에 수록된 저작의 진위 문제를 따지는 연구를 진행하였다. 『여유당전서보유』는 1973~1975년에 김영호가 『여유당전서』에 수록되지 못한 정약용의 저서 43종을 영인 편집한 책으로, 정약용의 저술 여부를 놓고 오랫동안 논란이 있었다. 김언종은 저술의 진위를 따지는 고증을 세 차례로 나누어 진행하였는데, 최종 결과 『여유당전서보유』에 수록된 49종 가운데 17종은 정약용의 집안이거나 주변 학자들의 저술임을 밝혔다. 김언종의 연구는 오랫동안 논란이 되었던 문제를 상당히 해결하였다는 점에서 역작으로 평가된다.

『여유당전서』에 포함된 개별 저술에 대한 연구도 진행되었다. 심경호2007는 시문집에 수록된 시詩의 작성 연대에 대한 연구를 하였다. 신조선사본 『여유당전서』에는 1811년부터 1818년까지 작성된 시가 전혀 수록되지 않았고, 1819년부터 1836년까지 작성된 시는 순서가 뒤섞여 있다는 문제점이 있었기 때문이다. 심경호는 정약용이 작성한 시의 연대를 수학기, 사환기, 유배기, 유배에서 풀려난 이후로 구분하여 검토하였고, 별도의 책자가 있거나 정약용과 교류한 인물들의 시문집에 나타나는 정약용의 시를 발굴하였다.

김문식2007은 2종의 필사본 『상서지원록』의 원문을 축자대조하여 차이점을 밝혔다. 『여유당전서보유』에 수록된 필사본은 규장각에 소장된 필사본보다 선행본이며, 1811년 『상서지원록』이 편찬된 이후 네 단계의 수정이 있었음을 논증하였다.

조성을2007은 『경세유표』 체제의 차이를 비교하였다. 버클리대 소장 필사본은 원형에 가까운 본으로 처음 저술이 이루어진 순서대로 편집되었고, 규장각에 소장된 2종의 필사본A본 규6915, B본 古 5120-71에서는 체제의 조정이 있었으며, 마지막으로 『여유당전서』에 수록된 본이 간행된 것으로 보았다. 조성을은 조선사연구회 활자본1911년 간행과 조선광문회 활자본1914년 간행의 체제도 검토하여 규장각 B본이 조선광문회본과 같은 계열인 것으로 판단하였다.

박종천2008은 19종에 이르는 『민보의民堡議』의 필사본을 개괄적으로 검토하였다. 『민보의』는 「자찬묘지명」에 언급되지 않았다가 『열수전서』에 포함된 책이다. 박종천은 『민보의』를 3권 체제로 편집하는 것이 적합하며, 목차가 들어있는 『여유당집』 계열의 필사본이 원형에 가까운 것으로 보았다. 그는 『여유당전서보유』에 수록된 필사본이 제일 먼저 작성되었고, 버클리대 소장 『사암별집』 수록본, 규장각 소장 『사암별집』 수록본의 순서로 작성되었다고 보았다. 박종천은 『민보의』가

일제 때까지 통행되면서 다양한 변형본이 나타남을 지적하였다.

2004년부터 본격화된 텍스트 연구는 짧은 기간에 상당한 연구 성과를 거두었다고 평가할 수 있다. 그렇지만『정본 여유당전서』를 만들기 위해서는 아직 검토해야 할 문제가 많이 남아 있다. 지금까지 소재가 확인된 국내외 필사본의 원문을 일일이 대조하여 그 계열을 확정하고, 엄밀한 교감을 거친 원문을 확정하기 위해서는 배전의 노력을 기울여야 할 것이다.

제2절 역사 분야 연구

최근에 발표된 역사 분야의 논문은 시각이 매우 다양하여 일목요연하게 정리하기 어렵다. 이하에서는 이를 몇 개의 분야로 구분하고, 각 논문의 내용을 개략적으로 소개하기로 한다.

정약용의 정치론에 대해서는 박현모, 김수현, 함규진, 백민정의 연구가 있다. 박현모2003는 정약용의 군주론을 정조와 연관시켜 검토하였다. 박현모는 정약용이 국왕에게 권력을 집중시키면서도 국왕 개인의 자의적인 권력 행사를 막기 위해 왕정王政을 강화하는 방향으로 제도를 개혁하려 하였고, 국왕과 백성 사이를 가로막는 중간 세력을 최소화하며, 군령이나 조세제도가 국왕을 중심으로 하여 통일적으로 운영되는 방안을 구상한 것으로 보았다. 이러한 정약용의 생각은 정조의 영향을 받은 것으로 정약용은 정조 정치의 구현자이자 비판적 이데올

로그라는 결론을 내렸다. 박현모는 정약용이 정조의 정책을 비판한 부분도 있음을 거론하였다. 정조가 설립한 초계문신제를 국왕의 사인私人을 두는 제도로 보았고, 아전 문제는 정조의 생각처럼 수령의 처분에 달린 것이 아니라 수령의 통제를 벗어난 문제로 파악하였으며, 정조가 정전제를 도입하지 않은 것을 정약용이 비판한 것으로 보았다.

백철현2003은 정약용 사상의 근대지향성을 검토하는 차원에서 정약용의 민권의식이 근대적인 국민주권론으로 이행할 수 있다고 보았다. 백철현은 정약용이 주장한 하이상下而上의 왕정론이나 위민적 국가경영론은 종래의 민본주의나 위민 의식에서 진일보하여 민권을 주장한 것으로, 이는 봉건사회가 해체되어 근대사회로 접어들면서 민중의 각성에 의해 대두한 개념으로 이해하였다. 그러나 백철현은 정약용이 생존한 시대와 지역적 한계 때문에 그가 생각한 참정권과 저항권의 내용을 자세한 구조로 보여주지는 못한 것으로 평가하였다.

김현수2003는 『경세유표』에 나타나는 정약용의 국가례國家禮에 대한 인식을 검토하였다. 정약용은 사회적 덕을 추구하는 예禮의 교화적 기능을 회복하기 위해 개혁안의 근거를 『주례』와 고례古禮에 두었고, 행정조직을 6조 120관서官署로 한정하며 유사 기구를 통폐합하면서도 필요한 관직과 관원을 증설하는 등 현실적 유용성을 고려한 것으로 평가하였다. 그러나 김현수는 『경세유표』에는 통치자에 대한 견제책이 부족한 한계가 있다고 지적하였다.

함규진2007은 정약용의 정론政論을 주자학의 정론과 비교하였다. 함규진은 주자학의 정론은 심성心性과 이법理法의 문제를 정치 실무보다 앞세우고 말단적 문제를 본질적 문제로 환원시켜 이해하는 특징이 있는데, 정약용은 정치를 자연에서 분리시켜 자율적 영역으로 상정하고 심성보다 정치 실무를 우선 고려하는 정론을 제시하여 초기 근대의 정치사상과 일맥상통하는 면모를 보여주는 것으로 평가하였다.

백민정2008은 제명帝命·후대侯戴 논의에서 제명에 초점을 두고 정약용의 정치론을 검토하였다. 백민정은 정약용이 초월적인 천명天命=제명으로부터 왕권을 견제하고 민의 지위를 격상시킬 토대를 발견하였으며, 천명에 근거를 둔 민욕民欲을 실현시켜 줄 수 있는 위정자를 추대하는 과정을 후대侯戴로 보았다. 백민정은 정약용의 주장이 전통적인 민본주의 견해와 국민국가 성립 이후의 국민주권론의 성격을 함께 가지고 있으며, 정약용의 민에 의한 추대를 현실화하게 되면 오늘날의 대의 민주정이 될 수 있다고 보았다.

정약용의 국정개혁론에 대해서는 이영훈, 안병직, 김태영, 김기승의 연구가 있다. 이영훈2003은 정약용이 인간관계를 범주화한 내용과 그 의미를 검토하였다. 이영훈은 정약용이 인간관계를 천속天屬·의합義合·족류族類로 구분한 다음 가장 근본적 범주인 천속의 윤리는 효제자孝弟慈이고, 나머지 윤리는 여기에서 파생된 것으로 보았다. 그런데 이는 오륜에 포함되는 모든 인간관계를 동일시하였던 성리학의 질서감각을 부정한 것으로 평가하였다. 이영훈은 정약용이 천속과 의합을 분리한 것은 도덕과 정치를 분리해서 보는 것이고, 반상班常의 신분제를 옹호하고 노비법의 복구를 주장한 것은 19세기 초의 분열된 사회를 작위적으로 통합하기 위한 고민이었으며, 이로 볼 때 정약용의 사고는 근대의 문턱을 넘은 것은 아니지만 근대를 조망할 수 있는 사유체계의 징후였다고 평가하였다. 이영훈은 정약용의 사회인식이 1810년대를 기점으로 변화한다고 지적하여, 정약용 사상의 단계적 변화를 검토할 것을 제안하였다.

안병직2003은 『경세유표』에 나타나는 정약용의 국정개혁론이 가지는 성격을 검토하였다. 안병직은 정약용의 개혁안이 체국경야體國經野 즉 도성을 건설하는 체국體國과 정전법을 의미하는 경야經野로 구성되며, 이는 『주례』에 반영된 도시와 상공업의 존재를 전제로 하면서 경세치용지학과 이용후생지학을 종합한 것으로 본다. 그러나 안병직은 정약용이 『주례』의 봉건제까지 수용하여 왕정체계를 완성해야 하는데, 현실적으로는 군현제에 제약을 받아 개혁사상을 마무리하지는 못한 것으로 평가하였다. 안병직은 『경세유표』에서 장인영국도匠人營國圖와 일수구방도一遂九坊圖가 제 위치를 찾지 못하고 있다는 점을 지적하였는데, 이는 필사본 『경세유표』의 상황을 지적한 것으로 『정본 여유당전서』를 진행할 때 유의해야 할 부분이다.

김태영2003은 정약용의 산업행정개혁론을 왕정의 실현을 목표로 하는 국가체제의 전반적인 개혁론으로 보았다. 이는 19세기의 상황이 의도적인 개혁을 통해 개발 진흥책을 쓰지 않으면 외국의 침략이 아니라 민란에 의해서도 국가가 패망할 상황이었다는 정약용의 위기의식에서 비롯된 것으로 보았다. 김태영은 정약용이 구상한 농민상은 전업적 자영농이고, 산업 역군은 전업적으로 자영自營하는 존재였으며, 개혁을 추진할 수 있는 주체는 왕권이었는데, 19세기 고립무원의 상태에 있던 왕권으로는 왕정을 제대로 실현하기 어려웠다고 평가하였다.

김기승2005은 정약용의 국가개혁사상을 한국적 근대라는 관점에서 검토하였다. 김기승은 정약용의 사상은 왕조 체제의 복원을 추구하는 복고사상이 아니고 서양적 근대 사상도 아니며, 정약용과 그 제자들이 새로운 국가 건설을 지향하며 공동으로 만들고 대한제국기와 일제 강점기의 지식인들에 의해 재해석되고 재창조된 사상으로 본다. 김기승은 서구 학자들에 의해 개념화된 근대가 아니라 한국인 스스로 만들어 가는 '근대'를 탐구한다는 차원에서 볼 때, 정약용의 국가개혁사상은 한국적 근대 사상의 요소를 가지고 있다고 파악한다. 서구의 '근대'가 아니라 한국적 '근대'를 찾아야 한다는 발언은 음미할 가치가 있다고 생각한다.

정약용의 국방론 및 기술개발론에 대해서는 김문식, 노영구, 이희평의 연구가 있다. 김문식2003은 정약용의 대외인식과 국방론을 검토하였다. 그는 정약용이 개방적인 '문화 중심의 화이론華夷論'에 근거하여 청이나 일본의 앞선 문물을 도입하자고 하였고, 문물 도입을 통해 이루어진 부국강병을 바탕으로 청과 일본의 재침입에 대비해야 한다고 주장한 것으로 보았다. 김문식은 정약용이 병농일치제의 실현을 위해 둔전제屯田制를 거론하고, 서울을 중심으로 하는 사방 100리 권의 수도 방위론과 지방 읍성 및 전략적 요충지를 활용하는 지역거점 방위론을 주장하였으며, 신무기와 전함을 건조하기 위해 이용감利用監이나 표류선을 이용하고, 무기 제작의 효율성을 위해 장인을 도성이나 읍성에 집단으로 거주하게 하자고 제안한 것으로 보았다.

노영구2007는 정약용의 「성설城說」, 『민보의民堡議』『상두지桑土誌』를 중심으로 그의 성제론城制論이 시기별로 변화하는 양상을 검토하였다. 18세기 후반 화성 건설의 바탕이 된 「성설」에서는 적군의 화포 공격을 효율적으로 막고 적을 공격하기 용이하도록 성곽의 규격과 재료를 분석하고 다양한 방어 시설을 제안하였다. 그리고 신무기로 무장한 일본의 지방 세력이 재침할 가능성을 염두에 둔 『민보의』에서는 촌락 인근의 산에 토성으로 된 민보를 구축하도록 하였다. 서양 선박의 출현과 무기에 대한 정보가 소개된 이후 작성한 『상두지』에서는 산간 지역보다 평지에 토성을 축성하고 성 위에 포루砲樓를 갖추어 화포 공격에 대비하게 하였으며, 이는 일본과 서양 세력의 공격까지 고려한 방안으로 보았다. 노영구의 연구는 정약용의 성제론이 그가 경험한 시대적 상황과 정보의 변화에 따라 꾸준히 변화하고 있었음을 논증하였다는 점에서 중요한 성과로 보인다.

이희평2003은 정약용의 기술발전론을 역사발전론으로 연결시켜서 보는 관점을 비판하였다. 이희평은 정약용이 나날이 발전하는 기술이 민생民生의 편리함을 가져왔지만, 근본이 되는 인간 정신은 기술의 발전에 의해 상실해 가는 측면이 있다고 하여 역사퇴보론의 입장에 있다고 하였다. 이희평은 기술의 발전과 역사의 퇴보를 동시에 수용한 정약용의 입장이 현대의 주류를 차지하는 발전적 역사관에 시사점을 준다고 하여, 정약용의 생각이 현대의 대안이 될 수 있다고 파악하였다.

정긍식2003은 정약용의 법의식을 검토하였으며, 정황과 법률을 참작하여 형벌을 경감시키는 참작감율參酌減律을 적용시키는 방식을 중심으로 하였다. 정긍식은 정약용이 범죄 의도가 없거나 부득이한 사정으로 발생한 범죄에는 참작감률을 폭넓게 인정하지만, 관리나 토호가 백성을 침학하거나 강상綱常 범죄에 대해서는 참작감률을 인정하지 않았다는 점에서 기존의 틀을 넘어서지 않는 개혁을 추구한 것으로 평가하였다.

이해준2007은 지역사적 관점에서 정약용의 『목민심서』를 검토하였다. 이는 정약용의 저술에 호남지역의 실상과 호남 지식인의 경험이 어떤 형태로 반영되었는지를 검토한 것이다. 그는 『목민심서』에 언급된 강진, 해남, 장흥, 영암 지역의 사례를 소개하고, 정약용이 호남지역에서 경험한 사회상이 그의 비판정신과 개혁의지를 잉태시킨 것으로 해석하였다. 이해준의 연구는 다산학 연구에서 새로운 시각을 보여준 것으로 주목된다.

신용하2003는 정약용의 저술을 최초로 알린 장지연의 공적을 소개하였다. 신용하는 장지연이 정약용을 처음 소개한 것은 1899년 4월 『황성신문』을 통해서였고, 이후 광문사廣文社에서 『목민심서』와 『흠흠신서』를 간행하는 일에 참여하고, 정약용의 『아방강역고我邦疆域考』를 증보하여 『대한강역고大韓疆域考』를 간행한 것에서 보듯, 장지연 스스로가 정다산 실학의 계승자가 되었다고 평가하였다.

제3절 주자학과 근대의 문제

최근의 다산학 연구에서 가장 큰 쟁점은 주자학과 다산학의 관계와 다산학과 근대에 관한 문제였다고 생각된다. 이하에서는 논란이 되었던 논점을 중심으로 정리하며, 필요한 경우에는 연구자의 주장이 담긴 원문을 소개한다.

먼저 주자학과 다산학의 관계에 대해, 김영식은 정약용이 주희의 틀을 벗어나지 않은 것으로 파악한다. Yung Sik Kim2004은 정약용의 저술에 나타나는 과학과 유학적 전통의 관계를 검토하면서, '다산은 전통 즉 주자의 신유학적 시스템 안에 머물러 있으며, 다산의 새로운 사고는 주자의 체계 속에 통합될 수 있는 것들이다. 다산의 상제관은 주자학의 전통에서 벗어나지 않으며, 주자학의 태극과 음양오행설을 비판하지만 그에 대치되는 새로운 과학적 세계 인식을 내놓지 못한다. 다산은 전통의 근본 바탕을 유지하면서 서구 문화를 선택적으로 수용하고, 다른 개혁안들을 보충하면 그와 시대가 당면한 문제들을 해결할 수 있을 것이라고 생각하였다.'고 하였다. 김영식2006은 정약용의 상제천上帝天 개념에 대해서도 상제 개념은 전적으로 도덕적 차원의 것으로 유가의 도덕성에서 벗어나지 않으며, 고대 유가의 인격신 개념은 주희에게도 어느 정도 남아 있었던 것으로 본다. 김영식2007은 술수와 미신에 대한 정약용의 태도를 검토하였는데, 정약용이 상관적 사고를 거부하고 귀신을 해석하는 데서는 주희와 차이를 보이지만, 술수와 미신 중에 일부를 받아들이고 인정하는 태도에서는 주희의 틀을 벗어나지 못한 것으로 보았다. 이 때 정약용이 수용한 주희의 태도란 신비롭거나 미신적인 현상을 믿지는 않지만 현상 자체를 거부하지 않고 설명하려고 하였던 태도를 말한다.

정약용과 성리학의 관계에 대해 한자경2005은 매우 논쟁적 관점을 제시하였다. 한자경은 한국 사상사에서 다산 철학의 의미를 검토하기 위해 먼저 다음의 세 가지 질문을 던진다.

서구의 개별자 실체론이 동양의 만물일체론보다 정말 진보한 사상인가?

천주교의 외재주의적 신관이 동양의 천인합일의 내재주의보다 정말 더 깊이 있는 통찰인가?

개인의 자율적 선택권의 강조가 개인의 심성 안에 내재된 보편적 천리의 주장보다 정말 더 의미 있는 주장인가?

한자경에 의하면 정약용은 공맹孔孟에서 시작하여 성리학으로 완성되는 유학적 내재주의에서 벗어나 『시경』의 상제관에서 나타났던 외재주의로 돌아갔으며, 이는 탈성리학적인 동시에 탈유학인 것으로 해석하였다. 한자경은 성리학의 내재주의적 인간관은 타자화되고 외면화된 신을 인간의 내면에서 인간의 본성으로 확인하였던 공맹의 인본주의를 더욱 심화시킨 것인데, 정약용의 외재주의가 여기에서 벗어나는 것은 결국 공맹의 유학에서 벗어나는 것이며 '탈유학'이라고 해석하기 때문이다. 한자경은 정약용이 마테오리치로부터 천주교의 외재주의를 배웠을 뿐만 아니라 공맹 유학과 성리학을 양분하여 성리학의 역사를 유학 정신의 왜곡으로 해석하는 시각까지 배웠으며, 정약용은 공맹 이후의 유학사가 끊어진 자리에 천주교를 채웠다고 비판하였다.

한자경은 또한 주자학과 성리학을 구분하고 그 본질에 대한 규명이 필요하다고 주장한다. 한자경은 '성리학' '탈주자학' '탈성리학'의 단계를 구분하고 있는데, 17~18세기의 실학자들이 '탈주자학'적이라고 해서 성리학을 부정한 것은 아니라고 본다. 가령 윤휴는 주자의 주를 무시한 점에서 '탈주자'적이지만 성리학의 기본 이념인 인간의 본연지성本然之性과 사덕四德의 내재성을 부정하지 않았다는 점에서 성리학자이다. 이에 비해 정약용은 사변적 경학화와 예학화를 비판하며 경세학을 강조한 점에서 '탈주자'적이며, 성리학적 인간관 자체를 버렸다는 점에서 '탈성리학'적이다. 한자경에게 있어 탈성리학은 서학의 외재주의에 영향을 받은 신서파信西派 남인에 의해 시작된 것으로 본다2005, 117면.

> 성리학의 천인합일·만물일체의 이념과 직접적으로 대립되는 이념은 바로 서양 천주교의 외재주의적 신관과 서양 근대의 개별자 실체론이다. 따라서 탈성리학은 서학의 영향을 받은 신서파 남인에 의해서 비로소 시작되었다고 볼 수 있다. 이승휴, 이가환, 이벽 그리고 다산이 그 계열이다. 그러므로 채제공이 퇴계 이황, 한강 정구, 미수 허목, 성호 이익으로 이어진다고 말한 그 학맥에 대해 "그 학맥은 미수에서 성호를 거쳐 다시 혜환 이용휴와 그의 아들 금대 이가환을 통하여 다산 정약용에서 열매를 맺는 것으로 보아야 할 것이다"라고 주장하는 것은 상당한 무리가 있다. 18세기 말까지도 성리학의 이념은 서인뿐 아니라 남인에게도 공통적이었으며, 퇴계를 이은 남인의 맥은 성호, 순암, 돈와 등으로 이어졌었다. 이승휴, 이가환, 다산 등으로는 성리학의 맥이 이어진 것이 아니라 오히려 끊긴 것이다.

정약용에 의해 성리학의 맥뿐만 아니라 유학의 맥도 끊어졌다는 한자경의 발언은 학계에 상당한 충격을 주었다. 그러나 정약용의 위대성을 강조하기 위해 장구한 기간 동안 이루어진 유학사의 발전을 무시하는 것이 아닌가라는 한자경의 질문은 충분히 주목할 필요가 있다고 생각한다.

이봉규는 정약용의 정치론이 공맹孔孟에서 주자로 이어지는 유학적 정치론의 전통을 온전히 계승한 것으로 파악하였다. 이봉규2005b는 사서四書 연구에 나타나는 정약용의 정치론을 검토하면서, 인륜에 근거한 왕도정치를 지향한다는 점에서는 주자와 동일하지만 주자의 이론구성에 있는 허학적 측면을 비판하고 실천적 대안을 제시하였다는 점에서 주자와는 다른 '실학'의 지평을 열었던 것으로 해석하였다. 이는 주자가 인륜 중심의 정치론을 가진 것에 비해 정약용은 법제로 지배하는 정치론을 제시하였으며, 이는 인륜으로부터 정치를 분립시키는 근대적 징표라고 해석하였던 기왕의 연구들에 대한 반론으로서의 의미가 있었다. 이봉규는 이를 보완하는 논문을 발표하면서2007, 정약용의 왕정은 인륜教을 실현하기 위한 법제政를 수립하여 실행하려는 것으로 인륜의 실현을 지향하는 점에서는 공맹孔孟 주자朱子와 문제의식이 동일하지만, 주자의 이론구성에 나타나는 결함을 바로잡기 위해 덕德의 의미를 직심直心의 실행으로 규정하고 법제의 수립과 실행을 위해 대신大臣을 비롯한 치자治者의 적극적인 역할을 강조한 것으로 보았다.

이봉규는 정약용의 정치론을 근대로 나아가는 개혁론이라기보다 유학적 정치론의 전통을 충실히 계승한 것으로 해석하려고 한다. 이는 '유교'와 '근대', '성리학'과 '실학'을 분리하여 대립적인 것으로 해석하는 기왕의 연구에 반대하는 것이다2007, 228~229면.

> 다산의 정치론을 또는 경세론을 재조명할 때 정치와 인륜의 분립이나, 또는 왕권강화론 등의 측면에서 연구하는 시각에는 유교 사회의 한계를 넘어서 근대를 예견하는 사유를 발견적으로 읽어내려는 학문적 관심이 개입되어 있다. 그러한 연구들은 곧잘 주자와의 거리두기를 통해 다산의 사상적 성격을 재조명하는 경향과 나아가 성리학과 대별하여 실학의 정체성을 설명하려

는 경향과 호응하고 있다. 필자에게는 이러한 연구 시각들이 18~19세기 동아시아 사상공간의 풍부한 개성을 근대와 비근대의 2차원으로 단조롭게 착색하도록 유도하는 문식文飾으로 느껴진다.

조성을은 정약용의 형정관刑政觀과 여성관을 검토하면서 정약용 사상의 근대성을 따졌다. 조성을2002은 정약용의 형정관을 검토하였는데, 『목민심서』와 『흠흠신서』에서는 운영개선론이 위주로 되어있고 『경세유표』에서는 제도적 개혁론이 나타나며, 조선후기에 민의 지위가 상승되어 가던 추세를 반영하여 악형을 폐지하고 소민 및 여성의 인권을 보호하려고 하였다고 보았다. 조성을은 특히 정약용이 피의자의 인권을 보호하고 실체적 진실을 규명하기 위해 오늘날의 보석금 제도에 해당하는 제도를 도입하려 한 것에 주목하였고, 정약용이 국왕 부친의 범죄는 처벌할 수가 없다고 한데서 그의 형정관은 중세 유교적 법 감정과 근대적 입장의 중간에서 과도기적 성격을 지닌다고 보았다. 조성을2003은 '인간 해방'의 관점에서 정약용의 여성관을 검토하였는데, 정약용은 당시의 사회변동과 신분제 해체라는 현실을 반영하여 종래의 여성 차별에서 벗어나는 견해를 보이지만 남성중심적 관점을 완전히 탈피하지는 못한 것으로 판단하였다. 조성을은 서구의 근대사회도 남성중심적 사고를 벗어나지 못하였으므로 이를 극복하는 것은 탈근대적 과제라 할 수 있으며, 정약용의 실학은 근대성에서만이 아니라 탈근대적 관점에서도 검토해야 한다고 주장하였다. 또한 조성을은 유학이 남성중심적 사고를 기반으로 하면서도 여성을 남성과 함께 필수적인 존재로 보고 남성이 여성을 존중해야 한다고 하는 것은 유학과

페미니즘과의 공존을 가능하게 한다고 하였다. 조성을의 연구는 '근대'와 '탈근대'라는 기준에서 다산학의 성과를 판단하는 것으로, 정약용이 근대성에 미흡한 부분이 있지만 탈근대의 요소도 가지고 있음을 강조한 것으로 보인다.

이광호2003도 '근대'의 문제를 다루면서, 실학을 근대성이 아니라 동서 사상의 갈등과 조화, 융합과 발전이라는 시각에서 이해하자고 제안하였다. 이광호는 동양사상의 원형으로 『주역』의 전일적 유기체 사상과 서양사상의 원형으로 『성경』의 창조사상을 제시하고 마테오리치와 정약용이 이러한 두 가지 사상을 어떻게 조화시켰는지를 비교하였다. 그리고 정약용은 서학에서 습득된 자연관과 인간관을 기초로 유학을 전면적으로 재해석함으로써 동양과 서양 사상의 융합 가능성을 보여준 것으로 판단하였다. 다음의 인용문을 보면 이광호는 '근대'의 관점에서 성리학과 실학을 구분하는 것을 비판하고, 실학을 동서사상의 만남과 갈등, 고민과 융합의 관점에서 볼 것을 제안한다2003, 137면.

> 지금까지 성리학을 비판하기만 하면 근대적 사상으로 높여 실학이라 하고, 근대적 경향의 실학을 전근대적 사상인 성리학과 대립된 사상으로 이해하던 관점을 바꿀 때가 되었다고 본다. 세계사적 관점에서 보면, 실학이란 전근대적 전통사상이 서구사상의 충격을 받아 새로운 정체성을 형성하는 과정으로 이해할 수 있다. 이제 실학을 서구적 근대화와의 연관성 하에서만 바라보려던 관점에서 벗어나 동아시아 사상과 서구 사상의 만남과 갈등, 고민과 융합이라는 측면에서 바라보아야 될 때가 되었다. 그래야만 동아시아 사상과 서구 사상의 만남의 시점에 처한 실학의 역사적 지위와 성격에 대한 정당한 평가가 가능하며, 실학에 대한 정당한 평가가 이루어질 때 동서양 사상의

통합적 이해를 통한 새로운 인류문화의 형성이라는 21세기의 세계사적 과제를 향한 큰 발걸음을 시작할 수 있게 될 것이다.

이광호는 특히 성리학의 의미를 재검토할 것을 주장하였다. '성리학은 몇 마디 용어로 비판되고 매도될 수 있는 간단한 사상이 결코 아니다.' '다산은 성령性靈과 도심道心을 동일시함으로써 퇴계를 벗어났다가 퇴계로 돌아왔으며, 주자의 전체 이론체계에서 벗어났다가 주자에게로 다시 돌아왔다.'는 발언이 그것이다2003, 136면, 173면.

장승구2006는 동서사상의 융합이라는 관점에서 정약용의 인간관을 검토하였다. 그는 정약용은 동서사상의 만남을 통해 새로운 인간관을 형성하였지만 사상적 갈등에 따른 불완전한 봉합도 있는 것으로 파악한다. 장승구는 다산이 서학사상의 중요한 요소를 수용하였지만 이는 유교적 세계관이 허용하는 범위 안에서 최대한 수용한 것으로 본다. 이에 따라 상제는 초월적으로 존재이긴 하지만 인간의 도심에 내재하는 내재적 존재이기도 하며, 도심을 통해 나타나는 상제는 합리적이고 도덕적 특성이 강하다는 데서 정약용의 인간관은 유교의 현세지향적이고 도덕주의적 특성을 유지한 것으로 본다. 장승구는 정약용을 공서파攻西派도 신서파信西派도 아닌 중도파로 보는데, 이 때문에 보는 사람에 따라 그의 사상이 유학으로도 서학으로도 읽혀질 수 있다고 하였다.

백민정2007은 정약용의 사상을 개방적이고 포괄적이라는 측면에서 검토한다. 백민정은 정약용이 서학을 통해 주자학을 비판하였다면 주자학을 통해 서학을 공격할 수도 있었다고 하면서, 정약용이 고대유학, 주자학, 서학, 훈고학, 고증학, 일본고학, 퇴계 혹은 성호학풍 등 다양한 사상들을 받아들였지만 이를 바탕으로 새로운 철학체계를 어떻게 구성하였는가를 검토하는 것이 중요하다고 주장하였다.

제4절 '다산학단茶山學團' 연구

'다산학단'이란 정약용과 인연을 맺었거나 직접 가르침을 받은 제자들로 다산학의 형성과 계승, 발전에 기여한 일군의 학자들을 말한다. 이들은 정약용이 강진에서 해배되어 고향으로 돌아오기 직전에 결성된 다신계茶信契의 멤버를 중심으로 한다. 그동안 다산학 연구는 정약용의 저술을 정약용 개인의 저술로 보고 그의 학문과 사상에 초점을 두었다면, '다산학단' 연구는 정약용 개인이 아니라 '다산학단'을 형성하는 학자들의 협업에 의해 이루어진 저술로 보고 연구를 진행한다고 볼 수 있다.

다음의 인용문은 1921년에 다산의 현손인 정규영이 작성한 『사암선생연보俟菴先生年譜』의 발문이다. 이를 보면 강진 시절 정약용과 제자들이 어울려 저술 활동을 하는 모습이 잘 나타난다.

> 공이 20년 동안 유폐되어 다산에 있으면서 연구와 편찬에 전념하여 여름 더위에도 멈추지 않았고 겨울밤에는 닭 우는 소리를 들었다. 그 제자들 가운데 경서經書와 사서史書를 부지런히 살피는 사람이 두어 명이요, 입으로 부르

> 는 것을 받아 적어 붓 달리기를 나는 것 같이 하는 사람이 서너 명이요, 항상 번갈아 가며 원고를 바꾸어 정서正書를 하는 사람이 서너 명이요, 옆에서 줄을 치거나 잘못 불러준 것을 고치고 종이를 눌러 편찬하게 하여 책을 장정하는 사람이 서너 명이었다. 무릇 책 한 권을 저술할 때에는 먼저 저술할 책의 자료를 수집하여 서로 비교하고, 서로 참고하고, 정리하여 정밀하게 따졌다.

'다산학단'이란 용어를 처음 제시한 것은 임형택1998이다. 임형택은 18세기 후반 서울에서 박지원을 중심으로 한 문인학자들이 동인적 형태로 활동을 벌인 '연암 그룹'과 대비시켜 강진 시절 정약용의 제자들로 구성된 그룹을 '다산학단'이라 하면서, 정약용의 위대한 학문은 다산학단의 협업에 의해 이루어진 것임을 강조하였다. 임형택은 이 글에서 다산이 지도하여 이루어진 성과로 『대동수경大東水經』·『아방강역고我邦疆域考』·『자산어보玆山魚譜』·『만덕사지萬德寺志』·『대둔사지大芚寺志』를, 다산학단의 독자적 저술로 『시명다식詩名多識』·『종축회통種畜會通』·『정관편井觀編』·『시경강의속집詩經講義續集』·『동환록東寰錄』을, 다산학단 각자의 문집으로 『취록당유고醉綠堂遺稿』·『치원유고巵園遺稿』·『자이집自怡集』·『아암집兒庵集』·『초의대사전집艸衣大師全集』·『방산유고舫山遺藁』를 거론하였다.

2008년에 다산학단 연구를 본격화될 수 있는 계기가 마련되었다. 성균관대학교 대동문화연구원에서 다산학단의 저술을 편집한 영인본을 간행하였기 때문이다. 대동문화연구원에서는 2004년에 '다산학단 관련자료 수집 및 해제'라는 연구 과제를 시작하여 2008년에 『다산학단문헌집성茶山學團文獻集成』 9책을 간행하였다. 여기에는 다산학단에 속하는 10인 23종의 저술이 수록되어 있으며, 그 목록은 다음과 같다.

丁學淵 : 『種畜會通』(3책, 필사본), 『三倉館集』(1책, 필사본), 『鮮音』(1책, 필사본), 『蒓里魚疋集』(1책, 필사본), 『近體詩選』(1책, 필사본), 『遊頭輪山記』(친필첩), 『丁黃契帖』(친필첩), 『宅相堂帖』(친필첩), 『酉記』(4책, 필사본)

尹鍾璧 : 『醉綠堂遺稿』(1책, 필사본)

惠藏 : 『蓮坡剩稿』(1책, 필사본)

尹廷琦 : 『舫山遺藁』(3권 3책, 석인본), 『易傳翼』(1책, 필사본), 『東寰錄』(4권 4책, 필사본)

黃裳 : 『巵園遺稿』(2책, 필사본)

李時憲 : 『自怡集』(2책, 필사본)

李晴 : 『井觀編』(8권 3책, 필사본)

李綱會 : 『耽羅職方說』(1책, 필사본), 『玄洲漫錄』, 『柳菴叢書』(1책, 필사본), 『雲谷雜木著』(1책, 필사본), 『勿欺堂要纂』(1책, 필사본)

李晴 : 『事大考例』(26권 10책, 필사본, 丁若鏞과 共著로 보아야 함)

『다산학단문헌집성』에는 다산학단에 속하는 학자의 저술이라도 기왕에 영인본으로 간행된 자료는 제외하였다. 기왕에 간행된 책의 목록은 다음과 같다.

丁學游 : 『詩名多識』(4권 2책)

尹廷琦 : 『詩經講義 續集』(11권 6책)

惠藏 : 『兒庵集』(3권 1책)

艸衣 : 『艸衣大使全集』

騎魚慈宏 등 : 『萬德寺志』

이상에서 거론한 다산학단의 저술은 대청외교, 농서, 지리학, 천문, 수학, 표류, 역사필기 등 다양한 분야를 포괄하고 있으며, 일부 저술에 대해서는 본격적인 연구가 이뤄졌다. 먼저 황상黃裳에 대한 연구가 이뤄졌다. 진재교2002는 유배지에서 시작된 다산과 황상의 만남이 해배 이후로 이어져 다산가茶山家와 황상가黃裳家가 정황계丁黃契를 맺기에 이르고, 김정희金正喜, 김명희金命喜, 권돈인權敦仁, 초의선사草衣禪師, 소치小痴 허련許鍊 등과 교유하였음을 밝혔다. 또한 진재교는 황상은 다산학을 형성하는 데 일조하였을 뿐만 아니라 다산의 시학詩學을 계승하면서 남다른 감수성을 바탕으로 독특한 세계를 이룬다고 하였다.

다음으로 이강회李綱會의 『유암총서』와 『운곡잡저』에는 문순득文淳得이라는 흑산도 출신의 어부가 동남아시아 지역에 표류하였다가 돌아온 기록이 있고, 외국의 선박 및 수레 제도를 상세하게 언급하여 연구자들의 주목을 받았다. 또한 신안문화원新安文化院에서는 2004~2007년에 『유암총서』와 『운곡잡저』의 역주본을 간행하여 이강회에 대한 연구자들의 관심이 늘어났다. 안대회2005는 수레와 선박 제도에 대한 연구를 중심으로 한 이용후생학利用厚生學에 주목하였고, 임형택2006은 이강회의 경세사상을 해양과 관련시켜 보았다. 조성산2007은 이강회의 경세학이 근기 남인의 『주례』 연구와 노론계 북학사상의 융합이라는 측면에서 검토하였고, 김경옥2007은 이강회의 저술에 나타나는 선박 건조술에 관심을 기울였다.

2008년에 『다산학단문헌집성』이 간행되면서 다산학단의 저술이 새롭게 주목을 받았다. 송재소2008는 그 서설序說을 작성하였다. 송재소는 정약용이 500권에 이르는 방대한 저술을 남긴 데에는 다산학단에 소속된 제자들의 도움이 컸고, 다산학단의 학술 활동이 중요한 것은 다산학을 형성하였다는 점과 함께 다산 사후에 독자적인 저술을 통해 다산학을 계승 발전시켜 갔다는 점 때문이라고 하였다. 임형택2008은 조선시대의 대청외교 관련 자료를 정리한 『사대고례』를 다루었다. 임형택은 이 책의 공식 편자는 역관 출신인 이시승李時升이지만 실제로는 정약용이 주재하고 이정이 실무를 담당한 것으로 보았다. 임형택은 『사대고례』의 특징에 대해 조공 체제의 틀 속에 있으면서도 중국 중심주의에 매몰되지 않고 중국과 '나'의 경계를 찾고 피아彼我의 균형을 취한 것으로 평가하면서도 서세西勢가 전지구적으로 석권하는 세계 상황을 목전에 두고 적극적인 논리를 도출하지는 못한 것으로 보았다. 조성산2008은 『탐라직방설』을 중심으로 이강회의 경세학을 재론하였다. 그는 이 책이 『주례』 연구의 연장선에 있으며, 19세기 전반 제주도에서 발생한 양제해梁濟海 모반 사건의 이면에는 지방 이서층의 폐단이 있었음을 주목하였다.

김영진2008은 정학연의 생애를 복원하고 그 저술을 소개하였다. 그는 다산학단의 교유 범위가 홍석주가洪奭周家, 서유구가徐有榘家, 신작가申綽家, 김정희가金正喜家, 김매순가金邁淳家에까지 미치는 것으로 보고, 18세기 이래 경향 분기의 흐름 속에서 경향 소통의 양상을 보이는 현상에 주목하였다. 정학연의 시집인 『삼창관집三倉館集』은 노경희2005에 의해 발굴되었다. 이철희2006, 2008는 황상의 시가 다산의 시를 계승하면서도 차이점을 보여준다고 하면서 다산이 경험을 직접적으로 전달하고 세부적 묘사에 치중한 반면 황상은 주제를 간명하게 효과적으로 부각시키는 방식을 택하였다고 하였다.

다산학단에 관한 연구는 이제 자료를 소개하는 단계를 넘어 심화 연구로 넘어가고 있다. 이는 지금까지 『여유당전서』의 분석에 집중되었던 다산학의 범위와 깊이를 새로운 시각에서 보여줄 뿐만 아니라 다산학이 그 후학들에게 어떤 방식으로 계승되었던가를 보여준다는 점에서 매우 중요하다고 생각한다.

이상에서 2003년부터 5년간 학술지에 발표된 다산학 관련 논문의 성과와 동향을 검토해 보았다. 이하에서는 이들 논문을 검토하면서 가졌던 필자의 생각을 정리하기로 한다.

첫 번째로 『여유당전서』의 텍스트 연구는 시작이 늦은 감은 있지만 매우 중요한 성과로 보인다. 1936년에 간행된 신조선사본 『여유당전서』는 연구자들에게 널리 보급됨으로써 다산학 연구의 붐을 이루는데 결정적으로 기여하였다. 그러나 신조선사본이 가진 체제상의 문제와 원문의 오류는 본격적인 연구를 시작할 때부터 짚어보았어야 할 문제이다. 현재 국내외에 소장된 필사본의 현황에 대한 파악이 어느 정도 마무리되고 각 저술 별로 원문의 교감을 진행하고 있으므로, 새로 정리된 『정본 여유당전서』는 학계에 큰 기여를 할 것이라 기대된다. 필자도 정본 사업에 참여하면서 정약용 사상의 단계적 변화를 추적하는 연구가 절실함을 느꼈다. 정약용의 사상은 시간에 따라 큰 변화가 있으며, 여기에는 그가 경험한 사회적 현실과 그가 접촉할 수 있었던 학문 정보가 큰 영향을 미쳤다. 앞으로 다산학 연구는 정약용 사상의 단계적 변화를 추적하고 이를 재구성하는 데 더욱 관심을 기울여야 할 것이다.

두 번째로 역사 분야의 연구는 일정한 논점을 잡아내기가 어려웠다. 종래의 연구가 다산학의 진보성을 찾아내고 이를 평가하는 데 주안점을 두었다면, 최근 연구는 진보성과 함께 그 한계나 모순점을 지적하는 경향이 강해진 느낌을 받았다. 최근에는 조선후기의 '실학'이라는 개념 자체가 큰 논쟁점으로 대두하여 이를 재구성할 것인지 해체할 것인지에 대한 고민이 계속되고 있으므로, 연구자에 따라 다양한 시각이 나타난 것으로 보인다. 다양한 연구 시각은 한편으로는 '혼돈'으로 비춰지지만, 다른 한편으로는 다양한 모색을 하는 가운데 새로운 연구 기준을 제시할 수도 있다. 앞으로의 연구 추이를 지켜볼 필요가 있다고 생각한다.

세 번째로 주자학과 근대의 문제는 '실학'의 개념을 둘러싼 논쟁과 맥을 같이하는 것이다. 지금까지 거론된 관점은 다산학을 성리학 내지는 유학의 흐름에서 파악하는 시각, 서학과 근대라는 관점에서 파악하는 시각, 동서 사상의 융합으로 파악하는 시각으로 구분할 수 있다. 이는 결국 지금 진행되고 있는 동서양의 만남 내지는 충돌을 어떤 관점에서 정리할 것인가 하는 문제와 직결된다. 필자는 '동서 사상의 융합' 내지는 한국적 '근대'를 지지하는 입장이다. 그러나 다산학이 제시하는 '동서 사상의 융합' 내지는 한국적 '근대'의 대안이 서구적 '근대' 내지는 '탈근대'와 어떤 공통점과 차이점이 있는지에 대해서는 여전히 모호하다고 생각한다. 관련 연구자들의 분발을 촉구한다.

네 번째로 '다산학단' 연구는 이제 초기 단계이므로 앞으로의 성과가 기대되는 부분이다. 이는 정약용의 사후에 학맥이 끊어진 것으로 이해되었던 기존 연구를 넘어서는 새로운 연구로, 다산학의 범위를 넓혀줄 뿐만 아니라 다산학이 변화하는 모습을 보여준다는 점에서 큰 의미가 있다. 그러나 다산학단에 소속된 인물의 저술을 지나치게 다산학이라는 울타리 안에서 파악하는 것은 아닌지 검토할 필요가 있다고 생각한다. 필자는 이전 연구에서 정약용의 학문적 성과는 성호학파의 일원이라는 학맥과 함께 정조 및 수도권 학자와의 교류에 의한 영향이 크다는 점을 지적한 적이 있다. 필자가 보기에 다산학단의 저술도 '경기학인京畿學人'으로 규정한 수도권 학자와의 교류가 상당한 영향을 준 것으로 보이며, 다산학단 연구를 '호남학'과 '경기학'이라는 지역학적 관점에서 접근해 보는 것도 유용해 보인다. 필자는 특히 다산학 연구를 지역학적 관점에서 진행하는 것에 대해 강진다산실학연구원에 기대하는 바가 크다.

〈이글에서 참고한 논문〉

구만옥(2007), 「다산 정약용의 천문역법론」『茶山學』 10, 다산학술문화재단.

김경옥(2007), 「19세기 초 문순득의 표류담을 통해 본 선박건조술」, 『역사민속학』 24.

김기승(2005), 「다산 정약용의 부국강병형 국가 개혁 사상 -『경세유표』를 중심으로 - 」, 『한국사학보』 19, 고려사학회.

김문식(2003), 「정약용의 대외 인식과 국방론」, 『茶山學』 4, 다산학술문화재단.

김문식(2004), 「『여유당전서』 경집 체제의 검토」, 『茶山學』 5, 다산학술문화재단.

김문식(2007), 「『尙書知遠錄』 필사본의 원문 비교」, 『茶山學』 10, 다산학술문화재단.

김상준(2003), 「南人 禮論과 근대 주권론」, 『茶山學』 4, 다산학술문화재단.

김상홍(1985), 『茶山 丁若鏞 文學 硏究』, 단국대학교 출판부.

김상홍(2004), 「19세기초 강진의 풍속고 -다산 정약용의 『여유당전서』를 중심으로- 」, 『비교민속학』 26, 비교민속학회.

김언종(2006~2007), 「『여유당전서보유』의 저작별 진위문제에 대하여(上)(中)(下)」, 『茶山學』 9~11, 다산학술문화재단.

Yung Sik Kim(2004), 「Science and the Confucian Tradition in the work of Chong Yakyong」, 『茶山學』 5, 다산학술문화재단.

김영식(2006), 『정약용 사상 속의 과학기술: 유가 전통, 실용성, 과학기술』, 서울대학교 출판부.

김영식(2007), 「미신과 술수에 대한 정약용의 태도」, 『茶山學』 10, 다산학술문화재단.

김영진(2008), 「西山 丁學淵의 생애와 저작에 대한 一考」, 『茶山學』 12, 다산

학술문화재단.
김영호(1985), 「『與猶堂全書』의 텍스트 검토」, 『丁茶山 硏究의 現況』, 민음사.
김태영(2003), 「茶山의 국가 産業行政체계 개혁론」, 『韓國實學硏究』 5, 韓國實學學會.
김현수(2003), 「다산 정약용의 국가례 고찰 -『經世遺表』를 중심으로- 」, 『한국철학논집』 12, 한국철학사연구회.
노경희(2005), 「일본 宮內廳書陵部 소장본 丁學淵 시집 『三倉館集』의 영인 및 해제(1)」, 『茶山學』 6, 다산학술문화재단.
노경희(2006), 「일본 소재 丁若鏞 필사본의 소장 현황과 書誌的 특징」, 『茶山學』 9, 다산학술문화재단.
노영구(2007), 「조선후기 城制 변화와 다산 정약용의 築城 기술론」, 『茶山學』 10, 다산학술문화재단.
민영규(1979), 「茶山 三則」, 『東方學志』 22, 연세대학교 국학연구원.
박병현·이한옥(2008), 「목민심서를 통해 본 다산 정약용의 사회보장정책에 대한 탐색전 연구」, 『사회보장연구』 124-1.
박종천(2008), 「『民堡議』 필사본에 대한 연구」, 『茶山學』 12, 다산학술문화재단.
박현모(2003), 「정약용의 君主論: 정조와의 관계를 중심으로」, 『정치사상연구』 8, 한국정치사상학회.
백민정(2007), 「다산의 '允執厥中'론」, 『韓國實學硏究』 13, 韓國實學學會.
백민정(2008), 「정약용 정치론에서 권력의 정당성에 관한 물음 - 帝命과 侯戴 논의에 대한 재성찰을 중심으로-」, 『철학사상』 29, 서울대학교 철학사상연구소.
백철현(2003), 「정약용의 民權意識과 國民主權論으로의 이행 가능성에 관한 연구」, 『한국행정사학지』 12, 한국행정사학회.
신용하(2003), 「19세기말 張志淵의 茶山 丁若鏞의 발굴」, 『韓國學報』 29, 일지사.

심경호(2007), 「『與猶堂全書』 시문집 정본 편찬을 위한 기초연구 - 詩篇의 繫年 방법을 중심으로」, 『茶山學』 11, 다산학술문화재단.

안대회(2005), 「茶山 제자 李綱會의 利用厚生學 - 船說·車說을 중심으로」, 『韓國實學硏究』 10, 韓國實學會.

안병직(1985), 「『牧民心書』 考異」, 『丁茶山 硏究의 現況』, 민음사.

안병직(2003), 「다산과 體國經野」, 『茶山學』 4, 다산학술문화재단.

안재순(2004), 「한국 전통 사상의 주체성 탐색과 미래 전망 : 조선 후기 실학의 주체성 문제 -박지원,박제가,정약용의 북학론을 중심으로-」, 『동양철학연구』 140, 동양철학연구회.

양문승(2006), 「18, 9세기 격동기의 정약용과 리빙스턴을 중심으로」, 『교정의 이념과 현상』, 한국교정학회.

오상학(2007), 「다산 정약용의 地理思想」, 『茶山學』 10, 다산학술문화재단.

이광호(2003), 「동서 융합의 측면에서 본 정약용의 사상」, 『退溪學報』 113, 퇴계학연구원.

이봉규(2005a), 「다산학 연구의 최근 동향과 전망」, 『茶山學』 6, 다산학술문화재단.

이봉규(2005b), 「四書 해석을 통해 본 정약용의 정치론」, 『茶山學』 7, 다산학술문화재단.

이봉규(2007), 「다산의 정치론 : 주자와의 거리」, 『茶山學』 11, 다산학술문화재단.

이영훈(2003), 「다산의 인간관계 범주구분과 사회인식」, 『茶山學』 4, 다산학술문화재단.

이철희(2006), 「다산 시학의 계승자 황상에 대한 평가와 그 의미」, 『大東文化硏究』 53, 성균관대학교 대동문화연구원.

이철희(2008), 「사회시에서 다산과 치원의 차이」, 『茶山學』 12, 다산학술문화재단.

이해준(2007), 「다산 정약용의 목민서에 나타난 호남지방 -지역사의 시각에서 바라본 다산과 그의 저술-」,『지방사와 지방문화』 10-1, 역사문화학회.

이희평(2003),「茶山의 기술발전과 歷史退步論」,『한국철학논집』 12, 한국철학사연구회.

임형택(1998),「丁若鏞의 康津 流配時의 교육활동과 그 성과」,『韓國漢文學硏究』 21, 한국한문학회.

임형택(2006),「茶山學團에서 海洋으로 學知의 열림 - 李綱會의 경우」,『大東文化硏究』 56.

임형택(2008),「『事大考例』와 정약용의 對淸關係 인식」,『茶山學』 12, 다산학술문화재단.

장동우(2005),「『여유당전서』 정본사업을 위한 필사본 연구」,『茶山學』 7, 다산학술문화재단.

장동희(2003),「다산 정약용의 교육정책에 관한 연구」,『한국정책과학학회보』 7-2, 한국정책과학학회.

장승구(2006),「동서사상의 만남과 정약용의 인간관 - 作爲의 주체로서의 인간」,『茶山學』 8, 다산학술문화재단.

정긍식(2003),「參酌減律을 통해 본 다산의 법인식」,『茶山學』 4, 다산학술문화재단.

정석종(1983),「茶山著作에 대한 2·3의 問題」,『정신문화』 1983년 봄호.

정재동(2004),「조선후기 행정개혁가에 대한 문화론적 이해: 정약용의 삶을 중심으로」,『한국행정학회 2004년 춘계학술대회 발표논문집-참여정부의 정부혁신 방향과 과제』, 한국행정학회.

조성산(2007),「李綱會의 經世思想 - 茶山學 繼承의 한 局面」,『大東文化硏究』 57, 성균관대학교 대동문화연구원.

조성산(2008),「李綱會의『耽羅職方說』과 濟州道」,『茶山學』 12, 다산학술문화재단.

조성을(1984),「丁若鏞 著作의 體系와 〈與猶堂集〉 雜文의 재검토」,『奎章閣』

8, 서울대학교도서관.

조성을(1987), 「丁若鏞의 尙書硏究 文獻의 檢討」, 『東方學志』 54·55·56, 연세대학교 국학연구원.

조성을(2002), 「丁若鏞의 刑政觀」, 『學林』 23, 연세대학교 사학연구회.

조성을(2003), 「實學의 女性觀 - 李瀷·丁若鏞을 中心으로 -」, 『韓國思想史學』 20, 한국사상사학회.

조성을(2003), 「金井時節 다산의 활동과 사상」, 『韓國實學研究』 6, 한국실학학회.

조성을(2004), 『與猶堂集의 文獻學的 研究 - 詩律 및 雜文의 年代考證을 中心으로』, 혜안.

조성을(2007), 「『經世遺表』의 문헌학적 제문제」, 『茶山學』 10, 다산학술문화재단.

진재교(2002), 「茶山學의 形成과 巵園 黃裳」, 『大東文化研究』 41, 성균관대학교 대동문화연구원.

최종연·김용만(2005), 「정약용의 인사행정 개혁에 관한 연구」, 『한국행정사학지』 17, 한국행정사학회.

한자경(2005), 「유교와 천주교 사이의 다산 - 인간 본성의 이해를 중심으로 논함」, 『오늘의 동양사상』 13, 예문동양사상연구원.

함규진(2007), 「茶山 丁若鏞의 政論 - 주자학적 정론과의 비교를 중심으로」, 『韓國實學研究』 14, 韓國實學學會.

홍이섭(1965), 「『牧民心書』 正文에 就하여」, 『趙明基華甲記念佛教史學論叢』.

Fujiya Kawashima(2004), 「Tasan's Policy Vision for Local Communities」, 『茶山學』 5, 다산학술문화재단.

〈박사학위 논문(2003~2008)〉

강정훈(2008), 『丁若鏞의 刑政思想 硏究: 『欽欽新書』에 대한 倫理文化的 理解를 中心으로』, 동국대학교 대학원.

고래억(2006), 『다산 '行事'의 교육인간학적 연구』, 연세대학교 대학원.

권점용(2005), 『한국 농촌교외의 '목민공동체' 형성을 위한 연구』, 한신대학교 신학전문대학원.

김봉남(2007), 『다산 시에 함축된 내면의식의 변모양상』, 고려대학교 대학원.

김성룡(2006), 『다산 공직윤리의 실천론 연구』, 한국학중앙연구원 한국학대학원.

김영주(2007), 『다산 정약용의 상제천관에 관한 연구』, 동국대학교 대학원.

김창도(2007), 『현대 한국 행정의 이념과 개혁방향에 대한 다산학적 해석: 정약용의 국가개혁사상을 중심으로』, 한국외국어대학교 대학원.

김치완(2005), 『주자학 전통에서 본 다산의 인간관 연구』, 부산대학교 대학원.

류연직(2004), 『정약용의 토지법 사상과 구약의 희년토지법 사상의 비교 연구』, 상지대학교 대학원.

박종천(2007), 『다산 정약용의 의례이론에 대한 연구: 종교문화체계로서의 예 분석을 중심으로』, 서울대학교 대학원.

박창석(2005), 『다산 정약용의 실학에 나타난 체육사상 연구』, 원광대학교 대학원.

방호범(2004), 『정약용의 신형묘합적 인간관』, 전남대학교 대학원.

백민정(2007), 『정약용 철학의 형성과 체계에 관한 연구: 주자학과 서학에 대한 비판적 수용과정을 중심으로』, 연세대학교 대학원.

송영오(2008), 『茶山 丁若鏞의 牧民官倫理에 관한 연구: 『牧民心書』를 중심으로』, 단국대학교 대학원.

전종훈(2006), 『아담 스미스와 정약용의 경제질서관 비교연구: 국가의 역할을 중심으로』, 한국학중앙연구원 한국학대학원.
정영(2005), 『다산의 『목민심서』에 나타난 교육개혁사상 연구』, 원광대학교 대학원.
최한규(2004), 『다산 정약용 목민사상의 실학적 담론에 관한 연구』, 단국대학교 대학원.
최형우(2007), 『로크와 다산의 정교사상 비교』, 한국학중앙연구원 한국학대학원.
최희남(2005), 『정다산의 경제윤리사상 연구』, 성균관대학교 대학원.
하갑룡(2006), 『정약용의 경세사상 전개에 관한 연구』, 부산대학교 대학원.
함규진(2007), 『정약용 정치사상의 재조명』, 성균관대학교 대학원.
황병기(2004), 『다산 정약용의 역상학』, 연세대학교 대학원.

〈석사학위 논문(2003~2008)〉

강소영(2004), 『정약용과 이옥의 시의식에 관한 대비적 연구』, 경희대학교 교육대학원.
강의기(2005), 『다산 정약용의 서학사상: 우주관과 인간관을 바탕으로 한 토착적 한국 기독교사상을 중심으로』, 연세대학교 연합신학대학원.
강지혜(2006), 『다산 교육개혁론의 특성 연구』, 창원대학교 교육대학원.
고경민(2005), 『장혼과 정약용의 아동교육관 비교연구: 초학교재를 중심으로』, 한국교원대학교 교육대학원.
권응숙(2004), 『다산 정약용의 독서론 연구』, 한양대학교 교육대학원.
길대환(2005), 『다산 정약용의 교육관과 관리양성론 연구』, 강원대학교 교육대학원.
김경문(2007), 『경전간 해석학의 관점에서 본 서학에 대한 조선후기 지식인

의 이해: 신후담·정약용·최한기를 중심으로』, 성공회대학교 신학전문대학원.
김경신(2005), 『다산 정약용의 편지글에 나타난 효 사상 연구』, 성산효도대학원대학교.
김다정(2003), 『다산 정약용의 윤리사상에 있어서 天의 함의』, 서울대학교 대학원.
김동일(2003), 『다산 인성론의 서학적 전개』, 광주카톨릭대학교 대학원.
김명주(2003), 『두보와 정약용의 삼리·삼별 비교 연구』, 한국외국어대학교 교육대학원.
김미현(2007), 『다산 정약용의 인간학에 관한 연구』, 충북대학교 대학원.
김민옥(2005), 『정약용의 가정교육에 관한 연구: 두 아들에게 보낸 서간문을 중심으로』, 경인교육대학교 교육대학원.
김민정(2003), 『정약용에서의 천과 실천적 인간의 문제』, 이화여자대학교 대학원.
김상연(2003), 『다산 정약용의 목민사상에 대한 기독교적 성찰』, 영남신학대학교 신학대학원.
김선영(2005), 『정약용의 도덕교육사상에 관한 연구』, 인천대학교 교육대학원.
김임석(2005), 『정다산의 실학사상 연구』, 호남대학교 대학원.
김재은(2006), 『다산 정약용의 畫論』, 연세대학교 대학원.
김종진(2004), 『다산 목민사상의 교육행정적 함의』, 대구교육대학교 교육대학원.
김태영(2006), 『다산 정약용의 형률관과 형정 개선책』, 부산대학교 대학원.
김홍철(2003), 『다산 교육사상의 사상사적 의미』, 한남대학교 대학원.
단윤진(2005), 『다산 정약용의 性論에 관한 고찰』, 성균관대학교 유학대학원.
박규호(2004), 『다산 정약용의 인간교육론』, 경상대학교 교육대학원.
박양호(2005), 『정약용 문학의 작가론적 교육 방안 연구』, 성신여자대학교 교육대학원.
박영순(2003), 『조선시대 자녀교육에 대한 고찰: 정약용과 신사임당의 사례를 중심으로』, 전북대학교 교육대학원.
박영옥(2005), 『서학의 관점으로 보는 다산 정약용의 성기호설』, 서강대학교 신학대학원.
박준우(2004), 『다산 천관의 윤리적 함의』, 성균관대학교 유학대학원.
방상근(2005), 『다산 정약용의 중용의 정치사상』, 고려대학교 대학원.
배숙향(2003), 『정약용의 사회교육사상 연구』, 전남대학교 교육대학원.
백승윤(2005), 『다산의 교육사상 연구』, 건국대학교 교육대학원.
서봉덕(2004), 『의령으로 본 정약용의 의학사상』, 경희대학교 대학원.
송미헌(2006), 『다산 정약용의 고시에 나타난 주제사상 연구』, 고려대학교 교육대학원.
송영희(2003), 『다산 정약용 인성론의 윤리교육적 의미』, 원광대 교육대학원.
송의원(2007), 『다산 정약용의 天 개념 연구: 『天主實義』와 『中庸講義補』를 중심으로』, 백석대학교 기독교전문대학원.
송혜영(2007), 『다산 정약용의 교육사상에 관한 연구』, 공주대학교 교육대학원.
오동규(2003), 『조선후기 지방행정에 있어서 수령의 역할과 부패 유발구조에 관한 연구』, 한서대학교 정보산업대학원.
우수행(2006), 『정약용의 교육관과 교육제도개혁론 연구』, 아주대학교 교육대학원.
윤상순(2005), 『다산의 유배시 연구: 신유년을 중심으로』, 창원대학교 대학원.
윤영춘(2005), 『정약용의 개혁론과 고등학교 국사교과서의 서술』, 전북대학교 교육대학원.
윤찬(2004), 『다산 정약용의 윤리 사상 연구』, 인천대학교 교육대학원.

이길승(2006), 『다산 정약용의 개혁사상 연구』, 전주대학교 교육대학원.
이보람(2005), 『다산과 문산의 인성논쟁 연구: 교류 서간을 중심으로』, 서강대학교 대학원.
이성철(2006), 『다산 정약용의 교육사상』, 경남대학교 교육대학원.
이연수(2007), 『다산 정약용의 독서교육관 연구: 두 아들에게 보내는 서간문을 중심으로』, 가톨릭대학교 교육대학원.
이영희(2005), 『다산의 현실 중심의 도덕론적 문학관과 시문학』, 서강대학교 교육대학원.
이원형(2003), 『다산 정약용의 서화 연구』, 원광대학교 대학원.
이정원(2004), 『정약용의 회화와 회화관』, 서강대학교 대학원.
이진형(2005), 『다산 정약용의 외관제 개혁론: 『경세유표』를 중심으로』, 연세대학교 대학원.
임동재(2004), 『정약용의 교육개혁론 연구』, 강원대학교 교육대학원.
임명진(2005), 『다산 역학의 의학적 응용에 대한 연구: 14벽괘를 중심으로』, 대전대학교 대학원.
임미애(2005), 『다산 정약용의 가정교육에 관한 견해 검토』, 한국교원대학교 교육대학원.
임용진(2004), 『정다산의 토지경제 사상에 관한 연구』, 중앙대학교 산업경영대학원.
장동순(2004), 『다산 정약용과 존 듀이의 교육사상 비교 및 현대적 의의 탐색』, 창원대학교 교육대학원.
장상환(2005), 『다산 정약용의 교민·교화론』, 경상대학교 교육대학원.
장석미(2003), 『다산 정약용의 교육사상에 관한 연구』, 충북대학교 교육대학원.
전광수(2004), 『다산의 공직관에 대한 연구』, 부산대학교 대학원.
전남주(2003), 『다산 정약용의 교육론 연구』, 조선대학교 교육대학원.
정간휘(2007), 『다산 정약용의 『목민심서』에서 추출한 교사상 탐구』, 창원대학교 대학원.
정병표(2005), 『다산 상제천 사상 형성의 배경 연구』, 경상대학교 대학원,
정찬민(2004), 『다산의 원림관 고찰』, 전남대학교 대학원.
정치균(2007), 『다산의 천인관계론』, 전남대학교 대학원.
전해양(2006), 『다산의 민본주의적 과학·기술 사상의 현대 교육적 의의』, 경상대학교 교육대학원.
조승민(2004), 『예악사상에 근거한 음악교육 철학의 탐색: 다산 정약용을 중심으로』, 건국대학교 교육대학원.
최윤정(2005), 『정약용의 교육사상』, 전북대학교 교육대학원.
최일수(2003), 『다산의 초등교육사상 연구』, 춘천교육대학교 교육대학원.
최정희(2006), 『다산 정약용의 天관념에 대한 고찰』, 성균관대학교 유학대학원.
최혜성(2006), 『다산 정약용의 교육사상』, 전주대학교 교육대학원.
탁현숙(2007), 『다산 정약용의 유배서간 연구』, 호남대학교 대학원.
하갑룡(2006), 『정약용의 경세사상 전개에 관한 연구』, 부산대학교 대학원.
하명준(2006), 『조선후기의 향촌방위실정과 민보론』, 서울대학교 대학원.
하헌구(2003), 『다산 정약용의 윤리사상에 관한 연구』, 충남대학교 교육대학원.
한두희(2006), 『다산의 「夏日對酒」 시 연구』, 공주대학교 교육대학원.

〈표 목록〉

〈그림 목록〉

〈참고 문헌〉

1. 자료

1) 경서 및 사서

『周禮注疏』

『春秋左氏傳』

『詩經』

『書傳集註』

『論語』

『孟子』

『大學章句大全』

『儀禮經傳通解』

『史記』

『白虎通』

『朝鮮王朝實錄』

『淸史稿』

2) 정약용 저술

『與猶堂集』

『與猶堂全書』

『與猶堂全書補遺』

『洌水全書』

『大學講義』

『大學公議』

『尙書古訓』

『尙書知遠錄』

『經世遺表』

『牧民心書』

3) 문집

李滉,『退溪先生文集』

李瀷,『星湖僿說』

正祖,『弘齋全書』

李德懋,『盎葉記』

朴齊家,『貞㽔文集』

申綽,『石泉遺集』,『二十五編』,『尙書古注』,『詩次故』

徐有榘,『金華知非集』

洪錫謨,『陶厓詩集』

金正喜,『阮堂先生全集』

丁奎英,『俟菴先生年譜』

鄭寅普,『薝園文錄』,『薝園鄭寅普全集』

毛奇齡,『西河合集』

4) 기타

『經國大典』

『國朝五禮儀』

『鄕禮合編』

『內閣日曆』

『抄啓文臣題名錄』

『欽定四庫全書』

『四庫全書總目』

『淸儒學案』

2. 번역서

김중섭·김호 옮김, 『다산의 사서학 - 동아시아의 관점에서』, 너머북스, 2015(蔡振豊, 『朝鮮儒者丁若鏞的四書學 : 以東亞爲視野的討論』, 臺北: 國立臺灣大學出版中心, 2010).

실시학사 다산경학연구회 역, 『茶山과 臺山·淵泉의 經學論爭』, 한길사, 2000.

실시학사 경학연구회 역, 『茶山의 經學世界』, 한길사, 2002.

실시학사 경학연구회 역, 『역주 시경강의』, 사암, 2008.

심경호 역, 『주역철학사』, 예문서원, 1994(廖名春 외, 『周易硏究史』, 湖南出版社, 1991).

이지형 역, 『역주 매씨서평』, 문학과지성사, 2002.

3. 저서

金文植, 『朝鮮後期 經學思想硏究』, 一潮閣, 1996.

김문식, 『정조의 제왕학』, 태학사, 2007.

______, 『조선후기 지식인의 대외인식』, 새문사, 2009.

김상홍, 『茶山 丁若鏞 文學 硏究』, 단국대학교 출판부, 1985.

김영식, 『정약용 사상 속의 과학기술: 유가 전통, 실용성, 과학기술』, 서울대학교 출판부, 2006.

金容燮, 『韓國近代農業史硏究』(上), 一潮閣, 1980.

金興圭, 『조선후기의 詩經論과 詩意識』, 고려대학교 민족문화연구원, 1982.

다산학술재단, 『다산 및 다산학 관련 저술 목록』, 2012.

박현순, 『조선 후기의 과거』, 소명출판, 2014.

林東錫, 『中國學術綱論』, 고려원, 1986.

張東宇, 『茶山 禮學의 硏究 - 『儀禮』「喪服」과 『喪禮四箋』「喪期別」의 비교를 중심으로』, 연세대 박사학위논문, 1997.

鄭玉子, 『朝鮮後期 文化運動史』, 一潮閣, 1988.
______, 『朝鮮後期 文學思想史』, 서울大學校 출판부, 1990.
鄭一均, 『茶山 四書經學 硏究』, 一志社, 2000.
趙誠乙, 『與猶堂集의 文獻學的 硏究 - 詩律 및 雜文의 年代考證을 中心으로 -』, 혜안, 2004.
______, 『年譜로 본 茶山 丁若鏞 - 샅샅이 파헤친 그의 삶』, 지식산업사, 2016.
曹蒼錄, 『楓石 徐有榘에 대한 한 硏究 - '林園經濟'와 『樊溪詩稿』와의 관련을 中心으로』, 성균관대학교 박사학위논문, 2003.
최익한, 『실학파와 정약용』, 청년사, 1989.
韓永愚, 『朝鮮後期 史學史硏究』, 一志社, 1989.

蔣伯潛, 『十三經槪論』, 上海古籍出版社, 1983.
候家駒, 『周禮硏究』, 臺灣; 聯經出版事業公司, 1986.
彭林, 『周禮主體思想與成書年代硏究』, 中國社會科學出版社, 1991.

4. 논문

姜錫和, 「조선후기 지방제도의 운영과 정약용의 개혁안」, 『韓國學報』 65, 1991.
고영진, 「조선 중기 鄕禮에 대한 인식의 변화」, 『國史館論叢』 81, 1998.
금장태, 「大學之道와 德의 개념 — 茶山과 荻生徂徠의 『대학』 해석」, 『茶山學』 4, 2003.
김경옥, 「19세기 초 문순득의 표류담을 통해 본 선박건조술」, 『역사민속학』 24, 2007.
金炅希, 「『三淵集』 해제」, http://db.itkc.or.kr/itkcdb/text/seojiViewPopup.jsp?bizName=MM&seojiType=heje&seojiId=kc_mm_a439

김기승, 「다산 정약용의 부국강병형 국가 개혁 사상 -『경세유표』를 중심으로-」, 『한국사학보』 19, 고려사학회, 2005.
金文植, 「尙書 연구서를 중심으로 본 丁若鏞과 洪奭周의 政治思想 비교」, 『韓國史論』 20, 1988.
______, 「18世紀 後半 서울 學人의 淸學認識과 淸 文物 導入論」, 『奎章閣』 17, 1994.
______, 「正祖의 帝王學과 『大學類義』 편찬」, 『奎章閣』 21, 1998.
______, 「조선후기 지식인의 자아인식과 타자인식」, 『大東文化硏究』 39, 2001.
______, 「丁若鏞의 대외 인식과 국방론」, 『茶山學』 4, 2003.
______, 「朝鮮後期 經學觀의 變化」, 『朝鮮時代史學會』 29, 2004.
______, 「조선시대 중국 서적의 수입과 간행 - 『四書五經大全』을 中心으로」, 『奎章閣』 29, 2006.
______, 「정약용의 『尙書』 今古文 이해」, 『세계사 속의 다산학』, 한국학중앙연구원, 2017.
김보름, 「단국대 연민문고 소장 『매씨상서평』의 학술적 가치에 대하여」, 『한문학보』 29, 우리한문학회, 2012.
김상준, 「南人 禮論과 근대 주권론」, 『茶山學』 4, 2003.
金相洪, 「茶山의 『與猶堂全書』 오류와 문제점」, 『檀大新聞』 710호, 1985.
김승동, 「毛奇齡과 丁若鏞의 易卦 해석에 관한 비교 연구」, 『人文論叢』 36, 1990.
김언종, 「『여유당전서보유』의 저작별 진위문제에 대하여(上)(中)(下)」, 『茶山學』 9~11, 다산학술문화재단, 2006~7.
______, 「『시경강의』 해제」, 『定本 與猶堂全書』 10, 다산학술재단, 2012.
Yung Sik Kim, 「Science and the Confucian Tradition in the work of Chong Yakyong」, 『茶山學』 5, 2004.
김영식, 「미신과 술수에 대한 정약용의 태도」, 『茶山學』 10, 2007.

金永友,「茶山 丁若鏞의 易學思想과 易理四法」,『東亞文化』 36, 1998.
김영진,「酉山 丁學淵의 생애와 저작에 대한 一考」,『茶山學』 12, 2008.
金泳鎬,「解題」,『與猶堂全書補遺』 5, 卷首, 茶山學會, 1974.
______,「『與猶堂全書』의 텍스트 검토」,『丁茶山 硏究의 現況』, 민음사, 1985.
金容燮,「18.9세기의 農業實情과 새로운 農業經營論」,『大東文化硏究』 9, 1972.
______,「茶山과 楓石의 量田論」,『韓國史硏究』 11, 1975.
김태영,「茶山의 국가 産業行政체계 개혁론」,『韓國實學硏究』 5, 韓國實學學會, 2003.
______,「『經世遺表』에 드러난 茶山 經世論의 역사적 성격」,『퇴계학보』 129, 2011.
______,「磻溪의 變法的 通治論」,『반계 유형원 연구』, 사람의무늬, 2013.
______,「조선 정법서의 전통과『경세유표』」,『다산과 현대』 6, 2013.
김현수,「다산 정약용의 국가례 고찰 -『經世遺表』를 중심으로- 」,『한국철학논집』 12, 2003.
______,「17世紀 鄕村敎化論과 鄕禮 認識 - 李惟泰, 尹鑴, 朴世采를 中心으로」,『東洋古典硏究』 39, 2010.
김호,「다산 정약용의 '민주' 기획」,『다산과 현대』 6, 2013.
노경희,「일본 宮內廳書陵部 소장본 丁學淵 시집『三倉館集』의 영인 및 해제(1)」,『茶山學』 6, 2005.
______,「일본 소재 丁若鏞 필사본의 소장 현황과 서지적 특징」,『茶山學』 9, 2006.
______,「미국 소재 정약용 필사본의 소장 현황과 자료적 특징」,『茶山學』 15, 2009.
______,「다산 저술 '고본'의 성격과 자료 전승 현황」,『茶山學』 17, 2010.
______,「茶山 저술의 전승과 유통에 대한 서지학적 고찰 - 茶山家藏의 稿本에서『與猶堂全書』에 이르기까지」,『韓國漢文學硏究』 50, 2012.

노영구, 「조선후기 城制 변화와 다산 정약용의 築城 기술론」, 『茶山學』 10, 2007.

민영규, 「茶山 三則」, 『東方學志』 22, 1979.

박종천, 「『民堡議』 필사본에 대한 연구」, 『茶山學』 12, 2008.

박진태, 「다산의 토지문제 인식의 추이와 연속성」, 『다산과 현대』 6, 2013.

朴贊勝, 「丁若鏞의 丁田制論 考察 - 『經世遺表』 「田制」를 중심으로」, 『歷史學報』 110, 1986.

박현모, 「정약용의 君主論: 정조와의 관계를 중심으로」, 『정치사상연구』 8, 2003.

백민정, 「다산의 '允執厥中'론」, 『韓國實學硏究』 13, 2007.

______, 「정약용 정치론에서 권력의 정당성에 관한 물음 - 帝命과 侯戴논의에 대한 재성찰을 중심으로-」, 『철학사상』 29, 2008.

______, 「茶山의 『中庸講義(補) 條對 내용 분석 : 正祖 『經史講義·中庸』 御製條問 및 기타 條對와의 비교를 중심으로」, 『東方學志』 147, 2009.

______, 「茶山과 老少論系 학자의 人性論 비교 연구 - 茶山 『孟子要義』와 『經史講義·孟子』 세 조목의 條對 내용을 중심으로」, 『東洋哲學硏究』 59, 2009.

______, 「正祖와 茶山의 『大學』에 관한 철학적 입장 비교 - 『經史講義·大學』 『曾傳秋錄』 및 『熙政堂大學講義』『大學公議』를 중심으로」, 『退溪學報』 126, 2009.

______, 「정약용 『經世遺表』 구성의 철학적 원리 : 六經四書에 대한 다산의 經學 註釋을 중심으로」, 『동양철학』 37, 2012.

______, 「정약용 經世書의 鄕禮 규정과 공동체 운영의 특징 - 『경세유표』 및 『목민심서』의 鄕禮 문제를 중심으로」, 『東洋哲學』 41, 2014.

______, 「『周禮』 '六鄕制' 해석을 통해 본 다산의 경세 구상 -'鄕三物'과 '鄕八刑' 논의를 중심으로」, 『茶山學』 29, 2016.

백철현, 「정약용의 民權意識과 國民主權論으로의 이행 가능성에 관한 연구」,

『한국행정사학지』 12, 2003.
徐坰遙, 「成海應의 경학사상에 관한 고찰」, 『대동문화연구』 15, 1982.
서영호, 「다산 관계 저작 목록」, 『茶山學』 4, 2003.
송재소, 「'다산학단' 연구 서설」, 『茶山學』 12, 2008.
_____, 「『정본 여유당전서』 해제」, 『定本 與猶堂全書』 1, 다산학술문화재단, 2012.
愼鏞廈, 「『奎章閣圖書韓國本綜合目錄』 解題」, 『奎章閣圖書韓國本綜合目錄』, 서울大學校 圖書館 奎章閣圖書管理室, 1981.
_____, 「19세기말 張志淵의 茶山 丁若鏞의 발굴」, 『韓國學報』 29, 2003.
신원봉, 「다산의 易學觀 정립에 미친 淸代 사상의 영향 - 毛奇齡을 중심으로」, 『茶山學』 3, 2002.
신진혜, 「『목민심서』에 나타난 정약용의 군현의례 정비론」, 『민족문화연구』 68, 2015.
沈慶昊, 「茶山 尙書論에 대하여」, 『韓國漢文學研究』 14, 1991.
_____, 「조선후기의 경학연구법 분화와 毛奇齡 비판」, 『東洋學』 29, 1999.
_____, 「정조 연간 규장각의 『시경강의』에 관한 연구」, 『韓國漢詩研究』 9, 2001.
_____, 「丁若鏞의 詩經論과 청조 학술 - 특히 毛奇齡설의 비판 및 극복과 관련하여」, 『茶山學』 3, 2002.
_____, 「『與猶堂全書』 시문집 정본 편찬을 위한 기초연구 - 詩篇의 繫年 방법을 중심으로」, 『茶山學』 11, 2007.
안대회, 「茶山 제자 李綱會의 利用厚生學 - 船說·車說을 중심으로」, 『韓國實學研究』 10, 2005.
안병직, 「『牧民心書』 考異」, 『丁茶山 研究의 現況』, 민음사, 1985.
_____, 「茶山의 農業經營論」, 『茶山의 政治經濟思想』, 창작과비평사, 1990.
_____, 「다산과 體國經野」, 『茶山學』 4, 2003.
_____, 「家藏本 『與猶堂集』의 조사와 해설」, 『다산과 가장본 여유당집』, 실학

박물관, 2010.
염정섭, 「18세기 후반 정조 대 농정책의 시행과 의의」, 『농업사연구』 5-1, 2006.
원준재, 「鄕禮의 敎育的 考察 - 鄕飮酒禮와 鄕射禮를 中心으로-」, 『한국교육사학』 21, 1999.
劉準基, 「江華學派의 學脈과 思想史的 展開」, 『國史館論叢』 10, 1989.
유봉학, 「徐有榘의 學問과 農業政策論」, 『奎章閣』 9, 1985.
이광호, 「동서 융합의 측면에서 본 정약용의 사상」, 『退溪學報』 113, 2003.
이봉규, 「다산학 연구의 최근 동향과 전망」, 『茶山學』 6, 2005.
______, 「四書 해석을 통해 본 정약용의 정치론」, 『茶山學』 7, 2005.
______, 「다산의 정치론 : 주자와의 거리」, 『茶山學』 11, 2007.
______, 「『林園經濟志』를 통해 본 楓石의 禮學과 經濟觀」, 『풍석 서유구 연구 下』, 사람의무늬, 2015.
李範稷, 「朝鮮初期 漢城府의 鄕禮와 學禮 硏究」, 『서울학연구』 5, 1995.
이상욱, 「丁若鏞, 『尙書古訓』의 義例와 存古의 문제」, 『韓國漢文學硏究』 45, 2010.
이영호, 「茶山과 石泉의 詩經學과 易經學에 관한 일고찰」, 『東洋哲學硏究』 76, 2013.
이영훈, 「實學 사상의 사회경제적 의미-정약용의 井田制적 전제개혁론의 재검토」, 『동양문화국제학술회의』, 대동문화연구소, 1990.
______, 「다산의 인간관계 범주구분과 사회인식」, 『茶山學』 4, 2003.
이지형, 「『매씨서평』에 대하여」, 『역주 매씨서평』, 문학과지성사, 2002.
이철희, 「다산 시학의 계승자 황상에 대한 평가와 그 의미」, 『大東文化硏究』 53, 2006.
______, 「사회시에서 다산과 치원의 차이」, 『茶山學』 12, 2008.
이해준, 「다산 정약용의 목민서에 나타난 호남지방 -지역사의 시각에서 바라본 다산과 그의 저술-」, 『지방사와 지방문화』 10-1, 2007.

이희평, 「茶山의 기술발전과 歷史退步論」, 『한국철학논집』 12, 2003.
임형택, 「丁若鏞의 康津 流配時의 교육활동과 그 성과」, 『韓國漢文學研究』 21, 1998.
______, 「茶山學團에서 海洋으로 學知의 열림 - 李綱會의 경우」, 『大東文化研究』 56, 2006.
______, 「『事大考例』와 정약용의 對淸關係 인식」, 『茶山學』 12, 2008.
장동우, 「『여유당전서』 정본사업을 위한 필사본 연구」, 『茶山學』 7, 2005.
______, 「『여유당전서』 經集 필사본에 관한 고찰 : 규장각본과 아사미문고본의 비교를 중심으로」, 『茶山學』 15, 2009.
張炳漢, 「丁若鏞의 「尙書大序」에 대한 辨證」, 『大東文化研究』 38, 2001.
______, 「丁若鏞의 『尙書正義』 辨證에 대한 연구」, 『韓國實學研究』 3, 2001.
______, 「丁若鏞의 辨『古文尙書冤辭』에 대해서」, 『韓國漢文學研究』 28, 2001.
전성건, 「다산의 방례기획과 『사례가식』의 위상」, 『공자학』 30, 2016.
장승구, 「동서사상의 만남과 정약용의 인간관 - 作爲의 주체로서의 인간」, 『茶山學』 8, 2006.
정긍식, 「參酌減律을 통해 본 다산의 법인식」, 『茶山學』 4, 2003.
정석종, 「茶山著作에 대한 2·3의 問題」, 『정신문화』 1983년 봄호, 1983.
정순우, 「聾庵의 과거제 및 학교제도 개혁론」, 『농암 유수원 연구』, 사람의무늬, 2014.
정재영, 「茶山 정약용의 『兒學編』」, 『아학편』, 태학사, 2002
조성산, 「李綱會의 經世思想 - 茶山學 繼承의 한 局面」, 『大東文化研究』 57, 2007.
______, 「李綱會의 『耽羅職方說』과 濟州道」, 『茶山學』 12, 2008.
趙誠乙, 「丁若鏞 著作의 體系와 ≪與猶堂集≫ 雜文의 再構成」, 『奎章閣』 8, 1984.
______, 「丁若鏞의 尙書研究 文獻의 檢討」, 『東方學志』 54·55·56, 1987.
______, 「丁若鏞의 尙書今古文 研究」, 『東方學志』 61, 1989.

______, 「실학파의 토지개혁론-유형원, 이익, 정약용을 중심으로」, 『토지연구』 7·8월호, 1990.

______, 「丁若鏞의 中央官制 改革論」, 『동방학지』 89·90, 1995.

______, 「丁若鏞의 刑政觀」, 『學林』 23, 2002.

______, 「實學의 女性觀 - 李瀷·丁若鏞을 中心으로 -」, 『韓國思想史學』 20, 2003.

______, 「『經世遺表』의 문헌학적 제문제」, 『茶山學』 10, 2007.

지준호, 「茶山 丁若鏞의 『大學』 이해와 그 특징 — 「自撰墓誌銘」의 '『대학』七條'를 중심으로」, 『溫知論叢』 8, 2002.

진재교, 「茶山學의 形成과 巵園 黃裳」, 『大東文化硏究』 41, 2002.

천기철, 「正祖와 抄啓文臣들이 본 毛奇齡의 朱熹 淫詩說 비판」, 『韓國實學硏究』 9, 2005.

한자경, 「유교와 천주교 사이의 다산 - 인간 본성의 이해를 중심으로 논함」, 『오늘의 동양사상』 13, 2005.

함규진, 「茶山 丁若鏞의 政論 - 주자학적 정론과의 비교를 중심으로」, 『韓國實學硏究』 14, 2007.

홍이섭, 「『牧民心書』 正文에 就하여」, 『趙明基華甲記念佛敎史學論叢』, 1965.

황병기, 「『中庸自箴』·『中庸講義補』 해제」, 『定本 與猶堂全書』 6, 2012.

〈찾아 보기〉

〈글의 출처〉

제1부 경학 텍스트 연구

제1장 「『與猶堂全書』 經集 체제의 검토」, 『茶山學』 5, 2004.

제2장 「다산 정약용의 『상서』 주석서 계열 고찰」, 『茶山學』 23, 2013.

제3장 「『尙書知遠錄』 필사본의 원문 비교」, 『茶山學』 10, 2007.

제2부 경학 연구

제1장 「정조·정약용·서유구의 십삼경 이해」, 『茶山學』 16, 2010.

제2장 「정약용의 『尙書』 백편 이해」, 『韓國實學硏究』 20, 2010.

제3장 「조선후기 毛奇齡 경학의 수용 양상」, 『史學志』 38, 2006.

제4장 「정조 대 정약용의 경학 연구 방법」, 『震檀學報』 124, 2015.

제5장 「19세기 전반 京畿學人의 경학 논쟁 - 丁若鏞의 경학연구를 중심으로」, 『朝鮮時代史學報』 13, 2000.

제3부 경세학 연구

제1장 「丁若鏞과 申綽의 六鄕制 이해」, 『韓國學報』 61, 1990.

제2장 「茶山 丁若鏞의 太學之道」, 『茶山學』 8, 2006.

제3장 「茶山 丁若鏞의 鄕禮 이해」, 『韓國實學硏究』 31, 2016.

제4장 「다산 정약용의 제도개혁안」, 『한국학논집』 56, 계명대 한국학연구원, 2014.

제5장 「다산 정약용의 인재선발론」, 『茶山學』 31, 2017.

부록

「다산학 연구의 최근 동향 - 역사학」, 『다산과 현대』 창간호, 연세대학교 강진다산실학연구원, 2008.